21세기
한국
영화

21세기 한국 영화

김형석 김경욱 장병원 이도훈
이승민 김성훈 한선희 손희정

한국영상자료원 엮음

앨피

웰메이드 영화에서 K-시네마로

한국영상자료원이 2000년 이후 20년간의 한국영화를 정리하는 책을 만들어 보자고 뜻을 모은 것은 지난해 말이다. 2019년 한국영화 100년을 기념하는 일련의 행사들을 비교적 잘 치르고, 축사나 지면을 통해 여러 번 강조했던 한국영화의 새로운 100년을 어떻게 맞이할지 또 이를 위해서는 어떤 준비가 필요할지 영상자료원 차원에서 막 고민을 시작하던 때였다. 그동안 영상자료원이 집중하던 한국영화사나 한국 고전영화와 관련된 사업들뿐만 아니라 동시대 한국영화, 동시대 관객들과 만날 수 있는 콘텐츠를 만들자는 의견이 수렴되었고, 영상자료원으로서는 처음으로 현대 한국영화를 조망하는 책을 만들어 보자는 기획을 하게 되었다. 21세기 한국영화의 전체상을 다루는 책으로 방향을 정하고 보니, 아직 21세기가 5분의 1밖에 지나지 않은 시점에서 근과거의 역사를 평가하는 작업이 조심스러운 것도 사실이었다. 하지만 최근 20년간 한국영화의 전체 지형도와 흐름이 근사하게 정리된다면 많은 독자들의 관심을 받고 또 중요한 콘텐츠로 남을 수 있을 거라는 믿음이 동력이 되었다.

우리가 이 책의 기획에 본격적으로 착수한 2020년 2월, 칸국제 영화제에서 최고상인 황금종려상을 받은 〈기생충〉이 미국 아카데 미영화상에서 국제영화상은 물론이고 작품상, 감독상, 각본상까지 석권하는 일대 사건이 일어났다. 그때 영상자료원 직원들과 같이 식사를 하고 차를 마시는 자리에서 스마트폰으로 시상식 중계를 지켜봤는데, 한국영화가 이뤄 낸 값진 성과에 놀라움과 기쁨을 함께 나눴던 기억이 생생하다. 그 순간, 나와 우리 직원들은 이 책이 세상에 나오는 의미와 가치를 다시금 확신할 수 있었다. 이후 책의 기획 작업은 순조롭게 진행되었다. 총론에 이어 장르 변천, 감독과 미학, 독립장편극영화, 다큐멘터리 지형을 각각 살펴보고 영화산업 전반과 기술 변화를 조망한 후, 현대 한국사회를 반영한 영화담론까지 아우르는 구성이었다. 깊이 있는 시각을 유지하면서도, 대학 교재나 대중 교양서로도 두루 쓰이는 책을 만들고 싶었다. 최대한 많은 독자들과 만날 수 있길 바랐기 때문이다. 까다로운 기획이었음에도 불구하고 각 주제의 가장 전문가임이 분명한 필자들이 발간 취지에 공감하고 흔쾌히 참가해 주었고, 영상자료원 역시 필자들의 원고가 빛을 발할 수 있도록 아낌없이 돕는 것으로 응답했다.

각 필자들이 영상자료원 담당자와 의견을 주고받으며 각자의 원고에 착수한 4월, 그 누구도 실제로 일어나리라 예상한 적 없는 재난영화 속 상황들이 전 세계에서 펼쳐졌다. 한국에서도 코로나19 확진자가 1만 명을 돌파하며 강도 높은 사회적 거리두기가 시작되었다. 분명 한국사회 전체가 힘들고 어려운 상황이었지만, 특히 한국영화산업은 말 그대로 코로나 직격탄을 맞았다. 2020년 10월 말 기준으로 관객 수도, 매출액도 전년 대비 70프로 이상 감소한 것이다. 한국영화는 줄줄이 개봉을 연기했고, 기약 없는 개봉 취소는 영화들을 극장이 아닌 온라인 플랫폼으로 옮겨 가게 했다. 이제 OTT 플랫폼으로 영화를 보는 것은 뉴노멀이 되어 버렸다. 예상대로라면, 주류 상업영화와 작가주의 영화 사이의 절묘한 균형을 찾아낸 한국영화의 특별함이 〈기생충〉이 일군 쾌거로 증명되었다고 마무리했을 원고들의 결말부가 한국영화 산업에 예기치 않게 도래한 뉴노멀에 대한 당혹스러움으로 바뀌게 되었다.

필자들이 공들여 쓴 각 장의 글에서 지난 20년간 한국영화가 쌓아 온 눈부신 성과들을 확인할 수 있다. 영화산업의 지표들은 줄곧 상승 일로였고, 영화산업의 전통적인 이분법인 대중영화와 작가영화의 경계를 무력하게 만든 감독들이 국제적으로 부상했으며, 창조성을 최우선 가치로 두는 영화 현장의 기술력은 세계 최고 수준을 자랑하게 되었다. 또, 독립장편극영화와 다큐멘터리영화는 권력·자본과 긴장관계를 유지하는 20세기의 정신과 태도를 유지하면서 대중에게 더 가까이 다가갔다. 최근 한국영화를 부르는 새로운 이름인 'K-시네마'는 또 다른 방식으로 공고해진 내셔널 시네마로서의 한국영화를 의미할 수도 있지만, 산업적으로 미학적으로 또 젠더와 계급의 차원에서도 국제 영화장場의 새로운 기준이 되는 글로벌 한국영화를 호명하는 용어가 될 수 있을 것이다. 뉴노멀이 도래한 지금, 낙관보다 비관의 감정이 앞서는 것도 사실이다. 어쩌면 영화관에서 영화를 보는 행위가, 아니 영화라는 매체 자체가 과거의 유물이 될지도 모른다. 훗날 이 책에서 서술된 지난

20년간의 한국영화를 돌아본다면, 한국영화가 가장 빛났던 시기를 회고하는 엘레지가 될 수도 있을 것이다. 하지만 지난 100년의 한국영화가 그랬듯, 지금의 한국영화도 보란 듯이 새로운 환경을 개척해 가리라 믿는다. 한국영화의 DNA는 어떠한 방식으로든 이어질 것이며, 한국 나아가 세계의 관객들과 교감하는 특질로 자리 잡을 것이다.

2020년 12월
한국영상자료원 원장 주진숙

일러두기

• 이 책은 2020년 한국영상자료원이 2000년 이후부터 현재까지 지난 20년간의 한국영화 전반을 개괄하고자 기획하였다.

• 이 책의 기획과 구성, 책임편집은 한국영상자료원 학예연구팀장 정종화, 연구원 이수연이 맡았다. 부록 〈2000~2019년 한국영화사 연표 및 산업 통계〉는 이수연이 정리했다.

• 책에 등장하는 영화의 작품명과 연도는 한국영상자료원 한국영화데이터베이스(KMDb)를 따랐다. 감독명과 개봉 연도는 각 장마다 해당 영화가 맨 처음, 주요하게 언급될 때 (감독명, 개봉 연도) 형태로 병기했다. 감독명, 개봉 연도, 배우 이름 등 영화 관련 정보는 ( ) 안에 표기하되, 본문 괄호와 구분되도록 작은 글씨로 표기하였다.

• 맞춤법과 띄어쓰기는 국립국어원의 《표준국어대사전》을 따랐다. 논문 및 영화 등의 작품명은 〈 〉, 문헌이나 저서명·정기간행물(학회지 포함)·신문명은 《 》, 직접 인용은 " ", 강조 및 간접 인용은 ' '로 표기했다.

• 인명이나 지명은 국립국어원의 외래어 표기용례를 따랐다. 단, 널리 알려진 이름이나 표기가 굳어진 명칭은 그대로 사용했다.

21세기 한국영화

: 르네상스부터 COVID-19까지

김형석

압축성장과 모순 폭발의 20년

21세기의 겨우 5분의 1이 지난 2020년 시점에서, 21세기의 한국영화를 이야기한다는 건 섣부르면서도 적절하고, 한편으론 곤란하다. 지금 '코로나 시대'를 통과하고 있기 때문이다. 우린 이 갑작스러운 재난이 영속될지 아니면 곧 극복될지 알지 못한다. 확실한 건 2020년 현재 우린 지난 20년 동안 한국영화가 쌓았던 영화적 성과를 순식간에 상실했다는 것이다. 지난 20년 동안 줄곧 상승했던 한국영화 시장 그래프는 2020년에 하향 곡선을 그렸고, 라인업이 무너졌으며, 관객 수는 급감했다. 대신 OTT*를 중심으로 한 온라인 시장이 새로운 국면을 맞이했다. 불가항력적인 외부적 요인으로 인해 영화산업과 문화는 알 수 없는 방향으로 재편되고 있다. 사람들의 절박한 바람처럼 백신과 치료약 개발을 통해 코로나의 위협이 사라진다 해도, 영화라는 엔터테인먼트의 위상과 영화관이라는 공간의 의미가 이전 상태로 돌아갈 것이라고 장담할 순 없다.

---

*OTT 'Over the top'의 줄임말. 'top'은 셋톱박스를 가리킨다. 즉, '셋톱박스를 넘어선 어떤 것'을 의미한다. 전파나 케이블을 통한 기존의 TV 서비스와 달리 범용 인터넷망을 통해 영상 콘텐츠를 제공하는 동영상 서비스를 말한다. 2005년 구글의 '구글 비디오'를 시작으로, 2007년 넷플릭스, 애플TV 등이 서비스된 이래 최근에는 국내에서도 왓챠, 웨이브 등으로 서비스망이 확대되고 있다.

하지만 이런 단절은 지금을, 지난 '21세기 한국영화'를 정리할 적절한 시점으로 만들기도 한다. 20세기에서 21세기로 넘어가던 '세기말-세기 초'에도 한국영화의 격렬한 단절이 있었다. 〈쉬리〉(강제규, 1999)의 후폭풍으로 이른바 '한국영화 르네상스'가 펼쳐지며 시작된 21세기 한국영화는 대변혁의 시기였으며, 한국영화의 전 분야가 상전벽해를 경험한 시간이었다. 1960년대 '황금기' 이후 1980년대까지 서서히 가라앉던 한국영화는, 1990년대에 도약을 시작해 2000년대에 새로운 단계로 접어들었다. 이 과정은 여러 힘들이 충돌하여 만들어 낸, 일종의 '에픽epic'을 방불케 하는 시간이었다. 먼저, 1990년대 초 대기업 재벌자본은 토착자본을 밀어내고 영화산업에 들어온다. 바로 '기획영화'*의 시작으로, 이어 창업투자회사 금융자본이 들어오기 시작한다. 이때부터 한국영화의 자본 구조가 바뀌었다. 하지만 1997년 외환 위기로 인해 대기업은 구조조정에 들어가고, 순간 위기를 맞이했던 한국영화는 1999년 〈쉬리〉의 기적 같은 흥행으로 활력을 맞이한다. 이 시기 김대중 대통령이 이끄는 '국민의 정부'는 "지원은 하되 간섭은 하지 않는다"는 기조였고, 이런 분위기를 타고 엄청난 규모의 펀드가 조성되었다. 바야흐로 '블록버스터blockbuster의 시대'에 접어들었고, '웰메이드well-

---

***기획영화**　1990년대 초반 시장조사를 통해 동시대의 관객 혹은 사회문화적인 성향에 대한 정보를 수집하고, 이를 바탕으로 계획된 영화를 제작하여 상업적 흥행을 도모하는 영화제작 방식을 말한다. 기획영화가 성공하고 대기업자본이 영화계에 유입되면서 할리우드의 주요 마케팅 전략인 스타 패키지, 시장성을 고려한 시각화, 간략한 아이디어 등의 콘셉트concept 영화제작 스타일 개념도 포함하게 되었다. 서성희, 〈한국 기획영화에 관한 연구: 〈결혼 이야기〉를 중심으로〉, 한국영화학회, 《영화연구》 No. 33, 2007, 379~380쪽 참조.

made 장르영화'가 쏟아지기 시작했고 '천만 영화'가 양산되었다. 2000년대 초반에 이뤄진 일이며, 할리우드를 비롯해 외국의 주요 영화제작 국가들이 몇 십 년 만에 이룬 변화를 불과 10년도 안 되는 기간에 그것도 과잉된 방식으로 이뤄 낸 것이다.

그런 만큼 부작용도 컸다. 2000년대 말부터 제기된 독과점의 폐해는 2010년 이후 한국영화의 가장 심각한 구조적 문제였다. 한국영화 점유율은 상승했지만 수익률은 그만큼 개선되지 않았고, 오히려 마이너스를 기록하기도 했다. '르네상스' 시기에 누렸던 다양성은 갈수록 퇴보했다. 동시에 억눌렸던 목소리들이 정당한 권리를 주장하기 시작했다. 스태프 처우 개선 문제는 긴 시간의 투쟁 끝에 표준계약서를 만들어 냈다. 한국영화와 영화계에서 여성의 목소리를 되찾기 위한 줄기찬 노력도 있었고, 20세기 한국영화에선 상상도 못 했던 '젠더 감수성'이 중요한 이슈로 떠올랐다. 1990년대부터 본격화된 독립영화와 예술영화를 지키려는 움직임은 힘겨운 상황에서도 지속되었다. 그렇다고 해서 전진만 했던 건 아니다. 검열과 심의는 철폐되었지만, 등급은 여전히 '표현의 자유'를 가로막았다. 또한, 보수 정권 시절의 블랙리스트는 영화계를 경직시켰다.

'급격한 산업적 팽창과 이에 따른 구조적 모순'과 '억압되었던 마이너리티의 자기주장'이 지난 20년간의 한국영화를 거칠게 요약한다면, 여기에 두 가지 변수를 더해야 그림이 완성된다. 바로 '디지털 테크놀로지'와 '해외시장의 성과'다. 2000년에 디지털 장편 〈봉자〉(박철수)와 〈눈물〉(임상수)이 등장한 이후, 여러 차례 업그레이드를 거치며 디지털 테크놀로지는 영화 현장부터 후반작업과 극장 상영까지 빠르게 필름을 대체했다. 한편, 2000년에 〈춘향뎐〉(임권택)이 처음으로 칸영화제 경쟁 부문에 초청받은 이후 〈올드보이〉(박찬욱, 2003)부터 〈기생충〉(봉준호, 2019)까지 한국영화는 해외시장에서 20세기와 비교도 안 될 정도의 성과를 거두었다. 이러한 기술적 변화와 산업적 확장은 지난 20년간의 한국영화를 좀 더 입체적인 관점에서 바라보게 만드는 요소들이다.

조금 관점을 달리해 보자. 이러한 과정을 '힘들의 관계'의 역사로 본다면, 그 중심엔 세 가지 요소, 즉 '정부'(의 지원과 정책), (기업과 벤처의) '자본' 그리고 (할리우드 및 글로벌 체제라는) '외세'가 있다.[1] 정부는 지원책과 영화진흥기금 등을 통해 영화제작을 지원하고 인프라를 만들면서 자본과 관계를 맺는 한편으로, 등급제나 블랙리스트 등을 통해 영화계를 견제한다. 한국의 영화 자본은 외국 자본과 체휴하고 글로벌 마켓으로 진출한다. 미국 정부와 할리우드는 무역의 관점에서 스크린쿼터 축소를 요구하고, 한국 정부는 다른 산업의 이익을 위해 그 요구에 응하기도 한다.

'세계화'를 외치긴 했지만 아직은 '우물 안 개구리'였던 20세기 한국영화는 21세기에 갑작스레 '초국가적transnational' 상황에 직면했고, 넷플릭스Netflix 같은 OTT는 이젠 단순한 플랫폼이 아니라 한국영화의 미래에 중요한 화두가 되었다. 갑작스레 발생한 코로나19로 인해 전 세계 영화산업의 좌표가 잠시 흔들리고 있지만, 어떤 방식으로든 이후 한국영화는 로컬을 넘어 '글로벌 콘텐츠'로 자리매김될 수밖에 없으며, 칸영화제와 특히 아카데미영화상에서 〈기생충〉이 거둔 성과는 점점 장벽이 사라지고 있는 글로벌 마켓의 일면을 보여 준다고 할 수 있을 것이다.

〈쉬리〉에서 〈괴물〉까지, 고속 성장의 시기

2000년 이후 한국영화를 이야기할 때 가장 먼저 떠올리게 되는 표현은 '한국영화 르네상스'다. 2000년부터 2019년까지 20년 동안 한국영화의 산업적 규모를 나타내는 수치는 대부분 상승 곡선을 그렸다. 2000년에 3,460억 원이던 극장 매출은 2019년에 1조 9,140억 원으로 5.5배 증가했고, 전체 관객 수는 6,462만 명에서 2억 2,668만 명으로 3.5배 늘었다. 한국영화 관객 수는 2,271만 명에서 1억 1,562만 명으로 5.1배가 되었다. 고무적인 것은 1인당 관람 편수다. 1인당 관람 편수는 2000년에 1.3편에서 2019년에 4.37편이 되었는데, 이것은 평균적으로 1년에 1편 정도의 횟수로 영화를 관람했던 관객들이 지난 20년 동안 분기별 1편 정도로 관람 편수가 증가했다는 뜻이다. 이는 스크린 수가 증가하고 개봉작의 상업성이 강화된 탓도 있지만, 한국영화 시장에 '시즌 영화'의 파워가 커졌음을 의미한다. 그 분기점은 2012~2013년 즈음으로 이 시기 1인당 관람 편수는 4편 이상이 되었고, 이른바 '천만 영화'가 한국영화와 외국영화를 가리지 않고 양산되기 시작했다.[2]

특히 '한국영화 르네상스'로 불리는 2000년대 초중반 시기의 증가세는 무섭다. 〈쉬리〉가 나온 1999년부터 〈괴물〉(봉준호)이 나온 2006년까지의 주요 지표들을 살펴보면 〈표 1〉과 같다.

이 수치에서 인상적인 건 매출과 관객 수, 특히 한국영화 관객 수에서 단 한 번의 후퇴도 없이 전진했다는 점이다. 그중에서도 2001년의 퍼포먼스는 대단한데, 〈친구〉(곽경택), 〈엽기적인 그녀〉(곽

표 1 한국영화 산업 주요 지표(1999~2006)

항목	단위	1999	2000	2001	2002	2003	2004	2005	2006
극장 매출	억 원	2,862	3,460	5,237	6,327	7,171	8,498	8,981	9,257
(증가율)	%		20.1	51.4	20.1	13.4	18.5	5.7	3.1
전체 관객 수	만 명	5,472	6,462	8,936	10,513	11,947	13,517	14,552	15,341
(증가율)	%		18.1	38.3	17.6	13.6	13.1	7.7	5.4
한국영화 관객 수	만 명	2,172	2,271	4,481	5,082	6,391	8,019	8,544	9,791
(증가율)	%		4.6	97.3	13.4	25.8	25.5	6.5	14.6
한국영화 점유율	%	39.7	35.1	50.1	48.3	53.5	59.3	58.7	63.8
스크린 수	개	588	720	818	979	1,132	1,451	1,648	1,880
(증가율)	%		22.4	13.6	19.4	15.9	28.2	13.6	14.1
1인당 관람 편수	편	1.20	1.30	1.90	2.20	2.47	2.78	2.98	3.13

재용), 〈신라의 달밤〉(김상진), 〈조폭마누라〉(조진규) 등의 한국영화를 비롯해 〈진주만Pearl Harbor〉(마이클 베이, 2001), 〈해리포터와 마법사의 돌Harry Potter and the Sorcerer's Stone〉(크리스 콜럼버스, 2001), 〈슈렉Shrek〉(앤드류 아담슨 외, 2001) 등의 할리우드 영화가 개봉하여 극장 매출이 51.4퍼센트 증가했고, 한국영화 관객은 무려 97.3퍼센트가 늘었다. 이로써 극장 매출액(달러 기준)은 미국, 일본, 영국, 프랑스, 독일, 스페인에 이어 세계 7위 규모가 되었고, 한국영화 점유율은 외화 수입 자율화*가 시작된 1986년 이후 처음으로 50퍼센트를 넘겼다. 1999년 〈쉬리〉의 성공으로 탄력을 받아 2000년에 상승세를 이어 가던 한국영화 산업은 1년 만에 빅뱅을 일으키며 그 잠재력을 드러냈고, 이후 한국영화 점유율은 2019년까지 대부분 50퍼센트 이상을 기록하는 위력을 보여 주었다(2001년 이후 단 한 번

도 40퍼센트 이하로 떨어진 적이 없다).

특히 2006년은 한국영화 점유율 최고의 해로, '천만 영화' 〈괴물〉을 비롯해 〈타짜〉(최동훈), 〈투사부일체〉(김동원), 〈미녀는 괴로워〉(김용화) 등 전국 관객 500만 명 이상의 흥행작과 함께 〈우리들의 행복한 시간〉(송해성), 〈음란서생〉(김대우), 〈청춘만화〉(이한), 〈달콤, 살벌한 연인〉(손재곤), 〈사생결단〉(최호), 〈비열한 거리〉(유하) 등 200~300만 명대의 영화들이 쏟아져 나왔고 100만 명대의 영화들도 다수였다. 이 시기는 한국영화의 허리가 가장 탄탄했던 시기로, 특히 장르적 편중 없이 분포되어 다양한 관객들을 만족시켰다. 그 결과 63.8퍼센트라는 전무후무한 점유율을 기록했고, 한국영화 관객 수는 거의 1억 명에 육박하게 되었다. 이후 잠시 점유율 저하를 겪던 한국영화는 2012년부터 2019년까지 점유율 50퍼센트, 관객 수 1억 명 이하로 단 한 차례도 내려가지 않았다. 2000년부터 2019년까지 20년 동안의 관객 수 통계를 보면 총 33억 869만 명인데, 한국영화

●외화外畵 수입 자율화 한국의 외국영화 수입정책은 영화법이 제정되기 이전부터 외화外貨 부족을 이유로 정부의 제한을 받아 왔다. 외화 사정에 따라 약간의 변동은 있었으나 1년 동안 수입 가능한 외화外畵의 편수가 제한되었으며, 외화 수입을 위해서는 문교부의 수입 추천을 받거나 국산 영화를 제작하여 수출 · 영화제 수상 · 우수 영화 선정 등 일정 조건을 갖춰야 했다. 그러던 것이 미국의 끊임없는 요구로 1986년 개정된 제6차 영화법에서 외국영화 수입을 제한하는 갖가지 조건들이 사라지고(수입 가격 상한선 폐지 · 회사당 연간 수입 편수 제한 해제 등), 더 나아가 외국의 법인 또는 단체에서 한국 내에 회사를 설립할 수 있게 했다. 1987년 7월 1일부로 시행된 이 제6차 영화법에 따라 해외 배급사들이 앞다퉈 한국에 직배사(배급전문회사)를 설립하기 시작했다. 한국 영화인들의 반대가 거셌지만, 할리우드의 직배사들이 속속 활동을 시작하여, 결국 1988년 9월 24일 네덜란드계 직배사인 UIP에서 배급한 미국영화 〈위험한 정사〉가 명동 코리아극장에서 개봉되며 본격적인 직배시대의 시작을 알렸다.

관객이 17억 3,615만 명으로 52.5퍼센트를 차지한다. 이렇듯 지난 20년은 확실히 한국영화가 우위를 차지한 시기다. 특히 고속 성장 시기였던 2000년대 초반 한국영화 산업의 변화는 이후 2019년까지 한국영화계의 성장에 확실한 원동력이 되었다. 그리고 이 과정에서 스크린 수는 꾸준히 10~20퍼센트대의 성장률을 보였다.

투자조합이라는 든든한 밑천

21세기 들어 한국영화 산업의 가장 큰 변화는 펀드의 등장이다. 그 결과 거대 자본의 동원이 가능해졌고, 예전엔 상상도 못 할 규모의 영화가 만들어질 수 있었다. 변화의 시작은 1990년대 초반의 '기획영화'이다. 그 효시라 할 수 있는 작품은 김의석 감독의 〈결혼이야기〉(1992)로, 이를 기점으로 이전까지 토착자본으로 만들어지던 한국영화는 이제 기업자본으로 제작되기 시작했다. 이후 〈은행나무 침대〉(강제규, 1996)를 통해 창투사* 자본이 들어오면서 한국영화의 자본은 그 성격이 급격히 변하기 시작했고, 젊은 브레인들이 한국영화의 중심으로 들어오며 세대교체도 동시에 일어났다.

*창업투자회사 1986년 중소기업창업지원법이 제정되면서, 중소기업 창업 활성화와 육성에 기여할 목적으로 설립된 벤처캐피탈의 한 형태를 말한다. 창업투자회사는 창의성과 사업성은 있으나 자금력이 부족한 중소기업에 납입자본금의 50퍼센트 범위 이내에서 자본을 직접 투자하여 그 회사가 성장하면 그 결과로 얻어진 수익을 투자자들이 나눠 갖는 형태로, 벤처기업의 경우 창업투자회사의 투자 자본이 전체 지분의 10퍼센트 이상(문화콘텐츠제작자는 7퍼센트 이상)이 되면 벤처기업 인증을 받을 수 있는데, 이렇게 벤처기업 인증을 받으면 다양한 세제 혜택이나 코스닥시장 등록 시 여러 가지 혜택을 받을 수 있다. 대한민국 기획재정부 《시사경제용어사전》 참조. https://terms.naver.com/entry.nhn?cid=43665&docId=300193&categoryId=43665

〈결혼이야기〉를 비롯해 영화제작사 신씨네를 통해 만들어진 〈미스터 맘마〉(강우석, 1992), 〈은행나무 침대〉, 그리고 강우석 감독의 〈투캅스〉 시리즈(1993, 1996), 명필름의 〈접속〉(장윤현, 1997) 등은 어떤 의미에선 당대의 '뉴시네마'였고, 그 주역들은 이후 21세기 충무로의 중심이 된다.[3]

기업자본은 토착자본에 비해 지구력이 있었고, 당시 한국영화를 잠식하던 할리우드 직배 영화에 맞설 수 있는 효과적인 세력이 되었다. 특히 이 시기 삼성과 대우는 VCR 생산·비디오 사업·영화 제작·케이블 채널을 연결한 메커니즘을 만들어 냈다. 그들은 영상산업에 매우 긍정적이었고, 서서히 극장산업에도 진출하며 수직 통합적 구조를 기획하고 있었다. 이때 IMF 외환 위기가 터졌다. 기업들은 구조조정에 들어갔고 삼성과 대우도 예외는 아니었으며, 엔터테인먼트 관련 자회사들이 가장 먼저 희생양이 되었다.

대기업이 빠져나가면서 충무로엔 거대한 공백이 생길 것 같았지만, 삼성이 제작한 마지막 영화 〈쉬리〉가 새로운 시대를 견인했다. IMF로 인해 증권시장으로 가지 못한 자본은 〈쉬리〉의 성공에 고무되어 영화라는 엔터테인먼트로 향했다. 그러면서 구조조정으로 일자리를 잃은 대기업 출신 영화인들이 다시 충무로로 진입할 수 있게 되었고, 마침 '국민의 정부'의 영화산업 지원책도 시행되었다. '기획영화—IMF—〈쉬리〉—펀드 조성'으로 이어지는 1990년대 초부터 2000년대 초까지의 10년은 이전 한국영화의 30년 이상과 맞먹을 만한 변혁의 시기였다. 지금 한국영화의 스탠더드가 된 일반적인 자본 구조가 이 시기를 통해 완성되었으며, 1980년대까지 불투명했던 경영과 회계 시스템은 개선되었다. 이외에도 박스오피스

관리와 마케팅 그리고 해외 비즈니스까지, 영화산업의 모든 분야가 바로 이 10년 동안 변화했으며 삼성영상사업단이나 대우시네마, 신씨네, 시네마서비스, 명필름 등은 21세기 한국영화를 이끌 영화 인력들의 아카데미 같은 역할을 했다.

여기서 핵심적인 역할을 한 것이 바로 '영상전문투자조합'이다. 영화산업이 성장하는 데 대기업자본의 규모와 이를 뒷받침하는 정책 및 제도가 중요한 역할을 한다면, 2000년대 초는 그런 면에서 최적의 환경이었던 셈이다.[4] 투자조합은 5~7년 정도의 기간 동안 존속하며 투자와 회수를 거듭하면서 선순환구조를 만드는 간접투자 지원정책으로, 산업 활성화에 중요한 역할을 했다. 벤처자본의 투자는 1990년대 말 일신창투나 국민기술금융, 미래에셋 등을 통해 이뤄졌으나, 투자조합이 본격적으로 영화 자본의 중심으로 자리 잡은 것은 2000년부터였다. 투자조합은 단지 제작비를 지원하는 정책이 아니라, 한국영화 산업이 자본을 조달하는 구조 자체를 변화시킨 패러다임 전환책이었다. 한국영화 제작비에서 투자조합이 조달한 자본의 비중은 2001년 12.3퍼센트, 2003년 29.3퍼센트, 2006년 이후엔 30.1퍼센트로 증가했다.[5]

출자 방식은 영화진흥위원회와 중소기업진흥공단이 중심이 된 공적자금이 민간 벤처자본과 결합하는 방식이었는데, 1999년 1개였던 투자조합은 2000년 7개로 힘찬 도약을 한다. 이후 2004년까지를 정책 형성기라고 할 수 있는데, 5년 동안 결성된 조합은 21개, 총액은 2,200억 원이었다. 그중 공적자금은 전체의 38.8퍼센트인 967억 원으로 마중물 역할을 톡톡히 했다. 그렇다면 당시 투자조합의 결성은 어떤 진용을 갖추고 있었을까? 수많은 종류의 자

그림 1 2000년대 초 투자조합 관계도

드림벤처캐피탈	드림영상 및 IT벤처1호투자조합(135)
유니코리아	드림영상애니메이션IT벤처2호투자조합(50)
코웰창업투자주식회사	코웰멀티미디어투자조합(100)
디지털임팩트	
서울영상벤처사업단	
튜브인베스트먼트	튜브영상투자조합1호(100)
미래에셋	미래에셋영상펀드(100)
	김동주영상펀드(100)
무한기술투자	무한영상벤처투자조합(115)
로커스홀딩스	
새한	
네티앙	
시네마서비스	
MVP창업투자주식회사	MVP창업투자조합1호(100)
소빅창업투자주식회사	소빅1호벤처투자조합(100)
KM컬쳐	
KTB네트워크	
새롬엔터테인먼트	KMAV1호벤처투자조합(50)
한능벤처기술투자	
삼성벤처투자	SVIC영상1호신기술사업투자조합(100)
	SVIC영상2호신기술사업투자조합(100)
애니컨텐츠	일산애니메이션투자조합(50)
벤처플러스	벤처플러스멀티미디어투자조합(50)
강제규필름	

영화진흥위원회
중소기업진흥공단

※ 괄호 안 숫자는 각 조합의 투자액으로, 단위는 억 원.

본들이 정신없이 이합집산했기에 그 흐름을 한눈에 파악하기는 쉽지 않지만, 조합 설립이 한창이던 2001년 초의 상황을 정리하면 〈그림 1〉과 같다.[6]

투자조합은 분산투자를 원칙으로 했으며, 펀드의 100퍼센트를 영화에 투자하는 경우는 드물었다. 영화엔 40~60퍼센트를 할애하고 기타 콘텐츠 및 IT 분야에도 투자했다. 물론 영화만을 위한 펀드도 있었고, 몇몇 창투사들은 직접 영화배급과 제작에 참여하기도 했다. 튜브엔터테인먼트나 〈친구〉를 배급한 코리아픽쳐스, 〈미녀는 괴로워〉(김용화, 2006)를 직접 제작한 KM컬쳐나 아이픽쳐스 등은 금융권을 토대로 하고 있었다.

또 하나의 흐름은 인터넷 펀드였다. 21세기 한국 사회의 중요한 키워드는 디지털이었고, 인터넷이 일상의 모든 분야에 침투하면서 이제 관객이 직접 영화제작 펀드에 참여할 수 있게 된 것이다. 1999년 11월 인츠닷컴은 〈반칙왕〉(김지운, 2000)의 제작비 중 1억 원을 네티즌 펀드로 모았는데, 처음엔 홍보 수단에 가까운 금액이었다. 네티즌 펀드가 본격화된 계기는 〈공동경비구역 JSA〉(박찬욱, 2000)이 수익률 150퍼센트를 기록하면서부터이다. 당시 한국영화의 흥행세에 힘입어 네티즌 펀드는 고수익률을 기록했는데, 〈반칙왕〉은 97퍼센트, 〈동감〉(김정권, 2000)은 56퍼센트, 〈죽거나 혹은 나쁘거나〉(류승완, 2000)는 30퍼센트의 수익률을 냈다. 2001년 심마니엔터펀드에서 모집한 1억 원 규모의 〈친구〉 네티즌 펀드는 1분 만에 마감이 되는 기염을 토했다. 이후 명필름은 매우 적극적인 방식으로 네티즌 펀드를 끌어안았는데, 〈바람난 가족〉(임상수, 2003)은 3차에 걸쳐 20억 원의 순제작비를 모아 60퍼센트의 수익률을 기록했으며, 〈안녕, 형아〉(임태형, 2005) 역시 네티즌 펀드를 통해 19억 5천만 원의 순제작비를 조달했다. 하지만 2000년대 중반까지 불었던 네티즌 펀드 열풍은 곧 가라앉았고, 최근엔 영화제작뿐만 아니라 DVD 출시나 영화제 후원 같은 좀 더 광범위한 방식으로 클라우드 펀딩이 이뤄지고 있다.

자본의 합종연횡과 메이저의 형성

우후죽순처럼 생겨났던 투자조합이 한국영화 산업의 스케일을 키워 놓았다면, 그 안에선 국내외의 다양한 자본들이 참여한 인수와 합병, 창업과 연합의 복잡한 관계도가 그려지고 있었다. 수많은 투자사·배급사·제작사·매니지먼트 회사·콘텐츠 기업들의 합종연횡이 있었고, 영화 관련 뉴스는 연일 '업계 뉴스'를 쏟아 낸 것이 2000년대 초의 풍경이었다. 인수 및 합병의 첫 빅딜은 로커스홀딩스가 주인공이었다. 2000년 3월, 로커스홀딩스는 '싸이더스'라는 자회사를 설립하는데, 여기엔 영화·연예 매니지먼트·방송·인터넷 게임 등 다양한 분야들이 총망라되어 있었고, 우노필름의 차승재 대표와 EBM의 정훈탁 대표, 김종학프로덕션 등이 한솥밥을 먹게 되었다. 오프라인 엔터테인먼트 분야에서 강력한 콘텐츠 그룹을 형성하는 것이 1차 목표였던 싸이더스는, 2단계에서 온라인으로 영역을 넓히고, 3단계에서 국제적인 슈퍼 홀딩 컴퍼니가 되는 것이 목표였다.[7]

1년 후 로커스홀딩스는 또 하나의 빅딜을 성사시킨다. 시네마서비스를 인수한 것이다. 2000년에 다국적 투자 회사인 워버그핀커스에게 2백억 원의 투자를 받은 상태였던 시네마서비스와 로커스홀딩스가 결합함으로써, 영화계는 금융자본과 좀 더 확고하게 결합하게 되었다. 한두 편의 흥행에 휘둘리지 않고 안정된 상황에서 제작할 수 있는 토대가 마련된 셈이다. 한편 〈쉬리〉 이후 충무로의 강력한 파워맨으로 떠오른 강제규필름은 20퍼센트의 지분을 주고 KTB네트워크로부터 57억 5천만 원을 투자받았다. 이외에도 종종 인수설의 주인공이 되었던 튜브엔터테인먼트, 박찬욱·곽재용·배창호·이무영 등의 감독들이 모인 연합체 에그필름, 강제규필름과 KTB네트워크 등이 중심이 되어 결성한 배급사 A라인 등이 있었다. 2001년엔 무한기술투자와 시네마서비스가 공동 출자한 투자배급사 청어람이 출범했다.

춘추전국시대를 방불케 하는 2000년대 초의 상황은 2004년 CJ엔터테인먼트가 플레너스㈜시네마서비스를 인수하면서 일단락되었다고 할 수 있다. 이때부터 충무로는 CJ엔터테인먼트(현 CJ ENM)와 시네마서비스의 양강 체제에서 기업 중심의 3파전 체제로 접어든다. 그 주인공은 시네마서비스를 가져가며 업계 정상에 선 CJ, 쇼박스 그리고 롯데엔터테인먼트였다. 이 세 회사는 CGV, 메가박스, 롯데시네마라는 각자의 멀티플렉스 체인을 소유한 수직 통합적 시스템을 갖추고 있었다. 특히 CJ의 극장 파워는 시네마서비스의 체인이었던 프리머스 시네마를 가져가면서 더욱 강해졌다. 이후 한국은 급속하게 멀티플렉스 시대로 접어들어, 2000년 720개였던 스크린 수는 2019년에 3,079개가 될 때까지 꾸준히 성장했다. 이것은 한국영화계가 자본을 끌어들이기 위해서는, 즉 어느 정도 수익이 보장되는 안정적 시장을 유지하기 위해선 필수적인 일이었지만, 결과적으로 심각한 와이드 릴리즈*와 독과점을 가능케 한 토대가 된다. 이러한 3강 구도는 2008년 NEW가 등장하여 2010년대에 4자 구도를 형성하며 현재까지 한국영화 산업을 이끌어 오고 있다.

세 기업의 분할 구도가 2005년 즈음부터 틀을 잡았다면, 이 시기 충무로를 휩쓴 신드롬은 증시 열풍이었다. 사실 2000년대 초부터 로커스홀딩스를 통해 싸이더스나 시네마서비스는 증권가와 관련을 맺었고, 2002년엔 CJ엔터테인먼트가 코스닥에 상장되기도 했다. 하지만 증시와 영화계 사이엔 꽤 거리가 있었다. 이때 물꼬를 튼 키워드가 '우회상장'이었다. 간단히 말하면, 영화와 무관한 업체를 통해 주식시장에 접근하는 방식으로, 2003년 싸이더스HQ는 패션업체인 라보라와 합병 후 주식시장에 진입하며 iHQ가 되었고, 싸이더스는 보안업체 씨큐리콤을 통해 2004년에 상장되었다. 두 업체는 이후 통신업체와 손을 잡는데, iHQ는 2005년에 SKT에 인수되고, 싸이더스의 자회사인 싸이더스픽쳐스는 좋은영화와 합병해 싸이더스FNH로 바뀐 뒤 KT의 자회사가 되었다. 명필름과

●**와이드 릴리즈**Wide-release   단시간 안에(일반적으로 개봉 첫 1~2주 사이) 여러 지역의 다수 상영관에 영화를 배급·상영하는 광역 개봉 방식을 말한다. 미국 할리우드에서 1970년대 마케팅 전략의 하나로서 시작되었지만, 이후 멀티플렉스 영화관의 등장으로 상영 가능한 스크린 수가 폭발적으로 증가하는 동시에 영화의 포맷이 필름에서 디지털로 전환되면서 점차 보편화되었다. 몇 개의 상영관에서 동시개봉했을 때 '와이드 릴리즈'라고 할 수 있는지에 대해서는 시기나 통계 주체에 따라 기준이 상이한데, 일반적으로 500~800개 사이의 상영관으로 정의되며, 오늘날에는 국가 내에서의 상영만이 아니라 전 세계 동시개봉도 일반화되면서, 할리우드 블록버스터 영화의 경우 4천 개 이상의 극장, 1만 개 이상의 스크린에서 동시개봉으로까지 그 규모가 크게 확대되었다.

표 2 한국영화 4대 메이저 히스토리

연도	CJ	쇼박스	롯데	NEW
1995	드림웍스 2대 주주 참여 제일제당 멀티미디어 사업부			
1996		미디어플렉스 설립		
1997	〈인샬라〉로 배급 시작			
1999		메가박스 설립	롯데쇼핑 시네마 사업본부 롯데엔터테인먼트 출범	
2000	CJ엔터테인먼트 설립 〈공동경비구역 JSA〉 583만 관객			
2002		쇼박스 설립		
2003			롯데엔터테인먼트 출범	
2004		〈태극기 휘날리며〉 1,174만 관객	배급 사업 시작	
2005		〈말아톤〉 515만 관객		
2006		〈괴물〉 1,301만 관객 코스닥 상장	뮤지컬 전용극장 샤롯데 씨 어터 개관	
2007	파라마운트 배급 시작	메가박스 매각		
2008			롯데시네마 베트남 진출	NEW(넥스트엔터테인먼트월 드) 설립
2009	미국, 중국 직배 〈해운대〉 1,145만 관객	〈국가대표〉 848만 관객	〈과속스캔들〉 820만 관객	
2010	일본 직배 필라멘트픽쳐스 런칭		롯데시네마 중국 진출	
2011	CJ E&M 출범 베트남 직배		〈최종병기 활〉 740만 관객	
2012	인도네시아 직배 〈광해, 왕이 된 남자〉 1,231만 관객	〈도둑들〉 1,298만 관객		뮤직앤뉴(음악) 설립
2013	한중 합작 〈이별계약〉 1.92억 위안 매출 〈설국열차〉 167개국 선판매	〈관상〉 913만 명 관객		콘텐츠판다(유통), 쇼앤뉴(공 연) 설립 〈7번방의 선물〉 1,281만 관객 〈변호인〉 1,137만 관객
2014	〈명량〉 1,761만 관객(역대 박 스오피스 1위) 〈국제시장〉 1,425만 관객			

2015	한중 합작 〈20세여 다시 한 번〉 3.65억 위안 매출 〈베테랑〉 1,341만 관객	중국 화이브라더스와 독점 파트너십 블룸하우스, 아이반호와 파트너십 〈암살〉 1,270만 관객	파라마운트 배급 시작	브라보앤뉴(스포츠) 설립
2016	〈아가씨〉 176개국 선판매 JK필름 인수			스튜디오앤뉴(콘텐츠) 설립 〈부산행〉 1,157만 관객
2017		〈택시운전사〉 1,218만 관객	〈신과함께-죄와 벌〉 1,441만 관객	씨네Q 1호점 개관
2018	CJ오쇼핑 합병 및 CJ ENM 출범		롯데컬처웍스 출범 〈신과함께-인과 연〉 1,027만 관객	
2019	〈기생충〉 칸영화제 황금종려상 수상 〈극한직업〉 1,627만 관객			엔진(VFX), 뉴 아이디(디지털) 설립
2020	〈기생충〉 아카데미영화상 4개 부문 수상			

※ 각 업체 홈페이지 내용을 토대로 작성했음.

강제규필름은 공구업체인 세신버팔로와 합병하여 MK버팔로라는 이름으로 2004년 코스닥에 상장되었는데, 이는 한국영화를 대표하는 두 제작사의 결합이라는 점에서 큰 관심을 끌었다.

이외에도 2005~2006년에만 20개 가까운 영화제작사, 매니지먼트 업체, 드라마 프로덕션 등이 IT부터 골프공 업체까지 다양한 업종과 손을 잡고 증권가에 진입했다. 안정된 제작 토대를 마련하려는 노력이었지만, 이 과정에서 많은 부작용들이 있었다는 것도 부정할 수 없다. 대부분은 오래 지속되지 못했고, 몇몇 업체는 주가조작으로 조사를 받기도 했다. 그 시절 충무로는 다양한 방식과 의도의 욕망이 뒤엉킨 용광로였다. 한편 몇몇 업체들은 지분투자

표 3 2020년 현재 주요 영화 관련 상장사

업체	시장	내용
대원미디어	코스닥증권시장	2001년 상장
CJ ENM	코스닥증권시장	2002년 CJ엔터테인먼트, 2018년 CJ오쇼핑과 CJ E&M 합병
CGV CJ	유가증권시장	2004년 상장
바른손 / 바른손이앤에이	코스닥증권시장	2005년 바른손영화사업부, 2014년 바른손이앤에이
쇼박스	코스닥증권시장	2006년 상장
롯데쇼핑	유가증권시장	2006년 상장
NEW	코스닥증권시장	2014년 상장
덱스터	코스닥증권시장	2015년 상장
제이콘텐트리	유가증권시장	2019년 상장

※ 한국거래소 정보 포털 SMILE(smile.krx.co.kr) 데이터를 토대로 작성했음.

등을 통해 영화업계에 진출하기도 했는데, 팬시업체인 바른손이 튜브매니지먼트와 함께 투자사인 아이픽쳐스를 인수한 것이 대표적이다.

웰메이드 패러다임의 등장

〈쉬리〉 이후 갑자기 몰려든 거대 자본, 레저 생활의 중심부로 진입하던 영화라는 엔터테인먼트, 다양한 딜을 통해 스케일을 키우던 충무로가 있었기에 '한국영화 르네상스'가 가능했다고 볼 수 있다. 여기엔 그 흐름을 이끌었던 중요한 두 집단이 있다. 첫 번째는 독특한 크리에이티브로 무장한 감독들이고, 두 번째는 그들을 자본과 연결한 제작자들이다. 짧은 기간 안에 충무로 자본 구조가 격변하며 영화를 제작할 수 있는 시스템(하드웨어)이 혁신을 맞이할 때, 지난 세기와는 확연히 구별되는 완성도의 작품들(소프트웨어)을 창조했던 건 그들이다. 이때 등장한 단어가 '웰메이드 영화'다. 정착된 영화 용어는 아닌, 저널에서 만들어 낸 용어인 '웰메이드 영화'는 업그레이드된 21세기 한국영화에 대한 긍정적 표현이었다.

"2000년대의 현격한 제작비 상승과 직간접적으로 연관된 충무로의 고가화하고 세련된 제작 수준이 반영된 영화"[8]라는 의미의 웰메이드 영화는 10년 전인 1990년대 초에 등장한 '기획영화'와는 조금 다른 의미를 가진다. 기획영화는 새로운 자본과 젊은 감성으로 촉발되었고, 로맨틱코미디로 시작해 액션이나 멜로 장르로 번져 가는 경향을 보였다. 반면 웰메이드 영화의 붐은 각 장르에서 전방위적으로 일어났다. 자본의 성격이나 규모보다는 프로덕션 과정에서의 기획력이나 창작자의 개성이 더 중요했고, 상업영화와 작가영화 사이에서 절묘하게 균형을 잡았다.

웰메이드 영화의 전성기는 2003년이었다. 2000년에 가능성을 확인하고 2001년에 흥행 가도를 달리던 한국영화는 2002년 〈성냥팔이 소녀의 재림〉(장선우)를 비롯한 대형 프로젝트의 연이은 실패로 잠시 슬럼프에 빠진다. 하지만 2003년은 아마도 21세기 한국영화의 화양연화라 불러도 좋을 만큼, 충무로가 미처 깨닫지 못했던 잠재적 역량이 빅뱅을 일으킨 해였다. 〈살인의 추억〉(봉준호), 〈지구를 지켜라!〉(장준환), 〈장화, 홍련〉(김지운), 〈싱글즈〉(권칠인), 〈바람난 가족〉, 〈스캔들-조선남녀상열지사〉(이재용), 〈올드보이〉 등이 이어졌고, 스릴러·호러·로맨틱코미디·사극·드라마 등 수많은 장르에서 수작들이 배출되었다. 〈지구를 지켜라!〉 같은 종잡을 수 없는 하이브리드 장르영화도 있었다. 이 시기부터 저널에서 종종 '웰메이드 영화'라는 용어가 사용되었고, 그것은 한국영화의 지향점처럼 여겨졌다.

흥미로운 건 감독들의 '출신'이었다. 2000년대 초 한국영화 르네상스의 중심엔 새로운 세대의 감독들이 있었다. 그들은 도제 시스템과 거리가 먼 영화적 토양에서 성장했다. 문화원이나 시네마테크, 비디오 대여점을 통해 수많은 영화를 보며 나름의 취향을 형성했고, 단편영화 작업으로 각광을 받기도 했다. 이러한 감독들은 1990년대 말부터 등장하는데 〈조용한 가족〉(1998)의 김지운이나 〈8월의 크리스마스〉(1998)의 허진호, 〈죽거나 혹은 나쁘거나〉의 류승완 그리고 〈플란다스의 개〉(2000)의 봉준호 등이 대표적이다. 박찬욱 감독은 세 번째 작품인 〈공동경비구역 JSA〉의 성공으로 발판을 마련하며 새로운 영화 세대를 이끄는 맏형 역할을 했다. 여기에 〈오! 브라더스〉(2003)의 김용화, 〈범죄의 재구성〉(2004)의 최동훈, 〈말아톤〉(2005)의 정윤철 등이 뒤를 이었고, 〈실미도〉(2003)로 첫 '천만 영화'의 주인공이 된 강우석이나 〈왕의 남자〉(2005)의 이준익 그리고 이창동과 같은 선배 세대 감독들까지 가세하면서 한국영화계는 적절한 신구 조화를 이루게 된다. 2000년대 초반에 형성된 이러한 감독군은 대략 20년이 지난 지금까지도 한국영화의 중심을 형성하고 있다.

이들의 성취는 제작자들과의 긴밀한 컬래버레이션 없인 불가능했다. 1990년대에 업계에서 잔뼈가 굵은 그들은 2000년 전후로 급변하던 충무로에서 오퍼레이터 역할을 하며, 자본을 끌어와 재능 있는 신인들의 프로젝트와 연결시켰다. 단순히 프로덕션을 이끄는 것이 아니라 시나리오 능력을 갖춘 그들은, 트렌드 감지와 새롭고 과감한 시도라는 측면에서 '슈퍼 프로듀서'로 부를 만했다. 차승재는 대표적 이름이다. 우노필름을 통해 〈비트〉(김성수, 1997), 〈8월의 크리스마스〉 등을 내놓았던 그는 이후 싸이더스에서 〈무사〉(김성수, 2001), 〈화산고〉(김태균, 2001), 〈살인의 추억〉, 〈역도산〉(송해성, 2004), 〈타짜〉(최동훈, 2006) 등을 내놓는데, 그의 뚝심이 있었기에 가능했던 모험적 작품들이었다.

특히 이 시기는 여성 제작자들의 전성기였다. 명필름의 심재명 대표는 1990년대 한국영화 마케팅 혁신의 중심에 있었으며, 21세기엔 제작자로서 확고한 입지를 굳혔다. 명필름에서 2000년에 제작한 〈공동경비구역 JSA〉는 한국영화의 퀄리티를 한 단계 끌어올린 수작이었고, 〈바람난 가족〉이나 〈그때 그사람들〉(임상수, 2004) 같은 정치·사회적으로 과감한 프로젝트도 진행했으며, 장편 애니메이션 〈마당을 나온 암탉〉(오성윤, 2011)을 제작하기도 했다. 또한 〈우리 생애 최고의 순간〉(임순례, 2008), 〈카트〉(부지영, 2014)와 같이 여성 제작자로서 심재명 대표의 정체성을 확고히 드러낸 작품들도 제작되었다.

그리고 '영화사 봄'의 오정완은 김지운 감독과 함께 작업한 세 편의 영화—〈반칙왕〉(2000), 〈장화, 홍련〉, 〈달콤한 인생〉(2005)—외에도 〈스캔들-조선남녀상열지사〉, 〈너는 내 운명〉(박진표, 2005) 등을 제작했다. 시네마서비스의 기획 담당이었던 '좋은영화'의 김미희는 1999년 〈주유소 습격사건〉(김상진)으로 선풍을 일으킨 후 〈신라의 달밤〉(김상진, 2001), 〈선생 김봉두〉(장규성, 2003), 〈아라한 장풍 대작전〉(류승완, 2004), 〈혈의 누〉(김대승, 2005) 등을 제작했다. 이들의 다음 세대라고 할 수 있는 이유진도 빼놓을 수 없다. 영화사 봄의 프로듀서였던 그는 '영화사 집'으로 독립한 후 〈그놈 목소리〉(박진표, 2007), 〈전 우치〉(최동훈, 2009), 〈검은 사제들〉(장재현, 2015) 등 독특한 톤의 장르 영화들을 제작했다.

이외에도 수많은 제작자들이 감독들과 생각을 공유하며 한국 영화 르네상스 시기를 충실하게 채워 나갔다. 안타까운 건 이 시기 대규모 자본이 들어왔지만, 제작의 토대 자체가 안정적이진 않았다는 사실이다. 급속하게 변하는 시장 상황 속에서 그들은 항상 투자 유치와 M&A 그리고 주식 상장 등을 고민해야 했고, 결국은 2000년대 말 대기업의 시장 지배가 공고해지면서 서서히 그 파워를 잃어 가게 된다.

독과점과 천만 영화, 동전의 양면

들쑥날쑥 수익률의 불안정한 시장

한국영화의 재탄생을 알리는 '르네상스'라는 단어가 2000년대 초 충무로의 양지를 조명한다면, 그 이면엔 '수익률의 위기'라는 음지가 있었다. 데이터 미비로 인한 추산치이긴 하지만, 2001년 한국영화의 평균 수익률은 대략 18.3퍼센트였다. 이것은 금융 전문가들이 영화산업에 대해 추산하는 투자 수익률인 15퍼센트와 비슷한 수준이다.[9] 하지만 이후 한국영화의 수익률은 마이너스를 기록하기 시작하며, 2000년대 말에는 심각한 수준에 도달한다. 2010년대에 회복세로 접어들며 대체로 플러스 상황이 되긴 하지만, 이는 르네상스 시기 한국영화가 그 성장의 이면에 거대한 구조적 모순을

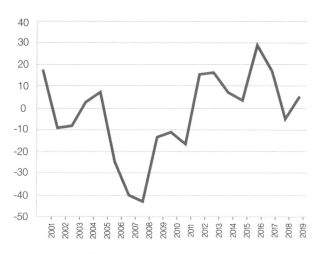

그림 2 한국영화 수익률(2001~2019) 단위: %

※ 영화진흥위원회, 《한국영화연감》 자료를 토대로 작성했음. 수익률의 경우, 계속 보정치가 발
  표되기에 가장 최근 자료를 참조했음. 2016년부터는 제작비 30억 원 이상의 영화를 대상으
  로 한 수익률임.

안고 있음을 보여 주는 것이었다.

  2001년부터 2019년까지 한국영화 수익률의 변화를 그린 그래프
를 보면, 상승이라든가 하강이라든가 유지 같은 어떤 경향성을 찾
아볼 수 없고 그 편차가 심할 정도로 크다는 것이 특징이다. 가장
수익률이 높았던 2016년의 29.8퍼센트와 가장 낮았던 2008년의
-43.5퍼센트 사이엔 무려 73.3퍼센트의 간격이 있다. 불과 8년 사
이에 이렇게 수익률 차이가 난다는 건, 2000년대와 2010년대 한국
영화 산업의 불안정성을 드러낸다고 할 수 있다.

  그럼에도 어떤 경향성을 찾아본다면, 2000년대는 대체적으로
마이너스를 기록하다가 2012년부터 플러스로 선회했다는 점이다.
특히 2007~2008년은 각각 -40.5퍼센트, -43.5퍼센트의 수익률을

보였는데, 이것은 르네상스 시기(2000년대 전반기)에 쌓인 산업구조의 취약함이 명백한 숫자로 드러난 것이었다. 수익률 저하의 원인은 여러 가지였다. 점점 치솟은 제작비(순수 제작비+홍보마케팅 P&A 비용)가 첫 번째였다. 1990년까지 10억 원대였던 한국영화의 평균 제작비는 2000년에 21억 5천만 원이 되었고, 2001년엔 26억 5천만 원(상승률 23퍼센트), 2002년엔 37억 2천만 원(상승률 40퍼센트), 2003년엔 41억 6천만 원(상승률 12퍼센트)으로 치솟았다. 2006년엔 제작비 10억 원 이상 영화의 평균 제작비가 50억 원을 넘어간다. 한국영화의 관객 수나 매출액도 이 기간에 상승하긴 했지만, 제작비의 상승률을 따라가긴 힘들었다.

수익률 악화에 영향을 준 또 하나의 원인은 부가 시장의 몰락이었다. 1990년대 극장 수익보다 큰 규모였던 비디오 대여점 중심의 부가 시장은 2000년대에 들어서면서 급격하게 축소되었다. 1990년대 중반엔 9천억 원대였고, 1990년대 말엔 8천억 원대로 극장 시장을 압도했던 비디오 시장은, DVD라는 신매체가 가세했음에도 하향세를 그리며 2000년엔 7천억 원대로, 2004년엔 6천억 원대로 떨어졌다. 해외시장도 불안정했다. 한류 붐에 힘입어 2005년에 7,599만 달러라는 역대 최고의 수출액을 달성했으나 1년 후인 2006년엔 2,451만 달러로 급락했고, 이후 점차 하락하여 2010년엔 1,358만 달러까지 떨어졌다. 영화가 만들어지면 극장 이외의 통로를 통해 다양한 수익을 거둘 수 있어야 전체적인 파이가 늘어나는데, 〈쉬리〉 이후 커졌던 한국영화 산업은 이 시기 조금씩 수축하고 있었던 것이다. 하지만 한번 늘어난 제작비는 관성에 의해 점점 팽창했고, 결국 투여되는 자본을 회수할 수 없는 마이너스 시장이 된 셈이다.

이런 상황에서 총 매출 중 극장 매출의 비중은 점점 커져 2007
년엔 80퍼센트 이상을 기록했다. 그 결과 한국의 영화산업은 와이
드 릴리즈를 통해 빠른 시간 안에 수익을 뽑아내야 하는 시장으로
급변했고, 자본 회전율은 엄청나게 빨라졌으며, 홀드백* 기간은 점
점 짧아졌다. 전체적인 수익률 저하의 결과로 손익분기점BEP을 넘
기는 영화들도 급감했다. 2005년에 32퍼센트의 영화가 손익분기점
을 넘겼다면, 그 비율이 2006년에 14퍼센트로, 2007년엔 11퍼센트
로 떨어졌다. 10편의 영화를 만들면 1편만 수익을 낼 수 있는 시장
이었다. 이 와중에 2006년엔 한국영화 개봉 편수가 100편을 넘어
섰는데(108편), 마냥 반길 만한 일은 아니었다. 편수가 늘어나고 다
양한 장르적 시도들이 이어졌지만, 제작비 10억 원 이하의 작품들
이 상당수 늘어나고 있었다. 극장에서 수익을 거두기 힘든 이 영
화들은 부가 시장이나 해외 마켓에서 활로를 마련해야 하는데, 두
시장 모두 침체기를 겪고 있었던 것이다. 2000년대 중반의 무분별한
우회상장도 2007년의 위기에 한몫했다. 치밀한 검증을 거치지 않고
실적을 채우기 위해 제작된 영화들은 한국영화 전반의 질적 저하를
가져오기도 했다. 그리고 2008년에 서브프라임 모기지론 사태**가
터졌고 2012년까지 한국영화의 산업적 슬럼프는 계속된다.

---

*홀드백Hold back   한 편의 영화가 극장에서 상영된 후, 다른 수익 과정(부가 판권
시장)으로 이동할 때까지 걸리는 시간을 말한다.

**서브프라임 모기지론 사태   1990년대까지 호황을 보이던 미국의 경제는 2001년
그동안 쌓여 있던 금융 버블이 터지며 급격한 경기침체를 경험하게 되었다. 경기침
체에 직면하여 미국의 연방준비제도이사회FRB는 금리를 급격히 낮추었는데, 이것

독과점이라는 괴물의 등장

한국영화에서 독과점 문제는 2000년대 초부터 제기되었지만, 그 의미는 2006년 〈괴물〉 이전과 이후로 조금 다르다. 〈괴물〉 이전의 독과점 논쟁은, CJ엔터테인먼트가 시네마서비스를 인수할 즈음에 제기되었다. 즉, CJ가 시네마서비스 소유의 멀티플렉스 체인 프리머스를 인수하면 CJ CGV의 스크린 수가 과점 상태에 이를 수 있어서 산업생태계 전체가 파괴될 수 있다는 우려였다. 하지만 〈괴물〉 이후 논의의 초점이 달라졌다. 이 영화가 6백 개 이상의 스크린에서 개봉되어 흥행 돌풍을 일으키자, 한 편의 영화가 차지해야 할 적정 스크린 수에 대한 논의가 본격적으로 제기되었다. 당시 이 이슈는 MBC TV 시사 프로그램 〈100분 토론〉에서 다뤄질 정도로 첨예했는데, 패널 중 한 명이었던 강한섭은 "〈괴물〉의 흥행은 스크린 독과점에 의한 비현실적 현상"이라며 "공정 거래의 규칙을 잘 지켜야 한다"고 비판했다.[10]

독과점은 개별 영화가 지니는 욕망이라기보다는 구조적 문제였다. 매출의 대부분이 극장에서 나오는 상황이었기 때문에, 가능한 한 많은 개봉관을 확보하려는 전쟁이 발발할 수밖에 없었다. 대기

이 주택을 담보로 한 모기지 대출의 증가로 이어지며 주택 가격의 상승과 주택시장에 대한 투자 활성화를 불러왔다. 그러나 2004년 연준이 저금리정책을 종료하면서 주택시장의 버블이 꺼지기 시작했고, 저소득층 대출자들은 원리금을 갚지 못해 주택 차압이 증가하였다. 이는 결국 주택시장의 침체로 이어졌다. 주택시장의 침체가 심화되자 모기지 대출 회사들의 손실이 증가하였고, 2007년 상반기부터는 이들의 파산신청이 급증했다. 이는 단순히 모기지 대출업체의 파산으로 끝나지 않고 금융시장 전체의 위기로 이어졌으며, 급기야 2008년 이후 세계 금융위기를 불러오게 되었다.

업이 배급과 극장을 수직 통합적으로 소유하고 있는 구조도 독과점의 토대가 되었다. 2000년 이후 스크린 수가 급속히 늘어나면서 멀티플렉스의 비중도 급성장했는데, 2006년에 멀티플렉스 스크린 수는 전체 스크린 수의 80퍼센트를 돌파했고, 2009년엔 90퍼센트를 넘어섰다. 이런 상황에서 제작-배급-극장을, 즉 제조업-도매업-소매업을 동시에 장악하고 있는 대기업의 스크린 수 늘리기를 견제할 방법이 없었다. 특히 2010년대 한국의 블록버스터와, 마블을 포함한 디즈니 계열 프랜차이즈 무비는 '시즌 무비'의 흥행력을 폭발시켰다. 디지털 상영 방식의 보편화도 독과점을 심화시켰다. 디지털 상영의 경우, 필름 프린트 비용의 부담이 없어 스크린 수를 늘리는 데 훨씬 더 용이했기 때문이다. 디지털 상영관 비율이 90퍼센트를 넘긴 2012년 이후 스크린 수 1천 개 이상의 영화가 쏟아진 것은 절대 우연이 아니다.

〈괴물〉로 문제가 제기되었지만, 지금 관점에서 보면 이 영화의 배급은 상식적인 수준이었다(2006년 전체 스크린 수는 1,880개였고, 〈괴물〉은 647개로 그중 34퍼센트였다). 아이러니는 이후 독과점이 배급 전략화되었다는 점이다. 소수의 영화가 지나치게 많은 스크린을 차지하는 상황은 매년 기록을 갱신하듯 확산되었고 일종의 관행처럼 자리 잡아 버렸다. 영화계 내부의 비판(산업생태계 파괴)과 관객들의 불만(다양성 훼손)이 있었지만 '독과점 대세'는 계속 이어졌다. 이에 법으로 독과점을 규제하려는 움직임이 일어났다. 2006년 17대 국회에서, 특정 영화가 점유할 수 있는 멀티플렉스의 스크린 수를 제한하고 비상업영화를 위한 대안 상영관을 의무적으로 설치하는 법안이 발의되었다. 이후 19대, 20대 국회에서도 내용을 조금씩 달리하며 관련 법안이 발의되었다. 그러나 실제 법 제정으로 이어지진 못했고, 이 기간에 독과점 양상은 점점 심해졌다.

2009년 여름 시장에서 〈트랜스포머: 패자의 역습Transformers: Revenge of the Fallen〉(마이클 베이, 2009)이 드디어 스크린 수 1천 개를 넘기면서(1,154개) 본격적인 독과점의 시대가 시작되었고, 2010년대 들어 그 수는 급격히 늘어났다. 한국영화는 2012년이 그 시작으로 〈도둑들〉(최동훈)이 한국영화 최초로 1천 개 이상의 스크린을 가져갔다.

표 4 **연도별 최다 스크린 영화(2004~2020)**

연도	영화	스크린 수
2004	해리포터와 아즈카반의 죄수	228
2005	해리포터와 불의 잔	504
2006	괴물	647
2007	캐리비안의 해적: 세상의 끝에서	953
2008	좋은 놈, 나쁜 놈, 이상한 놈	824
2009	트랜스포머: 패자의 역습	1,154
2010	아이언맨 2	921
2011	트랜스포머 3	1,409
2012	다크 나이트 라이즈	1,210
2013	아이언맨 3	1,389
2014	트랜스포머: 사라진 시대	1,605
2015	어벤져스: 에이지 오브 울트론	1,843
2016	캡틴 아메리카: 시빌 워	1,991
2017	군함도	2,027
2018	어벤져스: 인피니티 워	2,553
2019	어벤져스: 엔드게임	2,845
2020	반도	2,575

※ 영화진흥위원회 통합전산망 자료 참조. 전국 집계가 이뤄졌던 2004년부터의 자료이며, 2020년은 11월까지의 자료임.

독과점의 양상을 보면 할리우드는 프랜차이즈 영화, 특히 마블 슈퍼히어로 무비의 독무대였다. 특히 〈어벤져스The Avengers〉 시리즈는 이러한 양상의 중심으로, 2편인 〈어벤져스: 에이지 오브 울트론The Avengers: Age of Ultron〉(조스 웨던, 2015) 이후 다음 시리즈가 개봉될 때마다 스크린 수를 갱신하며 〈어벤져스: 엔드게임Avengers: Endgame〉(앤서니 루소·조 루소, 2019)에 이르러 2,835개로 역대 최고 기록을 세웠다. 이에 비해 한국영화는 특정 영화에 고도로 집중하기보다는 배급력을 앞세워 전반적으로 스크린 수 1천 개 이상의 독과점이 이뤄진다고 할 수 있다. 지금까지 총 110편이 1천 개 이상의 스크린을 가져갔는데, 이것은 외국영화(88개)보다 많은 수다. 특히 2017년 이후엔 스크린 독과점에서 할리우드를 앞서는 경향

표 5 스크린 수 1천 개 이상 영화 편수(2009~2020)

연도	한국영화	외국영화	합계
2009	0	1	1
2010	0	0	0
2011	0	2	2
2012	2	3	5
2013	3	2	5
2014	5	6	11
2015	7	6	13
2016	11	9	20
2017	19(1)	17	36(1)
2018	21(1)	18(1)	39(2)
2019	25(1)	19(4)	44(5)
2020	20(2)	5(1)	25(3)
합계	113(5)	88(6)	201(11)

※ 영화진흥위원회 통합전산망 자료 참조. 괄호 안은 그중 스크린 수 2천 개 이상 영화의 편수이며, 2020년은 11월까지 자료임.

을 보였다. 그중 〈군함도〉(류승완, 2017)는 국내에서 최초로 2천 개 이상의 스크린을 확보하며(2,027개) 논쟁이 되기도 했다. 이후 이 영화의 슈퍼 와이드 릴리즈 전략을 가장 잘 이용한 것은 디즈니와 마블로, 2019년에 네 편의 영화를 2천 개 이상의 상영관에서 개봉 시켰다.

천만 영화는 한국영화를 살렸는가[11]

2003년 크리스마스 이브에 개봉된 〈실미도〉가 개봉 58일 만인 2004년 2월 19일에 전국 관객 1천만 명을 돌파한 건 당시 한국 극장가가 지닌 가공할 폭발력을 증명한 사건이었다. 그리고 2019년까지 총 27편(한국영화 19편, 외국영화 8편)의 영화가 '10,000,000'이라는 숫자를 넘어섰다. 물론 이전에도 1999년 〈쉬리〉를 비롯해 2000년의 〈공동경비구역 JSA〉와 8백만 명을 넘겼던 2001년의 〈친구〉까지 메가 히트의 역사는 있었다. 이때부터 사람들은 '1천만'이라는 숫자도 가능할 것 같다는 상상을 했고, 〈실미도〉가 그것을 현실로 만들었으며, 10년 후엔 〈명량〉(김한민, 2014)이 1,500만 명을 넘어선다.

'천만 영화'는 한국영화 산업의 고도성장을 단적으로 드러내는 현상이었다. 대작 제작이 가능해진 여건, 급속히 늘어나는 멀티플렉스와 스크린 수, 와이드 릴리즈의 확산, 1인당 관람 횟수의 증가 등은 완벽한 조건이었다. 그 시기는 크게 넷으로 나눌 수 있다. 1기는 2003~2006년으로 〈실미도〉, 〈태극기 휘날리며〉(강제규, 2004), 〈왕의 남자〉 그리고 〈괴물〉에 이르는 시기다. 매년 한 편씩 '천만 영화'가 등장하며 흥행 기록을 갱신했고, 한국인들은 그 신기한 현

표 6 역대 '천만 영화'(2003~2019)

영화 제목	개봉일	관객 수	스크린 수	국적	배급사	기간
실미도	2003년 12월 24일	11,081,000		한국	시네마서비스	58일
태극기 휘날리며	2004년 2월 5일	11,746,135		한국	쇼박스	39일
왕의 남자	2005년 12월 29일	12,302,831		한국	시네마서비스	45일
괴물	2006년 7월 27일	13,019,740	647	한국	쇼박스	21일
해운대	2009년 7월 22일	11,453,338	753	한국	CJ	33일
아바타	2009년 12월 17일	13,624,328	912	미국	20세기 폭스	38일
도둑들	2012년 7월 25일	12,983,330	1,072	한국	쇼박스	21일
광해, 왕이 된 남자	2012년 9월 13일	12,319,542	810	한국	CJ	38일
7번방의 선물	2013년 1월 23일	12,811,206	787	한국	NEW	32일
변호인	2013년 12월 18일	11,374,610	923	한국	NEW	32일
겨울왕국	2014년 1월 16일	10,296,101	1,010	미국	디즈니	46일
명량	2014년 7월 30일	17,613,682	1,584	한국	CJ	12일
인터스텔라	2014년 11월 6일	10,275,484	1,342	미국	워너브라더스	50일
국제시장	2014년 12월 17일	14,257,115	966	한국	CJ	28일
어벤져스: 에이지 오브 울트론	2015년 4월 23일	10,494,499	1,843	미국	디즈니	25일
암살	2015년 7월 22일	12,705,700	1,519	한국	쇼박스	25일
베테랑	2015년 8월 5일	13,414,009	1,064	한국	CJ	25일
부산행	2016년 7월 20일	11,565,479	1,788	한국	NEW	19일
택시운전사	2017년 8월 2일	12,186,684	1,906	한국	쇼박스	19일
신과함께—죄와 벌	2017년 12월 20일	14,410,754	1,912	한국	롯데	16일
어벤져스: 인피니티 워	2018년 4월 25일	11,211,880	2,553	미국	디즈니	19일
신과함께—인과 연	2018년 8월 1일	12,274,996	2,235	한국	롯데	14일
극한직업	2019년 1월 23일	16,264,944	1,978	한국	CJ	15일
어벤져스: 엔드게임	2019년 4월 24일	13,934,592	2,835	미국	디즈니	11일
알라딘	2019년 5월 23일	12,555,894	1,311	미국	디즈니	53일
기생충	2019년 5월 30일	10,313,087	1,948	한국	CJ	53일
겨울왕국 2	2019년 11월 21일	13,747,792	2,468	미국	디즈니	17일

※ 영화진흥위원회 통합전산망 자료를 참조했음. 〈실미도〉, 〈태극기 휘날리며〉, 〈왕의 남자〉의 스크린 수는 전국 스크린 수에 대한 공식
자료가 없어 제외했음.

상에 열광했다. 특히 〈왕의 남자〉는 아무도 예상하지 못했던 '슬리퍼 히트'*로 규모와 배급보다는 입소문과 뒷심으로 이룬 성과였다. 그리고 〈괴물〉이 도착했다. 이 영화는 '여름 시즌에 개봉된 테크놀로지와 스펙터클 중심의 장르영화'라는 어떤 공식을 확립하는데, 불과 21일 만에 1천만이라는 숫자를 돌파했다(이 속도는 2014년에 와서야 〈명량〉의 12일로 깨진다).

2기는 2007~2011년으로 일종의 소강 상태라고 할 수 있는데, 이 시기 '천만'을 달성한 영화로는 〈해운대〉(윤제균, 2009)와 〈아바타 Avatar〉(제임스 캐머런, 2009) 두 편이 있었다. 〈괴물〉까지 몰아쳤던 한국영화의 흥행세가 주춤했던 셈인데, 여기서 〈해운대〉는 매우 의도적으로 '천만 관객'을 노리고 기획된 첫 영화였다. 전형적인 재난영화 공식에 입각해 스펙터클을 내세우고, 또 여기에 '윤제균 표 코미디'를 결합하고, 신파적 가족주의로 마무리되는 〈해운대〉는 흥행 코드의 완벽한 조합이었다. 관객들도 예상할 수 있는 여름 시즌의 '텐트폴 무비'**로서의 '천만 영화'가 처음으로 등장한 셈이다. 그리고 〈아바타〉는 첫 '할리우드산 천만 영화'였다. 특히 이 영화는 3D 영화의 트렌드를 몰고 오면서 극장 하드웨어와 메가 히트 그리고 매출 상승의 밀접한 관련성을 증명했다.

3기는 2012~2014년으로 3년 동안 8편의 '천만 영화'가 등장했

---

*슬리퍼 히트Sleeper hit 엔터테인먼트 산업에서 사용되는 용어로 흥행적 요소나 평가 면에서 흥행할 것이라 기대하지 않았던 영화가 모두의 예상을 깨고 흥행에 성공했을 때 사용하는 용어이다. 또는 초반에 별다른 주목을 받지 못하거나 흥행을 하지 못하다가 관객들의 입소문을 통해 관객 수가 증가하여 흥행에 성공하거나 호평을 받는 영화들을 지칭할 때도 사용된다.

다. 이 시기엔 '천만 영화'가 극장가의 '흥행 루틴'이 되었다. 매 계절마다 1천만 명 이상 혹은 9백만 명대의 '준천만' 영화들이 등장했던 것이다. 그 시작은 2012년 여름의 〈도둑들〉이었고, 가을엔 〈광해, 왕이 된 남자〉(추창민, 2012)가, 겨울 시즌엔 〈7번방의 선물〉(이환경, 2013)이 있었다. 2013년 봄부터 가을까진 〈아이언맨 3Iron Man 3〉(세인 블랙, 2013), 〈설국열차〉(봉준호, 2013), 〈관상〉(한재림, 2013)까지 9백만 명대 영화들이 나왔다. 그리고 겨울 시즌엔 〈변호인〉(양우석, 2013)이 배턴을 이었다. '천만 영화'나 그에 준하는 흥행은 이제 운의 결과가 아니라 시스템으로 만들어 낼 수 있는 것처럼 되었다. 그 정점은 〈명량〉으로, 12일 만에 1천만 명에 도달했고 1,716만 명이라는 믿을 수 없는 스코어를 기록했다.

그리고 2015년부터 현재까지는 '프랜차이즈'의 시대다. 이 기간에 1천만 명 이상의 관객을 모은 13편 중 8편이 프랜차이즈 무비다. 이런 현상의 가장 큰 이유는 디즈니와 마블의 강세다. 그 선봉장은 〈어벤져스〉 시리즈로, 이 프랜차이즈는 기존의 시즌 개념을 넘어서 아예 4월을 '마블 시즌'으로 만들어 버렸다. 한국영화도 프랜차이즈 중심으로 재편되었다. 김용화 감독의 〈신과함께〉 시리즈[12]는 2017년 겨울과 2018년 여름에 '쌍천만'을 기록했다.

'천만 영화'는 한국영화의 산업적 위용을 드러냈다는 점에서 긍

●●텐트폴 무비|Tentpole movie　유명 감독과 배우, 거대 자본 투입으로 제작되어 흥행이 확실한 상업영화를 말한다. 텐트를 세울 때 지지대 역할을 하는 기둥인 텐트폴tentpole처럼 영화사에 수익을 보장하는 확실한 지지대 역할을 한다는 뜻에서 유래되었는데, 흔히 영화계 성수기에 해당하는 여름·겨울방학 시즌, 명절 연휴, 크리스마스 등에 개봉하는 가족영화, 프랜차이즈 시리즈 등이 여기에 속한다.

정적일 수 있지만, 2010년대엔 '독과점의 꽃'이 되었다는 점에서 부정적인 측면도 지닌다. 와이드 릴리즈에 대한 그 어떤 브레이크도 없기에, 단기간에 빠른 속도로 질주해 '1천만'이라는 숫자에 도달하려는 의지로 30일 안에 목표를 달성하곤 했다. 이런 상황은 아이러니를 만들어 냈다. 이제 한국영화는 '천만 영화'를 동력으로 굴러가게 되었다. '1천만'이라는 스코어는 결과가 아니라 원인이 된 셈이며, '천만 영화'를 만들어 내지 못하면 그것은 곧 산업적 침체를 의미하는 논리가 만들어졌다. 한국영화 산업이 한참 확장일로에 있을 때 메가 히트작들은 시장의 파이를 늘리는 데 중요한 역할을 했다. 하지만 2012년 이후 한국영화 관객 수는 상승세를 멈추고 1억 명대에서 플랫flat 상태를 기록했다. 이런 포화 상태에서 '천만 영화'는 결국 다른 영화의 파이를 가져감으로써 성립하게 되었다.

포스트 르네상스, 제작비 100억 원대의 시대

2000년대 초반 한국영화를 장식했던 '한국영화 르네상스'라는 표현은 아이러니컬하게도 한국영화 점유율이 사상 최고였던 2006년에 막을 내려야 했다. 점유율은 63.8퍼센트로 최고였지만, 수익률은 마이너스를 기록했고(-24.5퍼센트), 부가 시장은 갈수록 몰락하고 있었다. 말하자면 '거품'이었고, 2007년과 2008년엔 수익률 -40퍼센트대를 기록하며 '천만 영화' 행진도 일단락되었다. 하지만 깊은 침체는 반등으로 이어졌고, 2012년부터 산업 규모는 한 단계 도약하는 모습을 보인다.

2009년부터 조금씩 살아나는 조짐이 보였다. 〈해운대〉가 다시

'천만 영화'의 계보를 이었고, 〈아바타〉 열풍으로 극장가는 다시 활기를 띠었다. 2011년엔 4년 만에 다시 한국영화 점유율이 50퍼센트 이상(51.9퍼센트)으로 올라섰다. 그리고 2012년은 산업의 규모가 한 단계 도약하는 해였다. 영화산업 총매출(극장+부가 시장+해외)은 1조 7,123억 원으로 2011년보다 무려 18.5퍼센트 상승했다. 견인차 역할을 한 건 극장 수입으로 한국영화 관객 수는 1억 명을 돌파했다. 그 구성도 좋았다. 〈도둑들〉, 〈광해, 왕이 된 남자〉를 비롯해 〈늑대소년〉(조성희, 2012), 〈범죄와의 전쟁: 나쁜놈들 전성시대〉(윤종빈, 2011), 〈연가시〉(박정우, 2012), 〈건축학개론〉(이용주, 2012), 〈내 아내의 모든 것〉(민규동, 2012) 등 다양한 장르에 걸쳐 고루 흥행이 이뤄졌다. 한국영화 점유율은 58.8퍼센트로 올라섰고, 수익률도 7년 만에 마이너스에서 플러스(15.9퍼센트)로 돌아섰다. 손익분기점을 넘긴 영화는 34.1퍼센트로 이 역시 급상승한 수치였고, 수익률이 100퍼센트를 넘어가는 영화도 전체의 17.1퍼센트나 되었다. 2013년엔 1억 2,729만 명이 한국영화를 보았는데, 이는 2000년 이후 최고 수치였다. 1인당 관람 횟수는 4회를 넘어섰는데(4.17회), 이것은 세계 최고 수준이었다. 이 '4회 이상'이라는 수치는 2019년(4.37회)까지 7년 동안 이어지게 된다. 전체 관객 수가 2억 명대로 올라선 것도 2013년의 일이다. 그리고 2014년에 역대 최고 흥행작인 〈명량〉이 등장한다.

〈명량〉은 놀라운 흥행이면서 동시에 어떤 신호였다. 이후 한국영화 산업에서 집중과 양극화는 점점 심해진다. 2000년대 초 충무로의 모토가 "파이를 늘려야 한다"였다면, 이후 '웰메이드 영화'와 '천만 영화' 패러다임이 등장하였고, 이어진 포스트 르네상스 시기엔 '독과점'과 '하이 리스크 하이 리턴'이 자리잡게 된다. 그러면서 '일별 최고 상영 점유율', 즉 하루 동안 상영되는 횟수 중 한 편의 영화가 차지하는 비중이 50퍼센트, 심지어 60퍼센트를 넘기는 상황이 벌어진다. 그 중심은 마블 영화였다. 2015년 〈어벤져스: 에이지 오브 울트론〉이 68.3퍼센트를 기록한 후 〈캡틴 아메리카: 시빌 워Captain America: Civil War〉(앤서니 루소·조 루소, 2016)는 68.5퍼센트였고, 〈어벤져스: 인피니티 워Avengers: Infinity War〉(앤서니 루소·조 루소, 2018)는 77.4퍼센트, 그리고 2019년 〈어벤져스: 엔드게임〉은 개봉일에 80.8퍼센트를 기록한다. '큰 영화' 앞에서 한국 극장가는 균형을 잃고 초토화되었으나, 이건 할리우드 영화만의 문제가 아니었다. 한국영화도 40~50퍼센트대의 상영 점유율을 가져가는 건 어렵지 않게 발견할 수 있었다.

이와 함께 제작비의 상승도 급격하게 이뤄졌다. 순제작비 30억 원 이상인 영화를 대상으로 한 통계에서, 평균 총제작비는 2016년 89억 6천만 원에서 2017년 97억 8천만 원 그리고 2018년에 102억 5천만 원으로 드디어 1백억 원대에 진입했다. 이 과정에서 중간 규모 제작비의 영화는 조금씩 줄어들었는데, 그도 그럴 것이 독과점이 가능한 시장에선 거대 자본을 들여 크게 판을 벌이고 큰 수익을 가져갈 수 있기 때문이다. 2016년은 그런 논리가 통한 해였다. 〈곡성〉(나홍진, 2016), 〈아가씨〉(박찬욱, 2016), 〈밀정〉(김지운, 2016), 〈부산행〉(연상호, 2016), 〈마스터〉(조의석, 2016), 〈덕혜옹주〉(허진호, 2016), 〈터널〉(김성훈, 2016) 등 대규모 예산이 들어간 영화들이 흥행에 성공하면서 수익률은 29.8퍼센트까지 치솟았다. 하지만 2018년은 〈염력〉(연상호, 2017), 〈인랑〉(김지운, 2018), 〈마약왕〉(우민호, 2017), 〈스윙키즈〉(강형철,

2018) 등의 흥행 부진으로 수익률은 7년 만에 다시 마이너스(-4.8퍼센트)를 기록했다. 그래도 조금은 희망적이었던 건, 영화산업 전체 매출에서 극장 매출이 차지하는 비율이 낮아졌다는 것이다. 2009년에 무려 91.3퍼센트를 차지했던 극장 매출이 이후 80퍼센트대로 내려왔지만 여전히 높은 비중이었다. 하지만 2016년부터 70퍼센트대로 내려왔고, 이것은 온라인 시장과 해외시장의 성장 때문이었다.

이 시기 한국영화가 안정성을 위해 개발한 건 '프랜차이즈'였다. 마블의 슈퍼히어로 무비의 물량 공세 속에서 한국영화도 속편과 리메이크 등의 전략을 적극적으로 활용하기 시작했다. 가장 대표적인 건 〈신과함께〉 시리즈이다. 1편과 2편이 모두 관객 1천만 명을 넘겼고 현재 3편 제작을 준비 중이다. 연상호 감독의 〈부산행〉, 〈서울역〉(2016), 〈반도〉(2020)도 빼놓을 수 없으며, 이외에도 양우석 감독의 〈강철비〉 시리즈[13], 그리고 〈탐정〉 시리즈[14]와 〈신의 한 수〉 시리즈[15] 등이 있다. 외국영화를 리메이크하는 사례도 늘어났는데, 〈독전〉(이해영, 2018), 〈완벽한 타인〉(이재규, 2018), 〈럭키〉(이계벽, 2016)[16] 등이 큰 사랑을 받았다.

트렌드와 이슈, 변화의 연대기

디지털 레볼루션

21세기 한국영화, 아니 전 세계 영화에 가장 큰 영향을 미친 사건은 필름이 디지털로 대체된 것이다. 이것은 단지 기술적 발전에 그치지 않고 영화의 산업과 미학 전반에 걸쳐 영향을 주었고, 한국영화도 큰 변화를 겪었다. 첫 변화는 제작 쪽에서 왔다. 박철수 감독의 〈봉자〉, 임상수 감독의 〈눈물〉, 문승욱 감독의 〈나비〉(2001), 송일곤 감독의 〈꽃섬〉(2001) 등이 한국영화의 디지털 시대를 열었다. 저예산의 한계도 있었지만, 당시 디지털을 선택한 감독들에겐 '필름 룩'과 다른 질감이나 디지털 특유의 역동성 등 미학적 실험의 의미가 더 컸다. 특히 독립영화 쪽에서 매우 적극적으로 디지털을 수용하기 시작했고, 전주국제영화제는 '디지털 3인3색' 프로젝트를 발족시켰다.

가장 큰 한계는 극장이었다. 디지털 영사기를 갖춘 극장이 없기에 디지털로 촬영한 영화는 키네코* 작업을 거쳐 필름으로 변환한 후에야 상영이 가능했고, 이 과정에서 디지털 소스 본연의 질감을 잃기도 했다. 〈시실리 2km〉(신정원, 2004)는 이 시기 상업 장편영화로서 드물게 디지털을 선택했지만, 극장에선 당연히 필름 상영을 해야 했다. 〈싸이보그지만 괜찮아〉(박찬욱, 2006)도 마찬가지였다. 이 영화가 상영된 2006년, 디지털 상영이 가능한 스크린 수는 전국 95개 정도였다.

극장에 디지털 영사 방식이 도입된 결정적 계기는 2009년 독립 다큐멘터리로서 3백만 명 가까운 관객을 모은 〈워낭소리〉(김충렬, 2008)였다. 예산 문제상 필름 상영이 힘들었던 〈워낭소리〉는 디지털

---

*키네코Kineco 키네스코프 레코딩kinescope recording의 줄임말로, 디지털 영상을 필름으로 변환하여 기록하는 것을 말한다. 이는 네거티브 필름을 비디오로 전환하는 '텔레시네telecine'의 반대 개념이라고 할 수 있는데, 디지털 영사기가 갖추어져 있지 않은 상영관에서 필름으로 영화를 상영하기 위해 키네스코프 레코더라는 특수 장치를 사용하여 초당 30프레임으로 이루어진 텔레비전 화상이나 디지털 영상을 초당 24프레임의 영화 필름용 영상으로 전환하는 방식으로 작업되었다.

상영관에서만 상영했는데, 이 시기 한국에 보급된 디지털 영사기는 최대치로 잡아도 170대 정도였다. 그런데 이 영화의 최대 스크린 수는 전국 351개였다. 디지털 영사기가 없는 곳에선 디지털 베타캠 플레이어를 통해 상영했던 것이다.[17] 통계를 봐도 2008년 168개(전체 스크린 수의 8.4퍼센트)였던 디지털 상영관은 〈워낭소리〉가 개봉된 2009년에 566개(27.5퍼센트)로 대폭 늘어나고, 이후 2010년 1,133개(56.6퍼센트), 2011년 1,618개(82퍼센트), 2012년 1,949개(93.7퍼센트)로 급속히 증가한다. 2004년 처음 디지털 상영관이 생긴 이래 10년도 안 되어서 거의 모든 상영관에서 디지털 포맷으로 영화를 상영할 수 있게 된 것이다.

이 시기 디지털이 확실히 대세는 대세였다. 2009년의 흥행작인 〈해운대〉와 〈국가대표〉(김용화, 2009)는 모두 디지털로 촬영했다. 어쩌면 이것은 필연적이었다. 두 영화 모두 컴퓨터그래픽에 대한 의존도가 높았고, 필름으로 찍은 후 텔레시네 과정을 거치는 것보다 처음부터 디지털 소스로 촬영하는 것이 합리적이었다. 2000년대 중반부터 많이 사용된 DI** 작업에서도 디지털 소스가 더 유리했다. 디지털은 필름을 대체하고 극장을 바꾼 것 이상이었다. 2006년에는 〈마법사들〉(송일곤)이 네트워크 전송 방식으로 배급되기도 했다. 부가 시장도 전통적인 VHS 시장에서 DVD를 거쳐 급속히 다

**DI Digital Intermediate　촬영 단계에서 획득한 영상의 밝기, 색상, 채도 등의 차이를 후반작업에서 일치시키는 과정으로, 필름 촬영이 일반적이던 시기의 DI는 촬영된 필름을 모두 스캔하여 디지털 데이터로 변환하는 작업을 일컬었으나, 디지털 작업이 일반화된 오늘날에는 디지털로 촬영된 이미지 데이터를 가지고 색보정, 먼지 제거, 이펙트effects 삽입, 최종 상영 포맷으로 완성까지의 전 과정을 DI에 포함시킨다.

운로드 시장으로 넘어갔고, 마케팅이나 광고도 대부분 온라인을 통해 이뤄지기 시작했다. 그리고 2014년 〈설국열차〉를 끝으로 한국에선 더 이상 35mm 필름으로 촬영된 영화가 나오지 않고 있다.

3D, 4D 그리고 아이맥스

2009년의 가장 큰 변화 중 하나는 3D 영화의 확산이다. 계기는 〈아바타〉였다. 이 영화는 2009년 12월 17일에 개봉되었는데, 이전까지 3D 영화 상영은 이벤트의 성격이 강했고 스크린 수도 56개 정도였다. 하지만 12월 중순엔 129개로 늘어났고, 2010년이 되면서 3D 영화는 폭발적인 인기를 끌게 된다. 여기에 4D 상영과 아이맥스가 결합되면서, 2010년대 극장가에서 특수상영 시장은 무시할 수 없는 비중을 가지게 된다.

이러한 상영 방식들은 관객들의 체험적 영역을 극대화한 것으로, 2000년대에 멀티플렉스 혁명을 겪은 극장산업의 두 번째 행보였다. 그 결과 평균 관람 요금이 상승하여 2009년 6,970원에서 2010년엔 7,832원으로 1년 동안 무려 12.4퍼센트가 올랐다. 특히 외국영화는 8,222원으로 6천 원대에서 8천 원대로 뛰어올랐는데, 이것은 3D를 중심으로 한 새로운 극장 콘텐츠의 힘이었다.

3D와 아이맥스는 할리우드 영화 중심의 시장이었다. 〈나탈리〉(주경중, 2010)를 시작으로 〈7광구〉(김지훈, 2011), 〈미스터 고〉(김용화, 2013) 등의 한국영화가 3D에 도전했으나 성과는 좋지 않았고, 특히 〈7광구〉는 아이맥스 상영까지 시도했으나 이후 한국영화는 이 시장에 도전하지 않고 있다. 반면 4D 부분은 한국영화도 콘텐츠로 만들 수 있는 시장이었고, 특히 CJ 4DPLEX가 2009년에 내놓은 4DX는

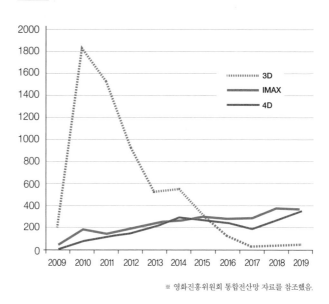

그림 3 3D, 4D, 아이맥스 매출 변화(2009~2019) 단위: 억 원

※ 영화진흥위원회 통합전산망 자료를 참조했음.

전 세계에서 그 시스템을 인정받고 있다. 한편 극장 사운드도 2010년부터 본격적으로 발전하여 다채널 사운드에서 3D 사운드로 나아가기 시작했고 돌비 애트모스 사운드도 등장했다. 이러한 진일보된 사운드는 3D, 4D, 아이맥스 상영과 결합되어 관객의 체험적 측면을 더욱 극대화시켰다.

그러나 특수상영 시장은 3D 영화 시장의 축소와 함께 2010년대 중반에 줄어든다. 2010년에 17.9퍼센트, 2011년에 14.5퍼센트에 달하던 점유율은 2012년부터 10퍼센트 아래로 떨어졌고, 2016년엔 4D나 아이맥스가 3D 시장을 추월하게 된다. 이 두 시장은 10년 동안 꾸준한 증가세를 기록했지만, 3D는 2010년대 초반 급상승했다가 점점 하락세를 겪었다. 2019년 현재 특수상영 시장은 약 4.1퍼센트의 비중을 차지하는데, 이러한 시장 축소는 관객들의 눈높이가 점점 높아지는 데 비해 만족할 만한 콘텐츠 수는 그에 미치지 못해 생겨난 결과이며, 상대적으로 높은 가격대도 이유라 할 수 있다.

스크린쿼터*라는 뜨거운 감자

스크린쿼터를 폐지해 달라는 할리우드와 미 정부의 요구는 1980년대부터 끊임없이 제기되었고, 1990년대엔 한국영화를 큰 위기에 몰아넣는다. 1998년 한미 투자협정 체결 과정에서 미국 측이 강력한 압력을 행사하자, 영화인들은 거리로 나와 대규모 시위를 벌였다. 스크린쿼터는 단순히 한국의 영화산업을 보호하는 것이 아니라 문화적 종다양성을 지키기 위한 제도라는 주장이었다. 이에 20여 개의 시민단체들도 연대했고, 결국 스크린쿼터 철폐 혹은 축소 시도는 백지화되었다. 김대중 대통령은 야당 총재 시절 "한국영화 시장점유율이 40퍼센트가 될 때까지 스크린쿼터를 유지할 것"[18]이라고 말했는데, 결과적으로는 그 약속을 지킨 셈이다. 그리고 한미

---

*스크린쿼터Screen Quota   1966년 제2차 영화법 개정 당시 신설된 영화정책으로, '국산 영화 의무상영 제도'라고 불린다. 1년에 일정 일수 이상 국내에서 제작된 영화를 상영해야 하는 제도로, 제2차 영화법 개정 당시 의무상영일수는 90일 이상(연간 6편 이상, 2개월마다 1편 이상)이었다. 1970년 제3차 영화법 개정 때에는 이 의무상영일수가 30일까지 축소되었으나, 한국영화 관객 수가 급감하면서 다시 1973년 제4차 개정에서 외국영화 상영일수를 연간 상영일수의 3분의 2로 제한했다(한국영화 의무상영일수는 연간 상영일수의 3분의 1). 이후 2000년대 초반까지 상영일수의 증감은 있었으나 제도 자체는 꾸준히 유지되다가, 2006년 한미 자유무역협상에서 미국이 스크린쿼터 폐지를 요구하면서 같은 해 7월 1일부터 의무상영일수가 73일(연간 상영일수의 5분의 1)로 급격히 축소되어 현재까지 유지되고 있다.

투자협정은 중단되었다.

2000년대엔 한미 자유무역협정, 즉 FTA가 있었다. 미국의 요구는 여전했다. 자유무역협정과 보호제도인 스크린쿼터는 공존할 수 없다는 주장이었다. 달라진 건 한국영화의 위상이었다. 한국영화 점유율은 2001년부터 40퍼센트를 넘어섰고, 2003년부터는 지속적으로 50퍼센트 이상을 기록하고 있었다. 대부분의 극장들은 스크린쿼터를 넉넉하게 지키고 있었다. 2006년 정부는 스크린쿼터를 146일에서 73일로 축소하겠다고 발표했고, 영화인들은 다시 투쟁 전선에 섰다.

스크린쿼터는 단순히 '한국(충무로) VS 미국(할리우드)'의 이분법적 구도로 생각할 수 있는 문제가 아니다. 한국영화계 내부에서도 찬반 갈등이 있었고, 스크린쿼터가 한국영화의 질적 저하를 야기했다는 의견도 만만치 않았다. 스크린쿼터가 축소된 후 실시한 설문조사에선 축소된 상태를 유지하자는 의견이 48.6퍼센트, 원상복귀시켜야 한다는 의견이 41.5퍼센트, 폐지시켜도 된다는 의견도 9.9퍼센트를 기록했다.[19] 관객들도 스크린쿼터에 그다지 우호적이진 않았던 셈이다.

그렇다면 당시 한국영화는 스크린쿼터를 절반으로 줄여도 될 만큼 탄탄한 토대 위에 서 있었던 걸까? 일단 통계수치를 살펴보면, 2006년 63.8퍼센트였던 한국영화 점유율은 2007년 50퍼센트로 떨어졌고, 2008~2010년엔 40퍼센트대까지 내려간다. 한편 영화 수입액은 2006년 4,581만 달러에서 2007년 6,753만 달러로 급증했고, 2008년엔 7,878만 달러로 상승한다. 직배 영화 송금액도 2006년 429억 원에서 2007년 481억 6천만 원으로 증가했다. 일시적이긴 하지만 이러한 현상이 스크린쿼터 축소에서 온 것인지는 검토가 필요하겠지만, 쿼터 축소로 독립영화들이 불이익을 입었다는 점은 분명하다.

최민식, 송강호 그리고 강우석

2005년 6월 24일, 해프닝 같은 사건이 일어났다. 시작은 어느 신문 기사였다. 강우석 감독이 기자들과 함께한 술자리에서 한 말이 화근이었다. "대한민국 배우들, 돈 너무 밝혀요. 이건 영화계 전체가 돈 벌어서 몇몇 스타들에게 갖다 바치는 꼴입니다. 이러다가는 영화계 전체가 공멸할 겁니다. 내가 배우들의 '공공의 적'이 되더라도, 내가 2~3년 영화 못 만드는 한이 있더라도 이건 고쳐야 합니다."[20] 그러면서 최민식·송강호라는, 당시 대한민국 최고의 두 배우 이름을 거론했다. 이어 6월 28일엔 한국영화제작가협회에서 주최하는 '영화산업 정상화를 위한 기자 간담회'가 열렸다. 단지 스타 파워 문제가 아니라, 한국영화 전반에 걸친 시스템 문제를 고민하는 자리였다. 같은 날 매니지먼트협회 준비위원회는 성명서를 발표하며 실명 거론에 대한 당혹스러움을 표했다. 그리고 다음 날인 6월 29일, 최민식과 송강호는 기자회견을 열어 실명 거론에 대한 강우석 감독의 사과를 요구했다. 그날 밤 강우석 감독은 사과문을 언론사에 보냈고, 6월 30일 두 배우는 언론을 통해 사과를 받아들인다고 밝혔다. 불과 일주일 사이에 벌어진 일이다.

표면적으로 보면 감독 파워와 배우 파워의 충돌처럼 보이지만, 이 일은 당시 한국영화가 지니고 있던 구조적 모순을 드러내는 사건이었다. 산업 규모가 빠른 속도로 커지면서 배우들의 관객 동원력과 위상은 그 이상으로 커졌다. 이에 따라 출연료 상승과 지분 요구 및 매니지먼트 업체의 프로덕션 참여 등이 이어졌는데, 그 요구가 당시 영화의 수익성을 넘어서는 경우가 많았다. 스타 개런티의 비중이 높아질수록 스태프의 몫이 줄어든다는 점도 중요했다. 문제는 이런 사실이 대화와 조율이 아닌 대결과 갈등 양상으로 표출되었다는 점이다. 강우석 감독의 발언이 있기 전부터 꾸준히 제기된 문제가 공론화되지 못하다가 돌발적으로 터진 것이다. 이후 한국영화제작가협회와 매니지먼트협회는 7월 26일에 공동 결의문을 통해, 캐스팅을 조건으로 공동제작 크레디트나 제작 지분을 요구하지 않으며, 배우의 인센티브는 원칙적이며 합리적인 선에서 결정하겠다고 밝혔다. 한국영화제작가협회도 스태프 처우 개선을 비롯해 극장과 배급사 사이의 수익 배분(부율) 개선이나 부가 시장 개척과 불법 다운로드 근절 등 한국영화의 수익성을 높이는 방안에 대한 고민을 약속했다. 우연한 사건이었으나 일주일 동안 펼쳐진 '강우석 VS 최민식·송강호' 매치는 한국영화 산업의 구조 개선 움직임의 효시가 되었다.

금지된 영화와 영화인들

구시대적 심의와 검열은 철폐되고, 1996년에 국가기관의 검열 기능에 대한 위헌 판결이 나오긴 했지만, 2000년대에도 영화계에 대한 공권력의 억압은 계속되었다. 그중 하나가 영상물등급위원회의 '등급 보류'라는 실질적 검열이었다. 〈노랑머리〉(김유민, 1999)가 그 첫 대상이었고, 장선우 감독의 〈거짓말〉(1999)은 두 번의 등급 보류 끝에 2000년에 겨우 개봉될 수 있었지만 이미 많은 상처를 입은 상태였다. 그 과정에서 불법 유출이 있었고, 시민단체인 '음란폭력성조장매체대책시민협의회(음대협)'의 검찰 고발이 이어졌다. 2001년엔 〈둘 하나 섹스〉(이지상, 1998)에 대한 등급 보류 판정이 위헌이라는 판결이 나왔다. 등급외 상영관이 없는 상태에서 등급을 보류하는 건 헌법이 금지하고 있는 사전검열에 해당한다는 것이 헌법재판소의 판단이었다. 이에 〈둘 하나 섹스〉의 조영각 프로듀서는 "헌재는 이번 판결로 등급외 영화관의 설치를 강조한 것이 아니다. 18세 관람가의 범위를 좀 더 확대하라는 이야기"[21]라고 말했지만, 영상물등급위원회의 행보는 그의 바람과는 다른 방향으로 이어졌다. 위헌 판결 이후 등급 보류제는 사라졌지만 새로 생긴 제한상영가 등급이 다시 수많은 영화들의 발목을 잡았는데, 〈죽어도 좋아!〉(박진표, 2002)는 이 제도의 모순을 세상에 알린 계기가 되었다. 제한상영관이 없는 상태에서 제한상영가 등급은 상영 금지나 마찬가지였고, 이에 조영각, 임정희, 박장우 등의 영상물등급위원회 위원들이 사퇴했다. 이후 2004년 5월 대구에 레드시네마와 동성아트홀, 두 곳의 제한상영관이 생겼지만 운영상의 수많은 난점으로 9월에 예술영화전용관으로 전환해야 했다.

이후 지금까지도 자극적 표현이나 성적 묘사 등을 이유로 제한상영가 등급을 받는 영화들이 이어지고 있으며, 그 영화들은 재심의를 거쳐 수정되거나 원본 그대로 공개되기도 했다. 〈악마를 보았다〉(김지운, 2010)나 〈뫼비우스〉(김기덕, 2013) 등을 비롯, 김곡 감독의 〈고갈〉(2008)도 선정성을 이유로 제한상영가를 받았고, 김선 감독의 정치 풍자 실험영화 〈자가당착: 시대정신과 현실참여〉(2009)는 6년 만에 같은 내용으로 재심의를 받아 청소년관람불가 등급으로

심의를 통과했다. 김경묵 감독의 〈줄탁동시〉(2011) 같은 경우는 성기 노출 때문에 제한상영가 등급을 받았는데, 똑같이 성기 노출이 있었던 〈박쥐〉(박찬욱, 2009)가 청소년관람불가 등급을 받은 것과 비교해 보면, 영상물등급위원회의 기준이 명확하지 않다는 걸 알수 있다. 〈줄탁동시〉는 결국 수정을 거쳐 2012년에 개봉되었다.

임상수 감독의 〈그때 그사람들〉은 박정희 암살을 다룬 영화로, 유족인 박지만의 가처분신청에 대해 법원은 도입부의 다큐멘터리 장면을 삭제하라고 명령했다. 이 영화를 사실로 믿을 수 있다는 이유였고, 결국 영화는 삭제 명령을 받은 부분에 검은 화면을 삽입해 상영되었다. 이것은 영상물등급위원회와는 무관한, 영화에 대한 사법부의 폭력이었다.

이명박 정부와 박근혜 정부 시절의 리스트 작업도 공권력의 끔찍한 공작이었다. 청와대, 국가정보원, 문화체육관광부 등의 주도로 이뤄진 이 작업은 반정부 예술인들을 색출하는 블랙리스트 작업과, 친정부 예술인들을 지원하는 화이트리스트 작업으로 나눌 수 있다. 화이트리스트로 혜택을 입은 사람은 대표적으로 차은택 정도가 알려져 있는 데 비해, 블랙리스트의 규모는 엄청나다. '문화예술계 블랙리스트 진상조사 및 제도개선위원회'의 발표에 의하면, 두 정권에 걸쳐 블랙리스트에 오른 문화예술인은 8,931명이며 단체는 342개인데,[22] 특히 박근혜 정부 시절엔 수천 명을 리스트에 올렸다. 야당 정치인 지지 선언이나 세월호 관련 시국선언 등에 이름을 올려도 블랙리스트에 오르는 상황이었다.

영화계의 피해 사례는 상당했다. 이명박 정부 때는 문성근, 권해효, 김규리, 문소리, 이창동, 박찬욱, 봉준호, 김동원, 장준환, 정윤철, 변영주, 박진표, 김지운, 김태용, 류승완, 김조광수, 조영각, 원승환 등의 배우·감독·독립영화인들이 리스트에 올랐다. 박근혜 정부 때는 청와대가 모태펀드 운영에 개입해 특정 투자사를 펀딩 과정에서 배제하기도 했고, 독립영화 지원 선정 과정에서도 사회참여 성향의 감독들이 배제되었다. 한국콘텐츠진흥원, 한국문화예술교육진흥원 같은 공적 기관의 지원사업에서도 블랙리스트에 오른 사람들은 불이익을 당했다. 이후 문재인 정부에 이르러 당시 블랙리스트를 주도했던 청와대와 정부 부처의 책임자들은 실형을 선고받았고, 리스트 작성 작업에 참여했던 130여 명에게도 징계 및 수사 의뢰가 권고되었다. 하지만 블랙리스트에 관련된 사람들의 트라우마는 여전히 존재하며, 제대로 된 청산이 이뤄졌는지도 의문이다. 게다가 가해자의 자리에 섰던 사람들의 반성 없는 2차 가해도 이어지는 상황이니,[23] 어쩌면 블랙리스트는 지금도 진행되고 있는 셈이다.

현장 노동자, 계약서를 쓰다

21세기 한국영화계가 경험한 수많은 변화 중 하나는 표준계약서를 만든 것이다. 비록 종이 몇 장에 지날지 몰라도, 수많은 스태프들이 계약서 없이 일했던 관행을 생각한다면 혁신적인 변화라 할 수 있다. 2000년대 초 산업적 격변을 겪으면서도 현장 노동자들의 처우 문제만큼은 '올드 충무로'에 갇혀 있었다. 연출, 제작, 촬영, 조명 파트의 조수연합이 2000년에 조사한 '영화 현장 스태프의 근로조건 개선과 전문성 향상을 위한 연구'를 보면 제3조수들은 편당 347만 원을 받았으며, 보험 적용률도 매우 낮았고 노동시간은 정해진 것이 없었다.[24] 2002년 '영화인 복지 향상을 위한 기초 조사 연구'는 '복지'라는 단어를 쓰기조차 힘들 정도로 심각했다. 고용 보험은 14.4퍼센트, 산재보험은 11.3퍼센트 정도만 가입되어 있었고, 정규직 비율은 19.6퍼센트였으며, 1년에 평균 2개월 반에서 4개월 반은 실업 상태였다.[25] 2004년 국정감사 자료에 의하면, 영화 노동자 평균 연봉은 640만 원으로 당시 비정규직 노동자 평균 수입인 1,236만 원의 절반 수준이었다.

변화의 시작은 인터넷 카페였다. 2001년에 만들어진 '비둘기 둥지'는 말 그대로 영화 노동자들의 권익을 위한 '둥지' 역할을 했다. 이후 매우 빠른 조직화가 이뤄지면서 2002년엔 조감독협회가 만들어졌고, 2004년엔 임금 체불 해결을 위한 영화인 신문고 사이트가 개설되었다. 그리고 2005년에는 연출부, 조명부, 제작부, 촬영부, 기술부 등이 연합한 조수연대회의가 결성되었으며, 같은 해 11월엔 영화업계 종사자들의 권익 단체인 영화인조합이 결성되었고, 12월엔 드디어 조수급 스태프들이 모인 전국영화산업노동조합이 만들어졌다. 조합이 영화인 재교육 등 시스템 문제를 고민한다면, 노조에선 말 그대로 '먹고사는' 문제를 이야기했다. 드디어 '열정 페이'와 이별할 수 있는 토대가 마련된 것이다.

전국영화산업노동조합은 2006년에 한국영화제작가협회를 사측으로 단체교섭에 들어갔다. 계약서를 시작으로 노동시간, 보험, 휴가 등 수많은 사항을 처음부터 만들어 가야 했기에 교섭 과정에 수많은 난항이 있었지만, 2007년 7월 1일부터 표준계약서에 의한 새로운 영화 현장의 시대가 열렸다. 7월 26일에 한국영화제작가협회, 한국영화감독조합, 전국영화산업노동조합, 한국연예매니지먼트협회 그리고 투자배급사 대표로 CJ엔터테인먼트가 참여한 '대타협선언'이 발표되었다.

1990년대에 대기업과 금융자본이 들어오면서 토착자본 시대보다 훨씬 투명한 회계 시스템이 자리잡았다면, 2000년대에는 표준계약서를 통해 합리적 영화 현장의 기준이 마련된 것이다. 시장 상황과 노동 방식이 바뀌면서 세부적 문제점은 계속 생길 수밖에 없지만, 한국영화사상 최초로 노사 합의가 이뤄졌다는 점에서 역사적 사건이었다. 그리고 2012년엔 '시나리오 표준 계약서'가 만들어졌다.

젠더 감수성과 마이너리티

2017년 10월 할리우드의 영화제작자인 하비 와인스타인Harvey Weinstein의 성범죄 파문과 미투Me_Too 운동이 지구촌 전체의 세계관에 큰 변화를 가져왔고, 한국 사회와 문화계 그리고 영화계 역시 같은 변화를 경험했다. 적잖은 배우와 감독들이 과거에 저질렀던 성폭력과 성추행이 폭로되면서, 한국영화계의 폭력적 역사가 드러났다.

이와 함께 '성인지性認知'의 관점에서 한국영화를 바라보는 평가들이 등장했다. 감독, 작가, 스태프, 제작자 등의 분야에서 여성이 차지하는 비중을 비롯해, 여성 감독이 만든 영화의 흥행성, 여성 배우가 주연을 맡는 비중, 여성 캐릭터의 성격 등 다양한 지표들을 두고 한국영화와 영화계를 분석하기 시작한 것이다. 이러한 논의들은 지난 100년 동안 한국영화를 장악했던 남성 중심 담론에 조금씩 균열을 내는 시도였다. 그리고 벡델 테스트Bechdel test 등 다양한 방법으로 영화 텍스트가 갖고 있는 성평등지수를 평가하는 흥미로운 시도들도 있었다. 이러한 논의는 여성에 머물지 않고, 성소수자, 인종적 소수자, 장애인, 어린이 등의 '마이너리티'에 대한 관심으로 영역을 넓혀 가며 기존 영화들이 갖고 있는 '재현 방식'에 대해 질문을 던지기 시작했다. 이것은 젠더와 인종 등에 대한 감수성의 문제로서, 향후 한국영화의 중요한 화두이기도 하다.

또 하나의 리그, 다양성영화

독립 장편영화, 1퍼센트의 싸움

변영주 감독의 다큐멘터리 〈낮은 목소리〉(1995) 같은 작품도 있었고, 1990년대 말에 〈시간은 오래 지속된다〉(김응수, 1996), 〈하우등〉(김시언, 1998), 〈벌이 날다〉(민병훈, 1998), 〈질주〉(이상인, 1999) 같은 영화들도 등장했지만, 한국의 독립 장편영화는 2000년대부터 본격적으로 극장가에 등장한다. 그러면서 그 영토는 더 넓어졌고, 단편 중심의 1990년대와는 조금 다른, 대중성을 염두에 두면서도 독립영화 특유의 톤을 잃지 않는 작품들을 고민해야 했다. 그리고 여기에 상업영화권의 저예산영화나 작가영화들도 함께하게 된다. 2000년을 예로 든다면 독립영화인 류승완 감독의 〈죽거나 혹은 나쁘거나〉가 있고, 시네마서비스에서 배급한 정재은 감독의 〈고양이를 부탁해〉나 CJ엔터테인먼트에서 배급한 임순례 감독의 〈와이키키 브라더스〉도 일정 정도 '인디정신'을 공유하고 있었다.

문제는 점점 늘어나는 독립 장편영화의 배급망이었는데, 이때 등장한 것이 2004년의 아트플러스시네마네트워크였다. 2004년 김동원 감독의 다큐멘터리 〈송환〉(2003)을 시작으로 아트플러스는 독립영화의 중요한 통로가 되었고, 2007년엔 독립영화전용관인 인디스페이스가 개관하면서 독립영화 개봉 편수는 더욱 늘어났다. 이외에도 2000년대엔 CGV인디영화관을 비롯해 KT&G 상상마당이나 미로스페이스 같은 예술영화전용관들이 등장하는가 하면, 인디스토리, 시네마달, 인디플러그, 영화사 진진, 엣나인 등의 독립영화 전문 배급사도 다수 생겨났다.

하지만 한국의 독립영화 혹은 다양성영화는 시장에서 전체 관객 수의 1퍼센트를 가져가는 것조차 쉽지 않았다. 〈그림 4〉를 보면 〈워낭소리〉가 개봉된 2009년과 〈님아, 그 강을 건너지 마오〉(진

그림 4 한국 다양성영화 관객점유율(2001~2019)　　　　단위: %

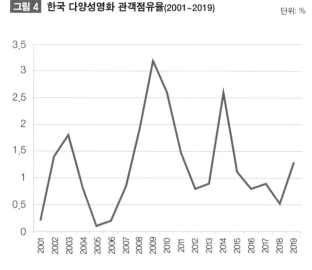

※ 영화진흥위원회, 《한국영화연감》 자료를 토대로 작성하였음.

모형)가 나온 2014년을 제외하면, 한국의 다양성영화는 1퍼센트를 가운데 놓고 진동하고 있음을 알 수 있다. 2001년부터 2019년까지 독립영화의 관객점유율은 평균 1.2퍼센트인데, 여기서 특수를 누린 2009년과 2014년을 제외하면 평균 1.0퍼센트이다. 안타까운 건, 2010년대에 접어들면서 극장에서 독립영화의 입지가 더욱 좁아졌다는 사실인데, 이것은 2000년대에 구축한 네트워크의 입지가 줄어들고 제대로 작동하지 못했음을 의미한다.

한편 2000년대 독립영화계가 보여 준 또 하나의 성과는 시네마테크의 탄생이다. 1990년대 불법 사설 시네마테크가 독립영화 마니아들의 온상이었다면, 2002년 한국시네마테크협의회 설립과 함께 만들어진 비영리 시네마테크전용관 서울아트시네마는 중요한 성과라 할 만하다. 이를 기반으로 각 지역 시네마테크와의 연계가 이뤄졌다. 예술영화를 상영하는 다양한 극장은 멀티플렉스 중심으로 급속히 재편되던 2000년대 극장문화 속에서 의미 있는 공간이 되었다.

아트버스터라는 기묘한 합성어

외국 다양성영화에서 특기할 만한 사항은 이른바 '아트버스터'의 등장이다. '아트 필름'과 '블록버스터'의 기묘한 합성어인 아트버스터에서 방점은 아무래도 뒤쪽에 찍힌다. 즉, 예술성을 갖춘 블록버스터라는 의미로 볼 수 있으며, 2010년대 중반 극장가에서 인기를 끌었던 트렌드다. 산업적으로 해석하면, 아트버스터는 준메이저급 영화가 다양성영화의 범주 안에서 흥행력을 발휘하는 경우다. 가장 대표적인 영화는 〈비긴 어게인Begin Again〉(존 카니, 2013)이다.

2014년 한국에 개봉된 이 영화는 343만 명의 관객을 동원했다. 〈위플래쉬Whiplash〉(데이미언 셔젤, 2014)와 〈그랜드 부다페스트 호텔The Grand Budapest Hotel〉(웨스 앤더슨, 2014)도 빼놓을 수 없는 아트버스터들이다.

2010년대 또 하나 빼놓을 수 없는 트렌드는 '재개봉'이다. 기폭제 역할을 한 작품은 〈타이타닉Titanic〉(제임스 캐머런, 1997)으로, 2012년에 재개봉되어 좋은 반응을 얻었고 이후 수많은 영화들이 다시 한국 관객과 만났다. 결정적 작품은 한국 개봉 10주년을 맞아 2015년에 개봉된 〈이터널 선샤인Eternal Sunshine of the Spotless Mind〉(미셸 공드리, 2004)이었다. 이 영화는 개봉 당시 스코어인 17만 명의 두 배에 가까운 32만 6천 명의 관객을 동원했다. '흥행 역류' 현상이 일어난 것이다. 이외에도 〈노트북The Notebook〉(닉 카사베츠, 2004) 〈하울의 움직이는 성ハウルの動く城〉(미야자키 하야오, 2004), 〈500일의 썸머[500]Days of Summer〉(마크 웹, 2009) 등 다양한 영화들이 재개봉을 통해 다시 한 번 사랑을 받았다.

때론 리마스터링 버전으로 업그레이드되어 돌아온 이 영화들이 성공할 수 있었던 건 한국영화의 틈새를 노렸기 때문이다. 한국영화가 액션과 스릴러에 집중하고 있을 때, 이 영화들은 관객의 가슴을 촉촉히 적시는 '감성적 소비재'를 제공했다. 물론 디지털 부가 판권 시장에서 판권료를 끌어올리려는 의례적 개봉이라거나, 가뜩이나 상영관 확보가 힘든 독립영화들의 토대를 깎아먹는다는 비판도 있었다. 하지만 이 영화들이 당시 30, 40대 관객들에게 회고적 쾌감을 선사한 문화상품이었다는 건 부정할 수 없는 사실이다.

부가 시장과 플랫폼의 대격변

대여점 사라지고 다운로드 시작되다

2000년대에 가장 급변한 시장이라면, 1990년대 영화산업의 중심이었던 비디오 시장일 것이다. 셀 스루sell through보다는 렌탈 중심이었던 비디오 시장은 2000년대 초반 대여점이 급속하게 줄면서 급감했고, 이때 등장한 DVD는 대체제가 되지 못했다. 완만하지 못한 이행기였던 셈이다. 이 시기 대여점 풍경은 가게 한쪽에 DVD 코너가 자리 잡다가 점점 그 비중을 늘려 가는 상황이었다. DVD는 대여점과 판매 시장 모두에 걸쳐 있고 VHS 비디오는 대여점 중심이었는데, 문제는 대여점이 눈에 띄게 줄어들었다는 것이다. 1990년대 중반 전국에 3만 개를 헤아리고 1999년까지도 약 1만 5천 개였던 비디오 대여점은, 2000년대 들어 매년 1천~2천 개씩 줄어들다가 2007년엔 약 3천 개, 2010년대엔 거의 자취를 감추게 된다.

이렇게 급격히 축소되는 시장을 채우기엔 DVD는 역부족이었다. 〈그림 5〉를 보면 2000년부터 2003년 정도까지는 시장 규모가 완만한 하강세를 보이는데, 이 시기에 몰락하는 비디오 시장을 DVD가 어느 정도 채우고 있었다. 하지만 DVD 시장은 비디오 시장을 추월하지 못했고, 이후 이 시장은 급격하게 무너진다. 이후 블루레이가 등장했지만 대세에 영향을 미치진 못했다.

이 공백을 채운 것이 디지털 다운로드 시장이었다. 온라인 VOD가 처음 시작된 건 1999년이었다. 당시에는 스트리밍 방식에 제공되는 영화 편수도 매우 적었다. 이후 2006년에 합법적인 다운로드 시장이 열리고 2008년부터 본격화되는데, 이 공백을 치고 들어온

그림 5 비디오, DVD 시장 규모(1999~2007)

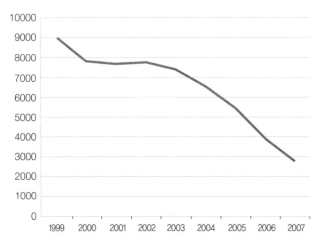

※ 영화진흥위원회, 《한국영화연감》 자료를 토대로 작성했음. 판매와 렌탈 시장을 합한 것으로, 계
    속 보정치가 발표되기에 가장 최근 자료를 참조했음.

것이 바로 불법 다운로드다. 2000년대 한국의 영화산업은 이 '어
둠의 경로'를 차단하기 위해 애썼는데, 2006년엔 불법 영화 파일을
신고하면 포상하는 '영파라치' 제도까지 만들어질 정도였다.

 이러한 분위기를 반전시킨 것이 합법 다운로드 전략이다. 2008
년에 씨네21i가 〈추격자〉(나홍진, 2008)의 다운로드 서비스를 시작하
면서, 이전까진 불법의 온상이었던 웹하드와 P2P 업체 등과 제휴
를 맺은 것이다. 이른바 '제휴 콘텐츠 서비스'이며, 이 시기 시작된
'굿 다운로더' 캠페인 효과 등과 어우러져 다운로드 시장은 2008
년 약 150억 원에서 1년 만인 2009년 약 3백억 원으로 규모가 늘어
났고 이후 꾸준히 성장했다.

IPTV를 넘어 어느새 OTT로

영화산업이 발전한다는 건 어쩌면 영화를 볼 수 있는 방식이 늘어난다는 의미다. 한국의 경우 1970년대까진 오로지 극장에서만 영화를 볼 수 있었다면, 1980년대엔 비디오라는 매체가 하나 추가되고 1990년대부터는 대격변이 시작된다. 잠깐이지만 레이저디스크가 있었고, 1990년대 말엔 DVD가 등장하며 인터넷을 통해 영화를 볼 수 있게 된다. 이후 DMB가 각광을 받았던 때도 있지만, 곧 스마트폰이 등장했다.

2004년에 등장한 IPTV는 인터넷을 기반으로 하는 TV 방송으로 다운로드 시장과 함께 온라인 부가 시장의 중심을 이루었다. IPTV와 온라인 VOD는 스트리밍과 다운로드라는 방식 차이가 있는 경쟁적 관계였는데, 후발 주자인 IPTV가 다운로드 시장을 앞서게 된다. 이러한 온라인 시장의 활성화로 부가 시장은 다시 활기를 찾게 되었고, 점점 빨라지는 홀드백(영화가 극장 상영 후 비디오로 출시되기까지 걸리는 기간)은 영화관과 안방극장 간의 시차를 점점 좁혔다. 한편 온라인 VOD 시장은 웹하드에서 포털사이트나 인디플러그 같은 전문 다운로드 사이트 등으로 다변화되었다. 2010년대엔 스마트폰을 이용한 모바일 시장이 각광받기 시작하며, PC와 스마트폰이 연동되는 'N스크린' 방식이 도입된다.

•N스크린N-screen 하나의 멀티미디어 콘텐츠를 N개의 기기에서 연속적으로 즐길 수 있는 기술 또는 그러한 서비스를 말한다. 단순히 '이어 보기'뿐만 아니라 TV를 비롯한 IT 기기로 콘텐츠를 감상하면서 그와 관련된 추가 정보 등을 스마트폰이나 태블릿 PC를 이용해 볼 수 있다. 전자와 같이 하나의 콘텐츠를 여러 기기에서 볼 수 있는 서비스를 OSMU(One Source Multi Use), 후자와 같이 특정 주제에 관한 다

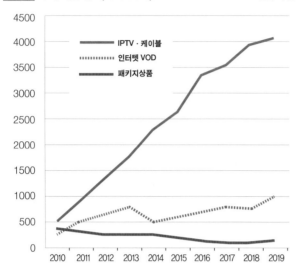

그림 6 부가 시장 규모(2010~2019)　　　단위: 억 원

※ 영화진흥위원회, 《한국영화연감》 자료를 토대로 작성했음. 넷플릭스 등 OTT 매출은 제외
되었음.

　　온라인 매출의 급증으로, 비디오와 DVD 시장의 추락 이후 침체
일로를 걷던 부가 시장은 활기를 되찾기 시작한다. IPTV와 디지털
케이블, 온라인 VOD 그리고 패키지 상품(DVD, 블루레이)이 중심
을 차지하는 부가 시장 규모는 2010년에 1,109억 원에서 2019년에
는 5,093억 원을 기록한다. 10년 만에 5배나 성장한 것으로, 그 일
등공신은 IPTV였다(《그림 6》 참조). 반면 온라인 VOD 시장은 성장
세가 더뎠고, 패키지 상품은 전반적으로 하락세를 그렸다.

양한 정보를 접할 수 있는 서비스를 ASMD(Adaptive Source Multi Device)라고 한다.
이문규, 〈용어로 보는 IT 'N스크린'〉 참조. https://terms.naver.com/entry.nhn?cid=59
088&docId=3572445&categoryId=59096 (2020. 09. 23 확인)

하지만 플랫폼의 진화는 여기서 멈추지 않았다. 2016년 넷플릭스가 상륙했고 국내에선 왓챠Watcha 서비스가 시작되었다. 한국에서도 OTT의 시대가 시작된 것이다. 특히 넷플릭스는 막대한 자본을 토대로 〈옥자〉(봉준호, 2017)를 비롯해 〈킹덤〉 시리즈[26] 등의 오리지널 콘텐츠를 직접 제작하며 한국 영화 및 드라마산업의 새로운 변수로 등장했다. 2017년엔 유튜브 프리미엄도 한국 서비스를 시작했고, 2019년엔 넷플릭스에 맞설 국내 OTT로 푹POOQ과 옥수수oksusu를 합친 웨이브wavve가 등장했다. 현재도 수많은 콘텐츠 업체가 OTT 비즈니스에 뛰어들기 위해 준비 중이다. 향후 OTT는 영화를 포함한 영상 콘텐츠 분야의 전쟁터가 되지 않을까 싶다.

변방에서 중심으로, 글로벌 마켓의 한국영화

칸에서 오스카로

21세기가 시작된 2000년, 한국영화의 가장 큰 뉴스는 칸영화제에 경쟁 부문을 포함해 네 편의 영화가 초청을 받았다는 것이었다. 〈쉬리〉 이후 산업적 자신감을 얻은 충무로는 칸영화제 진출로 예술적 성과까지 얻은 셈으로, 2년 후 임권택 감독은 〈취화선〉(2002)으로 다시 칸영화제에 도전해 감독상을 수상한다. 이후 한국영화는 국제영화제의 손님이 아닌 주인공 자리에 앉게 되었다. 이른바 세계 3대 영화제라고 하는 칸·베를린·베니스의 트로피에 한국 감독의 이름이 새겨지는 건 드문 일이 아니었다.

또 한 번의 결정적 순간은 2004년 칸영화제였다. 박찬욱 감독의

〈올드보이〉가 심사위원대상을 수상하면서, 한국영화는 국제 무대에 강렬한 인상을 남겼다. 이후 한국영화는 칸의 단골이 되었고, 〈밀양〉(이창동, 2007)의 전도연이 여자배우상을, 〈박쥐〉가 심사위원상을, 〈시〉(이창동, 2010)가 각본상을 수상했고, 2019년 드디어 봉준호 감독의 〈기생충〉이 황금종려상의 영예를 안았다. 이후 〈기생충〉은 대서양을 건너 북미 시장에 상륙했고, 아카데미영화상에서 작품상·감독상·각본상·국제영화상 등 4개의 트로피를 휩쓸었다. 한국영화 100주년에 거둔 이 성과는 2000년대 초부터 이어진 선배 영화인들의 끊임없는 해외 영화제 도전의 결과물이었다.

한류 시장에서 K-무비로

'욘사마'와 드라마 〈겨울연가〉가 '한류'를 대표하는 것 같지만, 21세기 아시아 지역에서 불기 시작한 '한류풍'의 근원지는 영화였고, 〈쉬리〉는 그 선봉장이었다. 일본 시장에서 18억 5천만 엔의 매출을 기록한 이 영화는 한국영화 수출의 원동력이 되었다. 1999년에 〈쉬리〉가 해외시장에 진출하면서 그해 수출액은 전년 대비 94퍼센트 증가한 597만 달러를 기록했다. 이후 많은 한국영화들이 아시아 시장을 누볐다. 홍콩 시장에서 〈반칙왕〉과 〈엽기적인 그녀〉가 큰 흥행을 기록했고, 일본에서는 〈공동경비구역 JSA〉를 2백만 달러에 가져갔다. 선판매되는 경우들도 생겨 〈내 머리 속의 지우개〉(이재한, 2004)가 270만 달러에, 〈달콤한 인생〉(김지운, 2005)이 320만 달러에, 〈형사 Duelist〉(이명세, 2005)가 5백만 달러에, 〈외출〉(허진호, 2005)이 8백만 달러에, 〈야수〉(김성수, 2005)가 4백만 달러에 수출되었다. 그 결과, 2005년 한국영화 수출액은 7,599만 달러로 2019년 현

표 7 국제영화제 주요 수상 기록(2000~2020)

연도	영화제		영화 제목	수상 부문	수상자
2001	로카르노영화제	경쟁	나비	여자배우상	김호정
2002	안시애니메이션영화제	경쟁	마리 이야기	그랑프리	이성강
	칸영화제	경쟁	취화선	감독상	임권택
	베니스영화제	경쟁	오아시스	특별감독상	이창동
				FIPRESCI상	이창동
				신인배우상	문소리
2003	로테르담영화제	경쟁	질투는 나의 힘	타이거상	박찬옥
	모스크바영화제	경쟁	지구를 지켜라!	감독상	장준환
	로카르노영화제	경쟁	봄 여름 가을 겨울 그리고 봄	넷팩상	김기덕
2004	선댄스영화제	경쟁	송환	표현의자유상	김동원
	베를린영화제	경쟁	사마리아	감독상	김기덕
	칸영화제	경쟁	올드보이	심사위원대상	박찬욱
	안시애니메이션영화제	경쟁	오세암	그랑프리	성백엽
	베니스영화제	경쟁	빈 집	감독상	김기덕
				FIPRESCI상	김기덕
2007	칸영화제	경쟁	밀양	여자배우상	전도연
2008	로카르노영화제	경쟁	낮술	넷팩상	노영석
2009	로테르담영화제	경쟁	똥파리	타이거상	양익준
	칸영화제	경쟁	박쥐	심사위원상	박찬욱
2010	칸영화제	경쟁	시	각본상	이창동
		주목할만한 시선	하하하	대상	홍상수
2011	로테르담영화제	경쟁	무산일기	타이거상	박정범
				FIPRESCI상	박정범
2012	베니스영화제	경쟁	피에타	황금사자상	김기덕
2013	선댄스영화제	경쟁	지슬	심사위원대상	오멸
	모스크바영화제	경쟁	레바논 감정	감독상	정영헌
	로카르노영화제	경쟁	우리 선희	감독상	홍상수
2014	로테르담영화제	경쟁	한공주	타이거상	이수진
2015	로카르노영화제	경쟁	지금은 맞고 그때는 틀리다	황금표범상	홍상수
				남자배우상	정재영
2016	칸영화제	경쟁	아가씨	벌칸상	류성희
	모스크바영화제	경쟁	마담 B	다큐 작품상	윤재호
2017	베를린영화제	경쟁	밤의 해변에서 혼자	여자배우상	김민희
		제너레이션K플러스	다시 태어나도 우리	대상	문창용 전진
	모스크바영화제	경쟁	보통사람	남자배우상	손현주

	로카르노영화제	경쟁(현재의 감독)	초행	감독상	김대환
2018	칸영화제	경쟁	버닝	벌칸상	신점희
				FIPRESCI상	이창동
	로카르노영화제	경쟁	강변호텔	남자배우상	기주봉
2019	베를린영화제	제너레이션K플러스	벌새	대상	김보라
	칸영화제	경쟁	기생충	황금종려상	봉준호
	로카르노영화제	경쟁	파고	심사위원특별상	박정범
2020	베를린영화제	경쟁	도망친 여자	감독상	홍상수
	로테르담영화제	경쟁	지푸라기라도 잡고 싶은 짐승들	심사위원상	김용훈
		경쟁(밝은 미래)	남매의 여름밤	밝은 미래상	윤단비
	안시애니메이션영화제	콩트르샹	무녀도	심사위원특별상	안재훈

※ 영화진흥위원회 사이트(http://www.kobis.or.kr/kobis/business/mast/fest/searchUserFestInfoList.do)의 '주요
영화제'를 중심으로 정리했음.

재까지도 한국영화 사상 최고의 성과를 기록했다.

할리우드도 한국영화에 관심을 가지기 시작했는데, 초점은 리
메이크 판권이었다. 미라맥스는 〈조폭마누라〉 판권을 95만 달러
에 사 간 것을 필두로 〈광복절 특사〉(김상진, 2002)와 〈선생 김봉두〉
(장규성, 2003)도 선점했다. 이외에도 워너브라더스가 〈가문의 영광〉
(정흥순, 2002)과 〈시월애〉(이현승, 2000)를, MGM이 〈달마야 놀자〉(2001,
박철관)를, 드림웍스가 〈장화, 홍련〉과 〈엽기적인 그녀〉를 가져갔다.
그 결과, 총 다섯 편의 리메이크가 현실화되었다. 〈시월애〉는 〈레
이크 하우스The Lake House〉(알레한드로 아그레스티, 2006)로, 〈거울 속
으로〉(김성호, 2003)는 〈미러Mirrors〉(알렉산드르 아야, 2008)로, 〈엽기적인
그녀〉는 〈마이 쎄시 걸My Sassy Girl〉(얀 사뮤엘, 2008)로, 〈장화, 홍련〉
은 〈안나와 알렉스: 두 자매 이야기The Uninvited〉(찰스 가드·토머스 가
드, 2009)로, 〈올드보이〉는 〈올드보이Oldboy〉(스파이크 리, 2013)로 만들
어졌다.

아시아권에서 자본과 인력의 교류도 활발했다. 〈봄날은 간다〉(허진호, 2001)는 일본의 쇼치쿠와 홍콩의 어플로즈 픽처스를 아우르는 3국 합작 프로젝트였다. 김성수 감독은 중국 로케이션으로 〈무사〉(2001)를 찍으며 거대한 합작 프로덕션을 시도했다. 〈내 여자친구를 소개합니다〉(곽재용, 2004)는 홍콩의 프로듀서 빌 콩William Kong과 한국의 아이필름이 결합된 프로젝트였다. 이후에도 〈퍼햅스 러브 Perhaps Love〉(진가신, 2005)의 지진희처럼 아시아권 영화에 한국 배우가 출연하거나, 〈무극〉(첸카이거, 2005), 〈묵공〉(장지량, 2006) 같은 다국적 합작 프로젝트들이 시도되었다. 특히 중국 시장에 대한 관심이 커진 건 2008년 베이징올림픽 이후의 상황을 염두에 둔 것이었는데, 일본 중심의 한류를 분산시켜야 한다는 계산이었다.

한편 CJ엔터테인먼트는 2007년 미국 LA, 2009년엔 중국의 극장 산업에 진출한다. 그러면서 미국과 중국에 직배를 시작하여, 일본과 베트남 그리고 인도네시아로 그 범위를 넓혔다. 〈수상한 그녀〉(황동혁, 2014)는 중국을 시작으로 일본, 베트남, 태국, 인도네시아 등 여러 나라에서 리메이크되어 좋은 성과를 거두었다. 2014년 NEW는 중국의 화책미디어로부터 535억 원의 투자를 받았고, 2015년에 쇼박스는 중국의 화이브라더스와 파트너십을 체결했다. 〈신과함께〉 시리즈로 유명한 덱스터는 VFX 전문 업체로서 중국 시장과 밀접하게 결합되었다. 이병헌이나 정지훈(비) 등의 배우들은 할리우드에 진출했다. 2000년대 초 한류가 일본 중심의 팬덤이었다면, 2010년 전후로는 그 범위가 한층 넓어졌고, 방식도 다양해졌으며, 규모도 커졌다.

수출 시장도 다변화되었다. 단지 작품을 파는 것이 아니라 로케이션 제공이나 기술 서비스 부분에서도 적잖은 수익을 올리고 있다. 두 편의 마블 시리즈가 서울과 부산에서 로케이션을 했고, 중국영화의 VFX 중 적잖은 부분을 한국 업체가 맡고 있다. 그 결과, 2016년 작품 판매와 서비스 부분을 합한 해외 매출에서 최초로 1억 달러를 넘기기도 했다. 아직까진 안정적인 토대를 완벽하게 마련하지 못하고 있는 한국의 해외 영화 마켓이 2020년 〈기생충〉의 성과를 디딤돌로 새로운 국면을 맞을 수 있을지 귀추가 주목된다.

포스트 코로나 시대의 영화

지난 20년 동안 한국영화는 압축적인 고도성장을 했고, 수많은 시행착오를 겪으면서 문제를 해결해 왔다. 하지만 2020년 현재, 코로나19라는 예상치 못했던 장벽 앞에서 모든 것이 얼어붙었고, 어쩌면 20년 전으로 돌아가 원점에서 다시 생각해야 할지도 모른다. 2020년 상반기 결산 리포트를 보면, 충격적인 숫자들로 가득하다. 1월부터 6월까지 관객 수는 전년 대비 70.3퍼센트가 감소한 3,241만 명으로 2005년 이후 최저치다. 매출도 70,6퍼센트 감소한 2,738억 원으로 역시 2005년 이후 최저다. 한국영화는 적어도 15년 전으로 돌아갔으며, 예측할 수 없는 상황 속에서 개봉 라인업은 수시로 바뀌면서 흔들리고 있다. 시즌에 관객이 가득 찬 극장이나 '천만 관객'은 이제 다시는 경험하지 못할 것만 같다. 한국뿐만 아니라 전 세계 영화산업이 뜻하지 않게 특이점에 온 것이다.

문제는 여전히 코로나가 진행 중이며 어떤 시점에 종식될지, 과

연 종식될 수는 있을지 아무도 모른다는 것이다. 분명한 것은 지금의 위기가 어떤 방향으로든 영화산업의 구조와 영화 문화를 바꿀 것이며, 그 과정에서 축소되는 시장과 생성되는 시장이 생긴다는 점이다. 그리고 언젠가는 회복 국면에 접어들 것이며, 영화를 소비하는 방식에도 변화가 있을 것이다. 언택트Untact 시대의 영화. 이제 우린 다시 시작점에 서 있다.

1 Dal Yong Jin, *Transnational Korean Cinema*, New Jersey: Rutgers, 2020, p. 34.

2 이하 이 글에서 사용되는 통계자료는 2001년부터 2019년까지 발간된 《한국영화연감》 과 2020년에 나온 〈2019년 한국영화결산〉(영화진흥위원회) 자료 그리고 영화진흥위 원회 통합전산망 등을 참조했다.

3 Yecies, Brian; Shim, Aegyung, *The Changing Face of Korean Cinema: 1960 to 2015*, New York: Routledge, 2016, p. 180.

4 김미현, 〈한국영화 제작자본에 대한 영상전문투자조합 정책의 기여도 평가〉, 《한국콘 텐츠학회논문지》 vol.19 no.9, 2019, 213쪽.

5 김미현, 〈한국영화 자본 조달 구조와 유형에 대한 연구〉, 《영화연구》 no.51, 2012, 39~62쪽.

6 〈2001년 충무로 금융자본, 이리로 갈까 저리로 갈까〉, 《씨네21》, 2001년 2월 20일(289 호), 31쪽. 원문의 표엔 투자 영화와 배급사까지 표기되어 있었지만, 투자조합 중심으 로 재정리했다. KTB네트워크는 투자조합 형식이 아닌, 직접 영화에 투자하는 방식으 로 참여했다.

7 〈충무로, 금융자본과 함께 춤을!〉, 《씨네21》, 2001년 2월 27일(290호), 17쪽.

8 허문영, 〈'웰메이드' 영화의 등장〉, 《한국영화 100년 100경》, 돌베개, 2019, 233쪽.

9 영화진흥위원회, 《2001년도 한국영화연감》, 커뮤니케이션북스, 2002, 18쪽.

10 〈관객 쏠림, 어떻게 해결한 것인가〉, 《필름2.0》, 2006년 8월 29일(298호), 10쪽.

11 김형석, 〈천만 영화 연대기〉, 《영화가 있는 문학의 오늘》 34호, 2019, 45~55쪽.

12 주호민의 동명 웹툰을 영화화한 김용화 감독의 〈신과함께〉 시리즈는 1편 〈신과함께- 죄와 벌〉이 2017년 12월 20일에 개봉하여 총 관객 수 1,441만 754명을 동원하며 역 대 한국영화 박스오피스 순위 3위에 올랐으며, 2편인 〈신과함께-인과 연〉은 이듬해인 2018년 8월 1일에 개봉하여 총 관객 수 1,227만 4,996명으로 역대 박스오피스 16위 를 차지했다(2018년도 박스오피스 1위).

13 동명의 웹툰을 원작으로 하는 양우석 감독의 〈강철비〉 시리즈는 2017년 12월 14일에 개봉한 1편 〈강철비〉와 2020년 7월 29일에 개봉한 2편 〈강철비2: 정상회담〉 두 편으 로 이루어져 있다.

14 〈탐정〉 시리즈는 파워블로거인 강대만(권상우)과 형사인 노태수(성동일)를 주인공으 로 한 두 편의 영화로 2015년에 〈탐정: 더 비기닝〉(김정훈), 2018년 〈탐정: 리턴즈〉(이 언희)가 있다.

15 〈신의 한 수〉 시리즈는 바둑을 소재로 한 액션영화로 2014년에 1편인 〈신의 한 수〉(조 범구)가, 2019년에는 앞선 영화의 프리퀄인 〈신의 한 수: 귀수편〉(리건)이 제작·개봉 됐다.

16 각 영화의 원작은 〈독전〉-〈마약전쟁 毒戰〉(두기봉, 2013, 중국), 〈완벽한 타인〉-〈퍼펙 트 스트레인저 Perfetti sconosciuti〉(파올로 제노비스, 2016, 이탈리아), 〈럭키〉-〈열쇠

도둑의 방법 鍵泥棒のメソッド〉(우치다 켄지, 2012, 일본)이다.

17 영화진흥위원회, 《2009년도 한국영화연감》, 커뮤니케이션북스, 2010, 244쪽.
18 〈네 후보의 생각을 들어보니…〉, 《한겨레》, 1997년 11월 29일.
19 영화진흥위원회, 《2006년도 한국영화연감》, 커뮤니케이션북스, 2007, 240쪽.
20 〈강우석 감독 "배우들, 돈 너무 밝혀요"〉, 《조선일보》, 2005년 6월 24일.
21 〈너희가 표현의 자유를 정말 인정하느냐?〉, 《필름2.0》, 2001년 9월 4일(38호), 33쪽.
22 〈예술위 '봉고차 출장' 보고… 매주 '블랙리스트' 챙긴 문체부〉, 《한겨레》, 2018년 5월 8일.
23 〈끝나지 않은 문화예술계 블랙리스트 사태〉, 《한국일보》, 2020년 5월 7일.
24 〈스탭 처우문제, 더 이상 시간 없다〉, 《씨네21》, 2000년 4월 6일(446호), 26쪽.
25 김혜준 외, 〈영화인 복지 향상을 위한 기초 조사 연구〉, 영화진흥위원회, 2001, 37~38쪽.
26 넷플릭스를 통해 시즌제로 공개된 〈킹덤〉 시리즈(극본 김은희)는 김성훈이 연출한 시즌 1이 2019년 1월 25일 공개되었고, 박인제가 연출한(시즌 1의 감독이었던 김성훈은 에피소드 1화만 연출) 시즌 2가 2020년 3월 13일 공개되었다.

장르

장르영화의 전개 과정

김경욱

장르영화의 시대

1990년대에 대기업자본이 영화산업에 유입되고 젊은 프로듀서들이 충무로에 진출하면서, 영화제작 방식에 변화가 생겼다. 프로듀서들의 주도로 제작된 이른바 '기획영화'가 흥행에 성공하면서 침체되었던 영화산업은 부흥의 발판을 마련하게 되었다. 기획영화의 중심에는 이전 시대의 에로티시즘 영화와는 다른 '로맨틱코미디영화'(《나의 사랑, 나의 신부》(이명세, 1990), 〈결혼이야기〉(김의석, 1992), 〈미스터 맘마〉(강우석, 1992) 등)가 있었다. 체계적으로 기획된 '장르영화'가 관객을 견인하며 흥행에 성공하고 이를 통해 영화산업의 확장으로 나아가는 원동력이 되기 시작한 것이다.

2000년대에 할리우드 영화산업을 모델로 한국영화 산업이 재편되면서, 영화제작의 중심이 프로듀서에서 대기업이 설립한 메이저 영화사로 이동했고, 이러한 변화에 따라 '한국형 블록버스터'를 지향하게 되면서 영화제작 규모는 크게 확대되었다. 제작비의 증가는 관객의 취향에 부합하는 흥행 영화에 대한 요구를 더욱 극대화시켰고, 이에 따라 일찍이 할리우드 영화의 상업적 전략으로 자리매김했던 장르영화가 한국영화 제작의 중요한 요소가 되었다.

다시 말해서, 2000년 이후 영화산업의 확장과 흥행 성공의 핵심에는 장르영화가 있었다고 할 수 있다. 뿐만 아니라 지난 20년 동안 한국영화의 중심에 있었던 박찬욱, 봉준호, 김지운, 최동훈 등의 감독들 역시 모두 장르영화의 자장 안에서 작업해 왔다. 이전 시대에는 작품성과 흥행 모두에서 성공한 사례가 드물었지만, 이들 감독의 영화는 대중성만이 아니라 작품성도 인정받음으로써 한국영화가 국제무대에 널리 알려지는 데 일조했다. 반면, 이러한 장르의 유행에 편승하지 않은/못한 감독의 영화는 점점 흥행에서 멀어지는 현상도 나타났다.

장르영화의 목표는 흥행의 극대화이기 때문에 관객의 요구와 기대에 맞추는 것이 가장 중요하다. 관객은 사회 안에서 살아가는 존재이기에 시대의 변화와 사건 등에 영향을 받는다. 이것이 다시 장르영화 제작에 영향을 미치게 된다. 지난 20년 동안 한국영화 장르의 부침에 영향을 미친 영화산업 외부의 요소로는 1997년의 IMF 외환위기, 표현의 자유가 확장된 1998~2008년 김대중·노무현의 진보 정권, 대중영화를 통해 보수 이데올로기를 확장하려고 한 2008~2017년 이명박·박근혜의 보수 정권, 2014년 4월 16일의 세월호 참사, 2016년의 촛불 시민혁명과 2017년 문재인 정권의 집권 등을 들 수 있다. 또, 흥행작이 특정 장르의 유행을 만들어 내기도 하고 성공 사례가 없던 새로운 장르의 영화가 예상을 깨고 흥행에 성공하기도 했다. 1999년 〈쉬리〉(강제규)의 흥행 성공이 한국형 블록버스터로 나아가는 원동력이 되었다면, 〈친구〉(곽경택, 2000)의 흥행 성공은 '조폭영화'의 유행을 가져왔다. 괴수영화 〈괴물〉(봉준호, 2006)은 제작 당시에는 투자자를 구하기도 어려웠지만 천만관객 영화가 되었다.

조폭영화부터 판타지 영화까지 다양한 장르가 유행하는 가운데, 모든 장르에서 흥행 전략(하이 콘셉트*)으로 사용한 요소는 볼

거리를 극대화한 액션과 스펙터클, 웃음을 만들어 내는 코미디와 눈물을 자극하는 신파 등이다. 범죄 관련 영화에서는 자극적인 설정과 사이코패스 연쇄살인마 같은 극단적인 캐릭터가 범람했다. 또, 흥행 코드에 몰입한 결과 한국영화의 내러티브 구조가 점점 더 빈약해지는 부작용도 나타났다.

이 글에서는 지난 20년간의 한국영화를 장르의 측면에서 접근하고자 해당 시기의 연도별 한국영화 최고 흥행작 20편[1]을 간추려, 총 4백 편의 한국영화를 장르별로 분류했다. 또 1990년대와 2000년부터 2019년까지, 두 시기 주요 장르의 변화와 분포 등을 살펴보았다. 이를 위해 1990년대의 연도별 한국영화 최고 흥행작 10편[2]을 간추려서 총 1백 편의 영화를 장르별로 분류했다. 그 결과는 〈그림 7〉~〈그림 10〉과 같다.

장르의 분류는 할리우드 영화의 장르 분류를 기준[3]으로 하되, 한국영화의 특수성을 고려했다. 1980년대 이후 할리우드 영화가 혼합hybrid 장르로 전개된 것처럼, 2000년 이후 한국영화는 대부분 혼합 장르의 성격을 띠고 있기 때문에 장르의 분류가 쉽지는 않다. 주관적인 분류도 있고 오류도 있을 수 있다. 이 글에서는 장르를 크게 '범죄영화Contemporary Crime Films', '분단영화', '역사영화', '멜로드라마' 등으로 나누고 각 장르의 하위 장르를 분류한 다음, 대표작을 중심으로 구체적인 배경, 경향, 흐름 등을 분석했다.

•하이 콘셉트High concept 영화의 주제·스타·마케팅 등 여러 흥행 요소들을 결합해 막대한 수익을 올릴 수 있는 영화를 기획하는 것. 할리우드의 블록버스터 영화들이 대부분 이러한 기획을 통해 제작되며, 2000년 이후 한국의 기획영화 역시 하이 콘셉트 영화의 범주에 들어간다.

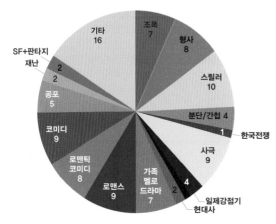

그림 7 장르별 분포도(2000~2019)[4]

단위: %

그림 8 주요 장르별 분포도(2000~2019)[5]

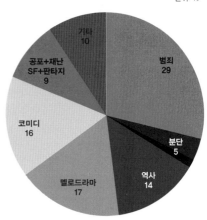

단위: %

그림 9 장르별 분포도(1990~1999)[6]

단위: %

그림 10 주요 장르별 분포도(1990~1999)[7]

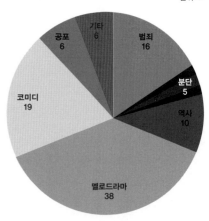

단위: %

범죄영화

할리우드 영화의 장르 분류에서 '범죄자들과 범죄, 범죄의 희생자들 그리고 법, 질서, 정의를 공식적이거나 비공식적으로 대리하는 자들(형사, 탐정 등)을 다룬 범죄영화'는 형사영화Detective Films, 갱스터영화Gangster Films, 서스펜스 스릴러Suspense Thrillers로 나뉜다.[8] 이 분류는 범죄를 중심으로 누가 주요 인물의 자리에 놓이는지에 따른 것이다. 형사·탐정 등이 범죄의 전모를 밝히고 범죄자들을 추적하여 체포하는 경우는 형사영화, 주요 인물이 범죄조직의 일원이 되어 범법을 저지르는 경우는 갱스터영화, 주요 인물이 범죄자들의 음모에 빠지거나 범죄의 희생자가 되는 경우는 서스펜스 스릴러가 된다. 이러한 분류를 바탕으로 범죄영화를 조폭/조폭코미디영화, 형사영화, 스릴러영화로 나누어서 살펴보려 한다.

조폭영화

2000년의 최고 흥행작은 이전까지의 흥행 기록을 갱신한 〈공동경비구역 JSA〉(박찬욱, 2000)였다. 분단영화로 분류할 수 있는 이 영화의 흥행 성공이 바로 장르의 유행으로 연결되지는 않았다. 〈공동경비구역 JSA〉의 경우와 달리, 2001년에 개봉해 또다시 흥행 기록을 갱신한 〈친구〉는 조폭영화 장르의 유행을 만들어 냈다. 할리우드 갱스터영화의 한국식 버전이라고 할 수 있는 조폭영화는 조폭을 주요 인물과 소재로 다루는 영화를 일컫는다.

1990년대 한국영화에서 건달(또는 깡패, 양아치 등)이 주인공으로 등장하는 영화는 크게 세 가지 경향으로 나뉜다. 먼저 1960년

〈장군의 아들〉(제작 태흥영화주식회사, 임권택, 1990)은 1960년대 '다찌마와리' 영화를 계승해 인기를 끌었다. 〈비트〉(제작 우노필름, 배급 삼성영상사업단, 김성수, 1997)에서는 홍콩 누아르 영화의 영향을 볼 수 있다.

대 '다찌마와리* 영화'를 계승한 임권택의 〈장군의 아들〉 시리즈가 있다. 1990년부터 1992년까지 총 3편이 제작된 이 시리즈[9]는 일제강점기를 배경으로 독립운동가 김좌진의 아들 김두한이 종로 일대를 장악하고 있던 일본 야쿠자 패거리를 제압하는 이야기로 선풍적인 인기를 끌었다. 또 다른 경향으로는 당시 대중적인 인기가 높았던 '홍콩 누아르'(《영웅본색》(오우삼, 1986) 등)의 영향을 받은 경우이다. 대표적인 사례로는 〈테러리스트〉(김영빈, 1995), 〈본 투 킬〉(장현수, 1996), 〈비트〉(김성수, 1997) 등이 있다. 이 밖에 할리우드 갱스터 장르의 한국식 버전이라고 할 수 있는 〈게임의 법칙〉(장현수, 1994)과 〈초록물고기〉(이창동, 1997)로 대표되는 경향이 있었다.

영화 〈친구〉는 친구였던 동수와 준석이 적이 되어 갈등을 빚다

*다찌마와리 일본의 가부키 용어인 '立回り(たちまわり)'에서 유래한 것으로 1 대 다수의 인물들이 난투를 벌이는 장면 또는 그러한 연기를 말한다. 흔히 짧게 '다찌마리'라고도 한다.

가 비극적인 결말로 치닫게 된다는 점에서는 홍콩 누아르의 요소가 포함되어 있으며, 이권을 차지하려는 조폭들의 패싸움 장면에서는 다찌마와리 영화의 영향을 볼 수 있다. 또한, 주인공이 조폭으로 성장하고 몰락하는 과정은 할리우드 갱스터 장르와 공통점이 있다. 그러나 〈친구〉에는 갱스터 장르의 비극성을 통해 그 사회의 모순을 투영하는 설정이 없다. 이 영화는 1976년·1981년·1984년·1990년·1993년 등 구체적인 연도를 명시하면서 그 시대의 노스탤지어를 불러일으키는 효과를 만들어 내지만, 박정희·전두환·노태우·김영삼 정권의 흔적은 보이지 않는다. 마찬가지로 박정희 암살과 광주민주화운동, 박종철 고문치사 사건과 6월 민주항쟁, 삼당 합당**과 88 서울올림픽 등 한국 현대사의 역사적 사건 역시이 영화 어디에서도 드러나지 않는다. 동수가 준석의 하수인 손에죽음을 맞이할 때, 그것은 법과 질서를 위반한 자에 대한 사회적인 단죄가 아니라 폭력 조직 간의 이권 다툼에서 벌어진 비극으로처리된다. 이러한 관점은 이후 2000년대 조폭/조폭코미디영화에서계속 반복된다. 〈친구〉를 계승한 조폭영화로는 〈비열한 거리〉(유하, 2006), 〈우아한 세계〉(한재림, 2007) 등이 있다.

조폭코미디영화

〈친구〉와 같은 해 개봉한 〈신라의 달밤〉(김상진, 2001), 〈조폭마누라〉

삼당 합당 1990년 1월 22일, 당시 집권 여당인 민주정의당, 야당인 통일민주당·신민주공화당이 민주자유당으로 합당한 일을 말한다. 이 삼당 합당으로 야당은 평화민주당만 남게 되었다. 그 결과, 여대야소의 상황이 되어 거대 여당이 정국의 주도권을 완전히 장악하게 되었다.

(조진규, 2001), 〈달마야 놀자〉(박철관, 2001), 〈두사부일체〉(윤제균, 2001)가 흥행에 성공(나열한 순으로 3·4·5·6위)하면서, '조폭영화에 코미디가 결합한 조폭코미디영화'[10]가 유행하게 되었다. 조폭코미디영화는 2002년 〈가문의 영광〉(정흥순, 2002)[11]이 흥행 1위에 오르는 등 2007년까지 흥행 상위를 차지했다. 이 장르가 지난 20년간의 한국영화에서 가장 중요한 장르라고 할 수는 없지만, 다양한 장르에 매우 많은 영향을 미쳤다.

〈친구〉와 〈신라의 달밤〉을 비교해 보면, 고교 동창생인 주인공들이 성인이 되어 다시 만나서 라이벌 관계로 각축전을 벌인다는 설정에는 공통점이 있다. 그러나 〈신라의 달밤〉에서는 주인공들의 고등학교 시절은 플래시백으로 잠깐 등장할 뿐이고, 이야기는 어른인 두 주인공 기동과 영준을 중심으로 전개된다. 이때 영준은 조폭의 중간보스로 등장하는데, 그가 그 자리에 올라가는 과정이 생략된 것이다. 〈조폭마누라〉, 〈달마야 놀자〉, 〈두사부일체〉의 주인공도 영화가 시작되는 시점에서 이미 부두목이 된 상태이다. 주인공이 범죄 세계에 진입해 우여곡절을 겪으면서 위로 올라가는 과정은 생략되어 있다. 조폭으로 성공한 주인공은 조폭으로 살아가는 삶에 대한 반성이나 회의가 없으며, 마치 잘나가는 회사원처럼 묘사된다. 그리고 주인공이 조폭이어서 저지르게 되는 악행이나 내부 갈등 대신, 조폭의 활동을 희화화하여 웃음을 만들어 내는 데 집중한다. 조폭 주인공은 체육 선생이 된 고등학교 동창과 한 여성을 두고 경쟁을 하고(〈신라의 달밤〉), 말기암 환자인 언니의 소원을 들어주기 위해 동사무소 직원과 억지 결혼을 하며(〈조폭마누라〉), 안전한 은신처를 찾다가 절에 들어가거나(〈달마야 놀자〉), 고등학교 졸업장을 받기 위해 학교에 간다(《두사부일체》).

조폭코미디영화에서는 주인공에게도 코믹한 역할이 부여되지만, 조역(개그 캐릭터)이 양념처럼 끼어들어 웃음을 극대화한다. 이러한 인물은 다른 장르에서도 반드시 필요한 역할로 자리한다. 코미디에 더해 주인공이 조폭이므로 자연스럽게 패싸움을 벌이는 액션 장면이 들어가게 되는데, 관객에게 볼거리를 선사할 목적으로 연출한 액션 장면이 과도하게 폭력적이다(예를 들면, 청소년을 어른의 패싸움에 동원하거나 임산부를 잔인하게 폭행한다). 이때 코믹한 설정이 끼어들거나 코믹한 장면으로 넘어가기 때문에 관객이 체감하는 폭력의 느낌은 둔화된다.[12]

조폭코미디영화의 목표는 관객을 웃기는 데 있기 때문에, 이야기가 코믹한 설정을 중심으로 시트콤처럼 에피소드 식으로 전개된다. 이 장르의 흥행 성공을 통해 어떻게든 웃기면 흥행에 성공한다는 일종의 '흥행 공식'이 만들어졌다. 그 결과, 에피소드를 엮어가는 플롯 구성의 앞뒤가 맞지 않고 인과관계에 무리가 생기더라도 웃음 코드 같은 흥행 요소를 집어넣을 수 있으면 별다른 문제가 아니게 되었다. 이러한 경향은 이후 장르에 관계없이 한국영화 전반에 영향을 미쳤다. 특히 한국영화의 시나리오 구성에 악영향을 미쳤다. 이를테면 인물에 개연성을 부여하고 사건을 치밀하게 엮어 나가면서 전개 과정에 무리수가 생기면 어떻게든 해결하려고 시도하는 대신, 일종의 속임수를 동원해 순간적으로 모면할 궁리만 찾는 현상이 나타났다.

조폭/조폭코미디영화의 인물 설정과 상황도 다른 장르에서 반복되거나 변주되었다. 〈타짜〉(최동훈, 2006)의 경우, 허영만의 원작을 각색할 때 시대를 1990년대로 옮기면서 조폭영화의 요소를 많이 가미했다. 특히 이 영화의 악당인 곽철용과 아귀에 대한 묘사에는 조폭의 이미지가 있으며, 아귀가 등장하는 장면은 조폭영화에서 흔히 볼 수 있는 악역 등장의 클리셰처럼 연출되었다. 이 밖에 사극영화에 조폭코미디를 결합한 〈황산벌〉(이준익, 2003), 〈조폭마누라〉의 콘셉트에 로맨틱코미디를 결합한 〈7급 공무원〉(신태라, 2009) 같은 영화들이 2000년대 전반에 걸쳐 제작되었다.

조폭/조폭코미디영화에서 흥미로운 점은, 주인공이 속한 폭력 조직의 두목이 점점 대기업의 CEO처럼 되어 간다는 것이다. 1990년대 영화에서 무식하고 야비하고 촌스러운 이미지로 재현되었던 조폭 두목이 2000년대에는 중후하고 점잖은 신사의 이미지로 업그레이드되어 등장한다. 1990년대까지 '형님'이었던 그들은 이제 '사장'이나 '회장'으로 지칭된다. 이것은 과거의 조폭 두목이 건설업체 대표, 주식투자가, 금융업계 CEO, 벤처 기업인으로 변신해 간 한국 사회의 현실을 반영한 결과이기도 하다. 그러나 그들의 이면은 여전히 조폭 두목일 뿐이다. 예를 들어 〈비열한 거리〉의 황 회장의 경우, 사채업으로 거머쥔 부를 토대로 건설업에 진출해 회장이 되지만, 누구든지 필요하면 이용하고 쓸모없으면 가차 없이 제거한다. 황 회장에게 충성을 맹세하고 손에 피를 묻혔던 주인공 병두도 황 회장의 하수인에게 비참한 최후를 맞이한다.

〈친구〉가 불러온 '향수'

〈친구〉는 어떤 역사적 사건도 언급하지 않은 채, 억압과 폭력으로 얼룩진 그 시대로부터 오직 향수만을 가져왔다. 타이틀 신에서는 소독차가 내뿜는 하얀 연기를 따라가는 아이들과 함께 1970년대 골목길 풍경을 재현하고, 영화가 시작되면 소년들이 당시 최고의 스포츠 스타 조오련에 대한 이야기를 나눈다. 이러한 향수의 정서는 흥행의 원동력으로 작용했다.

〈친구〉의 전반부는 십대가 주인공으로 등장하는 '하이틴 영화'라고 할 수 있다. 2002년에 개봉한 〈해적, 디스코왕 되다〉(김동원, 2002), 〈몽정기〉(정초신, 2002), 〈품행제로〉(조근식, 2002), 〈말죽거리 잔혹사〉(유하, 2004) 등은 〈친구〉의 영향을 받은 하이틴 영화이다. 특히 〈해적, 디스코왕 되다〉와 〈품행제로〉는 1980년대를 배경으로 설정하고 〈친구〉처럼 그 시대의 풍경을 재현한다. 자질구레한 시대적 표상의 나열 속에서 폭압적인 1980년대는 추억으로 포장되고, 기억은 망각 속에 묻힌다. 패러디와 코미디, 유아성과 퇴행성, 도피주의와 판타지가 잡동사니로 뒤섞이면서, 향수는 권위주의와 폭력으로 얼룩진 그 시대의 고통스러운 실상을 지운다.

〈친구〉와 2002년에 개봉한 일련의 하이틴 영화들, 그리고 서울

〈친구〉(제작 씨네라인Ⅱ, 배급 코리아픽쳐스, 곽경택, 2001)가 억압과 폭력으로 얼룩진 시대로부터 유일하게 가져온 향수는 흥행의 원동력이 되었다.

손자가 시골 할머니 집에 살게 되면서 겪는 일을 그린 영화 〈집으로〉(이정향, 2002)[13]에 대한 관객의 열광은 1997년 IMF 외환위기가 남긴 트라우마와 무관하지 않았다. 쓰나미처럼 휩쓸고 지나간 IMF 외환위기는 수많은 기업의 몰락과 대량 실업을 초래했고, 삶에 대한 안정감을 앗아 갔다. 박정희 시대에 구축된 낙관적인 발전 모델은 폐기 처분되고, 중산층 신화는 몰락했으며, 안정된 미래에 대한 전망은 사라졌다. 즉, IMF 외환위기 이후 한국 사회 전체가 직면한 실패와 좌절 그리고 상실의 경험이 그 이전 시기에 대한 향수를 불러온 셈이다.

형사영화

2001년의 〈친구〉 이후 조폭영화가 인기를 끄는 가운데 강우석의 〈공공의 적〉(2002)이 개봉했다. 〈공공의 적〉은 '강철중'을 주인공으로 설정해 세 편 모두 흥행에 성공한 '공공의 적 시리즈'의 첫 번째 영화이다. 강우석의 형사영화 〈투캅스〉(1993)와 〈투캅스 2〉(1996)는 1990년대의 흥행작으로 손꼽히는데, 2000년대에 같은 장르의 새로운 시리즈가 등장한 것이다.

〈공공의 적〉에서, 형사 강철중은 펀드매니저로 성공한 조규환의 연쇄살인을 추적한다. 〈공공의 적 2〉(강우석, 2005)에서는 검사 강철중이 명선재단 이사장 한상우의 청부살인과 각종 불법을 밝혀낸다. 〈강철중: 공공의 적 1-1〉(강우석, 2008)에서는, 다시 형사가 된 강철중이 거성그룹 회장으로 위장한 조폭 두목 이원술의 비리를 쫓는다. 이 영화의 주인공이 이원술이었다면 조폭영화가 되었겠지만, 주인공이 형사로 설정되어 형사영화가 되었다.

2003년에는 봉준호의 〈살인의 추억〉이 개봉했다. 화성 연쇄살인 사건을 소재로 한 이 영화는 장르로 분류하면 '형사, 경찰관, 탐정, 검사 등이 이미 벌어진 범죄 관련 사건을 해결해 나가는 형사영화' 이다. 그러나 이 영화는 '농촌 스릴러'로 홍보되면서 스릴러영화로 알려졌다. 앨프리드 히치콕의 '서스펜스 스릴러'에서 기인한 스릴러 영화는 주인공이 비정상적인 상황에 처하면서 플롯이 전개된다. (형사나 탐정 등이 아닌) 평범한 주인공은 유능한 적대자antagonist 가 자신의 목적을 위해 꾸며 낸 함정에 빠지게 되는데, 처음에는 상황 파악조차 하지 못한다. 주인공은 결국 악전고투 끝에 범죄 의 희생자가 될 위기에서 벗어나고, 이 과정에서 서스펜스와 스릴 이 만들어진다.[14] 여기서는 주인공뿐만 아니라 주변 인물들이 적대 자의 음모로 위기에 처하게 되는 설정을 주요 플롯으로 하는 경우 스릴러영화로 분류했다.

〈공공의 적〉과 〈살인의 추억〉 같은 영화가 흥행에 성공하자, 형 사/스릴러영화가 조폭영화의 자리를 차지하게 되었다. 전·현직 형 사와 경찰 등 수사 관련 직종 종사자가 주인공으로 등장해 주로 강력 범죄를 해결하는 영화가 줄줄이 제작되는 가운데[15] 유영철· 강호순·정남규 같은 사이코패스에 의한 연쇄살인이 잇달아 밝혀 지면서, 두 장르 모두에서 잔인무도한 사이코패스가 악당의 모델 이 되었다.

실제 사건에서 소재를 가져온 영화도 여러 편 제작되었다. 그 가 운데 〈베테랑〉(류승완)은 2015년에 개봉해 흥행 순위 1위에 올랐다. 이 영화는 재벌 2세 최철원이 한 노동자에게 폭력을 행사하고 맷 값을 지불한 엽기적인 사건[16]을 소재로 했다. 형사/스릴러영화는

〈살인의 추억〉의 영향을 많이 받았는데, 〈베테랑〉은 〈공공의 적〉 계보의 형사영화라고 할 수 있다. 강철중 형사/검사가 범죄를 즐기는 상류층 사이코패스와 대결한 것처럼, 〈베테랑〉의 서도철 형사는 재벌 2세 사이코패스 조태오를 응징하기 위해 사투를 벌인다.

오랫동안 해결되지 않았거나 대중에게 충격을 주었던 범죄 사건을 소재로 한 영화도 다수 제작되었다. 흥행에 성공한 사례로는 개구리 소년 실종 사건을 다룬 〈아이들...〉(이규만, 2011), 어린이 유괴 사건을 다룬 〈극비수사〉(곽경택, 2015), 조희팔의 기상천외한 사기극을 소재로 한 〈마스터〉(조의석, 2016)와 〈꾼〉(장창원, 2017), 론스타 게이트 사건을 소재로 해서 검사가 금융 비리를 파헤치는 〈블랙머니〉(정지영, 2019) 등이 있다.

이 밖에 조선족을 범죄자로 설정한 영화가 증가하는 가운데, 형사와 경찰이 조선족의 범죄를 소탕하는 〈범죄도시〉(강윤성, 2017)와 〈청년경찰〉(김주환, 2017)이 인기를 끌었으며, 시대 배경을 조선시대로 설정하고 탐정을 주인공으로 내세운, 형사영화에 사극을 결합한 '조선명탐정 시리즈'[17]도 모두 흥행에 성공했다.

스릴러영화

〈살인의 추억〉에 이어 스릴러 장르의 유행에 일조한 영화는 나홍진의 〈추격자〉(2008)이다. 유영철의 연쇄살인을 소재로 한 이 영화가 화제를 불러 모은 결과, 2010년은 '스릴러영화의 해'라고 할 수 있을 정도였다. 이 해 개봉한 많은 스릴러영화 가운데 〈아저씨〉(이정범, 2010)는 흥행 순위 1위에 올랐고, 〈이끼〉(강우석, 2010), 〈황해〉(나홍진, 2010), 〈해결사〉(권혁재, 2010), 〈심야의 FM〉(김상만, 2010)은 각각 흥행 순위 3·12·15·20위를 차지했다. 스릴러에 복수극을 결합한 〈악마를 보았다〉(김지운, 2010)는 흥행 순위 16위에 올랐다.

장르의 유행이 조폭영화에서 형사/스릴러영화로 이동하면서, 폭력적인 조폭에서 피도 눈물도 없는 범죄자들이 적대자로 등장하게 되자, 한동안 한국영화는 누가 더 잔인한 장면을 찍을 수 있는지 내기를 하는 것처럼 점점 더 살벌해졌다.[18] 이제 주인공은 밥 먹듯이 살인을 자행하는 연쇄살인마 또는 최악의 범죄 집단인 장기 밀매단 등과 맞서 싸우게 된다. 이 과정에서 전지전능한 느낌을 주는 사이코패스가 자행하는 극악한 장면을 통해 스릴을 만들어 내고, 주인공과 악당이 쫓고 쫓기는 추격 신이나 유혈 낭자한 격투를 벌이는 액션 장면의 스펙터클을 통해 흥미를 강화했다.

여기서 불길한 징후는, 사이코패스가 희생자들에게 한 치의 동정심을 보이지 않아서가 아니라 그들을 가해자에게 밀어 넣은 영화마저 그들을 가련하게 여기지 않는다는 점이다. 그들은 희생자라기보다 먹잇감처럼 보인다. 때로는 그들이 사투를 벌인 끝에 사이코패스의 손아귀에서 벗어나 가까스로 살아남기도 한다. 그 과정에서 그들은 회복하기 어려울 정도로 파괴되지만, 동정조차 받지 못한다. 또 피해자 역시 잔인성이라는 측면에서 가해자와 크게 다르지 않아 보이기조차 한다. 〈추격자〉의 미진, 〈아저씨〉의 효정은 연쇄살인마와 장기 밀매단의 먹잇감이 되는 경우이다. 〈심야의 FM〉의 선영은 범죄의 원인을 제공한 장본인으로 다루어진다. 〈악마를 보았다〉의 경우, 국정원 요원 수현은 임신한 약혼녀가 연쇄살인마 장경철의 손에 잔인하게 살해당하자 복수에 나선다. 그는 장경철에게 죽음의 고통을 최대한 맛보게 하려고 일종의 게임을 벌이는데, 그 과정에서 피해자 수현과 가해자 장경철의 차이는 점점 사라지고 둘 다 '악마'가 된다.

분단영화

'분단영화'는 한국전쟁 이후 남북으로 분할된 한반도의 비극에서 파생된 장르이다. 따라서 한국영화에서만 나타나는 특수한 장르라고 할 수 있다. 전쟁영화 장르의 경우, 제1·2차 세계대전을 비롯해 베트남전과 이라크전 등 크고 작은 전쟁이 다수 발발했기 때문에 독립된 장르로 다루기도 한다. 여기서는 분단영화를 분단/간첩영화와 한국전쟁 영화로 분류했다. 한국전쟁이 분단의 역사와 불가분의 관계에 있다고 보기 때문이다.

분단영화의 변화
〈쉬리〉와 〈공동경비구역 JSA〉는 '분단을 주제 또는 소재로 한 분단영화'의 흥행 가능성을 증명했다. 특히 〈공동경비구역 JSA〉의 대대적인 흥행 성공에는 1998년에 집권한 김대중 정권의 '햇볕정책'에 따른 남북 관계의 급속한 진전과 화해 무드가 영향을 미쳤다. 2000년 6월 13일 평양에서 최초의 남북정상회담이 열렸고, 서울과 평양에서 이산가족 상봉이 이루어졌으며, 제27회 시드니올림픽 개막식에서는 남북한 선수가 동시 입장을 했다.

이전에 분단을 다룬 영화에서 북한에 대한 절대적인 혐오와 '반공'이 개입하지 않은 경우는 거의 찾아보기 어려웠다. 반면에 〈공동경비구역 JSA〉는 당시의 정치적인 남북 관계의 변화만큼 파격적인 설정을 중심으로 이야기가 전개된다. 남한과 북한의 병사들이 상대의 정체를 알고도 가까워질 뿐만 아니라, 남한 병사들이 '돌아오지 않는 다리'를 건너 북한 초소로 가서 북한 병사들과 우정을 나눈다. 한국 사회의 '레드 컴플렉스*'를 자극한 이러한 설정은 논란을 불렀고, 심의 과정에서 진통을 겪은 끝에 '15세 관람가 등급'을 받을 수 있었다. 이 영화 이후 분단영화가 여러 편 개봉했지만, 주류영화에서 이보다 더 파격적인 설정은 지금까지도 찾아보기 어렵다.

〈공동경비구역 JSA〉는 분명 한국 사회의 금기를 건드렸지만, 관객이 그것을 받아들일 수 있는 여러 가지 장치[19]를 효과적으로 마련했기에 흥행에 성공할 수 있었다. 그 가운데 하나는 비무장지대에서 북한 중사 오경필이 남한 병사 이수혁이 밟은 지뢰를 위험을 무릅쓰고 제거해 주는 설정이다. 오경필은 이수혁의 생명의 은인이 됨으로써, 남한 관객이 받아들일 수 있는 '인간적인' 북한 사람이 된다. 북한 사람이 남한 사람을 도와주거나 구해 주는 설정은 이후 분단/간첩영화에서 반복된다. 대표적인 예로는 〈의형제〉(장훈, 2010), 〈은밀하게 위대하게〉(장철수, 2013), 〈공조〉(김성훈, 2017), 〈PMC: 더 벙커〉(김병우, 2018) 등이 있다.

또 다른 분단영화 〈실미도〉(강우석, 2003)는 1971년 8월 23일의 '실미도 사건'을 소재로 했다. 북파공작원 부대가 기간병들을 사살하

ᆞ레드 컴플렉스 Red complex　공산주의에 대한 공포와 혐오, 반감 등이 극대화된 상태를 일컫는다.

고 실미도를 탈출해 서울로 진입했다가 이들을 막고자 파견된 군 경예비군에 의해 대부분 사망한 사건이다. '북파공작원'의 존재를 숨겨야 했던 박정희 정권은 이 사건을 무장공비의 침투 사건 또는 군특수범의 난동으로 발표하고, 사건의 전말을 철저하게 비밀에 부쳤다. 이 영화는 오랫동안 공식적인 언급 자체가 어려웠던 사건을 다루어 관객의 궁금증을 충족시켰다. 아울러 군인이 아니었던 사람들을 북파공작원으로 양성하는 과정에서 자행된 혹독한 훈련과 비인간적인 대우를 볼거리로 전시하고, 결국 분단의 희생자로 전락하는 주인공과 주변 인물들의 비극적인 운명을 신파로 장식했다. 그 결과, 〈실미도〉는 한국영화 시장에서 꿈의 수치였던 최초의 '천만관객 영화'로 등극하게 되었다.

〈실미도〉의 흥행 성공은 〈살인의 추억〉과 함께 '실화영화' 붐을 일으켰다. 뿐만 아니라 김대중에서 노무현으로 이어진 진보 정권의 집권으로 표현의 자유가 확대되는 상황에서, 이전 권위주의 정권 시대에는 다룰 수 없었던 사건들이 영화화되는 계기가 되었다. 그리고 분단영화는 다시 한 번 그 흥행 가능성을 입증했다.

너무 인간적인 간첩

간첩영화는 북한에서 남한으로 침투한 간첩을 주인공으로 한 분단영화의 하위 장르로서, 간첩의 활동에 따라 대규모 액션 장면을 개연성 있게 연출할 수 있어 흥행 요소가 다분하다. 그러나 분단/한국전쟁 영화와 함께 정권의 성격에 가장 크게 영향을 받는 장르이기도 하다.

2008년 이명박의 보수 정권이 집권한 이후, 화해 무드가 지속되던 남북 관계는 급속하게 냉각되었다. 김대중 대통령과 김정일 국방위원장의 '6·15 남북공동선언' 10주년이던 2010년, 악화되어 가던 남북 관계는 천안함 사태를 계기로 최악의 상황으로 치달았다.

남북 관계가 악화되는 상황에서 개봉한 장훈의 간첩영화 〈의형제〉는 그럼에도 흥행에 성공했다. 이 영화에서 남파 간첩 송지원은 남한의 전직 국정원 요원 이한규를 위기에서 구해 준 다음 함께 작전을 수행하게 되고, 점점 가까워져서 '의형제'까지 맺게 된다. 이러한 설정은 〈공동경비구역 JSA〉와 공통점이 있지만, 다른 한편으로는 〈쉬리〉의 설정을 반복하고 있다. 〈쉬리〉의 이방희는 요인을 암살하는 냉혹한 간첩으로 활동하면서, 한편으로는 이명현으로 신분을 위장해 OP 특수요원인 유중원의 조신한 약혼녀로 살아간다. 송지원이 간첩의 정체를 숨긴 채 이한규와 함께 살면서 인간적인 면모를 보일 때, 그는 마치 이방희의 남성 버전처럼 보인다.

간첩영화 〈은밀하게 위대하게〉에서 남파된 원류환이 서울의 달동네에서 신분을 위장하고 살아가게 되었을 때, 그는 북한 특수부대 최정예 요원 원류환과 바보 동구로 이분화된다. 송지원처럼, 원류환은 간첩이지만 이웃 사람들을 은밀하게 돕는다. 이와 같은 설정은 〈동창생〉(박홍수, 2012)에서도 반복된다.

권위주의 정권 시대의 간첩영화는 반공영화의 하위 장르로서 반공 이데올로기를 주입하려는 의도가 명확했다. 일종의 정권 선전영화로서의 부수적인 효과도 있었다. 간첩 역할은 항상 이미지가 좋지 않은 악역 전문 배우가 맡았다. 그러나 이명박에서 박근혜로 이어진 보수 정권 시대의 간첩영화는 〈의형제〉, 〈은밀하게 위대하게〉, 〈동창생〉 등에서처럼 미남 스타 강동원, 김수현, 최승현

〈의형제〉(제작·배급 쇼박스, 장훈, 2010)와 〈은밀하게 위대하게〉(제작 MCMC·배급 쇼박스, 장철수, 2013)는 미남 스타가 북한 간첩 역할을 맡았다는 공통점이 있다.

(가수 T.O.P) 등이 간첩으로 등장한다. 북한의 최고 엘리트이거나 최정예 요원이었던 그들은 간첩이면서도 남한 사람을 해치지 않거나 때로는 목숨을 걸고 구해 준다. 또, 북한에 있는 가족의 안위를 위해 기꺼이 자신을 희생한다. 자신의 임무보다 가족의 안녕을 더 걱정할 때, 그들의 정체성은 <u>기표</u>는 간첩인데 <u>기의</u>*는 탈북자처럼 된다. 그들은 북한 당국으로부터 버려지거나 제거 대상이 됨으로써 탈북자의 이미지에 더 가까워진다. 그들의 간첩이라는 기표는 액션 장면의 스펙터클을 만들어 내고, 탈북자라는 기의는 그러한 기표에도 불구하고 그들이 남한 관객에게 받아들여질 수 있는 북한 사람이 되도록 작용한다.

문제는 은연중에 '간첩=탈북자'라는 도식의 형성으로 탈북자와

*기표/기의 언어학자 소쉬르Ferdinand de Saussure가 정의한 개념으로, 기표는 기호의 지각 가능하고 전달 가능한 물질적 부분을 말하며, 기의는 독자 또는 청자(영화에서는 관객)의 내부에서 형성되는 개념적 부분을 말한다.

간첩의 차이가 소멸되면, 현실에서 탈북자(북한 사람)의 이미지는 더욱 나빠질 수 있다는 점이다. 국정원이 '탈북자 유우성을 간첩으로 조작한 사건'이 일어난 2013년에 개봉한 간첩영화 〈동창생〉에서, 강대호는 탈북자로 위장해 남한에 침투한다. 같은 해 개봉한 〈용의자〉(원신연, 2013)는 '탈북자가 2만 명이 넘는 시대가 되었다'는 보도로 시작한다. 이 영화의 지동철은 탈북자이지만, 전직 북한 최정예 특수요원이었기에 위장 간첩이거나 위험인물이라는 인상을 준다. 실제로 종편을 중심으로 한 보수 언론들은 '간첩이 5만 명 넘는다'는 주장[20]을 줄기차게 유포했다. 이 주장이 마치 사실이기라도 한 듯, 〈의형제〉 이후의 간첩영화에는 도처에서 남녀노소 간첩들이 출몰한다. 포장마차의 주인 할머니, 빵집 아저씨, 약국 아줌마, 학부모, 동네 청소년, 가수 지망생, 같은 반 학우, 대리운전 기사가 알고 보면 간첩이라는 설정은 사실관계가 확인되지 않은 보수 진영의 주장을 은연중에 강화한다. 뿐만 아니라, 배신자나 정적 등을 제거하려고 북한에서 넘어오는 이들이 마치 관광객처럼 너무 쉽게 남한에 침투한다.

또 이 시기 간첩영화에서는 남북 관계의 악화와 보수 정권의 영향을 볼 수 있다. 〈의형제〉에서는 남북정상회담이 이한규가 국정원에서 해직되고 송지원이 북한 당국에게 버림받는 원인으로 작용한다. 남북의 화해 무드가 주인공들에게는 부정적인 영향을 끼친 것이다. 영화 속에서 이한규는 "피디라는 새끼가 빨갱이니까 온천지가 빨갱이들이지"라고 말한다. 이는 광우병 쇠고기 보도를 했던 MBC 〈피디수첩〉의 피디를 당시 보수 진영이 빨갱이로 매도하며 공격했던 상황과 연결된다. 〈간첩〉(우민호, 2012)에서는 림정수의 간첩 활동이 미국산 쇠고기 수입 반대 촛불시위를 주도하는 것이다. 한우지킴이를 자청하는 우 대리의 간첩 활동도 미국산 쇠고기 수입 반대와 한미 FTA 반대 시위에 참가하는 것이다. 이러한 설정은 은 연중에 '시위자=빨갱이=간첩'이라는 도식을 만들어 낸다. 아이러니하게도, 이 영화에서 40년 동안 남파 간첩으로 살아온 윤 고문은 '박통 때가 참 좋았다'고 말한다.

착한 북한 사람과 나쁜 북한 사람의 분리

영화 속에서 주인공으로 등장하는 간첩이 관객에게 긍정적인 인물로 포장된다는 점에서 2000년 이후 제작된 간첩영화들은 권위주의 정권 시대의 간첩영화와는 완전히 달라진 것처럼 보인다. 그러나 남파 간첩 대신 그들의 적대자가 되는 북한 사람이 '악의 화신'으로 등장한다. 착한 북한 사람과 나쁜 북한 사람으로 나뉘어 서로 반목하고 충돌하는 것이다. 〈의형제〉의 경우, 송지원이 긍정적인 인물로 그려지면서 그의 상관이었던 그림자와 차별화되기 시작한다. 그림자는 남한에 살고 있는 북한의 배신자를 처단[21]하는 인물로서, 연쇄살인마와 비슷하게 묘사된다.

　이러한 분리는 더 나아가 북한 권력층 내부의 갈등과 이반을 상정한다. 〈쉬리〉에서, 북한의 특수부대 소좌 박무영은 최고 권력자의 의지와 관계없이 독단적으로 남한에 내려와 대규모 테러를 시도한다. 〈의형제〉의 그림자도 당의 지시가 아니라 독자적으로 배신자 처단을 자행한다. 〈동창생〉에서는 김정일의 건강이 악화되자 '활전당'과 '35호실' 사이에 살벌한 권력투쟁과 암투가 벌어진다. 2011년 12월 17일, 김정일이 사망하고 김정은이 권좌에 오르자, 이후 분단/간첩영화에서는 북한 수뇌부의 권력투쟁을 기정사실처럼 다룬다. 〈은밀하게 위대하게〉, 〈용의자〉, 〈베를린〉(류승완, 2013) 모두 김정일 사후 벌어진 대대적인 숙청으로 주인공들이 북한 당국에 버림받는다는 설정이다. 〈강철비〉(양우석, 2017)와 〈PMC: 더 벙커〉에서는 북한의 최고 권력자가 등장하자마자 총상을 당해 혼수상태에 빠진다. 이러한 설정은 새로 집권한 김정은의 권력 기반이 매우 취약하여 쿠데타가 일어나거나 정권 자체가 붕괴될 가능성이 있음을 전제한다.

분단/간첩영화에서 또 하나 주목할 점은, 미남 스타가 연기하는 북한 주인공이 긍정적으로 묘사되기는 해도 남한에 정착해 남한 사람들과 함께 살아가는 설정은 없다는 것이다. 그들은 한국을 떠나거나(〈의형제〉, 〈용의자〉), 사라지거나 죽는다(〈은밀하게 위대하게〉, 〈동창생〉, 〈강철비〉). 분단영화에 형사영화를 결합한 〈공조〉에서, 북한 검열원 임철영은 남한에서 나이스하게 임무를 수행하고 문제를 해결한 다음 북한으로 떠난다. 그러므로 북한 사람은 같은 말을 쓰는 같은 민족이라는 점에서 외국 사람과 전혀 다른 존재지만, 끝내 우리와 똑같이 될 수는 없는 '타자'로 머물게 된다. 북한 사람과는 같이 살 수 없다는 분단의 트라우마와 레드 컴플렉스가 거의 무의식적으로 작동하고 있는 것이다.

한국전쟁 영화

한국영화가 블록버스터로 흥행을 극대화하는 전략을 구사하면서 관객에게 시각적인 쾌락을 선사하는 스펙터클이 흥행을 좌우하는 핵심 요소로 떠올랐다. 스펙터클의 연출에는 발전된 CG 기술을 최대한 활용할 수 있는 '전쟁'이라는 소재가 안성맞춤이었다. 따라서 한국전쟁을 다룬 영화가 다시 소환되었다. 〈태극기 휘날리며〉(강제규, 2004)는 그 대표적인 사례이다. 이전 시대까지 한국전쟁 영화는 주로 반공 이데올로기를 전파하기 위해 제작되었으나, 이 영화에서는 스펙터클이 더 중요한 요소로 부각되었다. 문제는 전투와 전투 사이를 개연성 있게 끌고 나가는 '이야기story'이다. 한국전쟁 영화에서 반공 이데올로기를 배제하기는 쉽지 않지만, 이전처럼 반공 이데올로기를 중심으로 이야기를 전개하기에는 진보 정권을 지지해 노무현 정권을 탄생시킨 사회 분위기와 맞지 않았다. 이러한 딜레마에서 강제규는 가족 멜로드라마를 하위 장르로 활용해 한국전쟁에 참전한 형제를 주인공으로 설정하고, 형 진태가 동생 진석의 안위만을 위해 싸우는 이야기를 전개했다. 그런 한편으로 스펙터클을 극대화하기 위해 대규모 전투 장면을 가능한 한 많이 집어넣었다. 그 결과, 내러티브의 개연성이 뒤죽박죽되면서 불균질적인 텍스트가 만들어졌다.

이후 김대중·노무현 정권에서 이명박·박근혜 정권으로 넘어가면서, 한국 사회의 진보와 보수 진영의 갈등이 더욱 격화되고 그 여파는 영화에도 크게 영향을 미쳤다. 따라서 이후 한국전쟁 영화는 정권의 성격에 따라 매우 다른 양상을 보이게 된다. 노무현 정권 시대의 〈웰컴 투 동막골〉(박광현, 2005)에서, 상대방에게 총을 겨누어야 할 남과 북의 병사들은 전쟁이 일어났는지조차 모르는 강원도 산골 마을 주민들을 연합군의 폭격에서 구하기 위해 의기투합한다. 반면에 이명박 정권 시대의 〈포화 속으로〉(이재한, 2010)는 낙동강 전투에 참전한 학도병 71명의 실화를 극화하며 반공 이데올로기를 강조했다. 〈고지전〉(장훈, 2011)의 경우, 애록고지를 놓고 북한군과 사투를 벌이는 국군들은 오로지 자신의 생존만을 위해 싸운다. 〈태극기 휘날리며〉가 자신의 가족만 잘되면 괜찮다는 가족이기주의라면, 〈고지전〉은 개인의 안위만을 생각하는 개인 이기주의로 볼 수 있다. 이것은 IMF 외환위기 이후 '먹고살기 위해서 (일명 '먹고사니즘')'라는 전천후 변명과 일맥상통하는 점이 있다. 실제로 〈웰컴 투 동막골〉, 〈포화 속으로〉, 〈고지전〉의 주인공들(남한 병사)은 공통적으로 살벌한 전쟁터에서 살아남은 다음에 일종의 '외상후스트레스장애' 증상을 보인다. 마치 IMF 외환위기 이후 극심한 생존경쟁에 돌입해 '헬조선'으로 추락해 간 한국 사회의 불안한 현실이 반영된 것 같다.

　박근혜 정권은 이념 문제에서 이명박 정권보다 보수 이데올로기 강화에 더 큰 방점을 두었다. 이명박 정권 시대의 〈포화 속으로〉 같은 영화는 반공 이데올로기뿐만 아니라 한국 사회의 변화를 반영하면서 불균질 텍스트가 되었지만, 박근혜 정권 시대의 〈인천상륙작전〉(이재한, 2016)은 1990년대 이전으로 돌아간 듯한 반공영화이다. 마치 박정희 정권 시대가 다시 도래한 것처럼, 애국심을 강조하면서 이른바 '국뽕영화'의 요소까지 가미했다. 박근혜 정권 시대에는 2002년 6월에 발발한 제2 연평해전을 모티브로 삼은 반공영화 〈연평해전〉(김학순, 2015)이 제작되기도 했다.

역사영화

역사영화 장르를 명확하게 정의하기는 쉽지 않다. 여기서는 '2000년 이전까지의 역사적 시간을 배경으로 설정하거나, 역사적 사건과 인물을 소재로 한 영화'로 한정했다. 2000년대에는 특히 많은 역사영화가 제작되었기 때문에 조선시대까지를 다룬 사극영화, 일제강점기 영화, 일제강점기 이후 2000년 이전까지를 다룬 현대사 영화로 나누어 살펴본다.[22]

사극영화

장르를 통해 2000년대 영화를 돌아볼 때, 가장 큰 특징 중 하나는 '사극의 부활'이다. 한국영화사에서 사극영화는 1961년 신상옥의 〈성춘향〉과 〈연산군〉이 크게 흥행한 후 영화사 '신필림'●을 중심으로 1960년대에 전성기를 구가했다. 1970년대에는 사극영화가 거의 사라졌다가 1980년대에 사극과 에로티시즘을 결합한 영화(《여인잔혹사 물레야 물레야》(이두용, 1984), 〈씨받이〉(임권택, 1986) 등)로 명맥을 이었다. 1990년대에는 동학사상을 재조명한 〈개벽〉(임권택, 1991), 정조 독살설을 다룬 팩션영화 〈영원한 제국〉(박종원, 1995), 역사에 존재하지 않은 과거를 무대로 판타지와 무협영화를 결합한 〈은행나무 침대〉(강제규, 1996) 등이 화제를 모았다.

2000년대 사극의 부활에도 전쟁영화의 사례처럼 CG 기술의 발전이 영향을 미쳤다. CG 기술이 인간이 상상할 수 있는 거의 모든 이미지를 시각화할 수 있는 수준에 도달했기 때문이다. 관객이 경험하지 못한 과거를 무대로 하기에 그 자체로 흥미롭고 다채로운 볼거리를 제공할 수 있는 사극에 CG 기술이 결합되면서, 과거 사실감이 떨어지던 장면도 현실처럼 만들어 낼 수 있게 되었다. 화려한 의상이나 소품뿐만 아니라 역사적인 전쟁 장면의 스펙터클도 풍부하게 재현할 수 있게 되었다. CG 기술에 힘입어 할리우드에서 〈반지의 제왕〉 시리즈(피터 잭슨, 2001~2003) 같은 판타지 영화가 흥했다면, 한국에는 사극의 부활이 있었다.

2000년대 초반의 사극영화로는 〈은행나무 침대〉의 영향을 받은 〈비천무〉(김영준, 2000), 〈단적비연수〉(박제현, 2000), 〈무사〉(김성수, 2001), 삼국시대를 배경으로 한 〈황산벌〉 등이 있다. 2005년, 이준익의 〈왕의 남자〉가 천만관객 영화에 등극하면서 사극에 대한 관심이 커졌다. 연산군은 폭정을 일삼다 폐위된 왕으로서 극적인 요소가 많기 때문에 사극에서 가장 많이 다루어진 왕이다. 〈왕의 남자〉에서는 연산군의 폭정보다는 광대 공길과의 미묘한 애정 관계에 초점을 맞추면서, 연산군·공길·광대 장생 사이의 스릴 넘치는 삼각관계로 흥미를 자아냈다. 사실과 허구를 뒤섞은 이 '팩션영화'의 성공은 사극 장르의 유행을 가져오는 계기가 되었다.

*신필림 영화감독 신상옥으로 대표되는 한국의 영화제작사이다. 일반적으로 '신필림'으로만 알려져 있지만, 실제로 신상옥 감독이 데뷔한 1952년부터 1961년까지는 '신상옥 프로덕션'이라는 이름으로, 1961년 〈성춘향〉의 성공 이후 설립하여 1970년까지 이어진 '신필림' 그리고 '신필림'이 등록 취소된 후 설립한 '안양영화제작주식회사'(1970~1973)와 '신프로덕션'(1973~1975)도 모두 넓은 의미에서 '신필림'이라 할 수 있다. 신필림의 대표작으로는 〈성춘향〉(신상옥, 1961), 〈사랑방 손님과 어머니〉(신상옥, 1961), 〈연산군〉(신상옥, 1961), 〈달기〉(최인현·악풍, 1964), 〈청일전쟁과 여걸 민비〉(임원식·나한봉, 1964), 〈빨간 마후라〉(신상옥, 1964), 〈대폭군〉(임원식, 1966), 〈꿈〉(신상옥, 1967), 〈이조여인 잔혹사〉(신상옥, 1969) 등이 있다. 조준형, 《Filmstory총서 09-영화제국 신필름》, 한국영상자료원, 2009, 참조.

〈왕의 남자〉이후의 팩션영화로는 2012년의 천만관객 영화 〈광해, 왕이 된 남자〉(추창민, 2012)가 있다. 광해군이 암살 위기를 모면하려고 자신과 똑같이 생긴 광대 하선을 대역으로 내세우면서 벌어지는 사건을 그린 이 영화에서, 왕이 된 남자 하선이 펼치는 정책과 대사 등이 비극적으로 세상을 떠난 노무현 대통령을 연상시키면서 영화는 크게 흥행에 성공했다.

팩션영화의 유행 속에서 2014년에는 역사적 사실에 충실한 사극영화 〈명량〉(김한민, 2014)이 개봉했다. 1970년대에 박정희 정권이 이순신을 구국의 영웅으로 숭배하면서 여러 편의 영화가 만들어진 이후 오랫동안 스크린에서 사라졌던 이순신이 아이러니하게도 박근혜 정권 시대에 다시 등장했다. 이 영화는 임진왜란 최초의 승전인 '명량대첩'을 다루면서 이순신의 인간적인 면모를 부각했다. 2000년대에 귀환한 이순신은 1970년대 영화에서처럼 단단한 영웅이 아니라 고문 후유증으로 병마에 시달리고 신경질적이며 피로

팩션영화로 천만관객 영화에 이름을 올린 〈광해, 왕이 된 남자〉(제작 리얼라이즈픽쳐스·CJ E&M, 배급 CJ E&M, 추창민, 2012)와 정통 사극영화로 1,760여만 명의 관객을 동원한 〈명량〉(제작 빅스톤픽쳐스, 배급 CJ E&M, 김한민, 2014).

에 찌든 노인의 모습이다. 그러면서도 왕이 아니라 백성을 위해 싸운다고 강조하는 현대적인 지도자의 면모를 보인다. 이러한 해석이 2000년대 관객의 취향에 적중했는지, 거북선과 해전의 스펙터클이 풍부한 볼거리를 제공했기 때문인지, 이 영화는 1,760여만 명의 관객을 동원하여 2020년 현재까지도 최고 흥행작에 올라 있다.

이 밖에도 사극의 대중적 인기가 상승하면서 에로티시즘을 결합한 사극(《스캔들-조선남녀상열지사》(이재용, 2003), 〈음란서생〉(김대우, 2006), 〈쌍화점〉(유하, 2008) 등), 다양한 장르 또는 소재와 결합한 사극(〈혈의 누〉(김대승, 2005), 〈관상〉(한재림, 2013), 〈명당〉(박희곤, 2018) 등) 등으로 다채롭게 변주되는 등 지난 20년간 사극영화는 꾸준히 제작되었다.

일제강점기 영화

사극과 함께 일제강점기를 배경으로 한 영화도 여러 편 제작되었다. 2007년부터 일제강점기가 한국의 근대화에 기여했다고 주장하는 '뉴라이트'가 정치세력으로 급부상하고 이명박 정권이 집권하면서, 일제강점기 영화에도 시대 변화가 반영되었다. 일제강점기를 배경으로 한 이 시기 영화들은 일제강점기를 일반적인 과거의 한 시대처럼 다루고, 독립운동을 그 시대를 상징하는 요소로 가볍게 처리한다. 2008년에 개봉한 일제강점기 영화를 보면, 조폭코미디를 결합해 독립운동을 조폭 활동처럼 그리면서 독립운동가를 희화화하거나(〈원스어폰어타임〉(정용기)), 일제강점기를 경성시대로 치환한 다음 서울/경성을 모던 보이들이 신기한 서양 문물을 즐기며 클럽의 댄서들과 정분을 나누는 낭만적인 판타지 공간으로 미화했다(《모던 보이》(정지우)). 이 밖에 이만희의 '만주 웨스턴'[*] 〈쇠사슬을 끊어라〉(1971)에서 아이디어를 얻은 김지운의 〈좋은 놈, 나쁜 놈, 이상한 놈〉(2008)이 있다. 일제강점기의 실상이 아니라 1930년대 만주를 무대로 액션 활극의 스펙터클을 펼친 이 영화는 흥행에 성공했다.

박근혜 정권이 집권한 이후, 2015년의 '역사교과서 국정화 사태'와 '한·일 위안부 합의' 등을 거치며 한국 근·현대사를 둘러싼 진보와 보수의 갈등은 더욱 심화되었다. 이 시기에 개봉한 최동훈의 〈암살〉(2015)은 이전의 일제강점기 영화와 달리 독립운동을 소재로 김원봉의 '의열단'이 친일파를 제거하는 이야기를 그렸다. 영화의 마지막 장면에서 밀정으로 암약하던 민족반역자 염석진은 해방 후 반민족행위특별조사위원회에 의해 재판에 회부되지만 증거 불충분으로 풀려나는데, 결국 의열단 단원의 손에 처단된다. 이 영화와 같은 해 개봉한 〈베테랑〉의 재벌 2세 조태오 역시 결국 법의 심판을 받게 된다. 장르는 서로 다르지만 '용기를 가진 주인공들이 악을 일소하고 정의를 바로잡는다'는 주제를 공유하는 이 두 편의 영화는 여름 시즌에 차례로 개봉해 모두 천만관객 영화 명단에 올랐다. 이 영화들에 대한 관객의 열렬한 지지는 정의가 점점 사라져가는 사회에 대한 분노이자, '역사전쟁'에 대한 응답이었다.

이후 일제강점기 영화는 독립운동을 소재로 해서 일제의 탄압과

---

[*] **만주 웨스턴** 일제강점기의 만주를 배경으로 액션을 펼치는 영화로서, 마카로니 웨스턴macaroni western(1960~70년대 이탈리아에서 제작된 서부영화)의 영향을 받은 장르이다. 1960년대 후반부터 1970년대 초반까지 유행했다.

만행을 고발하는 경향으로 전개되었다. 대표적인 예로는 〈밀정〉(김지운, 2016), 〈귀향〉(조정래, 2016), 〈봉오동 전투〉(원신연, 2019), 〈말모이〉(엄유나, 2019), 〈항거: 유관순 이야기〉(조민호, 2019) 등이 있다.

현대사 영화

진보 정권의 집권으로 표현의 자유가 확대되면서, 이전 시대에 주류영화에서 다루기 어려웠던 역사적 사건이 영화화되었다. 노무현 정권 시대에는 1979년 10월 26일의 박정희 암살을 다룬 〈그때 그사람들〉(임상수, 2005),[23] 1980년의 광주민주화운동을 다룬 〈화려한 휴가〉(김지훈, 2007)가 제작되었다. 〈화려한 휴가〉의 경우, 역사적 사건을 흥미 있게 각색하는 데 집중하면서 일반 대중에게 가장 많이 알려진 관련 에피소드(아버지 영정을 들고 있는 어린아이 등)를 가져오고, 계엄군이 시민을 무자비하게 학살하는 과정을 스펙터클로 재현했다. 이 두 개의 역사적 사건은 문재인 정권 시대에 다시 영화화(〈택시운전사〉(장훈, 2017)와 〈남산의 부장들〉(우민호, 2020))되었다. 그리고 2017년에는 1987년 6·10 민주항쟁의 도화선이 된 박종철 고문치사 사건을 다룬 〈1987〉(장준환, 2017)이 개봉했다.

역사적 사건뿐만 아니라 실존 인물과 실화를 각색한 영화도 다수 제작되었다. 대표적인 예로, 자폐증을 앓고 있는 마라토너 배형진과 그 어머니의 이야기를 소재로 한 〈말아톤〉(정윤철, 2005), 광주 인화학교에서 벌어진 청각장애인에 대한 성폭행과 학대 사건을 고발한 〈도가니〉(황동혁, 2011), 변호사 시절의 노무현을 모델로 한 〈변호인〉(양우석, 2013), 엄홍길의 히말라야 등정기를 극화한 〈히말라야〉(이석훈, 2015), 1990년대에 북한에 침투한 남한 간첩의 공작 사건을 다룬 〈공작〉(윤종빈, 2018) 등이 있다.

멜로드라마

1970~80년대 한국영화 산업의 명맥을 유지했던 장르는 이른바 에로티시즘 영화와 (호스티스) 멜로드라마였다. 지난 20년 사이에 멜로드라마가 주요 장르에서 밀려나기는 했지만, 전체적인 흥행 실적을 보면 여전히 적지 않은 비중을 차지하고 있다. 멜로드라마는 로맨스, 가족 멜로드라마 등의 하위 장르로 분류할 수 있는데, 이 시기 로맨스의 경우 특히 혼합 장르 형태로 많이 제작되었다. 로맨스 영화 역시 흥행작 목록에서 눈에 띄게 줄지는 않았지만, 흥행 상위권(5위까지)을 살펴보면 전통적인 로맨스 영화보다는 사극, 판타지, 코미디와 결합한 사례(〈비천무〉, 〈단적비연수〉, 〈광복절 특사〉(김상진, 2002) 등)가 대부분이다.

　로맨틱코미디는 멜로드라마와 함께 1990년대의 주류 장르였는데, 멜로드라마의 하위 장르 같지만 일반적으로 코미디 장르로 분류된다. 2000년대 흥행작 목록을 보면, 로맨틱코미디를 포함해 웃음 창출을 목표로 한 코미디영화의 비중도 적지 않은 편이다. 로맨틱코미디의 경우, 특히 2000년대 초반에 흥행 상위권에 많이 포진돼 있다. 대표적인 예로 〈엽기적인 그녀〉(곽재용, 2001), 〈동갑내기 과외하기〉(김경형, 2003), 〈어린 신부〉(김호준, 2004) 등이 있다. 코미디영화 역시 다양한 장르와 결합한 형태로 많이 제작되었다.

가족 멜로드라마

2000년대 멜로드라마 장르의 가장 큰 특징은, 1990년대의 흥행작 목록에서 거의 찾아볼 수 없었던 가족 멜로드라마가 부상한 것이다. 이 시기 가족 멜로드라마의 경향은 크게 두 가지로 나눌 수 있다. 하나는 아버지를 중심으로 전개되는, '부성의 멜로드라마'라고 할 수 있는 경향이다. 이것은 1960년대 모성의 멜로드라마(《미워도 다시 한번》(정소영, 1968) 등)와 대비된다. 다른 하나는 형제를 주인공으로 설정하고, 개성과 성격의 차이, 타고난 신체적 조건의 차이 등으로 빚어지는 형제 간의 갈등을 그리다가 결국 끈끈한 형제애의 복원으로 매듭짓는 경향이다. 전자의 사례로는 딸을 위해 목숨까지 바치는 아버지를 그린 〈7번방의 선물〉(이환경, 2013)과 평생 가족을 위해 헌신하는 가장을 그린 〈국제시장〉(윤제균, 2014) 등이 있고, 후자의 사례로는 〈오! 브라더스〉(김용화, 2003), 〈우리 형〉(안권태, 2004) 등이 있다.

박근혜 정권 시대를 대표하는 영화라고 할 수 있는 〈국제시장〉

2003~2019년에 배출된 19편의 천만관객 영화 대부분에 신파가 가미되어 있다. 〈국제시장〉(제작 JK필름·CJ E&M, 배급 CJ E&M, 윤제균, 2014)도 예외가 아니다.

의 경우, 주인공 덕수는 오로지 가족을 위해 파독 광부가 되고 베트남전 현장에 가게 된다. 영화는 덕수의 궤적을 따라 한국전쟁부터 한국 현대사의 여러 사건을 재현한다. 또한 덕수를 통해 '그 시대 가장들의 희생과 헌신 덕분에 대한민국이 잘살게 되었다'는 주제를 전하면서, 박정희 정권 시대의 긍정적인 면을 부각한다.

2000년대 가족 멜로드라마에 나타나는 아버지[24]의 귀환 또는 형제애의 강조는 IMF 외환위기 이후 친구와도 경쟁해야 하는 살벌한 사회 분위기 속에서, 가족을 위해 헌신하는 아버지 또는 서로 의지할 수 있는 형제에 대한 로망이 투영된 것으로 볼 수 있다.

신파의 힘

한국영화사에서 신파는 줄기차게 흥행을 견인하는 주요 장치로 작용해 왔다. 1990년대 로맨틱코미디가 주요 장르로 부상하면서 신파의 위력은 쇠퇴한 것처럼 보였다. 그러나 새로운 밀레니엄 시대에 블록버스터와 함께 신파가 돌아왔다. 신파는 〈7번방의 선물〉이나 〈국제시장〉 같은 최루성 가족 멜로드라마뿐만 아니라 장르에 관계없이 블록버스터 영화의 흥행에 반드시 필요한 요소로 자리매김했다. 2000년부터 2019년까지 연도별로 흥행 1위를 한 작품과, 2003년의 〈실미도〉에서 2019년의 〈기생충〉까지 19편의 천만관객 영화를 돌아보면 대부분 신파가 끼어 있다. 지금까지의 천만관객 영화 가운데 신파를 다소 과하게 사용한 영화로는 〈실미도〉, 〈태극기 휘날리며〉, 〈해운대〉(윤제균, 2009), 〈광해, 왕이 된 남자〉, 〈7번방의 선물〉, 〈국제시장〉, 〈부산행〉(연상호, 2016), 〈신과함께-죄와 벌〉(김용화, 2017), 〈신과함께-인과 연〉(김용화, 2018) 등이 있다.

2000년대 주류 한국영화에서의 신파 전략은 먼저 극적인 장면(주요 인물이 위기에 처하거나 감정의 동요가 크게 일어나는 상황 등) 또는 슬픈 장면(주요 인물이 헤어지거나 죽음에 이르는 상황 등)을 설정하고 최대한 그 상황을 과장한다. 그런 다음 슬로모션을 남발하는 연출과 인물들의 눈물을 통해 감정의 과잉으로 몰고 간다. 신파가 동원될 때, 영화의 맥락은 실종되고 모든 것이 그 신파의 극적 효과를 위해 재구성된다. 여기에는 정황의 사실성, 합리적인 판단 같은 논리적인 사고가 들어설 자리가 없다.

가족 멜로드라마에서 신파를 동원한 대표적인 사례로 〈7번방의 선물〉을 보면, 용구가 처한 현실은 너무나 참혹하게 설정되지만, 그와 딸이 함께 하는 여러 장면은 판타지로 장식된다. 심지어 그들이 기거하는 감옥의 7번방은 죄수의 공간이 아니라 여러 명이 함께 공유하는 거실 같다. 결국 지적장애인 용구는 어린 딸의 안위를 위해 살인 혐의에 대한 자신의 무죄증명을 포기하고 형장의 이슬로 사라진다. 용구가 어린 딸의 눈앞에서 사형장으로 끌려가는

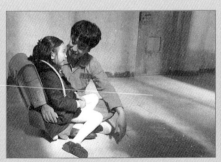

부성 멜로드라마에 신파를 극대화함으로써 흥행에 성공한 영화 〈7번방의 선물〉(제작 FineWorks·CJ E&M, 배급 NEW, 이환경, 2012).

장면에서 신파는 절정에 이른다. 비록 용구는 억울하게 죽음을 맞이하지만, 그의 딸은 교도소장의 가정에 입양되어 법조인으로 성장한다.

이러한 결말을 통해 용구의 비극은 해피엔딩으로 마무리되고 눈물을 흘렸던 관객은 가벼운 마음으로 극장 문을 나설 수 있게 된다. 다시 말해서, 인물들이 처한 어둡고 불행한 현실이 신파의 원동력이 되고 판타지로 포장되기 때문에 관객은 인물들과 함께 눈물을 흘리면서도 정서적인 부담을 갖지 않아도 되는 것이다.

기타 장르와 앞으로의 전망

기타 장르 가운데 언급할 장르로는 먼저 공포영화가 있다. 1990년대까지 공포영화는 귀신이 등장하는 영화(〈여고괴담〉(박기형, 1998), 〈링〉(김동빈, 1999) 등)가 주류였다. 2000년대 공포영화는 귀신영화(〈장화, 홍련〉(김지운, 2003), 〈알포인트〉(공수창, 2004))뿐만 아니라, 이전 시대에 흥행 가능성이 거의 없었던 공포영화의 하위 장르가 등장해 흥행에 성공했다. 사제가 흡혈귀가 되는 〈박쥐〉(박찬욱, 2009), 악령에 빙의된 사람들과 사제의 엑소시즘을 소재로 한 〈검은 사제들〉(장재현, 2015), 악마와 무속巫俗을 다룬 〈곡성〉(나홍진, 2018), 이단 종교를 그린 〈사바하〉(장재현, 2019) 같은 오컬트영화가 등장했고, 괴수 영화 〈괴물〉과 좀비 영화 〈부산행〉은 천만관객 영화가 되었다. 〈괴물〉과 〈부산행〉의 흥행 성공은 SF 영화 〈설국열차〉(봉준호, 2013)와 함께 새로운 장르의 개척이 관객의 호기심을 자극하고 흥행을 견인한 사례로서 주목할 만하다.

아울러 새롭게 부상한 장르로는 재난영화가 있다. 〈해운대〉는 초대형 쓰나미, 〈타워〉(김지훈, 2012)는 대형 화재, 〈판도라〉(박정우, 2016)는 지진과 원자력발전소 붕괴, 〈연가시〉(박정우, 2012)와 〈감기〉(김성수, 2013)는 치명적인 감염 질환의 유행, 〈엑시트〉(이상근, 2019)는 대규모 유독가스 분출, 〈백두산〉(이해준·김병서, 2019)은 화산 폭발 등을 소재로 대규모 재난 상황을 연출해 냈다.

이 밖에 앞에서 언급한 하이틴 영화 및 주로 실화를 모티프로 하여 제작된 스포츠영화(〈우리 생애 최고의 순간〉(임순례, 2008), 〈국가대표〉(김용화, 2009) 등) 등이 이 시기 제작된 장르영화 가운데서 눈에 띄는 사례라고 할 수 있다. 또한, 극영화는 아니지만 연도별 흥행작 20편 가운데 다큐멘터리 〈워낭소리〉(이충렬, 2009), 〈님아, 그 강을 건너지 마오〉(진모영, 2014), 〈노무현입니다〉(이창재, 2017)와 애니메이션 〈마당을 나온 암탉〉(오성윤, 2011)이 들어가 있어 흥미롭다.

마지막으로 장르영화에 새롭게 영향을 미치고 있는 현상으로 '웹툰의 영화화'가 있다. 웹툰이 영화로 각색되기 시작한 계기는 강풀의 웹툰이 선풍적인 인기를 끌면서부터이다. 여러 편의 강풀 웹툰이 영화로 제작되었지만, 〈26년〉(조근현, 2012)과 〈이웃사람〉(김휘, 2012)을 제외하면 흥행으로 연결되지는 못했다. 이후 윤태호의 웹툰을 원작으로 한 〈이끼〉(강우석, 2010)와 〈내부자들〉(우민호, 2015), 또 다른 웹툰 원작 영화 〈은밀하게 위대하게〉, 〈강철비〉 등은 흥행에 성공했다. 그리고 2020년에 개봉한 〈해치지않아〉(손재곤), 〈강철비2: 정상회담〉 등도 웹툰 원작의 영화이다. 특히 웹툰 원작 영화 가운데 주호민의 〈신과 함께〉 3부작을 각색한 〈신과함께-죄와 벌〉(김용화, 2017)과 〈신과함께-인과 연〉(김용화, 2018)은 두 편 모두 천만관객 영화가 되었다.

이러한 흥행 성공으로 웹툰에 대한 관심이 더욱 증폭되고, CG 기술을 극대화한 판타지 영화의 흥행 가능성이 확장되었다. 한국 영화의 소재가 고갈되고 이야기가 빈약해져 가는 상황에서 웹툰을 원작으로 한 영화의 유행이 당분간 계속된다면, 앞으로 장르영화도 웹툰의 영향을 많이 받게 될 것으로 보인다.

이상에서 살펴본 바와 같이 지난 20년 동안 장르영화는 조폭영화의 부상으로 시작해 형사/스릴러영화, 분단/한국전쟁 영화, 역사영화, 가족 멜로드라마 등이 차례로 각광을 받았다. 이러한 장르의 부침에 영향을 미친 요소로는 크게 영화산업의 재편, 정권의 성격 변화, 대중의 취향 등을 들 수 있다. 코로나19로 인해 새로운 영화의 제작이나 개봉이 연기 또는 중단되고 있는 상황에서, 2020년 8월 말까지 개봉한 영화의 흥행작[25]을 통해 최근 장르영화의 경향을 살펴보면, 범죄영화(스릴러)(〈다만 악에서 구하소서〉(홍원찬, 2020), 〈강철비2: 정상회담〉(양우석, 2020), 〈지푸라기라도 잡고 싶은 짐승들〉(김용훈, 2018) 등), 코미디영화(〈히트맨〉(최원섭, 2019), 〈정직한 후보〉(장유정, 2019) 등), 공포영화(〈반도〉(연상호, 2020), 〈#살아있다〉(조일형, 2020), 〈클로젯〉(김광빈, 2020))가 대부분이다. 이들 영화 중 흥행 1위는 현대사 영화인 〈남산의 부장들〉(우민호, 2019)이 차지했다. 모두 지난 몇 년간 대중적인 인기를 누린 장르들로서 새롭게 부상한 장르는 눈에 띄지 않는다. 특히 범죄영화와 코미디영화의 경우, 여러 가지 장르에 액션, 스펙터클, 신파 등의 흥행 요소와 모티브 등을 과잉이라고 할 정도로 혼합한 사례가 적지 않다. 따라서 쉽게 앞날을 예측할 수는 없지만, 앞으로 한동안은 주류영화의 제작 경향이 일정 정도 흥행이 담보된 영화 쪽으로 더욱 쏠릴 것으로 보인다.

1 이 글의 흥행 관련 자료는 모두 영화진흥위원회의 통합전산망 자료를 참고했다. 2000~2002년까지의 흥행 순위는 서울 관객 수 기준이고, 2003~2019년까지의 흥행 순위는 전국 관객 수 기준이다. 이 글에서 언급하는 흥행 순위와 흥행 실적은 모두 연도별 한국영화만 계산한 것이다.

2 1990년대의 흥행 순위는 서울 관객 수 기준이다.

3 장르의 분류를 위해 다음과 같은 자료들을 참고하였다. 배리 랭포드, 《영화 장르》, 방혜진 옮김, 한나래, 2010; 서곡숙·이호 외, 《영화의 장르, 장르의 영화》, 르몽드코리아, 2018; 토머스 샤츠, 《할리우드 장르》, 한창호·허문영 옮김, 컬처룩, 2014.

4 도표에서 편의상 장르 뒤에 '영화'를 생략하고 명시했다.

5 주요 장르에서, 범죄영화는 조폭/형사/스릴러/기타 범죄 관련 영화, 분단영화는 분단/간첩/전쟁, 역사영화는 사극/일제강점기/현대사, 멜로드라마는 가족 멜로드라마/로맨스/여성영화/기타 멜로드라마, 코미디는 로맨틱코미디/코미디를 합한 것이다. 기타 영화 장르에는 하이틴영화, 스포츠영화, 복수를 소재로 한 복수영화 등이 있다.

6 이 도표에서 '조폭'은 2000년대의 조폭영화보다는 홍콩 누아르 또는 할리우드 갱스터 영화에 더 가까운데, 2000년대와의 비교를 위해 조폭영화로 명명했다. 여성영화는 멜로드라마의 하위 장르로서, '여성이 세상을 살아가면서 겪는 이야기'를 그린 영화이다. 에로는 에로티시즘 영화를 일컫는다.

7 주요 장르에서, 범죄영화는 조폭/형사/스릴러, 분단영화는 분단/전쟁, 역사영화는 사극/일제강점기/현대사, 멜로드라마는 여성영화/로맨스/에로/기타 멜로드라마, 코미디는 로맨틱코미디/코미디를 합한 것이다. 기타 영화 장르에는 하이틴영화 등이 있다.

8 Steve Neale, *Genre and Hollywood*, Routledge, 2000, pp. 71-85 참고.

9 〈장군의 아들〉(임권택, 1990), 〈장군의 아들 2〉(임권택, 1991), 〈장군의 아들 3〉(임권택, 1992).

10 〈친구〉의 등장 이후, 조폭/조폭 코미디영화가 본격적으로 제작되기는 했지만, 1997년에 개봉한 〈넘버3〉(송능한)에서 조폭을 코믹하게 다루면서 웃음을 유발하는 방식이 2000년대 조폭 코미디영화에 간접적인 영향을 미쳤다고 할 수 있다.

11 이 영화는 이후 '가문' 시리즈가 되어 〈가문의 위기〉(2005), 〈가문의 부활〉(2006), 〈가문의 수난〉(2011) 등 모두 4편이 제작되었다.

12 조폭 코미디영화와 이 장르의 영향을 받은 이후의 영화를 보면, 흔히 구타 등을 통한 가학적인 방식으로 웃음을 만들어 낸다. 그러나 가학성보다 코믹한 느낌이 더 앞서기 때문에 그것이 딱히 관객에게 불쾌감을 불러일으키지 않는다.

13 영화진흥위원회, 《2003년도 한국영화연감》에 따르면 영화 〈집으로〉는 서울 관객 기준 157만 6,943명을 동원하여 2002년 흥행 순위 2위를 차지하였다.

14 Steve Neale, *Genre and Hollywood*, pp. 82-85.; 캔 댄시거·제프 러시, 《얼터너티브 시나리오》, 안병규 옮김, 커뮤니케이션북스, 2006. 169쪽.

15 장르에 관계없이 수사 관련 직종의 주인공이 등장하는 영화는 장르를 분류한 400편 가운데 대략 64편으로, 전체의 16퍼센트를 차지했다. 장르에 관계없이 범죄를 소재로 한 영화는 400편 가운데 대략 130편으로 전체의 33퍼센트에 이른다.

16 SK그룹 대표의 사촌동생이자 M&M 대표 최철원이 탱크로리 운전기사를 구타한 후 맷값을 지불한 사건으로, MBC의 시사교양 프로그램 〈시사매거진 2580〉에 보도되어 사회적으로 큰 파장을 일으켰다. 영화 〈베테랑〉에서 재벌 2세 조태오가 자신의 회사 앞에서 시위를 하고 있던 화물차 기사를 구타하고 맷값을 지불하는 장면 등이 위 사건과 유사한 점이 많아 화제가 되었다.

17 시리즈 각각의 제목은 다음과 같다. 〈조선명탐정 :각시투구꽃의 비밀〉(김석윤, 2011), 〈조선명탐정 :사라진 놉의 딸〉(김석윤, 2015), 〈조선명탐정 :흡혈괴마의 비밀〉(김석윤, 2018).

18 데릭 엘리는 이러한 경향을 다음과 같이 논평한다. "내가 한국영화에 대해 염려하는 것은 지난 십 년간 엄청나게 증가한 육체적으로 폭력적인 장면만이 아니라, 코미디에 서 드라마에 이르기까지 모든 장르에서 나타나는 일상적인 학대다. 때로는 육체적, 언 어적 학대이지만 많은 경우 두 가지가 함께 나타난다. 이런 유의 극단적인 가학과 폭 력 그리고 그에 따른 극심한 자기혐오는 다른 아시아 문화권에서는 찾아보기 힘들다. … 클리셰든 혹은 무의미하든 간에, 문제는 이제 이런 장면이 영화적으로 지루하며 상 상력의 부족 탓으로 느껴진다는 것이다. 한국영화는 이제 폭력이 일상적인 생활이 아 닌, 진짜 사람들에 대한 재미있고 감동적인 영화를 만들 능력을 상실한 것일까? 이제 한국 관객은 한국영화의 이런 경향을 비판할 능력을 잃어버린 것인가? … 쭉 빠진 검은 슈트를 입은 거친 젊은 남자가 나오는 갱스터나 연쇄살인마가 나오는 한국영화를 또 봐 야 한다면 그 영화관에 불을 지르고 싶은 충동을 느끼지 않을 수 없으리라." 〈심리적으 로 너무 위험해〉, 《씨네21》(no. 768) 참고. http://www.cine21.com/news/view/?mag_ id=62158.

19 그 장치로는, 판문점 북측 초소에서 남북한 병사들의 총격전(금기를 건드린 대가)이 벌어진 다음 플래시백으로 사건에 얽힌 미스터리를 추적해 가는 이야기 구조를 들 수 있다. 또 남북한 병사들이 만나는 장면에서, 그들은 총알로 공기놀이를 하고 닭싸움 등을 하면서 천진난만하게 뛰어논다. 어른들을 아이처럼 그리면서, 남한 병사들의 행 위에 어떤 이념적인 동기도 없다는 것을 강조한다. 그럼에도 그들의 우정은 금기를 위 반한 대가를 치르듯 결국 비극으로 끝난다.

20 통일부의 자료에 따르면, 2015년까지 탈북자 수는 2만 8,794명으로 3만 명 이하였 다 (https://www.unikorea.go.kr/unikorea/business/NKDefectorsPolicy/status/ lately/ 참고). 그럼에도 '간첩이 5만 명 넘는다'는 주장은 '황장엽이 남한에 고정간첩 5 만 명이 있다고 했다'는 주장에 따른 것이다. 황장엽 자신이 '그런 말을 한 적이 없다' 고 부인했으나, 이후 종편을 통해 끊임없이 유포되었다(http://www.gobalnews.com/ news/articleView.html?idxno=19262 참고).

21 1997년에 주체사상 이론가 황장엽이 망명하면서 간첩영화의 설정에 영향을 미쳤다. 〈의 형제〉와 〈간첩〉에서, 고급 정보를 갖고 망명한 북한의 거물급 인사 지명훈과 리용성은

황장엽이 모델이다. 이들을 암살하는 설정은 2009년 11월의 '황장엽 암살 모의 사건'에서 비롯된 것이다.

22 한국전쟁과 분단을 주제 또는 소재로 다룬 경우는 앞에서 따로 분류해서 다루었다.

23 이 영화는 법원의 판결에 따라 일부 내레이션과 장면이 삭제된 채 상영되었다.

24 이 아버지는 희생을 감수하는 가부장으로서 가족 멜로드라마의 판타지를 선사한다. 반면, 어머니는 자신의 안위만을 생각하고 자신의 이익을 위해 주변 사람을 이용하는 등 부정적인 모습으로 재현되는 경우를 볼 수 있다. 〈친절한 금자씨〉(2005)에서, 금자는 제니의 엄마로서 죄를 참회하는 금자와 백한상에게 복수를 감행하는 금자로 이분화된다. 〈차이나타운〉(2015)에서, 돈이 되는 일이라면 무엇이든 하는 여주인공은 주변의 모든 사람들로부터 엄마라고 불린다. 그녀는 버려진 아이들 가운데 쓸 만한 애들만 골라서 키운 다음 자신의 범죄에 이용하는, 냉혹하고 무자비한 엄마이다.

25 '코로나19 사태'로 인해 극장 부문이 엄청난 타격을 입었기 때문에, 흥행 수치 역시 정상적인 결과가 아닐 수 있다는 사실을 감안할 필요가 있다.

감독·미학

영화미학의 모험

: 스토리텔링의 혁신과
창조적인 이미지 제작자의 시대

장병원

2000년 1월 1일 0시, 이창동의 〈박하사탕〉(2000)이 개봉하였다. 넋이 나간 표정으로 기찻길 위에 위태롭게 선 40대 남자 영호(설경구), 그는 자살하려는 것 같다. "나, 다시 돌아갈래!"를 외치는 영호의 자멸적 외침에서 전해지는 참담한 현재로부터 시간은 20년을 거슬러 올라가 순수했던 영호의 청년 시절로 향한다. 한 사람의 인생이 황폐한 말로에 처하게 된 경위를 역순행의 플롯으로 서사화한 〈박하사탕〉의 스토리 기술법은 사상 초유의 0시 개봉이라는 이벤트를 능가하는 혁신의 전조였다. 회고조調의 성찰적 윤리극인 〈박하사탕〉에 피력되어 있는 현대사의 알레고리는 2000년 이후 한국영화 중흥의 바탕, 즉 극중 영호의 절규와는 반대로 다시 암울했던 지난날로 돌아가지 않으리라는, 과거와의 절연 그리고 모험을 선언하고 있다.

2000년대 중반을 기점으로 한국영화계에서는 전통적인 예술영화 감독과 대중 작가들 사이에 분열이 발생하였다. 전자가 작가의 창조적 비전을 본위로 하는 개인주의적인 경향(홍상수, 김기덕)과 이전 세대의 비판적 리얼리즘을 성찰하는 새로운 리얼리스트(이창동)를 포함하는 반면, 후자는 장르와의 협상, 긴장을 모체로 영화미학의 국제적 표준 아래에서 작업한다. 〈올드보이〉(박찬욱, 2003), 〈괴물〉(봉준호, 2006) 같은 영화의 대대적인 성공에도 불구하고 국제적 표준 모델 영화들은 주류 미학에 포함되지 않고 대안적 미학 또는 장르의 긴장을 보여 주는 사례로 거론되어 왔다. 다시 말해,

이들은 주류 범주에 속한 감독들이 하지 않은 방식을 통해 국제적으로 공인받은 대중 작가들이라고 할 수 있다. 새로운 세대의 영화는 안드레이 타르콥스키Andrei Tarkovsky나 압바스 키아로스타미 Abbas Kiarostami에 열광했던 교양주의자 집단, 전통적 작가주의 신봉자 그리고 상업적 대중주의 중 어느 한곳에 위치시키는 것이 곤란하다. 이들을 하나의 범주로 통합하는 것은 불가능에 가깝지만, 현대 한국영화의 미학적 모험을 몇 가지 키워드로 요약할 수는 있다. 이야기의 영역에서 인과론적 사슬에 종속된 목적론적 서사의 지배에서 벗어나려는 스토리텔링의 혁신, 현실과 역사를 의제화 議題化하는 방식에서 비판적 리얼리즘으로부터 상징적 알레고리로의 전환, 표현 양식에서 시청각 스타일의 진화. 예상할 수 있는 경로를 타고 진행되는 내러티브와 스토리의 안전한 해결을 기피하는 이들의 영화는 극적 반전과 순환하는 주제의식, 조형적으로 구성된 시청각 이미지의 활력, 견고한 이미지의 세공을 통해 종래 한국영화에 대한 통념을 뛰어넘었다.

상업성과 창조성의 균형으로 이룬 성공 스토리

영화산업의 성장은 그에 따른 부산물을 남긴다. 20세기에서 21세기로 넘어가는 세기 이행기의 한국영화는 상업성과 창조성의 밸런스를 맞추고자 애쓴 흔적들을 보여 준다. 할리우드가 글로벌 영화 소비자의 취향과 정신, 영혼을 지배하는 신자유주의 시대에, 한국영화는 국제 비평가들 사이에서 비서구권 영화들의 크고 작은 성공 스토리들 가운데 가장 주목할 만한 사례로 평가받았다. 홍상수, 이창동, 김기덕, 박찬욱, 봉준호를 위시한 일군의 감독들이 아트하우스와 장르영화에 새로운 삶을 불어넣었고, 이것은 국제 비평가들이 21세기 들어 창조적 폭발을 일으키며 전 세계로부터 주목의 대상이 된 아시아 영화의 전범典範으로 한국영화를 거론하게끔 만들었다.

국제적 환대 분위기에 부응하는 현대 한국영화의 과제는 문화정책의 핵심 육성 산업이 갖추어야 할 창의성과 상업주의 사이에 균형을 만들어 가는 것에 있었다. 이는 다시 말해 상업영화의 극적인 발전이 곧 작가영화의 사멸을 의미하지는 않는다는 것, 즉 작가주의와 상업주의의 절충 모델을 정립하는 과업이다. 1990년대까지 명맥을 이은 코리안 뉴웨이브*와 연결된 몇몇 이름들이 최근까지 활동을 하고 있지만 2000년대 이후는 영화미학의 토질이 근원적으로 개량된 시기라고 할 수 있다. 정치·사회·문화의 암흑기를 지속시켰던 군사독재가 종식되고 검열이 완화되면서 등장한 2000년대 이후 감독들은 정치적·사회적 의제에 제한받지 않고 새로운 영감을 바탕으로 산업과 미학의 르네상스를 융화시키고자 했다.

---

*코리안 뉴웨이브Korean New-wave 이 용어는 1996년 제1회 부산국제영화제에서 발간된 동명의 책자로부터 유래한 것으로, 1980년부터 1995년 사이에 등장한 서사, 스타일, 주제 등에서 근본적인 변형을 보여 주는 일군의 한국영화들을 말한다. 여기서 근본적인 변형이란 '리얼리즘의 부활'이라고도 할 수 있는데, 이들 코리안 뉴웨이브의 시작을 알리는 작품으로는 1980년에 개봉한 이장호 감독의 〈바람 불어 좋은 날〉을 들 수 있으며, 이외에도 장선우, 박광수 등이 대표적인 감독으로 꼽힌다. 코리안 뉴웨이브 담론과 관련된 자세한 내용은 김선아, 《한국영화라는 낯선 경계》, 커뮤니케이션북스, 2006 참조.

또한 이들의 영화 세계는 예리한 사회정치적 논평과 현실 참여를 본령으로 하는 비판적 리얼리즘 미학이 절대적 영향력을 행사했던 과거로부터 벗어나 장르 지형의 변화에서부터 생활세계에 대한 미시적 양식화, 부조리와 아이러니의 수사법, 스토리텔링의 혁신 등 영화미학의 영역에 이르기까지 대담하게 전개되었다.

2000년대 이전까지만 해도 서구의 국제영화제 서킷[•]은 물론이고 비평가와 저널리스트, 영화 애호가들, 대학 및 박물관들에서 한국영화의 존재감은 미미했다. 당시까지 국제적인 비평가들은 눈에 띄지 않았던 다양한 비서구 영화 중 하나 정도로 한국영화를 인식하고 있었다. 한국영화에 대한 깊이 있는 연구는 드물었고, 대다수의 지역영화 연구 과정 안에서도 한국영화가 교육 의제로 선정되는 경우는 희소했다. 아시아 영화미학의 고려 대상으로 한국영화가 본격적으로 호출된 것은 1990년대 말부터이다. 홍상수와 김기덕·이창동이 아트하우스를 중심으로 영향력을 확대하는 동안, 박찬욱·봉준호·류승완·김지운·나홍진·연상호 등이 국제영화제와 글로벌 마켓의 단골 메뉴가 되었다. 홍상수는 〈돼지가 우물에 빠진 날〉(1996)로 파란을 일으키며 국내외에서 찬사를 받았고, 김기덕과 이창동은 각각 데뷔작으로 〈악어〉(1996)와 〈초록물고기〉(1997)를 발표하였다.

2002년 5월 한국영화의 고유 미학을 대변하던 임권택의 〈취화

<hr>

•서킷 Circuit 연극이나 영화산업의 흥행 계통을 이르는 말이다. 여기서는 서구 국제영화제의 연간 일정을 의미한다.

선〉(2002)이 칸영화제에서 감독상을 수상한 것을 신호탄으로, 이듬해에는 박찬욱의 〈올드보이〉가 칸영화제에서 심사위원대상을 받았다. 김기덕은 〈섬〉(2000)과 〈빈 집〉(2004), 〈피에타〉(2012) 같은 개성적인 아트하우스 작품으로 국제영화제와 아트하우스 시장에서 전례 없는 성공을 거두었다. 이들의 영화는 칸과 베를린의 단골손님이 되었다. 그리고 마침내, 봉준호의 〈기생충〉(2019)이 칸영화제 황금종려상과 아카데미영화상 작품상을 석권하면서 세계 영화사에서도 유례를 찾아보기 힘든 기적을 이루게 된다.

국제적 표준 모델의 참조와 변형

할리우드 영화에 대한 시장의 포용, 한국영화의 다각화 및 상업적 강점을 초래한 사회적 변화, 검열 완화 같은 문제를 고려했을 때 홍상수, 이창동, 김기덕, 박찬욱, 봉준호 등의 국제적 작가들은 역사적 맥락에서 고찰될 필요가 있다. 이전 시기라면 기획조차 되지 못했을 영화들이 줄기차게 만들어졌는데, 창작자의 예술적 야심이 중심을 이루는 사례들뿐 아니라 대중 장르의 규칙을 창조적으로 변용하는 실험도 곳곳에서 발견되었다. 한국영화가 자국 박스오피스에서 할리우드 영화와 경쟁하고 심지어 능가하기 시작하면서, 그리고 변화를 요구하는 아트하우스 시장 개척의 탐구 대상으로 부상하면서 새로이 주목 받은 작가 그룹은 이러한 흐름을 따르고자 했다.

2000년 이후 한국영화는 영화산업의 부흥과 더불어 영화미학의 개방성 역시 확대되고 있었다. 영화제작자들은 전통을 수용·변형한 국제적 표준 모델에 가까워짐으로써 한국영화의 지배적인 언어와 관습에 반기를 들고 그것을 수정하고자 했다. 이는 정치적인 검열과 제도의 압박, 미학적 조류, 전통적인 관습에 맞서는 반란이라고 부를 수 있다. 또한 전근대적 제작 관행을 일소하고 감독과 프로듀서의 창의적 기획이 대중의 취향을 견인하면서 세계화 국면으로 진입하였다. 새로운 세대들은 한국영화의 전통 안에서 참조점을 찾기보다 국제적 표준 모델을 저마다의 취향과 비전에 따라 내면화하였고, 〈지구를 지켜라!〉(장준환, 2003), 〈살인의 추억〉(봉준호, 2003), 〈올드보이〉, 〈장화, 홍련〉(김지운, 2003)처럼 영화산업의 활기, 모험적인 기획 마인드를 추진 동력으로 삼아 작가와 장르의 긴장 관계를 즐기는 모험이 가능해졌다. 이들 영화는 한국영화의 국제적 명성에 공헌하였지만 동일한 취향이나 비전, 정체성으로 묶이지 않는다.

〈올드보이〉 이후 상황은 확실히 달라졌다. 단지 국제영화제에서의 수상이나 명성을 말하는 것이 아니라 한국영화의 초국가적 비전이 국제적인 산업 종사자와 미디어, 학계의 주된 관심사가 되는 계기를 마련했다는 점에서 〈올드보이〉의 역사적 의미는 작지 않다. 이전까지 임권택이라는 예외적인 작가나 홍상수와 같은 서구 예술영화의 전통과 연결된 인물들을 통해 내셔널 시네마의 정체성을 규정했던 이들은, 이제 주류 상업영화와 작가영화 사이에서 절충적 자의식을 드러낸 박찬욱의 영화에 열광하기 시작했다.

그렇다고 현대 한국영화가 국제적인 표준화 모델을 맹목적으로 수용했다고 볼 수만은 없다. 1990년대 말 등장한 '한국형 블록버스터'라는 신조어 안에서 할리우드의 블록버스터 제작 방식이나 마케팅 규범을 모델로 삼아 한국영화만의 지역성을 부각하는 새로운 모델을 만들려는 의욕이 확인되기는 해도, 한국형 블록버스터 실험은 제작 방식과 유통, 상영, 마케팅, 관객들의 무의식을 아우르는 하나의 전략이었다는 점에서 산업의 포장술에 불과했다. 새로운 작가들은 국제적인 관객과 비평가들에게 호소할 수 있는 장르, 스토리, 미학의 표준을 부분적으로 수용하는 동시에 저마다의 영화적 의제 설정과 개성적 표현 양식을 탐구하면서 견고한 아성을 구축하게 된다.

외부자들의 시선, 아시아 극단주의라는 브랜드를 만들다

〈올드보이〉와 같은 시기에 발표된 〈살인의 추억〉은 연쇄살인을 소재로 한 장르영화지만 역사와 기억, 사회적 책임에 관심을 기울이면서 장르를 새롭게 정의한다. 정치에 기원을 둔 스릴러영화들은 〈살인의 추억〉처럼 극악한 범죄의 원인을 개인의 심리보다 사회적 조건의 산물로 의미화하면서 시스템에 대한 분노를 환기하려는 경향을 보인다. 그러나 2010년 이러한 경향을 거스르는 두 편의 논쟁적인 영화가 등장하면서 또 다른 국면이 열렸다. 나홍진의 〈추격자〉(2010)와 김지운의 〈악마를 보았다〉(2010)가 여기에 해당한다. 할리우드의 연쇄살인 장르에 가까운, 동기가 없는 살인마 서사를 채용한 두 영화는 '아시아 극단주의Asia Extremism'라 통칭되는 최근 경향의 전형적인 사례로 해외에서 주목을 받았다. 아시아 극단주의라 함은 2000년대 초반 영국의 영화배급사인 메트로-타르탄Metro-Tartan이 만들어 낸 브랜드로, 극단적이고 기괴한 폭력, 가학적이고 착취적인 인간 성향의 폭로, 참혹함과 공포를 아름답게 포장하기 위해 세련되고 미학적인 스타일을 전시하는 동아시아 영화의

아시아 극단주의의 전형으로 꼽히는 〈추격자〉(제작 영화사 비단길, 배급 쇼박스, 나홍진, 2007)와 〈악마를 보았다〉(제작 페퍼민트&컴퍼니·SIZ엔터테인먼트, 배급 쇼박스, 김지운, 2010).

경향을 일컫는다.[1] 아시아 극단주의는 일본과 한국, 홍콩, 태국의 장르영화들을 마케팅하는 전략으로 선택되었다. 이러한 경향은 연쇄살인을 다룬 범죄드라마와 공포, 스릴러 장르에 걸쳐 포괄적으로 나타나며 앞서 거론한 나홍진과 김지운 외에도 박찬욱과 류승완, 연상호의 작품에서 볼 수 있는 폭력의 미학화를 포함할 수 있다. 특히 류승완의 경우, 불의한 시스템과 계급적 불평등 구조, 공정의 붕괴, 사법부의 부패를 둘러싼 폭력을 다룬다는 점에서 〈살인의 추억〉류의 도덕 드라마의 연장에 있다. 데뷔작 〈죽거나 혹은 나쁘거나〉(2000)에서 다룬 비열한 폭력의 순환에서 〈부당거래〉(2010), 〈베테랑〉(2015)으로 이어지는 권력과 결탁한 부패의 순환에 이르기까지, 그는 모든 분야에서 재능을 보여 주었다.

　아시아 극단주의는 마케팅을 위한 수사로 개발되어 폭력적인 장르영화를 세련된 예술적 표현으로 재배치한 한국영화의 일부 경향과 연결되었다. 이러한 경향을 계승한 최근의 작가는 나홍진과 연상호이다. 〈추격자〉와 〈황해〉(2010), 〈곡성〉(2016)으로 이어지는 나홍진의 주제는 연쇄살인마와 국제적 범죄조직, 악마, 좀비, 사악한 영혼으로 고통 받는 공동체의 환난을 중심으로 짜인다. 근작 〈곡성〉은 교묘한 플롯과 폭력의 과잉, 외국인혐오증, 유령 스토리, 초자연적인 공포를 하나의 텍스트 안에 혼탁하게 녹인다. 긴장감 넘치는 액션을 탑재한 단순한 캐릭터 드라마보다 심리적 깊이를 즐기는 〈곡성〉은, 기독교적 신념을 드러내며 초자연적인 현상과 대면했을 때 실제 사실과 증거가 어떻게 왜곡될 수 있는지를 보여 준다. 스릴러와 오컬트 호러, 좀비 장르를 혼합하여 나홍진은 가능한 한 이야기를 비밀스럽고 예측할 수 없도록 만듦으로써 무엇을 믿어야 할 것인지에 대한 거대한 혼란으로 관객들을 밀어 넣었다.

애니메이터로 출발하여 실사영화로 영역을 넓힌 연상호는 블록버스터 좀비 영화 〈부산행〉(2015)으로 존재를 알렸다. 〈부산행〉의 연작물인 〈반도〉(2020)를 발표하며 K-좀비라는 로컬 브랜드를 각인시킨 연상호는, 새로운 장르를 다루는 그 대담함과 영특한 스토리텔링으로 내외에서 명성을 얻었다. 기실 연상호는 미국 애니메이션과 재패니메이션*의 영향력에 갇혀 있던 한국 애니메이션 역사에서 매우 중요한 위치에 있는 감독으로, 독립 애니메이션 작가의 길을 걷다가 블록버스터의 거물로 일거에 도약하였다. 대중들의 영화 체험에 기반한 장르를 창조의 빌미로 삼은 상업작가들의 영화는 멜로드라마 같은 한국의 전통적인 영화 장르를 풍성하게 하

*재패니메이션Japanimation 일본의 영문명인 Japan(재팬)과 애니메이션Animation 의 합성어이다.

는 한편, 스릴러와 같은 보편적인 장르를 통해 관객들을 유혹하는 새로운 장르 브랜드를 만들었다. 그러나 〈부산행〉이 발표되기 전까지 좀비 공포영화는 한국적 장르 상품의 리스트에 존재하지 않았다. 이 장르의 시장가치는 새로운 장르 미학의 가능성을 증대시켰을 뿐 아니라, 아시아 극단주의와 같은 급조된 브랜드가 상이한 문화와 역사를 가진 아시아 국가들 간의 경계와 차이를 무화시킨 전력에 비추어 하나의 가능성을 예고하였다. 이는 서구 관객의 취향을 중심에 둔 접근이라는 그 한계에도 불구하고, 한국영화가 서구 영화 시장이나 관객들에게 받는 인기와 호소력의 실체를 암시한다는 점에서 주목할 필요가 있다.

스토리텔링의 혁명

한국영화는 다양한 수준에서 아시아 영화의 새로운 진지를 구축하였다. 영화를 국가 정체성을 나타내는 예술적 해석으로 생각한다면, 박찬욱의 복수에 대한 격렬한 성찰, 생활세계를 재료로 한 홍상수의 명상적인 에세이, 폭력적인 세계에 대한 모멸과 자기비하를 다루는 김기덕의 프로젝트, 역사적 트라우마에 관한 이창동의 윤리 드라마는 한국의 정체성이 얼마나 정서적으로 복잡한지를 증명한다. 주제와 스타일의 다면성으로 인해 이들을 한데 묶을 공통 의제를 찾기는 난망하지만, 이전 세기에 비해 현대 한국영화의 변화를 추진한 가장 큰 동력은 스토리텔링의 혁명으로 부를 수 있는 이야기의 혁신이라는 데 이의를 달기는 어렵다.

고전적 리얼리즘 양식에 기초한 스토리 서술 일변도 경향, 즉 시간과 공간, 인과관계 등 서사를 구축하는 제 요소들이 모두 투명하게 작동하며, 따라서 서사를 조직하고 그것이 흘러가는 궤도, 궁극적으로 도달해야 할 기착지도 하나일 수밖에 없다고 하는 이야기의 선형 도식이 배타적으로 추종되었던 과거에 비해 이러한 상황은 상전벽해桑田碧海라고 할 수 있다. 이야기를 통해 뚜렷한 목표를 추구하는 목표지향형 플롯, 시간과 인과의 논리에 따라 빈틈없이 인물과 사건을 엮어 가면서 세계를 규명할 수 있다는 세계관은 오랫동안 한국영화를 길들여 온 모체母體였다. 그러나 2000년대 이후 하나의 목표를 향해 줄달음치는 선형 내러티브의 구속으로부터 이탈하고자 하는 움직임이 시작되었다. 시간과 인과율의 측면에서 사건의 비선형적 배열에 기초한 플롯은 플래시백이나 플래시포워드*를 통한 시간의 계시를 등한시함으로써 연대기적 시간의 질서와 촘촘히 조직된 인과율에 기대어 성립되는 서사에 반기를 들고, 시간의 순서와 빈도, 지속 시간을 복잡하게 하는 스토리텔링 양식의 독창적인 흐름을 형성했다. 이처럼 서사 조직의 관습적인 준칙들을 위배하면서 독창적 흐름을 주도해 온 대표적인 인물이 이창동과 홍상수, 박찬욱이다.

---

*플래시백Flashback과 플래시포워드Flashfoward 스토리가 순차적으로 전개되는 도중 갑자기 과거의 시간대로 넘어가는 장면 연출 기법. 플래시포워드는 플래시백의 반대 개념으로 현재의 스토리보다 미래의 시점으로 전환된다.

비선형 스토리텔링을 구사한 다양한 실험들

〈박하사탕〉으로 돌아가 보자. 이 영화의 플롯은 선형적 이야기 도식 관행을 부정하는 스토리텔링의 혁신 사례이다. 명석하고 비옥한 내러티브 전략은 한국영화를 오랫동안 지배해 온 이야기의 선형 도식에 반동反動하는 것이다. 사건의 원인으로부터 결과로 이행해 가는 인과의 논리를 뒤집는 〈박하사탕〉의 전개 방식은 역사를 인식하는 이창동 특유의 관점에서 기인한다. 이창동의 탐구 대상은 스토리텔링의 관습이었다. 〈박하사탕〉에서 그는 현실 사태의 근원을 더듬어 가는 역사 시학에 도달하고자 원인과 결과를 거꾸로 마주 보게 한다. 결과로부터 원인으로 나아가는 역逆추정 서사인 것이다.

스토리텔링 혁신가로서의 그의 면모는 다섯 번째 영화 〈시〉(2010)로 이어진다. 오프닝 시퀀스에서 검은 강물 위로 소녀의 시체가 떠내려가는 프롤로그 이미지는 영화 전체로 퍼져 나간다. 이어지는 신에서 여러 명의 사람들이 줄을 서서 무언가를 기다린다. 넓은 화각畫角으로 찍힌 이 숏에서는 사람들을 차례대로 관찰할 수 있는 시간이 주어지기 때문에 관객들은 저들 중 누가 스토리의 중심에 놓일 것인지 추측해야만 한다. 마지막으로 이름이 불리고, 꽃무늬 옷을 입은 미자(윤정희)가 나선다. 전체 스토리의 차

영화 〈시〉(제작 파인하우스필름·유니코리아문예투자, 배급 NEW, 이창동, 2010)의 오프닝에서는 병원 대기실에 앉아 있는 미자를 통해 이 영화의 내러티브 도식을 작동하게 하는 동력이 무엇인지 말해 준다.

원에서 이 신은 하나의 지류에 지나지 않지만, 이 영화의 내러티브 도식을 작동하게 하는 동력이 무엇인지를 말해 준다. 황혼의 노인 미자가 시 창작을 배우는 과정을 따라가는 중심 스토리 위에 느리고 신중하게 다른 이야기 요소들이 가담하는데, 미자가 돌보는 치매 노인, 비밀을 숨기고 있는 그녀의 음침한 손자, 문화센터의 시 창작 수업, 그녀가 거리를 두고 바라보는 지역 학부모 모임 등이다. 이 작은 스토리들은 어떤 연관성이 있는가? 하나의 사건이 전개됨에 따라 서사의 한 요소가 인접한 요소들과 연결되고, 강물을 떠내려간 소녀의 최초 이미지로부터 미스터리가 자라난다. 그러나 이 미스터리가 어떻게 해결될 것인지를 확신할 수 없는 채 상당한 시간이 흐른다. 운명의 선들과 윤리적 책임의 만남, 우연의 일치, 특히 미자에게 엄청난 고통을 안겨 줄 수 있는 사건들의 네트워크를 먼저 보게 되는 것이다. 오프닝 시퀀스에서 목격했던 소녀의 죽음과 관련된 내력이 다시 화제에 오르는 시간은 이러한 스토리의 지류들이 펼쳐진 이후이다. 무심히 던져진 사건들은 희미한 관계망을 가지고 불현듯 연결되기 시작한다. 문학적으로 풍요로운 〈시〉의 플롯은 관습적으로 보이지만 무심히 나열되던 사건들을 어느 순간 연결하면서 느슨한 네트워크 형태의 얼개를 형성한다.

〈버닝〉(2018)은 스토리텔링의 혁신을 추구해 온 이 작가의 목적지가 어디인지를 보여 준다. 〈버닝〉은 유통회사 아르바이트를 하면서 살아가던 청년 종수(유아인)와 그의 유년기 친구 해미(전종서), 그리고 정체불명의 부유한 남자 벤(스티븐 연)의 화합할 수 없는 관계를 다룬다. '스토리의 수준에서 눈에 보이지 않는 것을 믿을 수 있는가?' 또는 '눈에 보이는 것을 부정할 수 있는가?'라는 질문에 답

〈버닝〉(제작 파인하우스필름·나우필름, 배급 CGV아트하우스, 이창동, 2018)과 〈밀양〉(제작 파인하우스필름, 배급 시네마서비스, 이창동, 2007)은 존재하지 않은 것들을 망각하게 만들고 보이지 않는 것을 과잉되게 전시하며, 끝내 미스터리를 해소하지 않는다.

하기 위해 이창동은 유령들을 등장시킨다. 많은 것들이 존재와 비존재의 상태를 오가는 〈버닝〉의 플롯에는 주요 인물의 등장과 사라짐을 기점으로 몇 개의 전환점이 있다. 이를테면 해미의 등장과 퇴장, 벤과 동행한 해미의 재등장과 실종을 들 수 있다. 존재의 확실성에 대한 이 영화의 물음은 스토리텔링의 본성에 관한 메타 장르적 질문과 통한다. 보이지 않는 것을 믿을 수 있는가라는 질문은 가시적인 인과의 논리를 신앙해 온 우리의 믿음을 향한다. 인과의 논리에 따라 설명되는 이야기를 위해 조합되고 상상되어야 할 것들을 보여 주면서 존재하지 않은 것들은 망각하게 만드는 것이 이야기를 소비하는 바탕임을, 그것이 말이 되는 이야기의 조건임을 〈버닝〉은 보여 준다. 유능한 이야기꾼은 지금 보고 있는 것이 허구임을 망각하게 하는 능력이 출중하다는 점에서 〈버닝〉은 유능한 이야기꾼의 영화이다. 따라서 좋은 이야기의 필수 조건은 부재의 망각이라고 해야 할 것이다. 흡사 귤의 맛을 감각하기 위해

귤이 없다는 걸 잊은 퍼포먼스, 대상이 없는 수음, 보이지 않지만 존재한다는 고양이, 마당 앞의 우물, 쓸 데 없다는 이유로 태워 버려야 할 모든 것들 그리고 벤의 메타포. 종수가 써낸 이야기 안에 메타포는 없다. 전통적인 스토리텔링 규범에 따르면 모호한 것들은 봉합되어야 하고, 이를 위해 현실과 상상은 조합된다. 매번 말 없이 끊기던 전화의 정체는, 마지막 전화를 걸어 온 것이 어머니였기 때문에 어머니의 행위로 추정되어야 한다. 벤의 집에 있던 분홍색 손목시계는 해미의 것이어야 하고, 벤의 집에 있던 고양이는 보일이어야 한다. 희열을 위해 비닐하우스를 태운다는 벤의 취미는 살해의 증거여야 하며, 그래서 사라진 해미는 벤이 죽인 것이 되어야 한다. 충분히 그렇지 않을 수도 있지만 종수가 만들어 가는 이야기를 위해서라면 그래야만 이야기가 성립한다. 그러나 〈버닝〉에서 이창동이 보여 주려는 것은 실패한 인과론이다. 모든 것은 스토리 안에서 설명되지 않는다. 스토리의 법칙을 살해하는 것, 메타 서사로서 이창동의 목표는 우리를 옭아맨 스토리의 유습謬習이다. 직설과 은유의 대치를 의제로 한 〈버닝〉은 관객들이 스토리의 틈새를 단단하게 조형하는 것에 실패하도록 이끈다. 단언할 수 없는 세계의 속성을 주장하기 위해 끝까지 미스터리는 해소되지 않는다. 미스터리를 미스터리대로, 모호함을 모호함대로 내버려 둠으로써 틈새를 바느질하지 않는다. 종수는 바느질하지만, 이창동은 바느질하지 않는다. 이것은 스토리텔링 예술로서 소설과 영화의 차이라고 할 수도 있다. 〈버닝〉의 실패한 인과론은 〈밀양〉(2007)이 보이지 않는 햇볕의 존재를 과잉되게 전시하고, 〈시〉가 명확하지 않은 연결 선들을 암시적으로 제시하여 전체 지형을 그릴 수 있도록 한 데 이어 도달한 스토리텔링의 신경지新境地이다.

내러티브의 구조와 패턴, 이야기의 수용 과정에서 관객의 정신에 작용하는 지각 패턴에 관심을 기울여 온 또 다른 감독은 홍상수이다. 홍상수가 구축하는 내러티브의 참신성은 이미 성립된 이야기가 아니라 이야기를 성립시키는 독특한 방식에서 나온다. 리얼리즘 양식을 대체할 수 있는 대안적 스토리텔링 미학을 추구함으로써 그는 시끄러운 현실이나 합리적 이성주의에 입각한 서사를 대체할 수 있는 유별난 구조를 고안하였다. 그것은 근대적 서사 양식이 통일성, 총체성이라는 미학적 원리를 관철시키기 위해 고의로 배제했던 주변적인 것들을 중심에 둔 새로운 스토리이다. 예술영화의 규범 안에서도 홍상수의 스토리는 과격한 방식으로 선형성을 파괴한다는 점에서 주목할 만하다. 선형적 스토리텔링에 대한 실험이라고 할 수 있는 홍상수의 다수 영화들은 다중 시점(《돼지가 우물에 빠진 날》), 두 갈래 내러티브(〈강원도의 힘〉(1998), 〈생활의 발견〉(2002), 〈하하하〉(2010), 〈지금은 맞고 그때는 틀리다〉(2015), 〈풀잎들〉(2017) 등), 또는 둘 모두(《오! 수정》(2000), 〈북촌방향〉(2011), 〈당신 자신과 당신의 것〉(2016), 〈강변호텔〉(2018))의 가능성을 굴착해 들어간다. 비록 같은 구조로 회귀한다고 할지라도 그는 이전 작품들로부터 취한 아이디어에 기초해 만들어진 거대하고 풍부한 스토리텔링 실험을 수행하였다.

홍상수의 데뷔작 〈돼지가 우물에 빠진 날〉은 다중 캐릭터 스토리이다. 이 영화는 의식적으로 배정된 사건과 캐릭터들로 학습된 관습적 서사의 규범들이 어떻게 이야기를 받아들이는 인지 과정을 독단적인 도식 안에 결박하고 마는지를 증명하고 있다. 자신의 세계를 벗어날 수 없는 네 명의 주인공들을 따라 전개되는 분리된 4개의 삽화는 미스터리한 방식으로 연결된다. 이후 그의 영화에서 반복적으로 나타나는 우연, 굴욕, 초월적인 감정을 탐사하기 위해 창안된 비옥한 내러티브 전략은 스토리텔링의 신기원이었다. 여기서 홍상수의 전략은 교차 커팅cross-cutting하지 않고 교대 배치하는 것이다. 스토리 A와 B는 명확한 대조 안에서 모호하고 추상적으로 상호 관련된다. 첫 번째 스토리에서 언급된 인물들은 두 번째 스토리에서 급작스럽게 나타난다. 〈생활의 발견〉과 〈여자는 남자의 미래다〉(2004)에서는 두 개의 이야기가 과거와 현재를 재현하고, 스토리 A에서 스토리 B로 이행하면서 남성 주인공들은 제스처, 대사 또는 감정의 경련을 반복하거나 부인하면서 자신의 아둔함과 결함을 교정하려 한다. 영화적 시간의 구성에서 선형성의 파괴는 명백하고, 플롯의 뒤틀림과 미스터리의 해결을 가진 내러티브의 복잡성은 스토리 사건이 스크린에 제시되는 시간에 의해 지지된다.

전통과 혁신의 절충

박찬욱은 이창동이나 홍상수와는 상반된 개성을 가지고 스토리텔링의 새로움을 보여 준다. 〈공동경비구역 JSA〉(2000)와 〈올드보이〉, 〈친절한 금자씨〉(2005), 〈아가씨〉(2016) 등의 평판작(대중이나 평단으로부터 널리 평판을 얻은 작품)들을 통해 그는 선형적 스토리텔링의 규범을 벗어난 내레이션의 효과를 실험하였다. 판문점 공동경비구역 북측 초소에서 벌어진 병사 살인사건의 실체를 추적하는 〈공동경비구역 JSA〉는 사건 조사가 이루어지는 현재, 초소에서 벌어진 사건들을 기술하는 과거를 오가는 교차 플래시백 구조로 되어 있다. 간단한 플래시백 구조를 통해 스토리 정보의 흐름과 전달을 통제하면서 비선형적인 기술 방식으로 진행되는 플롯은, 스토리 국면의 목표에 따라 정보의 범위와 깊이를 신축적으로 조절한다. 내레이션은 한 인물에 정보를 제한하거나, 다른 인물로 확장하는 탄력적인 조율을 통해 관습에서 벗어난다.

〈올드보이〉는 전통적인 내러티브 규범과 자의식적이고 다매체적인 영화적 실천에서 유래한 스토리텔링 혁신 사이의 협상을 보여 준다. 박찬욱은 시간과 공간을 통제하는 데에서 스토리의 뒤틀린 본성을 반영하고, 새로운 스타일 장치들을 가지고 고전적인 옵션들을 풍부하게 한다. 영문을 모른 채 15년이란 시간 동안 억류된 남자의 복수와 탐색을 따라가는 플롯에서, 감금의 내력을 쫓는 스토리는 폭로의 지점에서 급진적으로 전복된다. 고전적인 플롯 라인의 균열을 보여 주면서 스토리의 성격을 규정하는 복수의 주체는 대상이 되고, 대상은 주체가 되는 역전이 발생한다. 영화가

영화 〈올드보이〉(제작 에그필름·쇼이스트, 배급 쇼이스트·CJ엔터테인먼트, 박찬욱, 2003). 위협적으로 보이지만 사실 오대수(최민식)는 투신하려는 남자(오광록)를 막고 있는 것이다.

열린 뒤 20분여 동안, 감금방에서 풀려난 주인공 오대수(최민식)가 한 아파트 옥상에서 투신하려는 남자(오광록)의 자살을 막는 현재로부터 15년 전의 과거로 플래시백한 뒤 다시 대수의 현재로 회귀하는데, 이 플래시백이 주체와 대상의 역전이라는 전체 스토리의 개요를 요약한다. 요컨대 대수가 남자를 죽이려는 게 아니라 살리려고 한다는 것이 명백해지면서 최초에 본 것(투신남을 위협하고 있는 것처럼 촬영한 위압적인 이미지)에 대한 해석의 역전이 발생한다. 이처럼 영화 속 시간의 배열은 스토리의 뒤틀림과 동맹을 이루고 핵심 비밀을 뒤로 유보한다.

  이야기의 내용보다 형식에 우위를 둔 스토리텔링 실험은 주류영화의 바깥에 놓인 독립영화 안에서도 확인된다. 윤성현의 〈파수꾼〉(2010)과 이수진의 〈한공주〉(2013)가 그 예이다. 〈파수꾼〉의 내레이션은 플롯의 이전 단계들을 회고적으로 재구성하도록 만드는 원리를 따라 작중인물의 죽음을 탐문해 가는 탐사 플롯을 중심에 두고, 서사 정보의 밀고 당기기를 통해 미스터리 효과를 극대화한다. 죽음의 비밀을 탐문하는 이 이야기는 한 명의 화자에 의해 운항되지 않는데, 서술 주체가 변경될 때마다 이야기의 쟁점, 국면이 전환된다. 〈한공주〉 역시 불의하게 희생된 죽음의 미스터리를 해소하고, 새로운 이야기로 비약하는 계기를 제공하기 위해 플롯 비틀기를 시도한다. 서사가 진행되면서 사건에 대한 정보가 조금씩 드러나며, 이야기의 말미에 이르러 미스터리의 전모가 밝혀진다. 세밀하게 조율된 내레이션은 오인誤認의 구조라는 이 이야기의 성격과 밀접한 연관성이 있다. 한 인물의 죽음을 탐문하는 탐사형 미스터리 플롯을 요체로 한 이들 영화의 내레이션은 스토리의 흐름을 따라가면서 관객들이 던지게 되는 질문—주체의 변화에 따라 정보의 감춤과 누설, 누적이 어떻게 작동되는가, 그것은 이야기의 성격과 어떠한 관련을 맺고 있는가—에 따라 스토리의 형식을 결정하고, 내용을 뒤바꾼다.

리얼리즘에서 알레고리로

김기덕의 데뷔작 〈악어〉는 발표 당시에는 관심을 끌지 못했다. 어떤 경위로 제작에까지 이르게 되었는지를 추정하기 어려운 조잡한 저예산영화로 간주된 이 영화는 관객들은 물론이고 평단의 냉대를 받았다. 김기덕은 데뷔 전 영화제작 경험이 없었으며, 영화 교육을 받지 못했고, 영화산업과 긴밀하지도 않았다. 정치, 미학, 제작 시스템, 작가에 대한 평판 등 모든 견지에서 그는 완전한 외부인이었는데, 김기덕의 대다수 영화들은 과묵한 주인공들을 내세우며 당대 한국영화의 미학적 지배 조류였던 리얼리즘에 연연하지 않는 시적 은유와 알레고리를 예술적 형상화의 수단으로 택했다. 〈악어〉는 위악적僞惡的 현실에 관한 알레고리가 향후 그의 다양한 영화 안에서 어떻게 적용될 것인지에 대한 개요를 제공한 영화였다. 이 영화에는 인간의 공격성과 잔인함, 유폐된 존재들에게 허락되지 않는 사회적 상호작용, 소외와 침묵이 고르게 분포되어 있다.

김기덕의 등장은 재현의 수준에서 리얼리즘의 완강한 지배를 받아 온 한국영화의 미학적 개량改良을 보여 주는 사건이었다. 재현의 리얼리즘을 넘어서는 미학의 다양성을 증명할 자료로 김기덕의 영화는 중요하지만, 한국영화사의 특정 맥락 안에 그의 위치를 설정하는 것은 아주 다른 일이다. 현대 한국영화는 예술적 품질과 상업적 매력을 추구해 왔으나, 김기덕은 높은 제작 가치보다 저예산 독립영화의 방식을 선호해 왔다. 한때 1인 시스템에 가까운 방식으로 재생산된 그의 영화는 너무 폭력적이어서 상업적으로 성공하기에는 흠결이 많아 보였고, 때로는 고의적인 반反미학의 산물처럼 보이기도 했다. 글로벌 아트하우스 시장에서의 위상에 비해 자국 관객들에게 호소하는 매력이 부족하다는 점에서도 여타의 예술영화 작가들과 다르다. 무엇보다 그의 영화는 과거 또는 현재의 한국 작가들과 연결되지 않는다. 이창동의 광주민주화운동이나 봉준호의 1980년대, 임상수의 유신독재처럼 역사적 좌표 안에 뿌리를 둔 사건들, 실재했던 시간을 언급하는 대신, 김기덕의 영화는 현실과 연결된 실마리를 거의 제공하지 않는다. 불의한 사회 현실을 주입하여 진보적인 가치를 설파하는 이전 세대와 달리, 김기덕의 영화는 사회·정치적 구조와 현실 이슈에서 애써 멀어지려고 노력하는 경향을 보인다. 주인공들은 대개 노동계급에 속하는 인물들이지만 정치적인 관점으로부터 벗어나 있다. 노골적인 무국적성이라고 부를 수 있을 정도로 국적과 지역 정체성으로 고정되기를 거부한다.

이러한 특성은 김기덕이 리얼리티가 아니라 알레고리의 예술가라는 사실에서 기인한다. 극한 상황에서 격렬하게 변하는 인간관계의 역학을 탐구하는 그의 영화들에서 주요한 테마는 폭력이다. 김기덕 영화의 주요 인물들은 경제 호황의 주변부에 버려진 범죄자, 포주, 매춘부, 광인, 장애인과 같은 소외계층 및 반사회적 방외자方外子들이며, 그들의 일상에 동물 학대와 매춘, 살인, 신체 훼손의 테마가 덧붙여진다. 가학과 피학을 고통스럽게 오가는 폭력, 섹스, 착취의 상황들 때문에 그는 여성의 신체를 폭력적으로 대상화하는 감독으로 비판받았다. 〈해안선〉(2002)에서 북한 스파이로 오인되어 남자친구가 죽임을 당한 뒤 실성한 여자 주인공은 해안 경비대 군인들에게 강간을 당한다. 수술 후 여전히 가랑이에서는 피가 나고 그녀는 어항에 몸을 담그고 물고기들이 피를 빨도록 한다. 여성의 신체를 무자비하게 대하는 이러한 묘사들은 원시적인 감정을 자극하면서 인간의 진정한 잔인함을 보여 주기 위한 알레고리로 해석된다. 잔학한 폭력과 착취의 공간은 호젓하다. 호수 한가운데나 바다, 작은 어촌 오두막, 외딴 사찰 따위에 머무는 저들은 전통 사회와 차단된 이 알레고리의 공간에 고립되어 있다. 격리의 장소에서 침묵은 각기 다른 방식으로 나타나지만, 대다수 영화는 대화가 소거된 상태에서 주인공과 주변인들 간의 독특한 관계를 탐구한다.

김기덕의 초기 명성에 중대하게 공헌한 〈섬〉(2000)과 〈나쁜 남자〉(2002)는 매춘을 여성에 대한 폭력의 형태로, 용인하기 힘든 잔인한 세계의 알레고리로 활용한다. 불편한 성적 폭력과 착취, 어린 소녀에 대한 성적 위반은 극중인물뿐 아니라 관객들에게도 격렬한 감정의 동요를 유발한다. 가족, 사회, 직업, 성별 등 다차원에서 뚜렷한 정체성이 없는 인물들은 서로 충돌하여 폭력적으로 변한다.

〈섬〉에서 매춘은 인간을 둘러싼 세계가 괴멸해 가는 우화로 설정되어 있다. 여성의 몸은 항상 남성이 사용하고 버리는 착취의 대상으로 설정되고, 가부장적 권력관계가 관철되는 교환의 수단으로 묘사된다. 따라서 모든 성행위는 강간처럼 보인다. 매춘과 폭력의 주기는 주인공들에게 가까워지고 그들을 자멸적 마조히즘으로 이끌고 간다. 폭력의 알레고리로 출발한 김기덕의 세계는 중·후반기로 접어들어 영적인 스토리의 외양을 취하면서 점차 기독교, 불교 및 신화적인 요소들의 혼합으로 기울었다. 〈피에타〉(2012)는 갖은 수단으로 장애 보험금을 강탈하는 패륜아가 자신이 생모라고 주장하는 여인에게 살점을 잘라 먹게 함으로써 구제된다는 스토리이다. 미켈란젤로의 조각 작품에서 차용한 제목을 붙인 이 영화에서 사회적 억압에 대한 반응으로 잔인함을 내면화한 강도(이정진)는 희생의 가능성이 삭제된 인물로 묘사된다. 진부한 설교 또는 정치학을 위한 여지를 남기지 않는 〈피에타〉의 복잡한 신앙 체계는 현대 도시가 골고다와 다름없는 상황에 놓여 있다는 사실을 웅변하려는 듯 시네마 베리테* 스타일의 거리 장면 연출 방식으로 세계 풍경을 묘사하고, 인간에게 가해지는 희생과 박해를 보여 주면서 그 자신의 행위에 값하는 징벌을 거쳐 영적인 구원을 발견하는 인물을 통해 종교적 알레고리를 명확히 한다. 김기덕의 영화는 물고기와 낚시, 눈동자, 활, 골프공, 잘린 살점 등 대상을 변형하여 복잡한 상징적 네트워크를 만든다. 자연주의적인 양식을 부정하는 그의 주제는 〈섬〉, 〈봄 여름 가을 겨울 그리고 봄〉(2003), 〈피에타〉에

---

*시네마 베리테Cinéma vérité '영화 진실'을 의미하는 프랑스어로, 현실을 포착하고 기록하는 데서 나아가 연출자가 사건에 개입해 대상으로 하여금 행위를 촉발하거나, 충분한 사전조사와 현장 지식을 바탕으로 한 인터뷰 등의 방식을 통해 단순한 사실이 아닌 궁극의 진실을 포착하고자 하는 다큐멘터리 경향이다.

이르러 신화의 영역으로 확장되었고, 압도적인 감정적 고통에 직면한 인물들을 따라가면서 고문과 자해의 알레고리 안에서 시적 특성을 발견하였다.

정치와 사회, 종교에 관한 논평을 담은 알레고리의 다양화

영화의 정치적 알레고리라는 차원에서 거론해야 하는 작가는 임상수이다. 1988년 올림픽과 군사정권의 종식, 민주화를 경험한 386세대인 임상수는 시대를 초월한 도발적인 이야기로 한국영화의 국제적 명성에 기여한 감독 중 한 사람이다. 국가권력이 만들어 낸 법과 도덕, 그들이 공동체 구성원들을 통치하는 수단, 불의한 이데올로기로 형성된 라이프 스타일, 경제적 물신화를 초점으로 한 이야기들을 통해 파시즘과 쇼비니즘°의 배후를 우화의 수법으로 일갈한다. 폭압의 시대나 제도의 모순을 바탕에 깐 다수의 드라마에서 가족·정치·경제라는 이슈는 추상적인 차원으로 전환되고 있다. 〈바람난 가족〉(2003), 〈그때 그사람들〉(2005), 〈오래된 정원〉(2007)은 한국의 정치, 현대 한국 사회의 상태를 묘사한 임상수의 3부작으로 알려져 있다. 이들 영화에 공통된 것은 아버지의 계율에 대한 파기와 조롱이다. 〈바람난 가족〉은 유교적 전통으로부터 이어진 가부장제를 농락하는 영화이다. 가부장적인 가족관계에 의해 지탱되어 온 사회에서 여성의 욕망으로 괴멸되어 가는 부권父權을 한 가족의 풍경을 통해 묘사한다.

°**쇼비니즘**Chauvinism 국가의 이익을 위해서는 방법과 수단을 가리지 않는 맹목적·광신적·호전적 애국주의나 국수주의를 말한다.

제도로서 가족을 지나 한국 현대사와 정치적 특이성을 모티프로 한 이야기 안에서, 임상수는 오늘날 국가의 지위를 쌓아 올리는 데 기여한 아버지라는 우상을 파괴한다. 〈그때 그사람들〉은 '정치적 아버지'에 대한 사망선고이다. 가난을 벗어나 산업화로 국가를 이끈 대통령 박정희에 관한 비사秘史를 모티프로 한 이 영화는, 독재자의 어두운 면을 강조함으로써 한국인들의 정신세계 안에서 포괄적인 자부심을 형성하고 있는 근대화 신화를 해체한다. 1979년 중앙정보부 안전가옥에서 진행되는 플롯은 희대의 독재자가 가장 신뢰했던 자신의 참모에게 암살되는 운명적인 밤을 상상적으로 구성하면서 예상치 못한 유머와 강도 높은 풍자로 정치적 쿠테타의 혼란상을 묘사한다. 〈그때 그사람들〉은 한국 정치사에서 신격화된 인물에 관한 냉소적이고 불경스러운 코멘트를 담고 있다. 독재자의 마지막 밤은 섹스와 배신, 질시, 부조리한 우연의 합작품으로 묘사된다. 한국의 현대사 또는 현대 한국 사회에 대한 조롱으로 해석되는 〈그때 그사람들〉은 근대 이데올로기에 대한 전면적인 폐기를 권고하는 정치적 알레고리 영화이다.

한편 〈하녀〉(2010)와 〈돈의 맛〉(2012)은 한국인의 의식을 지배해온 자본과 계급의 이슈를 알레고리화한다. 과도하게 양식화된 인공 세트에서 진행되는 두 영화는 돈이라는 절대화된 아버지에 대한 탈신화화를 기도한다. 김기영의 1960년작 〈하녀〉를 리메이크한 〈하녀〉는 원작의 테마를 승계하여 계급 문제를 의제로 삼았다. 〈하녀〉는 권력자들의 황폐한 내면과 피착취자들의 욕망이 격렬하게 부딪히는 퇴폐적인 멜로드라마이다. 사치스러운 환경에 사는 부유층과 그 집 하녀의 파멸적인 관계를 중심축으로 한 이야기는 냉담

〈돈의 맛〉(제작 휠므빠딸, 배급 시너지·롯데엔터테인먼트, 임상수, 2012) 오프닝 장면에서 돈의 숲에 둘러싸인 주영작(김강우).

하고 그로테스크한 스타일로 욕망과 착취의 관계를 다루고 있으며, 김기영의 원작에서처럼 부자에게서 빈자로 천천히 그리고 섬세하게 힘의 중심을 이동시킴으로써 전복의 알레고리를 형성한다. 부패한 돈의 영향력에 대한 알레고리라는 점에서 〈돈의 맛〉은 〈하녀〉의 확장 버전이다. 영화의 주인공은 돈의 힘으로 무엇이든 살 수 있는 상위 1퍼센트에 해당하는 부자이다. 화려한 세트를 폐허처럼 보이도록 만들면서 부부 관계의 아이러니한 역사를 설명하는 데에 초점을 맞춘 플롯은 이들의 실패한 관계의 중심에 돈이 있음을 보여 준다. 은행 개인 금고에 그득한 돈의 숲에 감싸인 남자를 보여 주는 오프닝에서부터 우화의 냄새를 강하게 풍기는 스토리는 돈의 노예로 살았던 사람들의 과오로부터 무언가를 배울 수 있기를 권유한다.

　김기덕과 임상수가 보여 준 종교적·상징적 차원의 알레고리와 달리, 봉준호는 장르의 시스템을 정치적 알레고리를 위한 기본 토대로 삼는다. 봉준호는 실재하는 역사적 사건 또는 정치적 상황을 장르 안으로 끌어들여 상상적 허구로 개작하는 알레고리 영화들을 찍었다. 그의 영화가 폭로한 것은 야만적인 시대의 폭력, 피해와 가해의 전도, 국가권력의 폭력과 무능이다. 1980년대 한국 사회를 떠들썩하게 했던 연쇄살인사건에 기초한 〈살인의 추억〉, 미군 부대에서 은밀하게 방류된 독극물로 인한 오염 사건으로부터 출발한 〈괴물〉은 실제 사건이 영감을 제공한 이야기이다. 한국인들의 집단 기억 안에 트라우마로 남아 있는 것들을 소환하여 그 잔향을 숙고하게 만드는 데 알레고리는 유용한 수단이다. 리얼리즘에 강박된 과거 한국영화들과 달리 이 영화들은 사건의 재현이나 직설적 비판, 역사에 대한 성찰에는 관심을 두지 않고, 특정 공간을 무대로 장르 관습의 변형과 비틀기를 시도한다.

〈살인의 추억〉은 정치적 폭압이 횡행하던 1980년대를 스릴러의 장르 특성으로 정의한다. 탐색의 스토리인 스릴러에서 주체가 되는 것은 국가라는 시스템이다. 〈살인의 추억〉에서 탐색의 주체는 형사들이다. 감을 믿는 시골 형사 박두만(송강호), 서류(증거)를 믿는 서울 형사 서태윤(김상경)은 장르의 양식이며 시대의 특성이 투사된 존재이다. 탐색의 주체이자 해결의 책임이 있는 자들이 실패했다는 점에서 형사들은 무능한 시대의 공모자들이다. 한편으로 공권력을 표상하는 그들의 직업적 특성은 국가의 무능으로 의미를 확장한다. 연쇄살인자의 존재가 끝까지 드러나지 않는 이 영화에서 살인은 사이코패스 살인마의 소행이 아니라 그것을 방치한 공동체와 공모자들의 책임으로, 곧 기능을 상실했거나 방임했던 국가의 실패로 의미화된다. 〈괴물〉에서는 서울 한복판을 관통하는

〈괴물〉(제작 청어람, 배급 쇼박스, 봉준호, 2006)에서 애도하는 가족들과 그들을 취재하는 언론의 모습을 하나의 화면 안에 담아낸 분향소 장면.

한강 위의 괴물이라는 이미지의 상징성이 극대화된다. 알레고리는 다방면에 걸쳐 있다. 미군 부대에서 자행된 독극물 방류 사건을 간접적인 방식으로 재현한 오프닝을 제외하고 〈괴물〉의 모든 설정 은 허구이지만, 몇몇 장면들을 통해 봉준호는 한국 사회의 집단기 억을 소환한다. 괴물에게 죽임을 당한 자들을 애도하는 분향소의 풍경은 과거 독재 권력에 의해 자행된 숱한 의문사 사건의 희생자 들을 환기한다. 시위대가 들고 있는 피켓, 그곳에 적힌 구호는 민주 화 시기 각종 시위에서 보았던 상투구常套句들이고, 재난 상황에 대한 미디어의 보도는 삼풍백화점, 성수대교 붕괴 등 1990년대 한 국 사회에 충격을 가했던 재난 사건들을 상기시킨다. 천박하게 추 진된 근대화의 상징 또는 미국이 만들어 낸 혼란의 상징으로 해석 되는 괴물은 한국 사회의 괴물성에 관한 알레고리의 피조물이다.

괴물의 은거와 관련하여 주목할 점은 하수구라는 공간이다. 한강 주변의 으슥한 곳에 위치한 하수구는 누구도 관심을 기울이지 않는 어둠의 공간이고, 괴물이 포식한 시체들이 운반되는 곳, 공식적인 역사로부터 배제된 이들이 폐기 처분되는 장소이다. 구멍-하수구라는 알레고리는 봉준호의 영화에서 중요하다. 〈살인의 추억〉에서 희생자들이 유기된 하수구는 공식적인 애도에서 배제되는 자들의 공간인 이 구멍과 공명한다. 공간의 알레고리는 이 작가의 개성과 스타일이 새로운 진화의 단계로 나아간 〈기생충〉으로 이어진다. 〈기생충〉은 사회적 격차에서 유래한 울분과 비극적 결함으로 감당할 수 없는 수난을 겪게 되는 사람들의 이야기이다. 봉준호는 복잡한 계급관계의 긴장을 기하학적으로 설계된 가옥의 구조를 통해 형상화한다. 여기서 〈살인의 추억〉과 〈괴물〉의 하수구는 문광(이정은)과 근세(박명훈)가 기거하는 지하공간으로 대체되고 있다. 지하실은 공식적인 역사로부터 배제된 억류와 유리遊離의 공간이다. 칠흑같은 어둠에 잠식된 비非-존재들의 공간은 박사장(이선균)이 점유한 지상, 심지어 기택(송강호)의 반지하에도 미치지 못한다. 어둠과 비애가 공존하는 그곳에서 괴물이 자란다.

창조적 스타일이 폭발하는 이미지 제작자의 영화

나홍진의 〈추격자〉는 예외적인 영화였다. 대다수 신인 감독들이 안정적인 구도와 앵글, 연결을 선호하는 데 비해, 나홍진은 더 큰 비전을 위해 목적이 명확한 접근법을 택한다. 비참한 고문 장면, 스릴 넘치는 추격전이 레퍼토리를 이루는 이 영화에서 카메라가 움직이지 않는 경우는 거의 없다. 대다수 장면에서 카메라는 삼각대를 완전히 벗어난다. 극히 일부 장면에서만 카메라 움직임이 부드럽고 거의 모든 추적신에서 역동적이고 거칠다. 동일한 방식으로 〈황해〉에서도 상황이 종료된 후 마지막 숏만이 고정 숏일 정도로 상당수의 숏이 핸드헬드로 찍혔다. 도로의 먼지와 죽은 나무의 껍질 등 황량한 세계의 색채는 온통 회색이며 명징한 것은 피의 붉은색뿐이다. 〈추격자〉와 〈황해〉의 스타일은 폭력적인 세계의 정황, 캐릭터의 야수적인 면모, 스토리의 끔찍함과 조화를 이루는 계산된 접근법이다. 나홍진의 경우처럼, 그럴듯한 이야기, 주제를 설득하는 영화만이 아니라 창조적 표현 양식을 탐구하는 이미지 제작자의 영화가 화두가 되었다. 서사를 쫓고, 감정을 쫓고, 의미를 쫓는 영화가 대세를 이루었던 전통과 단절하고, 비非재현적 이미지, 장식적이고 구조적인 미장센, 시청각적 표현 요소를 극대화한 이미지의 모험이 지지를 얻었다.

이미지의 활력과 쾌감

재현의 영화와 단절하고 표현적인 이미지의 활력을 만들어 내는 데 선구적으로 기여한 인물은 박찬욱이다. 정교한 세공술로 조형해 낸 이미지의 쾌락에 호소하는 그의 영화는 3부작으로 제작된 복수 스토리의 압도적인 테마 때문에 영화광적인 취향을 녹여내는 기호의 집적물 또는 신화적인 주제를 향한 탐구와 동일시되었다. 그러나 복수 3부작에서 폭발하는 스타일의 잔치는 서사와 스타일이 맺는 관계를 다시 정의한다. 팽팽한 긴장을 유지하는 동시에 시각적으로 강렬한 이 영화들은 숏의 구성과 미장센, 편집의 차원에서 사건에 대한 불가능한 이미지들을 제공하고 카메라가 독립적인 삶을 갖도록 만든다. 박찬욱의 스타일은 숏의 위계를 무시한 파격, 고전적인 심도의 무대화, 중심화centering를 등한시하면서 기하학적으로 뒤틀리는 앵글, 렌즈를 통한 왜곡, 현대적 몽타주의 화용론 등 이미지의 효과를 극대화하는 연출, 장면화로 요약된다.

〈올드보이〉의 한 장면에서 주인공 오대수(최민식)가 옥상에서 풀려날 때의 편집을 보면 창공의 시점에서 촬영한 버즈 아이 뷰 숏°으로 의문의 박스를 보여 준 뒤 대수의 눈동자를 확대한 익스트림 클로즈업으로 이행한다. 조형적인 차원에서 이 박스는 15년 전 대수가 납치당했을 때 그가 사라진 공중전화 박스를 연장한 이미지이다. 숏 간 전환의 위계를 파괴하는 이 예외적인 장면 전환은 급격히 크기와 형태를 뒤바꾸는 이미지의 거리와 시점의 변화로 시선을 공격한다. 이 신의 편집은 숏의 접속과 이행에서 통념적인 룰을 위배한다. 오대수가 이우진(유지태)에게 사진을 보여 주고 우진이 그것에 대해 설명하는 신 역시 시간의 흐름을 표시하는 전통적인 편집

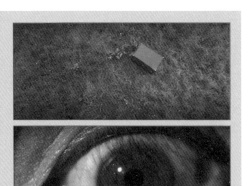

〈올드보이〉(제작 에그필름·쇼이스트, 배급 쇼이스트·CJ엔터테인먼트, 박찬욱, 2003). 버즈 아이 뷰로 보이는 의문의 상자, 이어지는 숏에서는 그 상자 안에서 나온 오대수의 눈을 익스트림 클로즈업으로 보여 준다.

°버즈 아이 뷰 숏Bird's eye view shot　새의 시점에서 보는 것처럼 아주 높은 위치에서 아래의 피사체를 내려다보는 듯이 촬영된 숏을 말한다.

을 몽타주로 대체하고 있다. 감금방의 여러 국면을 포함한 긴 플래시백 시퀀스에서도 몽타주의 방법론이 강조된다. 시간의 흐름을 보여 주는 현란한 에피소드들로 구성된 이 시퀀스는 다양한 속도와 크기, 지속 시간을 오가는 기교들로 구성되어 있다. 대규모의 점프 컷,* 오래 돌아다니는 카메라 움직임(지속 시간이 긴 트래킹 또는 트래블링 숏), 이미지의 형태가 뭉개질 정도로 빠르게 지나가는 패스트 모션, 기하학적 분할 스크린 등은 선형적인 방식으로 숏을 배열하는 규범을 위반하면서 액션이 프레임 안에서 분명하게 지각될 수 있도록 만든다.

복수라는 하나의 주제를 세 가지 이야기로 변주해 낸 데에는 영화의 위력적인 표현 능력을 시험하고자 하는 야심이 있다. 안정된 구도나 앵글, 이음새가 매끈한 편집을 대신하는 것은 숏과 숏, 프레임과 프레임의 충돌, 운동과 정지의 리듬, 화면 구성 요소들 사이의 긴장을 보여 주는 몽타주 장면들이다. 스토리의 진행을 주관하는 서술적 기능에 그치지 않고 숏의 리듬과 박진성, 시각적 충격을 위해 박찬욱은 몽타주를 활용한다. 〈올드보이〉의 오프닝 시퀀스는 영문도 모른 채 납치당하는 대수의 처지처럼 느닷없이 이야기의 중심에 관객들을 던져 놓는다. 화면이 열리자마자 카메라는 무언가를 움켜쥔 손을 비춘다. 역광으로 촬영한 근접 숏은 총구를 겨누고 있는 괴한의 모습으로 보인다. 이어지는 숏에서는 옥상 난간에 위태롭게 매달린 사내의 곤란해하는 표정을 보여 준 뒤

---

*점프 컷Jump cut 서로 다른 카메라 위치에서 촬영된 장면을 연결하여 급격한 장면 전환을 만들어 냄으로써 연속성을 깨뜨리는 편집 방식이다.

〈올드보이〉(제작 에그필름·쇼이스트, 배급 쇼이스트·CJ엔터테인먼트, 박찬욱, 2003), 앞서 아파트 옥상에서의 추락의 이미지가 조형적으로 오버랩된다.

사내의 모습을 극단적인 앙각仰角으로 잡은 숏이 배치된다. 그제서야 사내가 쥐고 있는 것이 총이 아니라 넥타이라는 것을 알게 된다. 단호한 포즈로 프레임을 수직으로 짓누르는 대수의 얼굴은 지금 벌어지고 있는 것에 대한 세부 정보를 제공하기에 앞서 위압적인 이미지의 박력으로 보는 이를 압도한다. 15년 동안 갇혀 있던 오대수가 감금방을 나온 직후의 시간에 해당되는 이 장면은 앞으로 펼쳐질 이야기에 대한 정보를 제공하기보다 이야기의 절정부에 밝혀질 비밀에 대한 암시적인 복선(추락을 막으려는 행위)으로 기능한다. 이 추락의 형상은 펜트하우스로 올라가는 엘리베이터에서 디졸브되는 수아의 추락과 우진의 맞잡은 손으로 조형적으로 오버랩된다. 숏의 위계, 순서를 의식하지 않는 거두절미의 압축미도 강렬하지만, 더욱 눈에 띄는 것은 이미지의 압도적인 우위성이다.

박찬욱의 표현 수사학에서 카메라는 연기를 따라잡기도 하지만 종종 표상적 효과를 위해 일사불란한 조작을 행한다. 〈친절한 금자씨〉(2005)에서 입양 사무소를 찾아간 금자(이영애)를 보여 주는 카메라 이동은 이례적인 시간 점핑의 사례이다. 사무소 밖 횡단보도를 건너는 금자를 부감으로 잡은 카메라가 솟구쳐 창문 안으로 들어오자마자 금자가 사무소 직원과 대화를 나누는 대화 장면이 이어진다. 카메라가 이동하는 짧은 시간 동안 금자가 사무실로 들어와 이야기를 나누기 시작했다고 상상하기는 힘들다. 명백하게 시간의 비약이 발생하지만 카메라 움직임은 끊어짐 없이 연속성을 유지한다. 같은 영화에서 금자가 미용실 의자에 앉아 고개를 돌리는 신 역시 동일한 맥락으로 풀이된다. 눈을 감은 금자가 고개를 돌리기 시작하는 시점과 담배를 물고 고개가 돌아오는 시점에서 시간과 장소는 바뀌어 있다. 고개를 돌리는 액션을 통해 연속성과 시공간의 불연속성이 한 숏 안에 공존하게 된다. 여기서 숏의 크기를 점진적으로 증감함으로써 공간에 대한 조망을 돕는 전통적인 관습은 파괴된다. 〈복수는 나의 것〉(2002)에서 류(신하균)와 누나가 이어폰을 꽂고 이야기를 나누는 옥상 신은 클로즈업에서 익스트림 롱 숏*으로 급격히 변환된다. 환자복을 입은 누나의 손과 이어폰 줄을 클로즈업한 카메라가 느리게 줄을 타고 올라가면 누나의 얼굴과 거기에 기댄 류의 뒤통수가 보이고, 다음 숏에서 두 사람이 의자에 앉아 있는 모습, 그리고 옥상의 전경이 사선 앵글의 익스트림 롱 숏으로 보인다. 액션이 벌어지는 공간을 총체적으로 조망해 주지 않고 세부로부터 시작해 전체로 나아가는 이 숏의 위계는 일반적인 이행의 법칙을 전도시키고 있다.

영화언어의 표현 관습을 확장하는 봉준호의 모험

봉준호의 이미지 모험에서 두드러진 것은 연속성continuity 양식의 재정립이다. 고전적 편집 체계에서 연속성은 스토리와 의미의 통

---

*익스트림 롱 숏Extreme long shot 아주 먼 거리에서 넓은 지역을 촬영하는 기법을 말한다.

일적 이해를 위해 시공간의 조직, 액션의 차원에서 지켜진다. 봉준호는 고전적 연속성 규칙을 느슨하게 가져오는데, 내러티브 액션의 연속성이 아니라 숏 사이의 간격에도 불구하고 조형적 특성을 활용한 연속성을 즐겨 사용한다. 상이한 시공간을 이미지의 조형적 특성, 형태, 방향, 속도의 일치를 통해 연결하는 박찬욱의 전략처럼, 봉준호 역시 물리적 시공간의 연속성을 고전적 연속성으로 대체함으로써 언어의 규범을 확장한다.

봉준호의 작품 중에서 〈살인의 추억〉은 연속성을 가지고 유희하는 풍부한 사례들의 집합체이다. 전자오락실에서 올림픽 게임에 몰두하는 백광호(박노식)의 곁으로 다가온 박두만이 광호의 자를 튕기는 신의 연결은 조형성을 활용한 편집의 사례이다. 전자오락실로부터 이어지는 숏에서 두만의 액션은 경찰서 지하 취조실에서 광호의 헐벗은 허벅지에 튕겨대는 자의 움직임으로 이어진다. 두 숏 간 액션의 조형적 특질은 일치하지만, 장소는 전자오락실에서 경찰서 취조실로 바뀌었고 행위의 의미 또한 변질되었다. 지하실

〈살인의 추억〉(제작 싸이더스, 배급 CJ엔터테인먼트, 봉준호, 2003), 신발에 버선을 씌우는 장면에서 양말 봉투를 들고 따라오는 신동철 반장(송재호)과 그 아내의 장면으로 이어진다

로 끌려온 용의자를 심문하기 위해 구둣발 형사 용구(김뢰하)가 군화 위에 버선을 신는 숏 뒤에 수사반장(송재호)의 뒤를 졸졸 쫓아가며 그의 아내가 양말을 넣은 쇼핑백을 건네는 숏 역시 '버선'과 '양말'의 조형적 일치를 통해 연속성을 성립시킨다.

표현 특성의 확장이라는 차원에서 봉준호의 클로즈업 사용도 주목할 만하다. 그의 클로즈업은 이미지의 표현성을 극단적으로 강조한다. 크기 또는 거리라는 관점에서 클로즈업은 숏의 위계를 전제하지만, 봉준호의 영화에는 이런 일반적인 숏의 위계를 따르지 않는 클로즈업이 끼어든다. 의미나 감정의 크기를 조절하는 기교로서가 아니라, 얼굴에 순수하게 표현적인 질을 부여함으로써 그 표상적 특성에 주목하게 만든다. 〈마더〉에서 도준(원빈)과 엄마(김혜자)의 얼굴을 제시하는 다수의 클로즈업 숏이 여기에 해당한다. 영화의 처음과 끝에 등장하는 엄마의 얼굴은 이 의뭉스러운 여인의 속성과 그 안에 감춰진 욕망의 전말을 드러내지 않는다. '감정의 지도'라 알려진 클로즈업의 기능은 작동하지 않고 얼굴의 형상적 특질이 강조되면서 의미는 묘연해진다. 마찬가지로, 〈살인의 추억〉에서 클로즈업은 표현주의적 과잉, 숏이나 신, 시퀀스 등 이야기 단락을 구성하는 단위들 사이의 위계를 벗어난 순수하게 표상적인 이미지에 가깝다. 오프닝 시퀀스에서 중요하게 다루어지는 것은 메뚜기를 잡는 소년의 얼굴과 박두만의 얼굴이다. 의미를 추정하기 힘든 두 인물의 얼굴 숏은 서사의 작동 원리에서 벗어난 묘연함을 남긴다. 마지막 시퀀스에서 박두만이 화면 바깥을 응시하는 얼굴 클로즈업은 범인의 얼굴을 찾는 탐색의 서사로 채워지는 이 영화의 마침표이다. 깊은 눈두덩과 앙다문 입, 패인 주름, 미세한 피부의 떨림. 여기서 클로즈업은 배우 송강호의 얼굴에 내재한 형상적 특질은 프레임을 채우는 장식적인 요소로만 남기고 의미를 증발시킨다.

상징적 차원에서 이미지의 충돌과 불화는 표상의 차원에서는 다차원적으로 확장된다. 일반적으로 자연주의와 상징주의는 병존하기 힘든 것으로 인식되지만, 봉준호는 둘의 공존을 통해 표현의 지평을 넓혀 왔다. 자연주의를 거스르지 않는 시각적 상징은 〈살인의 추억〉을 잊기 힘든 걸작으로 만든다. 영화의 서두에서 봉준호는 벼가 익어 가는 추수기의 논두렁을 배경으로 무구하게 뛰노는 아이들과 부패한 채 하수구에 방치된 시신을 병치한다. 메뚜기를 잡는 소년의 얼굴을 클로즈업한 숏으로 열리는 이 신은 목가적인 농촌의 정경을 롱 숏으로 보여 준 뒤 박두만이 탄 경운기의 롱숏으로 이행한다. 살인 현장을 천진하게 뛰어다니는 아이들에게 주먹감자를 날린 두만은 다음 숏에서 하수구 밑에 유기된 시체를 들여다본다. 스타일의 효과와 관련한 규범을 따른다면, 숏의 전환

1986년 10월 23일

목가적인 농촌의 풍경이 참혹한 살인의 현장으로 전환되는 〈살인의 추억〉(제작 싸이더스, 배급 CJ엔터테인먼트, 봉준호, 2003)의 오프닝 장면.

은 정연한 인과 논리에 따라 동기화되어야 한다. 시골 마을의 한가한 오후가 참혹한 살인 현장으로 둔갑하는 아이러니의 양식화, 형식의 준거를 거스르는 이 신은 전원의 풍요와 아름다움을 시체가 썩고 있는 하수구라는 이질적 요소와 결합함으로써 폭력의 시대를 위장했던 평화의 무드를 대위법적으로 조형한다. 자연주의와 상징주의를 병합한 이 상식 밖의 기교가 야기하는 효과는 관객들을 시대의 부조리에 연루시킨다.

사라진 활기와 〈기생충〉 이후

영화미학의 지형을 통해 탐색한 지난 20여 년간의 한국영화계에서는 내셔널 시네마의 지위를 국제적 수준으로 견인하기 위한 보편 미학의 추구뿐 아니라 새로운 작가들의 개성과 다양한 취향 형성의 진화를 모두 볼 수 있다. 표현 양식의 혁신과 지적인 세련이 서술체의 복합성, 배타적으로 신봉되던 리얼리즘 미학으로부터 탈피, 금기시된 소재의 해방을 발판으로 변화와 실험을 경험할 태세를 갖추었다. 〈기생충〉이 세계 영화계에 드높인 성가는 산업과 미학, 그 축을 지탱할 세대 전승 문제를 예증하는 현상으로 비치기도 한다. 2000년대 초반 미학적 참신성으로 내외를 놀라게 했던 작가 그룹의 후속 세대를 찾기 힘든 사정을 고려해야 하기 때문이다.

　애석하게도, 2000년대 초반 한국영화계에 만연했던 창의의 기운은 빠르게 약화되었다. 산업 내에서 규모의 경제가 추구되고 제작과 유통에 대한 관리 체계가 강화되면서 작가의 창의력마저 통제

될 수 있다는 믿음이 팽배해졌다. 〈기생충〉은 글로벌 시네마가 놓인 보편 미학과 내셔널 시네마의 특수성이 만나는 교차점에서 등장하였다. 글로벌 작가들의 명성은 비슷한 범주 아래서 활동하는 한국 감독들을 위한 길을 열어 주었고, 국내 박스오피스에서의 성공과 예술영화관으로부터의 환대를 바탕으로 일부 감독들은 국제적인 영화제작으로 전환했다. 이들의 성공 모델을 따라서 나홍진과 연상호 등이 뒤를 이었다. 봉준호와 박찬욱, 홍상수, 이창동, 김기덕 등 글로벌 작가들은 여전히 2000년대 초반 미만彌滿해 있던 모험 정신, 창의의 DNA를 상실하지 않았지만, 현재 한국영화계에 그 활기는 사라졌다. 편협한 장르 소비와 구경거리를 강조하는 취향의 고착화, 심리적·정치적으로 퇴행하는 미적 관점으로의 회귀가 진행된 까닭이다. 몇몇 후발 주자들이 이전 세대가 만들어 놓은 토양에서 자라며 엄선된 작가 그룹이 여전히 관심을 얻고 있는 반면에, 젊은 영화감독들의 경우 독자적인 세계를 형성하기보다 스타일의 모방으로 기우는 경향을 보이고 있다. 최근에 들어서야 미학적 다양성 차원에서 다채로운 목소리들이 조금씩 주목을 받고 있는데, 특히 몇 년 사이 전례 없는 수준과 규모로 맹위를 떨치고 있는 여성 감독들의 부상은 갱신된 의제, 미학, 스타일의 가능성에 기대를 걸게 한다.

1 Daniel Martin, "Introduction", *Extreme Asia: The Rise of Cult Cinema from the Far East*, Edinburgh University Press, 2015.

독립영화

아마추어리즘과 웰메이드 영화

이도훈

한국 독립영화는 하나의 거대한 강줄기처럼 본류와 지류를 가지고 있다. 여기서 본류는 자본과 권력으로부터의 독립이라는 하나의 거대한 정식을 중심으로 형성된 것이며, 지류는 여러 개인과 집단 사이에서 서로 다른 목적을 가지고 벌인 실천들의 결과물로 이루어진 것이다. 하지만 이 지류에 속해 있는 다양한 실천들은 한국 독립영화의 역사나 정체성을 단순화하는 과정에서 간과되고는 한다. 예를 들어, 연구자나 비평가들이 특정 제작 집단, 작가, 작품을 상찬하는 방식으로 독립영화에 대해 설명하거나 관객들이 상업적으로 흥행한 특정 작품을 독립영화의 표상으로 기억하는 것은 그 의도와는 무관하게 독립영화의 다양성을 억누를 수 있다.

독립영화는 그 역사 속에서 단수가 아닌 복수로 존재했다. 독립영화가 유동적이고 불안정한 정체성을 가지고 있다는 사실은, 그것을 대체할 수 있는 여러 용어를 열거해 보는 것만으로도 충분히 확인 가능하다. 이를테면, 독립영화는 그것이 불리는 맥락에 따라서 소형영화, 작은영화, 열린영화, 민중영화, 다양성영화, 저예산영화, 독립예술영화 등으로 대체된다. 독립영화는 누군가에게 정치적 진보를, 다른 누군가에게는 아방가르드적인 실험영화를, 또 다른 누군가에게는 적은 예산으로 만들어진 완성도 높은 영화를 의미한다. 오늘날 독립영화는 그것의 제작, 유통, 소비를 둘러싸고 다양한 변수와 이해관계가 얽혀 있는 복합체에 가깝다. 이러한 관점에서 이 글은 한국 독립 장편 극영화를 주요 분석 대상으로 설정하여 독립영화가 역사적으로 변화하는 순간들에 주목하고자 한다. 한국 독립영화가 그 이름이 지시하는 것처럼 무언가로부터 자족적이고, 자립적이고, 독립적인 상태를 구축하는 과정을 살펴보는 것이 이 글의 목표이다.

독립영화의 등장 : 아마추어리즘에서 영화운동으로

일반적으로 한국 독립영화는 자본과 권력에 대립적이거나 저항적인 위치에 놓여 있는 것으로 이해되며, 이러한 정식에 기초해 한국 독립영화의 기원으로 자주 거론되는 것은 1960년대 이후 활성화된 아마추어 영화제작이다. 당시 아마추어 영화인들은 상업영화의 필름 포맷으로 쓰였던 35mm가 아닌 8mm와 16mm로 작품을 제작했고, 이러한 영화들은 물리적으로나 경제적으로 규모가 작다는 뜻에서 '소형영화'로 불렸다. 아마추어 영화를 연구한 퍼트리샤 짐머만Patricia R. Zimmermann은 서구 영화산업에서 아마추어 영화제작과 관련된 담론이 산업적·대중적·예술적인 부분을 가로지르면서 형성된 것으로 보았고, 특히 1950년대 이후 서구 중산층 사이에서 홈 무비 붐을 일으킨 8mm와 16mm 영화제작이 자작自作(do-it-yourself)의 이데올로기를 내포하고 있었다고 지적한 바 있다.[1]

한국에서 아마추어 영화제작은 대학에 연극영화과가 생겨나고 대중적인 차원에서 영화 감상 또는 영화제작 동호회가 조직되면서 활성화된다. 당시의 대표적인 영화동호회는 유현목 감독을 중심으로 아방가르드 영화를 만들기 위해 조직된 시네포엠(1964), 의사·교수·직장인 등이 모여 8mm 영화제작을 시도했던 한국소형영화동

우회(1970), 이익태 감독이 지인들과 함께 만든 필름70(1970), 서강대 출신들을 중심으로 16mm 영화제작을 위해 만들어진 영상연구회(1971), 한옥희·김점선·한순애 등 이화여대 출신으로 구성된 실험영화 제작집단 카이두 클럽(1972) 등이 있었다. 이들은 필름의 물질성, 사운드와 이미지의 비동기성, 이미지의 조형성, 비선형적인 서사 등을 추구함으로써 기존 상업영화와 다른 영화를 만들고자 했다.

1980년대에도 대학가를 중심으로 아마추어 영화제작은 꾸준히 이어진다. 다만, 과거와 달리 대학가 영화 동아리를 중심으로 한 영화제작 활동은 단순히 취미나 여가의 수준을 뛰어넘어서 현실 참여적인 운동으로 거듭났다. 대표적으로, 서울대 영화 동아리 얄라셩 출신들을 중심으로 조직된 서울영화집단은 제3세계 영화 이론에 영향을 받아 민중영화를 개념적으로 모색했다. 당시 영화운동은 서울영상집단, 바리터, 노동자뉴스제작단, 푸른영상 등과 같이 주로 다큐멘터리를 제작하는 단체들에서 두드러졌다.

한편, 극영화는 16mm 단편영화를 중심으로 산발적으로 제작되었다. 이 시기에 제작된 주요 작품으로는 소비사회의 희생양이 되는 민중의 이야기를 그린 〈그 여름〉(서울영화집단, 1984), 광주항쟁을 다룬 〈칸트씨의 발표회〉(김태영, 1987), 민주화운동을 다룬 〈그날이 오면〉(장동홍, 1987), 〈인재를 위하여〉(장윤현, 1987) 등이 있다. 이후 극영화 제작은 장산곶매*가 만든 〈오! 꿈의 나라〉(1988), 〈파업전야〉

*장산곶매 1987년 강헌, 이용배, 장윤현, 공수창, 홍기선, 장동홍, 박대영, 이은 등이 민족영화의 제작·상영·배급을 통해 사회운동을 실천하기 위해 창립한 영화단체이다. 1988년에 만든 〈오! 꿈의 나라〉를 시작으로, 1990년 동성금속공장의 민주노조 결성 과정에서 벌어진 노사 충돌을 그린 〈파업전야〉, 전국교직원노동조합의 설

(1990), 〈닫힌 교문을 열며〉(1991)를 중심으로 집단 제작과 공동체 상영이라는 모델을 정착시킨다.

끝으로 한국 독립영화에서 '독립'의 의미가 정립되는 과정을 간략하게 살펴보고 넘어가자. 한국에서 독립영화라는 용어는 과거 소형영화, 작은영화, 열린영화, 민족영화, 민주영화 등을 대체하는 차원에서 등장한다. 공식적으로 이 용어는 1990년 6개의 영화단체들이 연합해서 만든 한국독립영화협의회가 출범하면서부터 쓰인 것으로 알려져 있다. 당시 한국독립영화협의회는 독립영화라는 개념이 "제도권 안에서 만들어지는 것과 달리 정치적 속박과 산업자본에 대한 경제적 종속에서 벗어난 공간에서 이뤄지는"[2] 영화 작업의 특성을 가리킨다고 밝혔다. 한국독립영화협의회가 염두에 둔 한국 독립영화는 한편으로는 미국 독립영화Independent film처럼 제도권 바깥에서 만들어진 영화들을 가리키면서, 다른 한편으로는 현실 참여적이고 사회 반영적인 영화들을 지칭했다. 인류학적인 관점과 연구 방법을 적용해 한국 독립영화를 연구한 박영아는 영화 공동체들은 민족을 중심에 둔 NLNational Liberation과 민중을 중심에 둔 PDPeople's Democratic League 사이에서 정치적 중립을 지키기 위해 독립영화라는 용어를 채택했을 것으로 추측한다.[3] 이러한 관점에서 보자면, 한국 독립영화는 1987년을 기점으로 형식적으로 민주주의가 이루어지고 민중운동이 시민사회운동으로 재편되

립과 교육개혁을 다룬 〈닫힌 교문을 열며〉(1992) 등을 제작했으며, 1993년 영화법 위반 혐의(〈닫힌 교문을 열며〉 제작 당시 주요 제작자들이 사전심의를 거부했다. 이는 1996년 헌법재판소에서 위헌 판정을 받았다)로 당국의 수배를 받게 되면서 활동을 중지했다.

는 과도기적 단계에서 출현했다고 볼 수 있다. 이 과도기적 단계에서 민중운동의 색채는 흐려진다. 1998년에 창립한 한국독립영화협회의 창립선언문에는 "화려하고 기름진 화면보다는 치열하고 정직한 장면들로 새로운 영상언어를 만들기 위해, 우린 상투적 영화공식에서부터 독립을 선언한다"라고 적혀 있다. 정지우(《사로》(1994), 《생강》(1996)), 임순례(《우중산책》(1994)), 봉준호(《지리멸렬》(1994)), 김용균(《그랜드 파더》(1995)), 이상인(《낙타 뒤에서》(1996)) 등의 젊은 작가들의 등장은 충무로로 대표되는 상업영화와 결이 다른 독립영화의 선언적 등장에 화답하는 것처럼 보였다. 이 작품들은 사회 구조적인 모순, 공동체의 와해, 고립된 개인, 선악의 모호함 등을 주제로 단편영화 고유의 압축된 서사와 함께 시적인 이미지를 주로 활용했다. 이처럼 한국 독립영화는 과거의 영화운동이 재정비되는 과정에서 출현했다. 문자 그대로, 한국 독립영화의 출발은 무언가로부터의 독립, 즉 홀로서기에서 시작됐음을 알 수 있다.

독립영화의 홀로서기
: 사실주의적 양식과 내러티브 실험

절반의 독립 혹은 적과의 동침

1990년대 후반 이후 한국 독립영화는 물적 토대를 구축하기 시작한다. 새천년을 기점으로 〈대학로에서 매춘하다가 토막 살해당한 여고생 아직 대학로에 있다〉(남기웅, 2000), 〈사자성어〉(이지상 외, 2001), 〈뽀삐〉(김지현, 2002), 〈우렁각시〉(남기웅, 2002)와 같이 극장 개봉을 염

디지털 장편 극영화 〈뽀삐〉(제작 엔젤언더그라운드, 김지현, 2002)와 〈우렁각시〉(제작 인츠닷컴, 배급 인디스토리, 남기웅, 2002).

두에 둔 디지털 장편 극영화들이 다수 제작된다. 당시 서울독립영화제 집행위원장이었던 조영각은 이러한 현상이 "독립영화의 지각변동"이자 "일반 관객에게 다가가려는 디지털 장편영화들의 절치부심"이라면서도, 아직 그 작품들이 독립영화 특유의 신선함을 확보한 것은 아니라고 평가했다.[4] 디지털로의 매체 변환이 독립영화의 즉각적인 성장을 보장한 것은 아니라는 지적이다. 왜냐하면 디지털 영화 제작은 당시 독립영화의 제작·유통·배급·상영과 관련된 각 분야의 다양한 노력들과 함께 독립영화의 성장을 견인한 요소들 중 하나로 이해될 수 있기 때문이다. 구체적으로 독립영화 제작 워크숍, 독립영화 제작 지원 프로그램, 독립영화제, 독립영화 전용관, 독립영화 비평지, 독립영화 배급사 등이 만들어지면서 각 분야에 경험과 지식이 축적되었다. 그리고 이러한 노력들을 바탕으로 독립영화의 공식적 또는 비공식적인 관습과 규칙이 확립될 수 있었다.

독립영화의 자생적 발전을 위해 우선적으로 해결해야 할 과제로 여겨진 것은 상영 공간의 확보였다. 과거 독립영화는 동호회, 시네

클럽, 공동체 상영회를 중심으로 관객과 만났다. 독립영화는 일종의 언더그라운드, 즉 비공식적인 영역에서 상영되었던 것이다. 그러던 중 1996년 독립영화 감독들이 주축이 되어 비경쟁 방식으로 영화를 상영하는 인디포럼이 개최되면서 비로소 독립영화가 공식적인 영역에 모습을 드러냈다. 이외에도 부산국제영화제(1996), 부천판타스틱영화제(1997), 십만원 비디오 페스티벌여성영화제(1998), 서울국제여성영화제(1998), 전주국제영화제(2000), 미장센단편영화제(2002), 아시아나국제단편영화제(2003) 등이 생겨났다. 결정적으로, 한국독립영화협회가 1975년부터 명맥을 이어 오던 관 주도의 영화제에 공동주최자로 참여하여 2001년부터 서울독립영화제를 개최하기 시작했다. 이처럼 크고 작은 영화제를 중심으로 독립영화를 전문적으로 상영할 수 있는 장소가 확보되었지만, 영화제는 한시적인 상영만을 보장한다는 한계가 있었다. 한국독립영화협회는 독립영화의 장기적이고 안정적인 상영 공간을 확보하기 위해 2005년부터 배급위원회를 설치하여 독립영화 배급지원과 공공 라이브러리 구축 사업을 벌였다. 그리고 그 결실 중 하나로 2007년 독립영화전용관 인디스페이스를 개관한다.[5] 독립영화를 전문적으로 상영하는 공간이 있다는 것은 개별 독립영화의 생명력을 연장하고, 더 나아가 독립영화 일반의 관람 지평을 확장시킬 수 있다는 점에서 의의가 있다.

2007년 문을 연 독립영화전용관 중앙시네마 인디스페이스.

상영 공간을 확보하려는 노력

은 독립영화 유통을 활성화시키려는 시도로 이어진다. 영화진흥위원회(이하 '영진위')는 2002년 독립영화, 예술영화, 다큐멘터리 등을 다양성영화로 간주하고 이러한 작품들을 상영하는 예술영화관을 지원하기 위해 아트플러스시네마네트워크를 조직한다.[6] 이 사업은 시행 첫해 서울의 하이퍼텍나다와 광주의 광주극장을 시작으로, 2003년에 12개관에서 시범적으로 운영된다. 이 사업의 혜택을 받은 극영화는 〈마이 제너레이션〉(노동석, 2004), 〈후회하지 않아〉(이송희일, 2006), 〈우리에게 내일은 없다〉(노동석, 2007), 〈저수지에서 건진 치타〉(양해훈, 2007) 등이다. 이어서 2008년 영진위는 넥스트플러스시네마네트워크를 발족한다. 이 사업은 지역 간 영상문화 격차 해소, 소외계층의 영화 관람 증진, 다양한 영화의 상영 기회 제공을 위해 확대공공상영회, 지역상영회, 공공라이브러리 구축 사업을 실시했다. 하지만 아쉽게도 아트플러스시네마네트워크에서 넥스트플러스시네마네트워크로 이어진 정부기관과 민간의 협력 사업은 장기간 지속되지 못하고 역사 속으로 사라진다.

여기서 독립영화가 외부 지원에 의존하게 되면 고유의 독립성과 자율성이 훼손되지 않을까 하는 의구심이 들 수 있다. 실제로 제작 분야를 중심으로 독립영화의 정체성과 관련된 논쟁이 불거졌다. 독립영화가 상업영화와 경쟁하고, 장르영화를 대거 양산하고, 공적 지원과 민간 지원을 받으면서, 과거 독립영화가 고수해 온 자본과 권력으로부터의 해방이라는 대의가 흔들리게 된 탓이다. 영화평론가 이상용에 따르면, 한때 국가검열의 대상이 될 정도로 도전적이었던 독립영화들은 1990년대 후반 이후부터 대중성 높은 작품들을 대거 양산하는 등의 장르화 과정을 거치면서 자신의

'사유'를 잃어버렸다. "오늘날 독립영화가 점점 더 움츠러드는 인상을 주는 것은(영화제의 홍보 도우미 역할 외에) 스스로 내세울 사유가 없기 때문이며, 영화란 무엇인가를 고민하지 않기 때문이다."[7]

이 논쟁적인 발언은 단순히 2000년대 독립영화 경향에 대한 비평적인 평가를 넘어, 독립영화의 정체성에 균열이 가고 있음을 지적했다는 점에서 오늘날에도 충분히 재고의 여지가 있다. 특히 독립영화와 자본의 기묘한 동거는 2001년 CJ-CGV와 한국독립영화협회가 함께 만든 CJ-CGV Independent Promotion(CJIP) 기금을 조성하는 과정에서 두드러졌다. 이 기금은 7년간 운영되는 동안 장편으로 제작되는 다큐멘터리와 극영화를 선별해서 각 작품별로 1천만 원에서 5천만 원 사이의 금액을 지원했다. 조영각은 이 기금이 조성될 당시에 한국독립영화협회를 중심으로 다소 간의 논쟁이 있기는 했지만, 결과적으로 그것은 "2000년대 초중반 공적 지원이 활성화되기 이전에 독립영화계에서 다양한 작품이 나올 수 있는 역할을 한 것"[8]이라고 적었다. 당시 가까운 미래에 CJ엔터테인먼트가 영화 시장을 수직계열화하고, CJ CGV가 천만 영화 만들기를 위해 스크린 독과점을 주도하면서 독립예술영화 생태계를 교란시킬 것이라고 예견한 사람은 거의 없거나 극소수에 불과했다.

사실주의적 양식과 내러티브 실험

2000년대 한국 독립 극장편영화가 양적으로 누적되는 과정에서 비평계를 중심으로 특정 작품과 작가에 대한 담론이 형성되었다. 이 시기에 사회비판적인 성향을 지닌 사실주의적 영화들이 비평계에서 주목을 받았고, 이 작품들을 중심으로 작가주의 담론이 만들어졌다. 대표적인 작품으로 〈마이 제너레이션〉, 〈방문자〉(신동일, 2005), 〈상어〉(김동현, 2005), 〈우리에게 내일은 없다〉, 〈나비두더지〉(서명수, 2005), 〈처음 만난 사람들〉(김동현, 2007), 〈저수지에서 건진 치타〉, 〈아스라이〉(김삼력, 2007), 〈도다리〉(박준범, 2007), 〈푸른 강은 흘러라〉(강미자, 2008), 〈무산일기〉(박정범, 2010), 〈회오리 바람〉(장건재, 2010) 등이 있다. 이 영화들은 사회적으로 주변화된 사람들의 불안정한 삶을 우울한 정서로 그렸다. 그리고 야외 촬영이 주는 거친 화면 질감을 적극 활용해 영화 속 인물이 처한 상황을 사실감 있게 묘사했다. 이와 같이 사실주의적인 영화들이 지속적으로 양산되면서 독립 극영화에 대한 비평적 혹은 대중적 인식 속에 모종의 전형성이 구축되었다.

이 지점에서 노동석 감독의 〈마이 제너레이션〉에 관한 비평적 평가를 예시로 삼아, 그 일련의 담론을 독립영화 전반으로 확장해서 사고해 보자. 우선 이 영화는 세상 어느 곳에도 의지할 곳 없는 청춘 남녀의 고단한 삶을 다루고 있다는 점에서 진정성 있는 작품이라는 평가를 받았다. 또한, 이 영화는 3천만 원이라는 저예산으로 최소한의 스태프가 참여한 가운데 디지털 장편으로 만들어졌다는 점에서, 당대 독립 극영화의 모범적인 제작 사례로 치켜세워졌다. 영화평론가 정성일은 이 영화에는 "'가난함의 미학'이라고 부를 수밖에 없는 그 어떤 '절실함'이 담겨 있다. 그리고 그것이 보는 사람의 마음을 움직인다"고 평가했다.[9] 〈마이 제너레이션〉을 향한 이러한 비평적 담론은 당시 독립 극영화의 흐름 그리고 독립 극영화에 대한 세간의 인식을 가늠할 수 있게 만든다. 독립영화는 거칠고, 조악하고, 서툴고, 어둡고, 비극적이고, 우울하다는 식의

청춘 남녀의 고단한 삶을 진정성 있게 다룬 작품으로 평가받은 〈마이 제너레이션〉(제작 nds5317, 배급 아트플러스시네마네트워크, 노동석, 2004).

비평적 분석 또는 대중적인 인식이 싹트면서 독립영화에 대한 이해 자체가 일반화되었을 것으로 생각해 볼 수 있다. 이러한 평가는 최초 독립 극영화의 진정성을 예찬하고자 동원된 수사였다가, 차츰 이들의 진부함을 비판하는 수사로 변했다. 이는 사실주의를 지향하던 독립 극영화들이 자기도식과 관습에 매몰되면서 유사 장르화되었기 때문이다.

하지만 일각에서 제기되는 기우에도 불구하고, 독립 극영화에서 두드러졌던 사실주의적인 양식은 발전을 거듭한다. 2000년대 후반에 이르면 권력관계를 중심으로 한 폭력을 다룬 이야기들이 하나의 흐름을 구축한다. 이 새로운 경향에 속하는 작품들은 2000년대 초중반의 사실주의적인 영화들처럼 경제적 빈곤과 정치적 소외를 다루었지만, 이야기의 중심에는 특정 집단이나 인물에게 일상화된 폭력이 자리하고 있었다. 〈낙타는 말했다〉(조규장, 2008), 〈사람을 찾습니다〉(이서, 2008), 〈똥파리〉(양익준, 2008), 〈애니멀타운〉(전규환, 2009), 〈반두비〉(신동일, 2009), 〈파수꾼〉(윤성현, 2010), 〈무산일기〉(박정범, 2010) 등과 같은 작품들에서 주요 인물들은 폭력의 가해자 또는 피해자로 설정되어 있다. 이 작품들은 일상화된 폭력이 또 다른 폭력을 낳거나 기존의 권력관계가 전복되는 과정을 보여 준다. 폭력의 원인으로 지목되는 것은 특정 인물의 기질, 성격, 성향, 심리 등과 같은 개인적인 요인이거나 가부장제, 정치적 보수주의, 경제위기 등과 같은 사회 구조적인 요인이었다. 전자가 원초적인 폭력에 가깝다면, 후자는 사회적인 폭력에 가깝다. 물론 이 두 가지의 서로 다른 폭력이 공존하면서 예외적인 폭력 양태가 빚어지기도 했다. 영화평론가 유운성은 2000년대 중후반 한국영화에서 폭력을 다루는 방식이 새로워지고 있음을 지적하면서, 그 예로 이서 감독의 〈사람을 찾습니다〉를 들고 있다. 거칠게 요약하자면, 이 영화는 주인과 노예의 관계에서 형성된 폭력을 출발점으로 삼지만, 영화가 진행될수록 노예가 적극적인 예속의 상태를 선택했다는 사실, 즉 주인이 자신을 지배하고 자신에게 폭력을 행사하는 상황 자체를 교묘하게 이용하고 있음을 드러낸다. 유운성에 따르면, "〈사람을 찾습니다〉는 노예의 영악한 셈법이 어떤 방식으로 지배관계를 영속시키려드는가를 보여 주는 영화"[10]이다. 여기서 우리는 독립 극영화의 흐름 속에서 일반적인 것과 예외적인 것 또는 전형적인 것과 특수한 것이 공존한다는 사실을 알 수 있다. 이는 독립 극영화가 변화 또는 진화했다고 말할 수 있는 근거가 된다.

한편, 일부 독립영화 감독들은 고전적인 극영화에서 강조되는 서사의 인과성, 논리성, 연속성을 부정하거나 그것을 대체할 방식을 찾으려고 했다. 총체적이고 완결된 이야기 구조는 느슨하고 불완전한 이야기로 대체되었다. 내러티브를 실험하는 영화들 사이에

2000년대 후반에 독립 극영화에서 두드러졌던 사실주의적인 양식은 발전을 거듭하여 권력관계를 중심으로 한 폭력을 다룬 이야기들이 하나의 흐름을 구축한다. 이러한 경향을 대표하는 작품으로 평가받는 〈사람을 찾습니다〉(제작 슈픽쳐스, 배급 키노아이DMC, 이서, 2008).

서 두드러지게 나타나는 공통점 중 하나는 복수의 인물들과 복수의 에피소드를 통해 모자이크적인 구조에 가까운 이야기를 만들어 냈다는 것이다. 〈가능한 변화들〉(민병국, 2004), 〈빛나는 거짓〉(채기, 2004), 〈팔월의 일요일들〉(이진우, 2005), 〈약탈자들〉(손영성, 2009)은 최소 3인 이상의 인물이 등장하고, 그 인물들이 각각의 에피소드에서 주인공 같은 역할을 한다는 공통점이 있다. 예를 들어, 〈빛나는 거짓〉은 통일된 하나의 사건 없이 독립된 사건들로 구성되어 있으며, 〈팔월의 일요일들〉과 〈장례식의 멤버들〉은 하나의 미스터리한 대상을 중심으로 다수 인물들의 이야기가 분화된다. 이 작품들에서 중심이 되는 이야기는 종종 우회, 탈선, 중단을 거듭한다. 연출자는 이야기의 완급을 조절하기 위해 <u>보이스오버 내레이션</u>,* 플래시백, 롱테이크와 같은 장치들을 활용한다. 비록 복수의 에피

*보이스오버 내레이션Voice-over narration　영화 속의 등장인물(연기자) 또는 해설자(내레이터)가 화면상에 등장하지 않는 상태(외화면off-screen)에서 목소리를 통해 대사나 해설을 진행하는 것을 말한다.

소드를 활용하지는 않았지만, 영화 속의 이야기, 시점, 목소리 등을 복수화하는 전략을 밀고 나간 대표적인 작품으로는 〈은하해방전선〉(윤성호, 2007)을 꼽을 수 있다. 이 작품에서 담화를 구성하는 여러 요소들은 흡사 인터넷 게시판에서 유통될 법한 에세이나 짤방처럼 표피적이고, 소모적이고, 일회적이다. 하지만 그것들 모두 본질적으로 다른 누군가와의 커뮤니케이션을 위해 존재한다는 점에서 생산적이라고 할 수 있다. 여기서 우리는 독립 극영화가 고전적인 서사 양식에 변화를 주는 것이 관객과의 소통을 포기하는 것이 아님을 확인할 수 있다. 오히려 독립영화는 낯설게 이야기하는 방식을 통해 다른 방식의 소통을 꿈꿨던 것인지도 모른다.

다른 방식의 영화 만들기로 다른 방식의 소통을 꾀하는 노력은 실험적인 성향이 강한 작품들에서 주로 나타났다. 초현실주의적인 상황과 몸짓을 통해 극중인물의 무의식적인 상태를 드러낸 〈신성일의 행방불명〉(신재인, 2004), 블랙박스 속에 감추어진 비밀이 폭로되는 것처럼 은밀하고 역겨운 세상의 민낯을 롱테이크 형식으로 보여 주는 〈얼굴 없는 것들〉(김경묵, 2005), 폐허가 되어 가는 세계에서 인간관계가 파괴되고 원초적인 욕망만이 남는 상황을 필름 고유의 거친 질감으로 그려낸 〈고갈〉(김곡, 2008) 등, 이 작품들을 관통하는 핵심적인 모티브는 죽음, 감각, 신체와 같은 것들이다. 이 영화들은 죽음과 파괴로 가득한 세계를 상상적으로 묘사하려고 했으며, 배경이 되는 공간을 존재론적인 귀속감이 없는 비-장소 non-place로 형상화했다. 그런 세상에서 살아가는 인물들은 생존을 위해 자발적으로 사회로부터 고립되는 길을 택한다. 그들은 사회적 관계를 끊어 버린 채 고립된 상태에 처해 있기 때문에 언어적 실천에서 말보다 몸짓을 주로 활용한다. 그리하여 스크린에 남는 것은 폐허가 된 세계의 스산한 풍경과 고통을 이기지 못하고 몸부림치는 신체이다. 이처럼 일부 실험적 성향을 가진 독립 극영화들은 다른 세계에 대한 감각을 일깨워 그것에 대한 상상력을 자극했다. 그것은 독립 극영화가 '다른' 영화가 되는 방법이기도 했다.

독립영화와 대중의 만남
: 청년세대, 심리 드라마, 시간의 예술

독립영화의 상품화

2010년을 전후로 한국 독립영화는 제도화를 거쳐 산업화, 대중화, 상업화라고 부를 수 있는 단계를 거친다. 독립영화의 시장적 가치를 입증한 대표적인 사례는 2009년 1월 15일 전국 7개 관에서 개봉한 다큐멘터리 작품 〈워낭소리〉(이충렬, 2008)이다. 이 영화는 개봉 일주일 만에 1만 관객을 돌파한 이후 멀티플렉스로 상영관을 확대해 박스오피스 1위에 오르는 성과와 함께 최종 관객 293만 명이라는 스코어를 기록했다. 그전까지만 해도 독립영화가 1~2만 관객을 동원하기도 힘들었다는 사실을 고려해 보면, 293만이라는 관객 수는 기적에 가까웠다. 〈워낭소리〉는 그 기형적인 관객 동원에 힘입어 한국 독립영화에 대한 대중적인 인식을 바꾸어 놓은 "돌연변이"[11]로 평가 받는다. 그런데 약 5년 후 또 다른 다큐멘터리 작품 〈님아, 그 강을 건너지 마오〉(진모영, 2014)가 약 480만 관객을 동원하면서 종전에 한국 독립영화가 가지고 있던 흥행 기록을 경신한다.

〈워낭소리〉의 기적과 〈님아, 그 강을 건너지 마오〉의 성공은 유사해 보이지만 명확한 차이점이 몇 가지 존재한다. 전자의 흥행이 우연적인 성격이 강하다면, 후자의 흥행은 계획적인 성격이 강하다. 〈워낭소리〉는 인디스토리와 독립영화배급지원센터가 공동배급한 작품으로 최초 6개의 극장에서 개봉한 뒤, 관객 입소문이 퍼지고 대중 미디어의 주목을 받으면서 상영관이 274개까지 늘어난 경우이다. 반면, 〈님아, 그 강을 건너지 마오〉는 CGV아트하우스가 배급한 작품으로 개봉 첫 주부터 199개의 스크린으로 시작해서 이후 8백 개를 넘어서기도 했다.[12] 이 작품의 배급사인 CGV아트하우스는 멀티플렉스 영화관을 소유한 CJ CGV의 독립예술영화 전용 상영관을 기반으로 만들어진 회사였다. CGV아트하우스는 자사에서 배급하는 영화를 상영할 수 있는 극장을 갖고 있는 것과 마찬가지였다. 결국, 기적에 가까웠던 독립영화의 흥행 신화는 공격적이면서도 기형적인 배급 전략으로 만들어진 것이었다.

2010년대 중반을 기점으로 대기업 배급사는 사업을 확장해 독립영화산업에 진출한다. 메이저 영화배급사로 분류되는 CJ, 롯데, NEW가 독립예술영화 배급사업에 참여함으로써, 독립영화는 투자 대비 높은 수익을 거두어들일 수 있는 틈새시장으로 여겨지게 되었다. 가장 공격적인 행보를 보인 곳은 CGV아트하우스였다. 이곳에서 배급된 독립 극영화로는 〈한공주〉(이수진, 2013), 〈잉투기〉(엄태화, 2013), 〈성실한 나라의 앨리스〉(안국진, 2014), 〈소셜포비아〉(홍석재, 2015), 〈최악의 하루〉(김종관, 2016), 〈꿈의 제인〉(조현훈, 2016), 〈소공녀〉(전고운, 2017), 〈살아남은 아이〉(신동석, 2017) 등이 있다. 문화평론가 성상민은 대형 배급사를 통해서 독립영화가 배급되면서 기회의 불평등이 발생했다고 지적했다. "(독립영화는) 극장을 소유하고 있거나, 홍보와 마케팅에 많은 공을 쏟는 배급사를 통해 유통되면 흥행할 가능성이 높아지지만 그렇지 못하면 흥행은 기대조차 않는 게 차라리 나은 마당이 된다."[13]

이처럼 독립영화가 시장에서의 가치를 모색하고 그것을 획득해 가는 과정에서 독립영화의 정체성은 또다시 위기를 맞이한다. 이 시기를 즈음하여 독립영화를 배급하고 홍보하는 업자들과 독립영화를 극장에서 관람하는 일반 관객들 사이에 모종의 암묵적인 합의가 생겨난다. 그것은 독립영화는 잘 만들어진well-made 작품이라는 인식이었다. 극장 개봉을 앞둔 독립영화들은 하나같이 '웰메이드 독립영화'라고 소개되었다. 기술적으로 잘 만들어진 상품을 뜻하는 웰메이드라는 단어는, 비록 독립영화가 저예산으로 만들어졌지만 작품의 완성도가 높고 대중의 감수성을 충족시키기에 모자람이 없다는 것을 의미했다. 상업영화에서 작품성을 홍보하기 위해 쓰이던 웰메이드라는 단어가 독립영화에서는 작품성, 상업성, 대중성을 두루 아우르기 위해 쓰인 것이다. 이러한 상황에서 독립영화에 절대적으로 중요했던 것은 그 출신 성분과 정체성보다도 대중에게 어필할 수 있는 매력이었다.

독립영화는 대중과 만나기 위해 그 자신이 독립영화라는 사실을 잠시 제쳐 두고 상품으로 거듭나야만 했다. 이와 관련해서 2014년 KT&G 상상마당의 배급과 마케팅 전략을 되돌아볼 필요가 있다. KT&G 상상마당은 2014년 3월, 그해 4월 개봉 예정작인 〈셔틀콕〉(이유빈, 2014), 6월 개봉 예정작인 〈이것이 우리의 끝이다〉(김경묵, 2014), 8월 개봉 예정작인 〈족구왕〉(우문기, 2013)의 티저 포스터

KT&G 상상마당에서 공개한 〈셔틀콕〉(이유빈, 2014), 〈이것이 우리의 끝이다〉(김경묵, 2014), 〈족구왕〉(우문기, 2013)의 티저 포스터.

를 동시에 공개했다. 비슷한 콘셉트와 디자인으로 제작된 각각의 포스터는 마치 세 작품을 하나의 연작 또는 패키지 상품처럼 보이게 하는 효과를 발휘했다. 당시 KT&G 상상마당에서 영화사업총괄팀장으로 일했던 진명현은 〈족구왕〉의 마케팅을 위해 기존 독립영화 관객과 일반 대중 관객의 접점을 찾으려 노력했다고 밝혔다. "사실 〈족구왕〉은 상업영화로 놓자니 유명인이 없고, 독립영화인데 이렇다 할 수상 타이틀이 없다는 것 때문에 모호한 경계에 있는 작품이기도 했다. 그래서 '독립영화'라는 타이틀을 떼고 갈 것이냐에 대한 고민도 있었지만 그러면 자칫 그냥 기획 코미디로 보일 수도 있겠다는 생각이 들어서 살렸고, 2013년 부산국제영화제 출품작이라는 타이틀도 가지고 갔다."[14] 독립영화의 관객층을 개발하려는 어느 배급업자의 고민이라고 단순화하기에는 어딘가 모르게 씁쓸한 구석이 있다. 그의 말에는 독립영화가 극장에서 더 많은 관객을 만나기 위해서는 작품을 화려하게 장식해 줄 부차적인 요소들이 절대적으로 중요하고, 필요하다면 독립영화로서의 정체성을 포기할 수도 있다는 암시가 있기 때문이다.

시간이 지나면서 극장 개봉을 앞둔 독립 극영화들은 저마다의 배급/마케팅 전략을 수립할 전략 중 하나로 상징자본의 획득에 열을 올렸다. 상징자본이란 명예, 위신, 명성 등을 통해서 획득되는 비물질 자본으로, 시장에서 거래되는 과정에서 일종의 물질적 보상으로 되돌아오는 특징이 있다. 영화마다 차이는 있지만 주로 인지도 있는 배우나 감독의 이름을 앞세우거나, 영화제 수상 실적을 앞세워서 작품성을 강조하거나, 그도 아니면 청년층, 중장년층 등과 같은 주요 관객층을 염두에 둔 감성적인 코드를 내세웠다. 이 중에서도 극장 개봉 독립 극영화들이 훈장처럼 내세운 것이 영화제 수상 실적이다. 일찍이 〈똥파리〉가 12만 명을 조금 넘는 관객을 동원할 당시 언론 보도에 반복적으로 노출되었던 것은 이 영화의 국제영화제 수상 실적이었다. 이후 〈한공주〉, 〈우리들〉(윤가은, 2015), 〈벌새〉(김보라, 2018)도 비슷한 전략을 앞세워 어느 영화제에서 어떤 상을 받았는지를 목록화해서 홍보했다. 이 세 편의 사례만을 놓고 영화제 수상 실적, 작품성, 흥행 성적이 밀접하게 연관되어 있다고 단언하기 힘들지만, 최소한 이 작품들은 손익분기점을 넘거나 그 이상의 극장 수익을 거둬들였다.

〈벌새〉의 경우, 개봉을 앞두고 부산국제영화제·서울독립영화제·베를린국제영화제·트라이베카필름페스티벌 등에서 호평을 받은 사실을 홍보에 활용하고, 개봉 이후에도 계속되는 해외 영화제 수상 실적을 널리 알려 그 후광효과를 톡톡히 누렸다. 영화주간지 《씨네21》은 〈벌새〉가 개봉한 지 1년 정도의 시간이 흘렀을 때, 김보라 감독이 직접 쓴 해외 영화제 순방기를 특집기사로 내보내기도 했다.[15] 이처럼 영화제 배급과 마케팅 과정에서 영화제 수상 실적을 적극 활용하고, 영화 전문지에서 그것을 조명하는 관행이 암암리에 자리 잡았다. 영화제의 권위를 빌려 작품성을 입증하려는 관행은 과거 해외 독립영화나 예술영화들의 홍보 전략

〈벌새〉(제작 에피파니, 배급 엣나인필름·콘텐츠판다, 김보라, 2019)는 제69회 베를린국제영화제에서 제너레이션 14+ 대상 수상을 비롯해 국내외에서 총 59개의 영화상을 수상했다(2020년 7월 기준).

을 답습한 것에 불과했다. 영화제라는 공간이 포함과 배제의 논리 속에서 정전正典을 선별하는 공간이라는 사실을 염두에 둔다면,[16] 한국 독립영화는 정전의 정치학을 바탕으로 시장에서 우위를 차지하려고 했던 것이다.

청년세대, 심리 드라마, 시간의 예술

하지만 이러한 사실만을 놓고서 독립영화가 자생력을 잃고 외부의 힘에 전적으로 의존했다고 단정하기는 힘들다. 왜냐하면 2010년 이후에도 독립영화 자구책을 마련하려는 노력이 감독들 사이에서 자발적으로 형성되었기 때문이다. 우선, 동년배의 젊은 독립영화인들이 모여 제작 집단을 형성하는 경우가 있었다. 한국예술종합학교 영화과 전문사 출신인 김태곤, 우문기, 이요섭, 전고운, 권오광 등은 광화문시네마라는 제작 집단을 만들어 〈1999, 면회〉(김태곤, 2012), 〈족구왕〉, 〈범죄의 여왕〉(이요섭, 2016), 〈소공녀〉와 같은

작품을 만들었다. 또 다른 예로, 한국예술종합학교 기획 전공 출신의 프로듀서 김순모, 김지혜, 이진희, 제정주가 만든 영화제작사 ATO가 있다. 이곳에서 만든 작품으로는 〈우리들〉, 〈용순〉(신준, 2017), 〈홈〉(김종우, 2017), 〈살아남은 아이〉, 〈우리집〉(윤가은, 2019)이 있다. 이외에도 같은 단국대학교 영화콘텐츠전문대학원을 졸업한 장우진, 김대환은 봄내필름을 설립하여 자신들의 고향인 강원도 지역을 배경으로 한 〈춘천, 춘천〉(장우진, 2016), 〈초행〉(김대환, 2017), 〈겨울밤에〉(장우진, 2018)를 만들었다. 한편, 개인적인 차원에서 제작과 배급의 활로를 개척하려는 시도들도 있었다. 〈숫호구〉(2012), 〈시발, 놈: 인류의 시작〉(2016)을 만든 백승기 감독과 〈델타보이즈〉(2016), 〈튼튼이의 모험〉(2017), 〈다영씨〉(2018)를 만든 고봉수 감독 등은 감독이 연출과 제작을 겸하면서 저예산으로 장편영화를 만드는 경우였다. 이외에도 구교환, 이옥섭, 정가영, 김용삼 등과 같이 유튜브 채널을 개설해서 자신들이 만든 단편영화를 공개하고, 이를 바탕으로 대중적 인지도를 쌓은 감독들도 있었다. 비록 이 작품들은 과거 독립영화가 지향했던 진보적이고 실험적인 작품과 다소 거리가 있었지만, 최소한 제작과 유통 방식 각각에서 자립적인 방식을 고수하려고 했다는 공통점이 있다.

2010년 이후 독립 극영화에서 두드러진 경향 중 하나는, 젊은 감독들이 자신이 속한 세대의 세계관을 투영하는 것이었다. 대표적인 작품으로 〈혜화, 동〉(민용근, 2010), 〈잉투기〉, 〈족구왕〉, 〈이것이 우리의 끝이다〉, 〈셔틀콕〉, 〈소셜포비아〉, 〈그들이 죽었다〉(백재호, 2015), 〈스틸플라워〉(박석영, 2015), 〈꿈의 제인〉, 〈소공녀〉, 〈수성못〉(유지영, 2017), 〈이월〉(김중현, 2019) 등이 있다. 이 영화들은 청년으로 분류될 수 있거나 그도 아니면 사회적으로 소속과 신분이 모호한 존재에 가까운 등장인물들을 전면에 내세웠다. 예를 들어, 미성년에서 성년으로 넘어가는 생애주기를 경험하고 있거나, 대학 졸업을 앞두고 취업을 준비하고 있거나, 그도 아니면 아르바이트를 전전하면서 어딘가에 귀속되는 것이 무한정 유예되는 상태를 겪는 인물들이 주로 등장했다. 이 작품들은 한편으로는 신분과 고용 상태가 불안정한 계급을 뜻하는 프레카리아트precariat에 대해 이야기하면서, 다른 한편으로는 사회적으로 잉여인간으로 치부되는 청년들의 삶을 사회적·문화적·인류학적으로 고찰했다. 일각에서는 청년세대를 다룬 독립영화에 대한 아쉬움을 토로했다. 계급의식을 비롯한 정치적 의식이 약하며, 특히 청년세대를 무기력하게 그려 내어 일종의 "오해된 이미지"[17]를 양산했다는 것이 주요 한계점으로 거론되었다. 하지만, 이러한 비판에도 불구하고 이 작품들이 88만원 세대, 3포세대, N포세대, 헬조선 등과 같은 당대의 세대 담론으로부터 직간접적인 영향을 받았다는 점은 부정하기 힘들다. 그리고 바로 이러한 이유로 2010년대 독립 극영화에서 유행한 사실주의적인 성향이 청년 담론을 반영하는 방식으로 계승되었다고 말할 수 있다.

　사실주의적인 접근 방식은 세대 담론 외에도 특정 개인과 집단의 도덕성과 윤리를 다루는 작품들을 중심으로 나타나기도 했다. 한 인간의 도덕적 타락은 좁게는 인간성의 파괴와 넓게는 공동체의 붕괴 등으로 이어질 수 있는데, 독립 극영화에서 이러한 현상의 주요 원인으로 지목된 것은 경제적 불안정성, 특히 채무관계였다. 김중현의 〈가시〉(2012)와 〈이월〉은 생존을 위해 타인의 경제적 권리와 재산을 갈취 또는 편취하게 되는 인물들의 이야기를 통해 현대사회의 인간관계가 채무로 얽히고설켜 있음을 보여 준다. 흥미롭게도 누군가에게 경제적으로나 정신적으로 빚을 진 주인공들은 자신에게 닥친 위기를 모면하기 위해 거짓말을 비롯한 이기적인 행동을 한다. 〈소통과 거짓말〉(이승원, 2015), 〈죄 많은 소녀〉(김의석, 2017), 〈살아남은 아이〉 같은 작품도 주요 인물들이 거짓말을 하는 상황 자체를 이야기를 이끌어 나가는 견인 장치로 활용한다. 질 들뢰즈Gilles Deleuze의 표현을 빌리자면, 이러한 작품들은 서사가 진리언표眞理言表적이 되는 것을 그치고 "거짓을 만들어 내는 자가 영화의 인물 자체가"[18] 되는 방식을 따른다. 이 중 〈죄 많은 소녀〉와 〈살아남은 아이〉는 의문의 죽음을 은폐하고 있는 한 집단 구성원들의 거짓말을 중심으로 죄의식을 느끼는 사람들과 진실을 밝히려는 사람들의 갈등 관계를 다룬다. 두 작품은 단순히 진실을 밝히는 것에 목표를 두기보다 거짓, 폭력, 그리고 죽음 사이에 순환적 고리가 있음을 암시한다. 그리하여 거짓말이 일상화되고 묵

독립 극영화의 사실주의적인 접근 방식은 특정 개인과 집단의 윤리를 다루는 작품들을 중심으로 나타나기도 했다. 〈죄 많은 소녀〉(제작 한국영화아카데미, 배급 CGV아트하우스, 김의석, 2017)와 〈살아남은 아이〉(제작 ATO, 배급 CGV아트하우스·엣나인필름, 신동석, 2017)는 '거짓을 만들어 내는 자가 영화의 인물 자체'가 되는 방식을 따른다.

인되는 세계의 진정한 비극이 도덕, 윤리, 인간성의 타락으로 나타 난다는 경고에 가까운 메시지를 전달한다.

이처럼 기존의 독립 극영화들처럼 표면적으로는 사실주의적인 양식을 따르면서도, 사실감의 전달을 위해 물질적인 요소보다 심리적인 요소를 더 부각시키는 경우가 많았다. 〈성실한 나라의 앨리스〉, 〈비치온더비치〉(정가영, 2016), 〈우리 손자 베스트〉(김수현, 2016), 〈밤치기〉(정가영, 2017), 〈한강에게〉(박근영, 2018), 〈아워바디〉, 〈벌새〉, 〈메기〉(이옥섭, 2018), 〈하트〉(정가영, 2019), 〈욕창〉(심혜정, 2020)과 같은 작품들은 하나의 스타일로 분류하기 힘들 정도로 개성이 강하지만, 모두 한 개인의 내면에 자리 잡은 불안, 공포, 두려움, 떨림, 설렘, 흥분 등의 감정이 표면화되는 순간을 포착한다는 공통점이 있다. 이 중 정가영의 작품들은 직설화법에 가까운 방식으로 자신의 욕망을 솔직하게 전달하는 여성과 그녀의 당당함에 어찌할 바를 몰라 속내를 감추기에 바쁜 남성의 이야기를 다룬다. 숏–역숏 shot-countershot의 고전적인 편집 방식으로 구성된 이 대화적인 상황 속에서 말, 시선, 몸짓이 오가고 이로 인해 극중인물들 사이의 묘한 정서와 기류가 감지된다. 〈벌새〉와 〈메기〉는 특정 상황과 사건에 내던져진 개인의 실존적 상황을 묘사하고, 다시 이로부터 인물의 심리를 해부하는 방식을 따른다. 결정적으로 이 영화들은 개인의 내면에 자리한 감정 혹은 그것보다 더 깊은 곳에 자리한 무의식을 한 시대의 불안에 대한 징후로 형상화한다. 이는 사적인 것을 확장하여 공적인 것을 도출하는 방식이라고 할 수 있다.

한편, 독립 극영화에서 나타난 심리 드라마들 중 상당수가 여성의 낭사사성에 주목했다는 또 다른 공통점이 있다. 앞서 언급한 작품 중 상당수는 여성 감독에 의해 여성 서사를 구축한 경우이다. 김소희는 2019년에 주목받은 독립 극영화들에서 여성 서사를 다룬 작품들이 사적인 이야기가 보편적인 것으로 확장하고(《벌새》), 여성성과 관련된 상황을 재현하는 대신 이야기하고(《메기》), 사건의 당사자인 여성의 시선을 따르고(《밤의 문이 열린다》(유은정, 2018)), 결정적으로 여성의 욕망을 넘어 성소수자의 욕망까지도 아우르면서 욕망 그 자체에 대해 생각할 수 있는 여지를 주었다고 평가했다(《아워바디》).[19] 이러한 작품들은 개인의 내면이 표출되는 작은 몸짓과 시선 혹은 개인의 감정이 투영되는 작은 사물과 공간들을 중심으로 세계와 소통하고 교감할 수 있다는 것을 스스로 입증했다는 점에서, 그 등장 자체만으로도 독립 극영화에 신선한 자극을 주었다고 평가할 수 있다.

이 밖에도 독립영화의 대안적인 가치를 드러낸 실험적인 영화들도 꾸준히 제작되었다. 2010년 이후의 독립 극영화들 중에서 실험영화에 가깝거나 미학적으로 전위적인 작품이 많았다고 하기는 힘들지만, 과거의 독립 극영화들처럼 상업영화와 다른 서사 구조를 연출자 고유의 영화적 스타일로 승화시킨 작품들은 꾸준히 등장했다. 〈러시안 소설〉(신연식, 2012), 〈조류인간〉(신연식, 2014), 〈로맨스 조〉(이광국, 2011), 〈꿈보다 해몽〉(이광국, 2014), 〈호랑이보다 무서운 겨울손님〉(이광국, 2017)과 같은 작품들은 소설적 기법을 부분적으로 차용하여 과거와 현재가 교차하거나 현실과 환상이 중첩되는 이야기를 구축했다. 이것은 내러티브에 대한 실험을 넘어서 영화가 시공간을 다루는 방법에 대한 고민으로까지 확장된다. 비교적 최근 독립 극영화에서 실험적인 영화로 분류될 수 있는 작품들은 일상에서 반복되거나 지속되는 시간에 대한 감각을 표현하기 위해 고심함으로써 다른 작품들과의 차별성을 획득했다. 〈잠 못 드는 밤〉(장건재, 2013), 〈한여름의 판타지아〉(장건재, 2014), 〈춘천, 춘천〉, 〈작은 빛〉(조민재, 2020), 〈여름밤〉(오정석, 2019), 〈바람아 안개를 걷어다오〉(신동민, 2020) 등의 작품에서 시간 흐름이 나타나는 장소는 집, 동네, 시골 마을과 같이 속도전에 쫓기는 도심과는 멀리 떨어진 곳이 대부분이다. 이 장소들에서 시간은 정지된 것처럼 고요하게 흐른다. 주인공들은 어제와 비슷하게 흘러가는 오늘, 어제와 별반 다르지 않지만 조금은 특별한 오늘, 그리고 오늘이 연장될 내일에 대한 기대, 불안, 설렘을 표현한다. 좋은 영화가 더 나은 세계를 상상하게 만드는 것이라면, 이 작품들은 더 나은 내일을 기대하게 만드는 매력이 있다. 이 작품들을 보고 있으면, 독립영화의 시간 또한 더디게 흐르지만 그 느림의 미학 속에 늘 변화가 있다는 확신이 선다.

* * *

지금까지 독립 극영화의 변화하는 순간들을 통해 독립영화의 역사를 스케치해 보았다. 독립영화는 제도권 바깥에서 대안적인 영화를 만들고자 했던 여러 노력들에 의해서 태동하기 시작해 1980년대 영화운동으로 발전한다. 이후 1990년대 후반을 기점으로 디지털영화 제작, 상영 공간 확보, 배급망 구축 등의 노력을 통해서 일반 관객과의 접점을 모색해 나간다. 이 과정에서 독립 극영화들은 노동자, 이주노동자 청년, 여성, 성소수자, 장애인 등과 같이 사회적으로 주변화된 인물의 이야기를 사실주의적인 양식으로 담아

내는 전통을 확립하고, 상업영화와 차별화되는 서사 구조를 만들어 내고, 더 나아가 영화라는 매체 특유의 특정성과 함께 영화적으로 구현된 시공간적 경험에 대한 감각을 선사하는 작품들을 만들어 나갔다. 이처럼 독립영화는 단순히 자본과 권력으로부터의 독립이라는 추상적이고 일반화된 정식만으로 정의되기보다는, 독립영화의 제작·유통·배급·상영 등과 관련된 일련의 과정에서 나타나는 다양한 시도들로도 이해될 수 있다.

오늘날 독립영화는 풍요와 빈곤 혹은 과잉과 결핍이라는 역설적인 상황에 처해 있다. 2000년대 중반 이후부터 매해 극장에 걸리는 독립영화는 평균 100편이 넘으며, 주요 독립영화제 예심에 출품되는 장/단편영화들은 1천 편이 넘는 실정이다. 하지만 이 풍요 속에서도 빈곤이 감지되는 것은 왜일까? 독립영화라는 용어는 정부와 민간 기업이 제 입맛에 따라 선택적으로 사용하는 다양성영화, 저예산영화, 예술영화, 독립예술영화라는 용어들과 혼동되면서 그 본연의 색채를 잃어 가고 있다. 한정된 정부 지원금과 민간 펀딩을 놓고 독립영화인들끼리 경쟁할 수밖에 없는 구조이다. 그리고 이러한 승자독식 구도는 대중성과 화제성이 보장된 작품에만 관객이 쏠리는 기현상을 낳는다. 독립영화의 풍요에만 도취되어 있으면 독립영화를 내부로부터 오염시키고, 와해시키고, 해체시키는 요인들은 결코 눈에 들어오지 않는다.

독립영화에 대한 관객의 충성도가 예전만 못하다는 말도 나오고 있다. 《씨네21》의 송경원 기자는 독립영화가 제작에서 비약적인 성장세를 보였지만 상영과 배급 환경 악화로 "관객이라는 최종 고리를 잃고 무너져 가는 중"[20]인지도 모른다며 우려를 표했다. 이는 한편으로 독립영화가 관객으로부터 독립했다는 의미이면서, 다른 한편으로는 관객이 독립영화로부터 독립했다는 의미이기도 하다. 이와 더불어, 한때 독립영화가 성취하려 한 제작·유통·배급·상영 분야에서의 결실이 이제는 도리어 관성적이 된 것은 아닐까 하는 의문을 던지게 한다. 실제로 일부 독립영화인들은 자체적으로 제작사를 꾸려서 제작비를 마련하고, 디지털과 인터넷에 기초한 새로운 플랫폼을 활용해 영화를 유통시키는 방법을 고민하고 있다. 물론 아직 뚜렷한 대안이 나오지는 않았다. 과거의 독립영화가 오늘을 위한 토대가 되었듯이, 오늘의 고민과 노력이 더 나은 내일의 독립영화를 위한 발판이 되어 주기를 기대한다.

1 Patricia R. Zimmermann, *Reel Families: A Social History of Amateur Film*, Bloomington: Indiana University Press, 1995, p. 113.

2 서울영상집단, 《변방에서 중심으로》, 시각과언어, 1996, 85쪽.

3 Young-a Park, *Unexpected Alliances: Independent Filmmakers, the State, and the Film Industry in Postauthoritarian South Korea*, Stanford : Stanford University Press, 2014, p. 50.

4 다음 글을 참고하라. 조영각, 〈디지털 장편영화들의 가능성과 한계: 날카로운 양날의 성공을 향해서〉, 《독립영화》 13호, 2002.

5 독립영화 전용관에 대한 논의가 공론화된 것은 2000년 영진위 정책보고서인 《미디어 센터 및 독립영화전용관 설립과 운영방안에 관한 연구보고서》가 출간되면서부터라고 할 수 있지만, 독립영화 전용관 사업은 영진위 사업 계획에서 우선순위권에 들지 못하다가, 2005년 구성된 영진위 3기에 이르러 추진이 결정되었다. 다음 글을 참고하라. 송낙원, 〈한국 독립영화 제작 지원 정책 연구〉, 《영상기술연구》 30호, 2019.

6 아트플러스시네마네트워크와 관련된 사항은 다음 글을 참고하라. 박채은, 《독립예술영화 유통·배급 체계 구축 전략: '임팩트플러스 시네마네트워크' 사업을 중심으로》, 영화진흥위원회 이슈페이퍼, 2019.

7 이상용, 〈독립영화의 망각, 새로움의 자각: 십 년 전의 영화를 꺼내어 보며〉, 《문학과 사회》 74호, 2006, 338쪽.

8 조영각, 〈2000년대 독립 장편영화의 발전과 성과〉, 서울독립영화제 엮음, 《21세기 독립영화》, 한국독립영화협회, 2014, 20쪽.

9 정성일, 〈정성일의 영화세상 : 「마이 제너레이션」, 「철수영희」, 「깃」이 영화들, '세상의 창조성'을 믿게 한다〉, 《월간말》 224호, 2005, 186쪽.

10 유운성, 〈폭력을 불러들이는 노예의 셈법: 이서 감독의 〈사람을 찾습니다〉(2008)와 한국영화의 어떤 경향〉, 《독립영화》 38호, 68쪽.

11 원승환, 〈2009년의 한국 독립영화─돌연변이의 탄생, '다양성'의 증가를 통과하는 진화의 순간〉, 《독립영화》 38호, 2009, 27쪽.

12 성상민, 〈독립영화와 자본사이① 2014년 한국 독립영화의 빈익빈부익부〉, 《ACT!》 93호, 2020년 8월 23일. https://actmediact.tistory.com/241

13 성상민, 〈독립영화와 자본 사이② 독립영화, 그리고 독립적 유통〉, 《ACT!》 94호, 2020년 8월 23일. https://actmediact.tistory.com/261

14 〈KT&G 상상마당 영화팀 "〈족구왕〉 봇이냐는 말노 들었다"〉, 《IZE》, 2020년 8월 23일. https://www.ize.co.kr/articleView.html?no=2014092120327270823

15 다음 글을 참고하라. 김보라, 〈2019년 〈벌새〉 해외 영화제 순방기 연재 ①: 꿈을 찾아 먼 길을 날아가는 벌새처럼〉, 《씨네21》 1237호, 2020년 1월 7일, 32~36쪽.

16 영화제가 정전의 정치학을 중심으로 작품을 선별한다는 것과 관련해서는 다음 글을

참고하라. 이도훈, 〈문지기의 임무: 동시대 한국의 시네마테크와 영화제 프로그래밍에 대하여〉, 《오큘로》 5호, 2017.

17 한지원, 〈청춘은, 푸르렀다, 옛날에는: 〈잉투기〉, 〈잉여들의 히치하이킹〉, 〈족구왕〉 리뷰〉, 《독립영화》 44호, 39쪽.

18 질 들뢰즈, 《시네마 II: 시간-이미지》, 이정하 옮김, 시각과 언어, 2005, 266쪽.

19 다음 글을 참고하라. 김소희, 〈2019 한국영화 진단 연속 기획 ②: 한국 독립영화가 시도한 것들〉, 《씨네21》 1238호, 2020년 1월 14일, 67~69쪽.

20 송경원, 〈한국 독립영화 ④: 독립예술영화 시장 10년을 되돌아보며 '무엇으로부터 독립할 것인가'를 묻다〉, 《씨네21》, 2020년 8월 24일. http://www.cine21.com/news/view/?mag_id=93750

다큐멘터리

다큐멘터리영화 지도 그리기

: 현실과 기록 사이의 균열과 진동

이승민

다큐멘터리적 전회

2000년대 들어서 한국 다큐멘터리영화는 전환기를 맞고 있다. 현실 사회와 밀접하게 맞닿아 있는 다큐멘터리의 특성상, 다큐멘터리영화의 변화는 현실 사회의 변화와 맞물려 있다. 한국 사회는 군부독재에서 벗어나 민주주의로 이행하고 시민사회가 성장하는 한편, 세계화와 후기자본주의 대열에 본격적으로 들어섰다. 무엇보다 디지털 시대를 맞아, 세상을 감각하고 바라보는 시선 자체에 일대 변화가 일어났다. 현실은 이제 실시간으로 전 세계 동시접속이 가능해졌다. 한국 다큐멘터리영화는 현실감각 및 매체 환경 변화와 맞물려 다양한 제작 주체들에 의해 다양한 주제와 양식으로, 다변화한 상영 플랫폼을 통해 제작 상영된다.

이 글에서 주로 다룰 제작 주체의 측면을 간단히 살펴보자면, 기존 액티비즘*의 기질을 이어받아 사회참여 다큐멘터리영화를 제작하는 독립영화 감독, 과거 선명하게 분리되어 존재했던 방송 기반의 독립 PD 감독, 화구畵具 대신 카메라를 들고 현실을 기록하며 자기표현을 하는 미술가 정체성을 가진 감독, 그리고 대학 영화

*액티비즘Activism　활동주의 또는 실천주의라고도 하며, 한 사회 또는 전 지구적으로 처한 사회적·정치적 문제에 접근하고 그 변화와 해결을 위해 계획적으로 행동하는 것을 말한다.

과와 미디어센터 등의 영화제작 워크숍을 통해 작품을 만든 감독 등이 있다. 이들은 현장의 이슈와 투쟁을 다룬 사회참여적 다큐멘터리영화, 기존 방송 기반의 저널리즘, 휴머니즘, 오지 탐험 인류학을 다룬 다큐멘터리영화, 시각 매체로 미디어아트의 확장적 맥락에서 현실을 다루는 아티스트 다큐멘터리영화, 학생 혹은 아마추어 다큐멘터리영화 등으로 느슨하게 구분할 수 있다.

최근 들어서는 이 또한 서로 넘나들면서 다양한 방식의 융합이 일어나고 있다. 인력 차원에서나 표현 방식의 차원에서나 혹은 상영 플랫폼의 차원에서도 독립영화와 방송과 미술 기반 다큐멘터리영화의 경계는 이제 모호하다. 최근의 예를 들자면, 2020년 국립현대미술관에서 주최한 한국전쟁 70주년 기념 기획 전시 〈낯선 전쟁〉은 연계 프로그램으로 다큐멘터리 상영 〈낯선 전쟁: 복원되지 못한 것들을 위하여〉를 함께 개최했다.[1] 전시와 영화가 연계되고 특히 주主매개가 다큐멘터리영화로 구성되는 것은, 2020년 현재 익숙한 풍경이 되었다.

미술관에서 영화를 전시하고, 영화관에서 전시 영상이 상영되는 교차 현상의 가시적 사례는 국립현대미술관 내에 극장이 들어온 것이다.[2] 이후 일민미술관과 한국영상자료원 그리고 문지문화원 사이가 공동기획한 〈토탈리콜: 기록하는 영화, 기억하는 미술관〉(2014) 프로젝트[3]는 미술과 영화의 장소와 방식을 묻는 적극적 기획이었다. 이 전시 프로그램에서는 플랫폼뿐 아니라 내적 언어 역시 타 장르의 표현을 적극적으로 활용하고 있다. 극영화의 재연과 극적 구성, 애니메이션, 뮤직비디오 같은 수사법을 수용하고, 기존 자료 화면을 수집하고 재편집하는 아카이빙 작업이나 연대기

일민미술관·한국영상자료원·문지문화원 사이에서 공동기획한 〈토탈리콜: 기록하는 영화, 기억하는 미술관〉(2014.4.11.~2014.6.8.) 전시. 출처: 다음 klcvoh 블로그 http://m.blog.daum.net/klcyoh/8620297

적 서사, 인과적 흐름에서 벗어난 에세이 구성도 등장한다.

이처럼 한국 다큐멘터리영화는 한마디로 규정하기 어려울 만큼 여러 영역에 걸쳐 다양한 방식으로 현실을 기록하고 표현하고 일깨운다. 특히, 극영화에 비해 비교적 가볍고 유연한 제작 조건이 다큐멘터리영화의 테두리를 확장하고 실험할 수 있게 한다. 이 글은 다양한 영역에서 변화와 융합이 진행 중인 한국 다큐멘터리영화를 주로 제작 주체의 정체성에 초점을 맞춰 살펴보고자 한다.

20세기 한국 다큐멘터리영화
: 대안 미디어로서 현실을 발화하다

이 같은 변화가 한순간에 일어난 것은 아니다. 오늘날 한국 독립 다큐멘터리영화의 기원은 1980년 후반으로 거슬러 올라간다. 이전에도 기록영화는 존재했지만, 보존과 연구의 한계로 인해 한국의 다큐멘터리영화는 1980년 후반을 기점으로 독립영화의 자장 안에서 자리매김하고 있다.[4] 민중운동과 노동운동이 정점을 이룬 1980년대 후반 한국 다큐멘터리영화는 변혁운동의 일환으로 '영상을 통한 사회운동'에서 출발하였다.[5] 이 시기는 대한뉴스나 방송 다큐멘터리가 정부 비호 아래 검열을 받던 터라, 독립 다큐멘터리영화는 이들이 외면하고 은폐한 민중의 현실을 알리고 대변하는 역할에 주력하면서, 투쟁 현장에서 직접 카메라를 들고 사건과 상황을 알리는 방식으로, 주로 계몽적이고 선동적인 태도를 취했다. 다큐멘터리 감독은 활동가 정체성이 좀 더 강했으며, 다큐멘터리 제작단체 역시 민중운동과 결합한 단체로 존재했다.

1990년 중반 한국 사회는 진보운동의 변곡점을 맞는다. 운동의 구심점인 사회주의 체제가 몰락하고 군부독재 정권이 물러난 후, 문민정부가 들어서는 것과 동시에 신사회新社會운동●이 시작되었다. 이 시기 등장한 다큐멘터리영화는 현실 사회의 변화와 맞물려 자기 점검과 성찰에 들어섰고, 동시에 카메라를 든 자의 역할과 자리에 질문을 던졌다. 다큐멘터리영화는 이제 선동적이고 계몽적인 시선에서 벗어나 대상과의 관계에 초점을 맞추기 시작했다. 이에 따라 카메라의 윤리, 현장과 기록의 관계 등 다큐멘터리의 언어와 태도에 대한 고민이 촉발되었다. 주제 역시 거시적인 정치·사회

●신사회운동 1960년대 말 선진 자본주의국가에서 일어난 환경(생태) 위기, 핵 문제, 전쟁 위협, 성차별, 인종차별 등 기존 사회운동에서 주변적인 것으로 인식되었던 문제들에 대해 새로운 인식과 관심을 불러일으키고자 전개되고 있는 사회적 운동을 말한다. 박희, 〈신사회운동에 대한 사회학적 고찰〉, 서원대학교 사회과학연구소, 《사회과학연구》 vol. 9, 1996 참조.

문제에 국한되지 않고 그동안 간과한 생활 속 현안들에 주목했다. 여성, 장애, 교육, 빈민 등의 이슈들이 사회적·정치적 어젠다와 더불어 다루어지고, 1인제작시스템 기반의 다큐멘터리 단체들도 등장했다. 이는 독립 다큐멘터리영화가 운동의 차원을 넘어서, 또 현장 기록을 넘어서, 현실 사회를 반영하는 영화로서 고민이 심화되었음을 알려 준다.

여기에 영화제의 등장이 큰 몫을 했다. 80년대와 90년대는 각 이슈를 중심으로 대학가나 현장에서 공동체 상영을 해 왔다면, 90년대 중후반부터 다큐멘터리영화는 인디포럼을 비롯해 부산국제영화제와 같은 국제영화제가 생겨나면서 극장 상영이 가능해졌다. 동시에 〈낮은 목소리〉(변영주, 1995, 1997, 1999)[6]와 같이 극장배급을 전제로 작품이 제작되기도 했다. '공동체'의 우리를 벗어나 '영화 관객'을 만나기 시작한 것이다. 이와 같은 매체 다변화와 공존은 이 시기의 특징이다.

또한 이 시기는 8mm와 16mm 필름, 비디오, 그리고 초기 디지털 제작 방식이 혼종되고 공존하는 시기이기도 하다. 영화사적 사례만 보아도, 매체의 발달은 다큐멘터리영화와 긴밀한 관계를 맺고 있다. 1960년대 다이렉트 시네마**와 시네마 베리테 경우가 대표적이다. 1960년대 고정된 무거운 카메라에서 벗어나 16mm 이동 가

다이렉트 시네마 Direct cinema　1960년대 미국과 캐나다에서 발전한 다큐멘터리 장르로, 현실을 직접적으로 포착하여 진실을 보여 주기 위해 감독의 개입 및 편집을 최소화하고, 인위적인 음악, 자막이나 내레이션, 인터뷰 기법 등을 사용하지 않는다.

능한 카메라와 녹음 장비의 개발은 다큐멘터리영화가 현실을 기록하는 방식에 커다란 영향을 미쳤다. 장비의 유연함은 '벽 위의 파리'* 방식의 관찰과 현실의 촉매자로서 개입과 참여를 가능하게 하는 동력이 되었다.

따라서 접근성과 사용이 손쉬운 비디오와 디지털 장비의 대중화는 다큐멘터리영화의 제작과 상영에 커다란 변화를 가져왔다. 우선, 전문가와 아마추어의 경계를 없애며 기록의 대중화를 가져왔고, 영화의 표현 방식과 구성에도 변화가 일기 시작했다. 이 시기부터 감독이 화면 안에 등장하곤 했다. 처음에는 현장을 있는 그대로 드러내는 과정에서 일종의 우연처럼 감독이 등장했다면, 2000년대 이후에는 감독이 더 적극적으로 대상의 친구 혹은 감독 스스로가 대상이 되는 등의 다양한 방식이 시도되고 있다. 다큐멘터리영화의 패러다임이 변화하기 시작한 것이다. 이제 다큐멘터리는 객관적이고 절대적인 진실을 대변하는 것이 아니라 카메라를 든 자의 자기 경험과 시각을 반영한다는 자각이 생겨났다. 이는 이후 1인칭의 사적 다큐멘터리영화와 감독의 수행적 다큐멘터리영화를 불러온다.

---

*벽 위의 파리The fly-on-the-wall   빌 니콜스의 다큐멘터리 이론에서 다큐멘터리 감독의 존재를 비유한 표현이다. 다큐멘터리 감독은 현실 개입을 자제하고 마치 벽에 달라붙어 있는 조용하고 작은 카메라와 같다는 의미에서 이렇게 표현하였다. 반면 현실에 적극적으로 개입하고 움직이는 감독은 부산하게 허우적거리는 파리(카메라)와 같다는 뜻에서 '수프 속의 파리the fly-in-the-soup'라고 표현하기도 했다. 빌 니콜스 지음, 이선화 옮김, 《다큐멘터리 입문》, 한울아카데미, 2018 참조.

21세기 한국 다큐멘터리영화
:변화의 한가운데 들어서다

2000년대에 들어서면서 한국 사회는 보수와 진보의 정권이 번갈아 교체되었고, 본격적으로 디지털 세계로 진입하였다. 그러면서 영상문화는 그 자체로 혁명에 가까울 정도로 급변했다. 다큐멘터리영화는 '현실'과 '기록'을 다층적이고 폭넓게 해석하면서 영역을 확장하는 동시에 타 영역을 적극적으로 수용했다. 이 글은 그 변화를 명료하게 분석·진단하기보다는 이 시기의 방대한 흐름을 제작 주체와 작품을 중심으로 기술하면서, 동시대 한국 다큐멘터리의 현주소를 짚어 보고자 한다. 제작 주체의 다변화는 곧 제작 방식과 상영 플랫폼의 다변화와 맞물리고, 이는 곧 관객의 층위와도 연결되기 때문이다.

미디어 활동가 기반 사회참여 다큐멘터리영화

먼저, 미디어 활동가 기반의 사회참여 다큐멘터리영화를 살펴보자. 앞서 언급했듯이 한국 독립 다큐멘터리영화는 정치적·사회적 어젠다 중심으로 출발하여 여전히 그 명맥을 유지하고 있다. 사회참여 다큐멘터리영화는 현장과 연대하는 미디어 활동가와 감독을 분리하지 않는다. 다큐멘터리 감독은 미디어 활동가로서 카메라를 들고 현장과 직접 연대하며 기록투쟁을 펼친다. 이때 카메라는 기록만이 아니라 지지와 연대의 도구이자 공권력의 방패막 역할을 한다. 이후 제작된 다큐멘터리영화는 현장의 이슈를 외부로 알리는 투쟁의 연장선상에서 일종의 배급 활동을 해 나간다.

제작 집단으로는 1990년대부터 존재한 다큐멘터리 전문 제작 집단이자 공동체인 푸른영상과 서울영상집단, 2000년대 결성된 인권단체이자 다큐멘터리 제작 집단 연분홍치마와 여성영상집단 움, 지역을 기반으로 활동하는 부산 다큐멘터리 창작공동체 오지필름과 탁주조합 등 여러 단체들이 있으며, 이외에도 사안에 따라 프로젝트 기반으로 단체를 조직하기도 한다. 개인적으로 현장에 연대한 다큐멘터리 감독이 일시적으로 연대체를 구축해 단체 혹은 개인 작업을 진행하는 경우도 있다. 동시대 사회적 이슈로는 핵폐기물 처리, 대추리 미군기지 확장 이전, 제주 해군기지 건설, 4대강 개발, 용산 참사, 밀양 송전탑, 사드 배치, 광우병 사태, 세월호 참사, 촛불집회 등 수많은 사회적 사건과 참사가 있다. 또한, 환경문제, 재개발 문제, 도시빈민과 소수자의 인권과 차별, 은폐된 역사 진상 조사에 이르기까지 다큐멘터리영화는 적극적으로 사회문제에 참여해 왔다.

구체적인 작품을 예로 들자면, 먼저 개별 감독들이 해당 이슈에 공감하여 프로젝트 방식으로 제작에 참여해 만든 옴니버스식 작품이 있다. 2006년과 2009년 한국 사회의 단면을 재조합한 〈불타는 필름의 연대기〉(이마리오·이조훈·오종환·이재수·최은정·태준식·김천석·전경진·나루·김환태·권우정·조두영·조대희·최세일·박일헌·이수정·정일건, 2006~2009)를 시작으로, 2011년 제주도 해군기지 반대운동의 일환으로 사안의 시급함을 알리고자 100일 만에 만들고 상영한 〈Jam Docu 강정〉(권효·경순·김태일·정윤석·최하동하·최진성·양동규·홍형숙, 2011)과 〈강정 인터뷰 프로젝트〉(김성균·이마리오·안건형·이원우·김지곤·강세진·박배일·문성준·고은진·손영·박종필·이동렬·김준호·장덕래·선호빈·

한국 사회의 단면을 재조합한 〈불타는 필름의 연대기〉(제작 불타는필름의연대기프로젝트팀, 이마리오 외, 2006)와 2011년 제주도 해군기지 문제를 다룬 〈Jam Docu 강정〉(배급 시네마달·한국독립영화협회, 최하동 하 외, 2011)은 미디어 활동가 기반 사회참여 다큐멘터리영화라 할 수 있다.

문정현·이정수·하샛별·홍리경·나두경·김조영현·박명순·김동원, 2012)를 예로 들 수 있다. 그리고 〈미디어로 행동하라 in ○○〉(2014, 2015, 2017, 2020)[7] 는 삼척, 김천/성주, 밀양, 최근 제주까지 지역 풀뿌리 미디어 제작 자들이 '하나의 현장에 모여 공동제작' 방식을 통해 그 지역의 사건 을 기억하고 알리는 현재 진행 중인 프로젝트이다. 또한, 촛불집회 를 기록한 〈광장〉(김철민·김정근·황윤·박문칠·이창민·김수민·김상패·강유가 람·홍형숙·최종호, 2017)은 '박근혜 정권 퇴진을 위한 다큐멘터리 프로 젝트 제작팀'이 구성되어 옴니버스식 단편을 제작한 것이었고, 세월 호 진상규명을 촉구하고 추모를 담은 〈망각과 기억2: 돌아 봄〉(안창 규·박수현·박종필·김환태·김태일·주로미·문성준, 2018) 역시 '4·16 연대 미 디어위원회'로 모여 서로 연대하고 공유하면서 제작한 작품이다.

　한편 다큐멘터리 제작공동체 소속의 1인 제작 작품도 다수 등 장했는데, 〈밀양아리랑〉(박배일, 2015), 〈소성리〉(박배일, 2018)는 투쟁 현장과 직접 연대하여 그 속에서 나온 오지필름의 작품이고, 〈두

개의 문〉(김일란·홍지유, 2011)과 〈공동정범〉(김일란·이혁상, 2018)은 현장
기록에 대한 재해석을 시도하면서 용산참사의 진상규명을 촉구하
는 연분홍치마의 영화이다. 이들 작품은 사회참여와 현장의 의미
를 영화적으로 확장한 작품이다.

또한, 가시화된 사회적 사건만이 아니라, 일상이라는 현장 속에
서 부조리를 일깨우며 생활 실천을 강조하는 사회참여 다큐멘터
리영화도 있다. 인간 중심 세상에서 동물과의 공존을 일깨우는 환
경운동으로 로드킬을 다룬 〈어느 날 그 길에서〉(황윤, 2008), 동물
사육과 육식 문제를 지적한 〈잡식가족의 딜레마〉(황윤, 2015), 국가
권력의 부조리를 고발하며 주민등록증 지문 날인에 반대하는 〈주

2009년 용산참사를 추적한 다큐멘터리 〈두 개의 문〉(제작 연분홍치마, 배급 시네마달, 김일란·홍지유,
2011)과 5·18 민주화항쟁 당시 촬영된 사진 한 장으로부터 시작해 5월 광주에서 일어난 사건을 밝
히는 〈김군〉(제작 1011필름·영화사 풀, 배급 영화사 풀, 강상우, 2018).

민등록증을 찢어라〉(이마리오, 2001), 도시빈민이자 택시 운전사로서의 자기 체험을 기록한 〈택시블루스〉(최하동하, 2007) 등이 있다. 이들은 감독이 직접 등장하여 현실에 개입하고 사건을 촉발하는 수행적 양식을 취한다.

그리고, 진행형의 사건만이 아니라 국가권력에 의해 은폐되고 왜곡된 한국사를 들추어 진실 규명을 요구하는 역사 다큐멘터리영화도 넓게는 사회참여 다큐멘터리 자장 안에 놓여 있다. 이러한 작품에는 한국전쟁을 겪은 마을과 가족의 트라우마를 짚어 가는 〈할매꽃〉(문정현, 2009)과 1980년 5월의 광주를 현재 광주에서 살아가는 광주 시민의 관점에서 다루는 〈오월愛〉(김태일, 2010)를 들 수 있다. 이들 작품 역시 감독이 '나'로 등장해 역사의 후속 세대로서 사건을 기술한다. 최근 5·18 광주민주화운동의 현재적 의미와 영화적 기억을 새롭게 조명한 〈김군〉(강상우, 2018) 역시 이와 같은 자장 안에서 생각해 볼 수 있는데, 역사를 경험하지도 기억하지도 못하는 세대가 이전 세대의 역사적 트라우마 경험을 자신의 자리와 위치에서 계승하는 흥미로운 작품이다.

페미니즘 다큐멘터리영화

또 다른 사회참여 다큐멘터리영화로는 페미니즘 다큐멘터리영화가 있다. 이들 영화는 가부장·이성애·남성 중심의 관습적 주류 시선에 질문을 던지며 사회의 부조리를 지적한다. 소외되고 배제된 여성을 비롯해 성소수자의 삶을 당사자의 시선으로 풀어낸다.

해당 작품들로는 먼저, 가정과 사회에서 여성의 위치를 다룬 〈거류〉(김소영, 2000), 〈고추말리기〉(장희선, 2001), 〈가족 프로젝트-아버지의 집〉(조윤경, 2001), 〈엄마...〉(류미례, 2004)가 있고, 역사에서 배제된 여성 노동사를 다룬 〈우리들은 정의파다〉(이혜란, 2006), 〈외박〉(김미례, 2009) 〈빨간 벽돌〉(주현숙, 2017) 등이 있다. 특히, 한국 근현대사에서 외면당한 기지촌 여성을 다룬 〈거미의 땅〉(김동령·박경태, 2012)은 존재감 없고 이름 없는 그녀들에게 오롯이 집중하면서 사라져 가는 동두천 기지촌과 기지촌 여성사이자 노동사를 기술하는 동시에, 현장과의 관계맺음 속에서 인물과 공간 그리고 극적인 구성을 최대치로 실험한 작품이다. 후속작 〈임신한 나무와 도깨비〉(김동령·박경태, 2019)는 극영화와 다큐멘터리의 경계를 무화無化시키며 기지촌 여성의 삶을 극화한다. 지나치게 사적으로만 치부되어 언급조차 되지 않던 여성의 몸을 담은 작품도 등장하기 시작한다. 낙태에 대한 다양한 관점을 일깨우는 〈자, 이제 댄스타임〉(조세영, 2013), 생리와 생리컵을 논하는 〈피의 연대기〉(김보람, 2017)가 대표적이다. 또한, 여성 주제만이 아니라 여성의 시선으로 누구도 주목하지 않은 세상을 따뜻하게 바라보는 작품도 등장한다. 결혼을 꿈꾸는 장애인 자매를 다룬 〈팬지와 담쟁이〉(계운경, 2000), 뒤늦게 공부를 시작하는 어머니를 기록한 〈어머니 가방에 들어가신다〉(장윤미, 2014), 백구의 죽음과 감독의 주변 삶을 담은 〈개의 역사〉(김보람, 2017)가 그렇다.

흥미로운 점, 이 중 다수는 영화제를 제외한 극장배급에 진입하지 못했다는 점이다. 이는 이중의 배제가 읽혀지는 지점이다. 주류의 논리와 시선에서 벗어나 소외된 영역에서의 다양한 목소리를 드러내고 반영하는 사회참여 다큐멘터리영화는 시장의 논리로 제작되고 배급될 수 없는 특징을 가진다. 따라서 이들은 상업성과 오락성을 전제로 한 시장의 논리를 초월한 사회적 가치를 가진 공공재로 접근해야 할 필요가 있다.

저널리즘 다큐멘터리영화

이와는 결이 다른 사회참여 다큐멘터리영화로 탐사보도 저널리즘 영화를 들 수 있다. 탐사보도 저널리즘 다큐멘터리영화는 사회의 은폐되고 왜곡된 사건을 집요하게 조사하고 추적하여 진실 규명을 촉구한다는 점에서 미디어 활동가 기반의 다큐멘터리 작품과 유사하지만, 이들 작품은 주로 방송을 기반으로 한다는 점이 다르다. 방송의 탐사보도 저널리즘은 검열의 밖에 존재했던 독립영화와 달리, 국가검열과 방송 시스템 속에서 사회의 부조리를 지적하는 언론의 역할을 수행해 왔다. 방송의 독립성이 보존되기 힘든 공영방송국 시스템 안에서 탐사보도 저널리즘은 존재 그 자체로 저널리즘 정신을 표상하기도 했다.

2000년대 중반, 구체적으로는 2008년 전후로 방송 다큐멘터리와 독립 다큐멘터리영화가 조우하기 시작했다. 농부와 소의 우정을 다룬 〈워낭소리〉(이충렬, 2009)는 독립 PD 감독과 독립영화 제작자의 만남으로 극장 개봉에 이어 박스오피스에 오르는 새로운 신화를 창출했다. 이를 계기로, 방송 제작의 휴먼 다큐멘터리, 오지 탐험 다큐멘터리도 극장용 버전을 만들어 극장 개봉을 시도했다.

그러나 저널리즘 다큐멘터리영화의 등장은 플랫폼 차원에서의 변화만이 아니라, 제작 주체 차원에 존재하는 변수가 작동한 결과였다. 흥미롭게도 〈워낭소리〉 극장 개봉 연도인 2008년에 미국산 소고기 수입 반대 촛불집회가 대대적으로 일어났다. 방송의 탐사보도 시사 프로그램들이 광우병과 촛불집회를 집중 보도하자, 이를 빌미로 정부는 언론 장악과 블랙리스트 작성에 박차를 가했다. 정부의 노골적인 검열과 탄압 아래서 대거 해직당한 KBS, MBC 뉴스팀과 탐사보도 저널리즘팀들은 방송국 안에서 언론 탄압 반대와 복직투쟁을 이어 가는 동시에, 바깥에서는 인터넷 독립방송을 제작했다. 당시는 디지털 기술 확산과 대중화로 영상 제작 방식과 상영 방식이 급진적으로 변화하고 확장하는 시기였다. 방송국을 나온 탐사보도 인력은 한편으로는 소셜미디어와 함께 현장감, 동시성, 속보성을 앞세운 인터넷 생중계 방송을 진행하면서, 다른 한편으로는 사건을 장기간 심층적으로 파헤치며 진실을 추적하는 독립 다큐멘터리영화를 제작한다.

저널리즘 다큐멘터리영화의 시발 격인 〈다이빙벨〉(이상호·안해룡, 2014)은 독립 다큐멘터리 감독(안해룡)과 방송기자 출신 감독(이상호)의 공동연출작이다. 이 작품은 상영 여부로 논란이 일고 이후 영화계 블랙리스트 문제로 대대적인 파장을 일으켰다. 이후 뉴스타파와 뉴스공장, 고발뉴스 등을 중심으로 저널리즘 다큐멘터리영화가 본격적으로 제작 및 상영되었다. 저널리즘 다큐멘터리영화는 방송 저널리즘이 독립 다큐멘터리영화의 자장으로 유입 혹은 결합된 것으로 그 자체가 하나의 사회적 사건인 셈이다. 이러한 저널리즘 다큐멘터리의 대표적 작품으로는 〈자백〉(최승호, 2016), 〈공범자들〉(최승호 2017), 〈7년-그들이 없는 언론〉(김진열, 2016), 〈김광석〉(이상호, 2017)과 〈다이빙벨 그후〉(이상호, 2018), 〈대통령의 7시간〉(이상호, 2019) 등이 있고, 프로젝트 부Project 不 3부작으로 일컫는 〈더 플랜〉(최진성, 2017), 〈저수지 게임〉(최진성, 2017), 〈그날 바다〉(김지영, 2018)와 후속작 〈유령선〉(김지영, 2019)이 있다. 4대강 비리를 파헤치는 〈삽

세월호 사건을 다룬 〈다이빙벨〉(제작 아시아프레스·씨네포트, 배급 시네마달, 이상호, 2014)과 4대강 문제를 다룬 〈삽질〉(제작 오마이뉴스, 배급 엣나인필름, 김병기, 2018)은 탐사보도 저널리즘 다큐멘터리영화로 분류할 수 있다.

질〉(김병기, 2018), 핵발전소의 위험을 고발하는 〈월성〉(남태제·김성환, 2019)이나 은폐된 역사를 추적해 진실을 드러내는 〈서산개척단〉(이조훈, 2018)과 〈광주비디오: 사라진 4시간〉(이조훈, 2020) 역시 탐사보도 저널리즘의 자장 안에서 제작된 작품들이다. 저널리즘 다큐멘터리영화 외에도, 방송 다큐멘터리와 다큐멘터리영화를 경계 없이 넘나드는 감독과 작품도 있다. 〈아이언 크로즈〉(박봉남, 2009), 〈오래된 인력거〉(이성균, 2011), 〈달팽이의 별〉(이승준, 2012)과 〈그림자꽃〉(이승준, 2019), 〈다시 태어나도 우리〉(문창용, 2016)는 인물 중심의 휴먼 다큐멘터리영화로 국내외 영화제 수상으로 작품성을 인정받았다.

미술 기반 예술가 다큐멘터리영화

2000년대 한국에서 새롭게 부상한 제작 주체로는 미술을 기반으로 한 작가 정체성을 가진 감독이다. 이들은 디지털 장비의 대중화로 영상 제작이 손쉬워지면서 카메라를 창작 도구이자 표현 도구로 활용한다. 이전에도 미술 영역에서 영상을 사용하는 미디어아트와 실험영화가 존재했지만, 이들 다큐멘터리 감독 겸 작가의 작품은 갤러리 안에 머물지 않고 적극적으로 영화제와 극장배급을 진행했다. 대표적인 사례가 2015년 제56회 베니스 비엔날레에서 은곰상을 수상한 〈위로공단〉(임흥순, 2015)이다. 이 작품은 한국을 비롯한 아시아의 여성 노동 문제를 다룬 95분짜리 장편 다큐멘터리영화로, 영화로서의 완결성을 가진 작품이 세계적인 미술 대전에서 온전한 영화 포맷으로 수상했다는 점에서 그 의미를 찾을 수 있다. 다시 말해, 〈위로공단〉의 수상은 다큐멘터리영화와 미술 영상의 경계가 희미해지고 있음을 보여 주는 것이다. 임흥순은 전작 〈비념〉(2012)도 그렇고 이후 작품 대부분을 전시와 극장 상영을 거의 유사한 버전으로 함께 진행하고 있다. 이처럼 두 영역을 경계 없이 오가는 작가와 작품으로는 박경근의 〈청계천 메들리〉(2010), 〈철의 꿈〉(2013), 〈군대〉(2018), 박찬경의 〈만신〉(2013), 정윤석의 〈논픽션 다이어리〉(2013), 〈밤섬해적단 서울불바다〉(2017), 제인 진 카이젠의 〈거듭되는 항거〉(2014), 〈이별의 공동체〉(2019) 등이 있다. 미술 기반으로 활동하지는 않지만, 작품 자체가 미술과 영화 사이에 경계를 두지 않고 넘나드는 감독도 있다. 〈이로 인해 그대는 죽지 않을 것이다〉(2014), 〈한국인을 관두는 법〉(2018)의 안건형과 〈아버지 없는 삶〉(2012), 〈옥주기행〉(2016) 등의 작업을 한 김응수, 실험영화 영역까지 아우르면서 미술과 다큐멘터리 작업을 하고 있는 〈프리즈마〉(2013), 〈야광〉(2018)의 임철민이 그들이다. 이들 작품은 사회참여 다큐멘터리영화나 저널리즘 다큐멘터리영화의 탐사 고발 태도와는 다르게, 마치 인물화나 풍경화를 그리듯이 카메라로 마주한 세상

미술과 다큐멘터리영화의 경계를 넘나드는 〈밤섬해적단 서울불바다〉(제작 오피오티픽쳐스, 배급 찬란, 정윤석, 2017)와 〈다시 살아나거라, 아가야〉(송상희, 2017).

(대상)을 자신의 감정과 함께 기입한다.

　이제 다큐멘터리영화는 더 이상 특정 전문가 그룹의 소유물이 아니게 되었다. 디지털이 가진 유연함과 편리함은 제작 주체를 확장시키고, 주제나 대상에 대한 접근성과 친밀도를 높여 관찰 이상의 기록 방법이 가능해졌다. 무엇보다 손쉬운 이미지 변형과 조작을 통한 현실 재창조가 가능해져 다큐멘터리영화의 경계를 재설정하게 한다. 2017, 2018, 2019년 각각 올해의 작가로 소개된 〈다시 살아나거라, 아가야〉(송상희, 2017), 〈유예극장〉(정은영, 2018), 〈다공계곡 2: 트릭스터 플롯〉(김아영, 2019)이 대표적이다. 각 주제에 따른 오랜 리서치 작업과 아카이브 자료를 이용하되 디지털 가공을 거친 이들 영상은 다큐멘터리영화의 경계를 재설정한다.

다큐멘터리영화의 다양한 화법과 태도
한국 다큐멘터리영화는 이제 대상과 관계 맺는 방식도 다양해지고 풍성해졌다. 다큐멘터리영화에서 대상과의 관계맺음과 대상을 대하는 태도는 곧 다큐멘터리영화의 양식을 결정한다. 초기 한국 다큐멘터리영화는 대상을 대변하거나 혹은 대상의 위치에서 동일시하는 역할을 해 왔다. 이들은 주로 피해 대상을 대변하고 연대하는 자리에서 현장을 기록하고 알리고자 했다. 이때 감독은 대상을 착취하지 않고 기록하기 위해 공동체의 일원으로 생활하거나 오랜 기간 대상과 함께 지내면서 친밀한 관계를 형성한다. 이는 다큐멘터리영화의 진정성과 윤리로 통용되고, 이 같은 관계를 통해 대상의 내적 진실에 도달한다고 믿었다. 10년을 나눔의 집에서 위안부 할머니들의 삶을 기록한 〈낮은 목소리〉 연작과 장기수 할아버지와 14년을 함께 생활하며 기록한 〈송환〉(김동원, 2003)이 대표적이다.

2000년대 들어서부터는 다큐멘터리영화도 다양한 화법과 태도를 취하게 되었다. 먼저 기존의 진지함과 존중의 화법에서 벗어나 대상을 조롱하고 희화화하는 작품이 등장한다. 박정희 전 대통령에 대한 사람들의 인식과 환영을 담은 〈뻑큐멘터리-박통진리교〉(최진성, 2001), 3년 동안 3백 명의 사람들을 인터뷰하며 애국심과 민족주의의 허상을 꼬집는 〈애국자 게임〉(경순·최하동하 2002), 자료 화면 재구성을 통해 사실을 풍자하는 김경만의 〈각하의 만수무강〉(2002)과 〈미국의 바람과 불〉(2011), 공적 이미지의 허상을 까발리는 김재환의 〈MB의 추억〉(2012), 〈투루맛쇼〉(2011) 등이 대표적이다. 또 다른 화법으로는 대상에 대한 친밀함도 냉소도 아닌 재미를 추구해 웃음 속에서 현실을 자각하게 하는 방법이다. 가부장 시스템 밖을 상상하도록 유쾌 발랄한 여성들의 삶을 기록한 〈쇼킹패밀리〉

(경순, 2006), 일본 록큰롤 밴드 '기타 울프Guitar Wolf'의 3박 4일 한국 여정을 기록한 〈락큰롤에 있어 중요한 것 세 가지〉(정병길, 2006), 액션 배우가 되겠다는 포부를 안고 스턴트 세계에 뛰어든 액션스쿨 동기생들을 담은 〈우리는 액션배우다〉(정병길, 2008), 4대강 개발 현장 앞에서 밴드 공연을 펼치는 〈저수지의 개들〉(최진성, 2010~2011)[8] 은 정치적 올바름이나 반어적 풍자에서 나오는 비판 정신과는 다소 무관하게 놀이로써 주제 의식을 풀어낸다. 대상에 대한 연민이나 강요된 설득 없이, 이들 영화는 재미 자체를 전면화하여 새로운 방식의 공감을 이끌어 낸다.

이 같은 관계맺음 방식은 화면 밖에서만 존재하는 것이 아니다. 2000년대 들어서면서 한국 다큐멘터리영화에서는 이미 화면 밖에서 관계를 맺고 있는 감독과 대상을 화면에 함께 드러낸다. 다시 말해, 감독의 위치를 화면 밖에만 두지 않고 화면 안으로 적극적으로 끌고 들어와 관계맺음을 가시화한다. 감독의 화면 내 등장은 그동안 관습적으로 분리된 채 존재하던 화면 안과 밖을 연결시키고 감독과 대상, 작품과 제작 과정, 주관과 객관의 경계를 해체한다. 작품 속으로 들어온 감독은 다른 등장인물과 동등한 위치에 선 사회적 배우로서 감독의 역할을 수행하는 대상이 되는 것이다. 특히 감독이 1인칭의 나로 등장해 영화를 주관적인 자신의 경험과 시각으로 풀어 갈 경우, 이러한 장치는 영화를 한 개인의 주관적인 시각으로 접근하도록 인도한다. 이제 다큐멘터리영화의 진실은 숨은 관찰자에 의한 절대 진리의 대변이 아니라 개인의 경험과 통찰에 바탕한 다양한 진실 중 하나이자 부분적인 진실, 곧 '나의 진실'로 접근된다. 다큐멘터리영화가 표방하는 진실 패러다임이 변화하고 있는 것이다. 이제 다큐멘터리영화는 절대적이고 유일하고 객관적인 것이 아니라, 개인의 구성물이자 주관적인 시각의 산물이 된다.

특히, 제작 주체인 감독이 나로 등장하는 방식이 흥미롭다. 일명 '사적 다큐멘터리영화'로 명명되는 이 방식은 감독이 텍스트 안에 나로 직접 등장해 대상이자 감독으로서 역할을 수행하는 한편, 감독 자신을 포함한 감독의 가족, 친지, 친구 등 자신과 일상적으로 밀접한 관계를 맺고 있는 사람들을 촬영 대상으로 삼는다. 이러한 경향의 예로는 〈김진아의 비디오 일기〉(김진아, 2001), 〈주마등〉(김이진, 2001), 〈나의 아버지〉(김희철, 2001), 〈가족 프로젝트-아버지의 집〉(조윤경, 2001), 〈고추말리기〉(장희선, 2001), 〈평범하기〉(최현정, 2002), 〈이것은 다큐멘터리가 아니다〉 연작(박홍렬·홍다은, 2005, 2019),[9] 〈에로틱 번뇌보이〉(최진성, 2005), 〈할매꽃〉(문정현, 2009), 〈붕괴〉(문정현, 2014), 〈이산자〉(문정현, 2017), 〈버블패밀리〉(마민지, 2017), 〈옵티그래프〉(이원우, 2017), 〈개의 역사〉(김보람, 2017) 등 다수가 있다. 감독은 작품 속에서 다큐멘터리에 대한 다큐멘터리를 만들어 가는 동시에, 궁극적으로 다큐멘터리란 무엇인가를 되물으면서 자기반영적 성찰을 유도한다. 또한, 작품 속에 등장하여 찍는 나와 대상(세상) 간의 관계맺음을 보여 줌으로써 작품의 진정성을 획득한다. 그러나 사적 다큐멘터리영화라고 해서 사적인 영역만을 다루는 것은 아니다. 나를 경유해 집단기억을 소환하여, 말하고자 하는 바의 경험적 특수성과 보편성을 동시에 획득한다.

미래의 다큐멘터리영화: 현실을 확장하다

지금까지 2000년대 이후 한국 다큐멘터리영화를 제작 주체 중심으로 살펴보았다. 한국 다큐멘터리영화는 제작 주체의 다양화는 물론이고 제작 지형, 제작 방식, 상영 방식 등 역동적인 변화를 거듭해 오고 있다. 오늘날 다큐멘터리영화의 자장 안에는 미디어 활동을 겸한 사회참여 다큐멘터리영화에서 방송과 미술 영역까지 포괄하는 저널리즘, 휴머니즘, 아티스트 다큐멘터리영화가 공존하고 있다. 최근에는 인물도 사건도 없는 공간과 풍경을 주인공으로 하는 영화와 공유된 자료를 재배치해 현실을 재구축하는 작품들도 등장하기 시작했다.

　다양한 제작 주체가 등장한 만큼 다양한 제작 방식이 존재하고, 무엇보다 최근에는 그 다양성들이 서로 융합해서 시너지를 발휘하고 있다. 〈부재의 기억〉(이승준, 2018)은 그 대표적 사례이다. 이 영화는 2014년 4월 16일 전 국민이 목격했으나 아무것도 밝혀지지 않은 세월호 참사를 다룬 작품으로, 사건 5주기를 맞아 그날의 정황을 되짚는 아카이브 기록 영상이다. 영화는 감독이 현장에서 실제 기록한 영상은 아니지만 세월호 참사 당시 팽목항에 거주하면서 카메라를 든 수많은 감독들의 기록을 직접 질료質料로 하여, 자의적 해석과 추측 혹은 극적 구성을 최대한 배제하고 사건과 상황 그 자체를 간결하게 배치한다. 따라서 〈부재의 기억〉은 현장을 기반으로 사회적 참사를 다룬 사회참여 다큐멘터리이자 현장 기록을 모아 재편집한 아카이브 작업이다. 이 영화의 제작 주체인 이승준 감독은 다큐멘터리영화와 방송 다큐멘터리를 유연하게 넘나들며 작업해 온 독립 PD이자 감독이다. 현장성과 기록 수집 및 사회 참여와 방송 기반 독립 PD라는 요소가 조합된 이 영화는, 미국 배급사의 투자와 배급이 함께 진행된 작품으로 극장과 방송보다 해외 영화제와 유튜브 채널에 먼저 공개되었고, 미국 아카데미영화상 단편 후보에 올랐다. 이러한 〈부재의 기억〉의 행보는 지금 한국 다큐멘터리영화의 공존과 협업 그리고 상생의 현주소를 보여 준다.

마지막으로 덧붙일 것은, 2020년 현재 한국 다큐멘터리영화의 상영 플랫폼 다변화이다. 오늘날 다큐멘터리 상영 관련 플랫폼에는 인디스토리와 시네마달, 아트나인, 포스트핀을 위시한 다큐멘터리영화를 다루는 배급사가 존재하고, 인디플러그, 퍼플레이, D-box 등 온라인 기반 다큐멘터리 배급과 넷플렉스, 왓챠, 웨이브와 같은 OTT 플랫폼이 공존한다. 다시 말해, 한국 다큐멘터리영화는 영화제에서 시작해 공동체 상영, 극장 개봉, 미술관 전시 상영, 방송, OTT와 온라인 상영과 배급이 순차적으로 진행되는 방식이 아니라 동시적이고 산발적으로 이루어지고 있으며, 일면 다변화된 상영 플랫폼을 통해 영화산업 영역에 진입해 다양한 관객층을 만나고 있는 듯하다. 그러나 다큐멘터리영화는 영화라는 매체가 지속적으로 도전받고 있는 여건 속에서 한편으로는 무한한 가능성을 보유하고 있지만 다른 한편으로는 상업 극영화의 뒤편에 존재할 수밖에 없다. 시장경제 논리를 따라 상업 극영화와 무한 경쟁하는 것은 부질없는 대결이기 때문이다. 이제 다가오는 시대 다큐멘터리영화의 과제는 공공재로서 사회적 가치를 제대로 점검해 새로운 방향을 모색해 나가는 것이다.

1 세부 프로그램과 참여 작가와 감독은 다음 사이트를 참조하기 바란다. http://www. mmca.go.kr/exhibitions/exhibitionsDetail.do?exhId=202006020001272

2 국립현대미술관은 2013년 11월에 서울시 종로구 삼청로에 '서울관'을 개관했다. 국립현 대미술관 '서울관'은 전시동, 교육동 외에도 디지털정보실, 멀티프로젝트홀, MMCA필 름앤비디오 등의 시설을 갖춰 다양한 장르의 문화예술을 감상할 수 있는 복합예술문 화센터로 조성되었다. 출처: 국립현대미술관 홈페이지 "미술관 소개"(https://www. mmca.go.kr/contents.do?menuId=5050001511)

3 해당 전시 프로그램에 대한 상세 정보는 일민미술관 홈페이지(http://ilmin.org/kr/ exhibition/total-recall)에서 확인할 수 있다.

4 현재까지 발굴된 문헌 기록에 따르면, 한국 초기 다큐멘터리영화의 흔적으로는 1920 년대 〈조선사정〉(1920), 〈전선여자정구대회〉(1924), 〈창덕궁 순종 황제 묘의〉(이필우, 1928)와 같은 기록영화 필름이 대중에 상영되었다는 것이다. 또한 1960년대 대한뉴스 나 문예영화도 기록영화의 자장에서 해석 가능하다. 따라서 한국 다큐멘터리영화를 독립 영화의 자장 안에서 위치 짓는 1980년 이후 역사 쓰기는 이후 연구를 통해 논의해야 할 부분이다. 우선 이 글은 기존 기술된 역사를 토대로 1980년부터 언급하고자 한다.

5 한국독립다큐멘터리 연구모임, 《한국독립다큐멘터리》, 예담, 2003, 21쪽.

6 변영주 감독의 연작 다큐멘터리 〈낮은 목소리〉는 1995년 〈낮은 목소리-아시아에서 여 성으로 산다는 것〉을 시작으로, 1997년에 〈낮은 목소리 2〉, 1999년에 〈낮은 목소리 3-숨결〉이 각각 2년여의 간격을 두고 제작되었다. 작품에 대한 상세 정보는 한국영화 데이터베이스 KMDb 참조.

7 〈미디어로 행동하라 in ○○〉 프로젝트는 2014년 삼척의 신규 핵발전소 찬반 주민투표 를 기록한 〈미디어로 행동하라! in 삼척〉을 시작으로, 2015년 밀양 송전탑 반대 투쟁의 이야기를 담은 〈미디어로 행동하라! in 밀양〉, 같은 해 영덕 핵발전소 찬반 주민투표와 관련된 기록을 담은 〈미디어로 행동하라! in 영덕〉, 2016년 충북의 노조 파괴 현장을 담은 〈미디어로 행동하라 in 충북〉, 2017년 성주의 사드 배치 반대 투쟁을 담은 〈미디 어로 행동하라! in 성주/김천〉, 2019년 제주 제2공항 건설 반대 투쟁 과정을 담은 〈미 디어로 행동하라! in 제주〉 등이 있다. "미디어로 행동하라" 페이스북 페이지(https:// www.facebook.com/mihaeng/) 참조.

8 최진성의 다큐멘터리영화 〈저수지의 개들〉은 2010년 Take1. 남한강(with 윈디시티)가 제작·공개되었고, 2011년 Take2. 낙동강(with 바드 & 정민아)이 제작되었다.

9 〈이것은 다큐멘터리가 아니다〉(박홍열·황다은, 2005)와 〈이것은 다큐멘터리가 아니다 2〉(박홍열·황다은, 2019).

산업·정책

한국영화 생태계의 변화

김성훈

'하이 리스크 하이 리턴'의 운명

강산이 두 번 바뀌는 동안 한국영화 산업은 롤러코스터 같은 궤적을 선보이며 진화했다. 전통적으로 영화가 '하이 리스크, 하이 리턴'의 특성을 가진 산업인 만큼 흥망성쇠도 다른 산업에 비해 드라마틱하다. 냉탕과 온탕을 몇 번이나 오가는 온갖 부침 속에서도 한국영화 산업이 흥미로웠던 건, 위축되거나 정체되지 않고 늘 나아갔다는 사실이다. 물론 그것이 늘 옳은 방향이었다고는 할 수 없다.

운이 좋게도 지난 13년 동안 영화전문지 《씨네21》에서 영화산업과 정책을 주로 취재한 덕분에 급변하는 한국영화 산업을 가까이서 들여다볼 수 있었다. 최근에는 국회를 담당하면서 정부나 국회가 한국영화 산업을 어떻게 인식하는지를 잘 알게 되었다. 《씨네21》에 입사한 2008년은 한국영화 산업의 암흑기였다. 거품은 이미 썰물처럼 빠져나갔다. 그리고 그 빈자리를 관객과 투자자의 불신이 채웠다.

산업에 빨간불이 켜진 비상 상황은 꽤 오래갔다. 홍콩영화의 전철을 밟는 게 아니냐는 우려가 산업 안팎에서 나왔다. 그러나 산업이 위축될 법도 한데 영화계는 쇄신했다. 투자자, 제작자, 창작자등 분야를 가리지 않고 체질 개선이 이루어졌다. 관객이 다시 극장을 찾아 한국영화를 보는 데 불과 4~5년밖에 걸리지 않았다.

물론 여전히 해결되지 않은 문제도 있다. 와이드 릴리즈 배급 전략으로 인한 스크린 독과점 문제와 대기업 수직계열화로 인한 불공정 문제가 그것이다.

이 같은 산업의 소용돌이부터 지켜봤던 영향일까. '천만 영화'나 외형적 성장 또는 기록 경신과 관련된 화려한 숫자 놀음보다는 지난 20년 동안 영화산업이 구조적으로 어떻게 변화해 왔는지에 주목하여, 시간순으로 몇 가지 키워드를 중심으로 지난 20년간의 한국영화 산업을 정리했다.[1]

영화산업의 환경적 변화

멀티플렉스 시대 개막, 극장의 위기(1998~2013)

1998년 CGV강변 개관과 함께 멀티플렉스 시대가 개막했다. 1999년 10월, 롯데시네마는 일산점을 시작으로 극장 사업에 진출했다. 2000년 5월 13일 메가박스는 테헤란로 땅 아래에 코엑스점을 개관했다. 유동 인구가 많은 상권이나 유흥가에 위치했던 과거 단관 극장과 달리, 멀티플렉스는 주택가를 중심으로 파고들었다. '더 좋은 입지, 더 많은 상영관 및 스크린 확보'라는 기치를 내세운 CGV, 롯데, 메가박스 등 멀티플렉스 삼두마차의 위용은 가히 대단했다. CGV는 개관 4년 만에 전국 스크린 1백 개 시대를 열었다. 롯데시네마는 롯데백화점 유통망을 바탕으로 개관 6년 만에 극장 수 45개를 돌파했다. 메가박스 역시 강남의 랜드마크가 된 코엑스점에 힘입어 개관 2년도 채 안 돼 투자금을 전부 회수했다. 이들의 상영관 선점 경쟁은 과열됐고, 2000년대 초 전국의 주요 도시는 이들 극장 체인으로 얽히게 됐다.

스크린 수가 늘어나면서 멀티플렉스는 그 많은 스크린을 소화할 영화가 필요했다. 2002년 당시 메가박스를 운영했던 오리온그룹은 쇼박스라는 별도 법인을 설립해 영화 투자·배급 사업 진출을 선언했고, 그해 〈색즉시공〉(윤제균, 2002)의 흥행으로 배급시장에 안착했다. 롯데그룹은 2004년 〈나두야 간다〉(정연원)와 〈인형사〉(정용기)를 시작으로 영화 투자·배급 사업 진출을 결정했다. 그렇게 대형 배급사들 간의 배급전쟁이 본격적으로 막을 올렸다. 2003년 12월, 메가박스와 롯데시네마는 CJ엔터테인먼트가 배급한 〈낭만자객〉(윤제균, 2003)에 스크린을 내줄 수 없다고 했다가 이를 번복했다. CJ가 계열사인 CGV에는 프린트를 넉넉하게 내주는 반면, 경쟁사인 메가박스와 롯데시네마 등에는 1벌 이상 내주지 않는 방식으로 견제했다는 게 이유였다. 이처럼 표면에 드러나지는 않았지만 공룡 업체들 간의 싸움이 적지 않게 반복됐다.

한편, 첫 주에 최대한 많은 스크린을 확보한다는 전략인 와이드 릴리즈 배급 방식이 시도되면서 스크린 독과점 문제가 더욱 심각해졌다. 이 시기 와이드 릴리즈의 수혜를 얻지 못한 중소 규모 영화들은 최소한의 상영일수조차 확보하지 못한 채 떨어져 나갔고, 스크린 수가 포화 상태에 이른 상황에서 해마다 개봉 편수가 늘어나면서 스크린 확보 경쟁은 더욱 치열해졌다. 공급이 수요를 훌쩍 뛰어넘는 시장 상황에서 개봉 첫 주에 관객을 모으지 못하면 그 다음 주에 개봉하는 영화에 자리를 내줘야 하는 상황이었기 때문에, 배급·마케팅 등 모든 화력을 개봉 첫 주에 동원하는 전략이

나올 수밖에 없었다. 극장 또한 흥행이 잘되는 영화에 스크린을 몰아줘 짧은 시간 안에 수익을 극대화하는 방식을 선호했다.

이와 같은 현상은 여러 욕망이 맞물리며 발생한 복합적인 문제이지만, 분명한 것은 이것이 결코 공정하지 않은 거래였다는 사실이다. 이에 국회에서는 오래전부터 스크린 독과점을 금지하는 내용의 '영화및비디오물의진흥에관한법률 일부개정법률안'(이하 영비법 개정안)을 발의했으나 상정까지 가는 벽은 높기만 했다. 지난 20대 국회에서 안철수 전 의원과 도종환 의원이 스크린 독과점을 방지한다는 내용의 법안을 발의했지만 상정되지 못했다. 우상호 의원도 2019년에 '6편 이상의 영화를 동시에 상영할 수 있는 복합상영관에서 동일한 영화를 주 영화 관람 시간대에 상영하는 총 영화 횟수의 절반을 초과해 상영해서는 안 된다'는 내용의 스크린 상한제를 골자로 안 영비법 개정안을 발의했으나, 이 또한 상정되지 못했다.

그러나 이렇게 배급전쟁이 치열해지는 한편으로 스크린 숫자는 포화 상태에 이르렀고, 넷플릭스 같은 온라인 동영상 스트리밍 플랫폼이 등장하면서 극장은 위기를 느꼈다. 북미 시장에서 극장이 노다지라는 건 오래전 얘기다. 2012년 미국 2대 영화관 체인기업 AMC가 중국 완다그룹에 인수된 사건은 새삼스러울 것도 없다. 2011년 말 미국영화협회Motion Picture Association of America(MPAA)가 발표한 미국 영화산업 보고서[2]를 살펴보면, 북미 총 관객 수는 전년도에 비해 4퍼센트 하락한 12억 8천여 명으로, 1인당 평균 영화 관람 횟수가 전년도의 4.1회에 비해 0.2회 감소한 3.9회였다. 반면, 집에서 영화를 감상하는 관객은 늘었다. 넷플릭스 같은 스트리밍 서비스는 무려 5억 4,860만 달러(약 6,583억 원, 2012년 상반기 기준)의 수익을 올렸다. 이는 전년도에 비해 5배나 증가한 금액이었다. 또한 블루레이 디스크는 17억 달러(약 2조 4백억 원)어치나 팔렸다. 이러한 통계 결과들은 미국 관객이 극장보다 집에서 영화를 보는 것을 더 선호한다는 것을 시사했다.

이런 상황에서 멀티플렉스의 테크놀로지 경쟁에 불씨를 붙인 건 〈아바타Avatar〉(제임스 캐머런, 2010)였다. 한국에서만 1,248억여 원의 매출을 올린 〈아바타〉의 흥행 덕분에 당시 멀티플렉스는 전체 스크린 수의 30퍼센트를 3D 상영관으로 탈바꿈했다. 디지털 상영 바람과 맞물려 멀티플렉스는 IMAX, 3D를 비롯한 4DX, SOUND X, 아우라AURA* 등 다양한 테크놀로지를 장착해 갔다. CGV와 롯데시네마, 메가박스 같은 멀티플렉스가 매년 어마어마한 비용을 들여 상영관 시설을 업그레이드하는 것도 극장이 사라질지 모른다는 위기의식에서 나온 결정이다. 어쨌거나 넷플릭스를 포함해 아마존 프라임 비디오 등 온라인 동영상 스트리밍 서비스OTT의 등장은 관객의 영화 관람 방식을 완전히 바꾸어 놓았다. 특히 OTT를 통해 영상 콘텐츠를 즐겨 관람하는 젊은 관객에게 영화는 더 이상 극장에서만 볼 수 있는 매체가 아니다. 이들은 또한 영화와 드라마의 경계도 엄격히 나누지 않는다. 창작자도 영화와 드라마를 자유롭게 넘나들고 있다. 관객의 관람 방식 변화와 창작자의 자유로운

*SOUND X · 아우라AURA 각각 CJ CGV와 롯데시네마 브로드웨이에서 선보인 특별상영관의 이름이다. CJ CGV의 'SOUND X'가 3D 입체 사운드 음향 시스템을 갖춘 상영관이라면, 롯데시네마의 '아우라'관은 11.1채널에서 최대 23.1채널 음향을 서비스하는 상영관이다.

매체 이동은 극장에 위기감을 심어 주기에 충분했다. 멀티플렉스가 끊임없이 극장 시설에 투자하고, 4DX, 스크린X 같은 체험형 상영관을 시도하는 것도 관객에게 영화 관람 이상의 감흥을 선사하기 위함이다. 급변하는 산업 상황에서도 시네마는 큰 스크린에서 감상해야 하는 매체라는 의견이 여전히 나오는 걸 감안하면, 앞으로 극장이 어떻게 살아남게 될지 좀 더 지켜봐야 할 일이다.

한국영화 최후의 방패막 스크린쿼터제(1999~2006)

밀레니얼을 맞기 전부터 영화계는 투쟁으로 비장했다. 투쟁은 강경했고, 또 절박했다. 스크린쿼터제Screen Quota는 영화인들에게 생존의 마지노선이었다. 스크린쿼터제는 극장이 1년 중 146일(최소 106일) 동안 한국영화를 의무적으로 상영하는 제도다. 한국영화를 육성하고, 할리우드 블록버스터의 한국 시장 잠식을 우려해 1967년부터 시행해 왔다. 문화생태계에서 자국 영화를 보호할 목적으로 시행하는 보호무역제도인 셈이다.

스크린쿼터제가 본격적으로 수면 위로 오른 건, 1998년 11월 한미투자협정을 앞두고 한국 정부가 미국에 스크린쿼터를 대폭 줄일 수 있다는 내용의 안을 제시한 게 알려지면서부터다. 영화산업이 성장하기 훨씬 전이었던 당시만 해도 한국영화가 할리우드와 동등한 위치에서 경쟁하는 것은 계란으로 바위 치기나 다름없었으니 영화인들로서는 벌떼같이 일어날 수밖에 없었다. 당시 신낙균 문화부 장관이 "2002년까지는 스크린쿼터 축소안을 논의하지 않겠다"고 밝히면서 논란은 수습되는 듯했다. 하지만 2002년 이후 단계적 축소안을 가지고 미국과 협상에 나선 후, 김대중 대통령이 이 안으로 1999년 7월 초 미국을 방문해 한미투자협정을 맺을 거라는 정부 방침이 알려지면서 영화인들은 스크린쿼터문화연대를 꾸려 거리로 나섰다.

정부와 영화계의 줄다리기는 팽팽했다. 2001년 정부와 국회는 "한국영화 점유율이 40퍼센트에 이를 때까지 스크린쿼터를 축소하거나 폐지할 수 없다"고 수차례 공언했다. 1997년 대선 후보였던 당시 김대중 국민회의 총재도 부산국제영화제 개막식 다음 날 영화인들을 만나 "한국영화 시장점유율이 40퍼센트가 될 때까지 쿼터제를 유지할 것"이라고 약속한 바 있다. 하지만 영화계는 정부의 입장에 대해 "문화정체성이기도 한 스크린쿼터는 한미 양국 간의 흥정 대상이 될 수 없다"고 강경하게 맞섰다.

다른 한편으로는 스크린쿼터가 자국 영화를 보호하는 방패막인 동시에 산업의 공정성을 해치는 요인이 될 수 있다는 점에서 우려의 시선도 제기되었다. 〈공동경비구역 JSA〉(박찬욱, 2000)의 583만여 명, 〈친구〉(곽경택, 2001)의 818만 명 등 한국영화가 흥행하고 산업이 성장하면서 특정 영화의 독주가 다른 한국영화의 상영 기회를 빼앗는다는 우려도 적지 않았다. 당시 직배사의 영향력이 작아졌다고는 해도 여전히 직배사의 압력에 밀려 관객이 잘 들고 있는데도 일찍 간판을 내리는 사례가 계속됐고, 스크린쿼터를 채우려는 극장주의 계산 덕에 독립영화나 예술영화가 상영

1998년 영화인들의 스크린쿼터사수대회.

기회를 얻는 경우도 허다했다. 1999년, 2000년 한국영화 시장점유율이 30퍼센트대에 진입했고, 2001년에는 '꿈의 숫자'였던 40퍼센트에 진입하면서 충무로는 더욱 긴장했다.

2006년 노무현 당시 민주당 대통령 후보는 《씨네21》과의 인터뷰에서 "스크린쿼터제는 유지되어야 하며, WTO 뉴라운드에서 문화 부분을 논하는 건 위험한 발상"이라고 경고했다. 그럼에도 금융자본과 대기업(CJ, 오리온, 롯데)이 영화산업에 우루루 진입하고, 한국영화의 시장점유율이 해마다 상승하면서 영화산업 안팎에서 스크린쿼터 무용론 및 회의론이 나왔다. 그러면서 결국 2006년 1월 26일 정부는 스크린쿼터를 146일에서 절반 수준인 73일로 줄이겠다고 공식 발표했고, 영화인들은 이를 격렬하게 반대했다. 스크린쿼터를 둘러싸고 여러 의견들이 나왔지만, 분명한 건 스크린쿼터가 한국영화의 외형적·구조적 발전에 중요한 역할을 했다는 사실이다.

창투사에서 대기업 투자배급사 시대로(2000~2004)

짧지만 굵었다. 세기말 대기업 1세대들이 영화산업에서 일제히 철수했다. 1999년 삼성영상사업단이 철수를 선언했고, 대우 또한 영상음반사업부를 없앴으며, 뒤이어 SK와 현대가 물러났다. 그중에서 삼성영상사업단은 짧은 시간 동안 산업에 강한 인상을 남겼다. 특히 삼성영상사업단이 투자한 〈쉬리〉(강제규, 1999)는 한국영화 산업에 새로운 패러다임을 제시했다. 한국영화 최초의 블록버스터였던 〈쉬리〉는 총 240만 명을 동원하며 당시 깨지기 힘들어 보였던 〈타이타닉Titanic〉(제임스 캐머런, 1997)의 역대 최다 관객 수(197만여 명)를 훌쩍 넘겼고, 최저 보장수익 130만 달러라는 한국영화사상 가장 높은 금액으로 일본에 수출되었으며, 비디오 판매에서도 최고 기록이었던 〈쥬라기 공원Jurassic Park〉(스티븐 스필버그, 1993)의 13만 장을 넘어서 13만 7천 장을 기록했다. 대기업이 영화산업에서 발을 뺀 이유는 IMF가 터지면서 기업들이 줄줄이 대대적인 구조조정에 나선 탓이 크다. 삼성영상사업단의 짧았던 영화산업 진출은 제작사 중심이던 충무로를 투자배급사 중심으로 바꿔 놓았다 (당시 충무로는 토착자본인 시네마서비스, 대기업인 삼성영상사업단, 창투사인 일신창투 3개 체제로 질서를 형성하고 있었다). 〈쉬리〉가 준 단맛은 또 다른 돈을 영화산업으로 끌어들였다. "10억 원을 들여 30억 원의 수익을 기록하는 게 아닌 30억 원을 들여 5억 원을 번다"는 강제규 감독의 말대로 한국영화 산업은 "더 크게"라는 기치로 2000년대를 맞았다.

대기업이 나간 자리는 금융자본이 재빨리 들어와 채웠다. 영화산업은 투자 회수 시점이 빠르고 수익률이 높아 금융자본들이 군침을 삼킬 만한 메뉴였다. 차승재 대표가 이끌던 우노필름은 로커스의 투자를 받아 종합엔터테인먼트회사인 싸이더스 우노필름으로 바뀌었고, 강우석 감독의 시네마서비스는 다국적 벤처자본인 워버그핀커스로부터 약 240억 원의 투자금을 유치했으며, 강제규 필름은 KTB로부터 57억 5천만 원을 투자 받았다. 이처럼 금융자본이 메이저급 영화사에 직접 투자한 것은 물론이고, 개별 영화에 투자하는 자본도 투자조합 형태로 바뀌었다. 일신창투를 시작으로 미래에셋, 산은캐피탈, 국민기술금융 등이 줄줄이 영화산업에 뛰어들었다. 그러면서 창투사에 대한 충무로의 의존도는 더욱 커졌다. 금융자본의 투자 방식은 고정자산을 줄이고 개별 콘텐츠(영화)

에 집중 투자하는 방식이라, 증시가 불안하고 금리가 낮은 경제적 상황에서 영화는 신규 투자자들에게 여전히 매력적인 상품이었다.

새로운 금융자본이 우후죽순처럼 들어오면서 제작사와 제작사, 제작사와 창투사 간의 합종연횡도 활발해졌다. 2004년 명필름과 강제규필름 그리고 세신버팔로가 합병해 만든 MK픽쳐스를 시작으로, 튜브엔터테인먼트가 영진닷컴과 합병돼 미디어코프로, 자회사로 아이필름을 둔 싸이더스HQ가 라보라를 인수해 iHQ로 탈바꿈하는 등 우회상장 열풍이 시작됐고, 충무로 제작사들이 속속 이 대열에 합류했다. 또 LJ필름은 프라임그룹과, 싸이더스FNH는 KT와 손잡는 등 거대 자본과의 결합도 진행됐다. 반대로 충무로 최고의 토착자본이던 강우석 감독의 시네마서비스(당시 플레너스)는 2003년 초 CJ엔터테인먼트에 인수될 뻔했다가 협상 막판에서 여러 이유로 무산됐다. 당시 충무로에서 대기업과 충무로 토착자본의 결합으로 많은 관심을 받았던 'CJS 연합' 무산은 영화산업의 패러다임이 토착자본에서 대기업으로 넘어가는 출발점이나 마찬가지였다.

한편으로 금융권과 더불어 새로운 대기업들도 유통(극장) 사업을 중심으로 충무로에 진입했다. 1997년 스티븐 스필버그 감독, 드림웍스 등 할리우드 감독 및 제작사와 접촉하며 엔터테인먼트 산업에 뛰어들 준비를 했던 제일제당은 잠깐 주춤했던 전열을 가다듬고 충무로에 다시 도전장을 내밀었다.[3] 제일제당은 CGV 같은 영화(혹은 극장) 사업의 인프라를 구축하는 데 그룹의 역량을 쏟아부었다. 동양그룹과 롯데시네마가 멀티플렉스 사업에 연달아 뛰어들면서 극장을 가진 대기업들 간의 배급 경쟁도 본격화되었다. 2000년이 되면서 CJ는 외화 〈아메리칸 뷰티American Beauty〉(샘 멘데스, 1999), 〈글래디에이터Gladiator〉(리들리 스콧, 2000)와 한국영화 〈공동경비구역 JSA〉를 흥행시키며 전통의 강자 시네마서비스를 능가하는 실적을 올렸다. 당시 CJ가 시네마서비스를 꺾을 수 있었던 비결은 드림웍스의 외화, 잘 만들어진 한국영화, 극장 체인이라는 삼각축이 맞물려 작동한 결과였다.

CJ를 시작으로 동양그룹(쇼박스), 롯데시네마는 탄탄한 배급망을 앞세워 극장을 채울 콘텐츠를 안정적으로 확보하기 위해 한국영화에 투자하기 시작했다. 이들은 과거 대기업이나 비슷한 시기에 뛰어든 금융권처럼 흥행 수익이 목표인 한시적인 투자가 아니라 투자, 제작, 배급, 상영으로 이어지는 수직계열화를 구축해 극장(유통)에 돈이 될 만한 콘텐츠를 안정적으로 유통하는 것을 목표로 하는 장기적인 투자라는 점에서 차이가 있었다. 대도시뿐만 아니라 중소 도시에서도 동네마다 멀티플렉스가 생기는 현상은 이들의 투자에 더욱 힘을 실어 주었다.

어쨌거나 금융자본을 등에 업어 자금력을 갖춘 제작사는 너도나도 앞다퉈 라인업을 내놓기 바빴다. 이는 박찬욱 감독의 〈공동경비구역 JSA〉와 곽경택 감독의 〈친구〉가 589만 명과 818만 명을 각각 기록하는 흥행 성적을 냄으로써 "영화에 투자하면 무조건 돈을 번다"는 인식이 금융권에 심어진 결과였다. 하지만 지나친 의욕은 화를 부르는 법. 많은 영화들이 시나리오가 완벽하지 않은데도 투자를 받았고, 엄격한 프리프로덕션을 거치지 않은 채 촬영에 들어가기 바빴다. '돈 걱정 없는 시대'였던 만큼 〈화산고〉(김태균, 2001) 45억 원, 〈무사〉(김성수, 2001) 50억 원, 〈흑수선〉(배창호, 2001) 50억 원, 〈성냥팔이 소녀의 재림〉(장선우, 2002) 60억 원, 〈청풍명월〉

(김의석, 2003) 60억 원, 〈내츄럴 시티〉(민병천, 2003) 50억 원 등 마케팅 비용을 포함해 총 제작비가 50억 원을 웃도는 대형 프로젝트가 줄줄이 이어졌다. 이 중에서 〈성냥팔이 소녀의 재림〉, 〈튜브〉(백운학, 2003), 〈데우스 마키나〉(이현하, 2003), 〈내츄럴 시티〉 같은 '블록버스터 노선'을 내세운 영화들이 흥행에 별 재미를 보지 못하면서 금융 자본도 덩달아 위축되기 시작했다. 이는 한국영화 전체의 수익성 저하로 이어졌고, 거품들이 썰물처럼 빠져나갔다. 2000년대 중반 한국영화의 암흑기가 도래했다.

충무로 보릿고개 시대(2007~2011)

불황의 터널은 길었다. 한국영화 산업은 2007년 거품이 빠져나가며 붕괴됐고, 그 결과 2008년 -43.5퍼센트라는 역대 최저 수익률을 기록했다. 2008년 영화진흥위원회가 발표한 〈2007년 한국영화 산업 결산〉에 따르면 "기업 간 인수합병과 우회상장이 가져온 한국영화의 질적 저하, 극장 매출에 매달리는 취약한 산업구조, 그리고 스크린쿼터의 축소가 한국영화의 위기를 가져왔다"며 "극장 매출 8, 부가 시장 1, 해외 매출 1에 머물러 있는 매출 구조를 정부의 제도적 지원과 위원회의 정책 입안, 영화계의 자구 노력을 통해 6 : 2 : 2로 조정해야 한다"고 지적했다.[4]

가뭄은 2008년에도 계속됐다. 2008년 개봉한 영화 10편 중에서 9편이 마이너스 수익률을 기록할 만큼 산업은 처참하게 무너졌다. 돈줄이 말랐다. 2008년 제작됐던 한국영화의 상당수가 2007년 하반기부터 제작에 들어간 영화들이거나, 2006년 하반기부터 촬영에 들어갔지만 개봉을 미루다가 이월작으로 개봉한 영화들이었다.

제작 편수가 무려 110편에 달했던 2006년의 거품이 2년이 지난 뒤인 2008년에도 잔여물을 남기고 있었다.

상황이 이렇다 보니 메인 투자자들이 예전처럼 전체 제작비의 50퍼센트 이상을 투자하는 경우가 없어졌다. 메인 투자자가 20~30퍼센트를 투자하고 나머지 70퍼센트는 제작사가 알아서 끌어오라는 경우가 비일비재했다. 그 얘기는 이전처럼 투자자가 리스크를 짊어질 만큼 시나리오가 좋지 않다는 뜻인 동시에, 영화가 더 이상 수익을 내기 쉽지 않다는 뜻이기도 했다. 그간 '묻지마 투자'로 생긴 거품이 빠졌다는 신호로 볼 수 있지만, 돈이 영화산업에 들어오지 않고 말랐다는 신호로도 해석될 수 있었다.

영화산업 안팎에서 체질을 개선해야 한다는 목소리가 나왔다. 새로운 자본이 들어오기는커녕 투자가 위축되면서 제작 편수가 대폭 줄었다. 더 개성 있고, 완성도 높은 시나리오를 개발·발굴하고, 더 신중하게 투자해야 하며, 프리프로덕션을 철저하게 진행해 촬영 현장에서 실수를 줄여야 한다는 자기반성이 영화계 안팎에서 나왔다. 한때 영화산업에 돈이 몰렸던 시절, 우후죽순 만들어진 전국 대학의 연극영화과 졸업생들은 갈 곳이 없어졌다. 영화가 꿈이던 이들은 어쩔 수 없이 영화를 그만두고 방송 등 다른 직종을 선택해야 했다. '88만원 세대'라 불리던 이들을 보호할 수 있

•88만원 세대　우석훈과 박권일의 저서 《88만원 세대》(레디앙, 2007)에서 유래한 말로, 대학 졸업 후에도 비정규직으로 일하며 미래에 대한 불안 속에서 사회생활을 시작해야 하는 20대를 지칭하는 은유적인 표현이다. 여기서에 '88만 원'은 당시 우리나라 비정규직의 평균 임금인 119만 원에 20대의 평균 소득 비율 74퍼센트를 곱해서 산출한 금액이다.

는 사회적 안전망은 없었다. 불황의 끝을 향해 달려가던 2011년, 한 시나리오 작가는 생활고 때문에 세상을 떠났다. 그는 '남는 밥과 김치를 달라'는 유서를 남긴 채 극단적인 선택을 한 고故 최고은 시나리오 작가다. 그의 죽음은 영화판 '88만원 세대'의 안타까운 현실을 드러낸 상징적인 사건이자, 2012년 불황을 탈출한 이후부터 지금까지 여전히 해결되지 않은 산업의 구조적 문제이기도 하다.

필름에서 디지털로(2009)

2010년이 되기 전에 심상치 않은 변화가 벌어지고 있었다. 듣도 보도 못한 디지털카메라 한 대가 〈국가대표〉(김용화, 2009) 촬영 현장에 처음 투입돼 자신의 이름을 알리더니, 자신보다 덩치가 크고 나이가 많은 필름 카메라를 집어삼킬 기세를 보였다. 일시적인 유행이 아니었다. 피사체를 2K 크기로 화면에 담는 기존의 HD카메라와 달리, 이 카메라는 디지털이면서도 필름과 유사한 화질을 구현하는 4K 방식이었다. 작고 날렵한 이것의 정체는 '레드원'이다. 촬영 현장에 기동성을 더한 이 카메라는, 비용을 대폭 절감시키며 짧은 시간에 현장에 안착하는 데 성공했다.

충무로가 레드원을 주목한 이유는 무엇보다 비용 때문이었다. 많은 영화인들이 레드원 카메라가 현장에 도입되면 제작 시스템과 제작비 운영에 변화가 생길 것으로 예상했고, 그 예상은 들어맞았다. 필름 구입비를 비롯해 카메라 대여, 현상, 텔레시네(필름으로 촬영한 영상을 디지털신호로 바꾸는 과정), 사운드 작업 비용 등 영화 한 편당 2~3억 원이 절약됐다. 필름에 비해 노출범위가 넓은 점도 제작비 절감에 한몫했다. 광량이 부족한 초저녁까지 많은 분

작고 날렵한 디지털카메라 한 대가 충무로를 뒤집었다. 영화 〈국가대표〉(제작 KM컬처, 배급 쇼박스, 김용화, 2009) 촬영 현장에서 사용된 레드원 카메라. RED사 출시.

량을 찍을 수 있기 때문에 진행 속도가 빨라지고 자연히 전체 회차를 줄일 수 있었다. 비용도 비용이지만, 현상에서 텔레시네로 이어지는 필름과 관련된 과정을 생략함으로써 후반작업에 드는 시간을 아낄 수 있었다. 레드원 카메라 이후, 최근에는 아리ARRI사에서 출시한 알렉사*가 전 세계 영화 촬영 현장에 안착했다.

레드원의 등장은 필름의 퇴장을 더욱 앞당겼다. 2012년 이스트만코닥은 파산보호를 신청했고, 같은 해 후지필름도 영화필름 생

*아리 알렉사ARRI ALEXA 시리즈 1917년 설립된 독일의 영화 장비 제조사인 아리 ARRI는 원래 필름 카메라 제작 분야에서 미국 파나비전과 함께 거의 독보적인 위치를 차지했다. 그러나 미국의 레드RED사에서 출시한 레드원이 영화 촬영 현장에 새 바람을 가져오면서 필름 카메라 판매율이 저조해지자, 2010년 디지털카메라 알렉사ALEXA를 출시하게 된다. 알렉사 카메라는 소니SONY의 센서를 사용하기는 했으나, 이미지 프로세싱에 독자적인 방식을 사용하여 소니 카메라보다 상대적으로 부드러운 입상감을 낼 수 있었다. 최근 한국영화에도 이 알렉사 카메라가 더 널리 사용되고 있는데, 〈곡성〉(나홍진, 2015, 알렉사 XT 사용), 〈아가씨〉(박찬욱, 2016, 알렉사 플러스 사용), 〈기생충〉(봉준호, 2019, 알렉사 65 사용) 등이 알렉스 시리즈로 촬영된 대표적인 작품들이다.

산을 중단하면서 전 세계 영화인들의 안타까움을 샀다. 이후 차례로 등장한 아리 알렉사 시리즈, 스마트폰 카메라 등 디지털이 불러온 바람은 후반작업 공정과 극장 상영에도 큰 영향을 끼쳤다. 당시 모든 극장의 상영 방식이 디지털로 전환된 것은 아니기 때문에, 디지털로 찍고도 필름 프린트를 다시 제작해 극장에 보내는 웃지 못할 촌극도 벌어졌다. 한국영화의 필름 시대는 봉준호 감독의 〈설국열차〉(2013)를 끝으로 막을 내렸다. 하지만 정정훈 촬영감독이 참여한 〈라스트 나이트 인 소호Last Night in Soho〉(에드가 라이트, 2020)를 비롯해 최근 영국과 할리우드에선 다시 필름 작업이 조금씩 늘어나는 추세다.

호황기와 공고해진 스튜디오 시스템(2012)

"호황이다." 2012년 한국영화 산업은 파죽지세였다. 영화진흥위원회가 발표한 〈2012년 9월 한국영화 산업〉 통계 보고서에 따르면, 한국영화를 관람한 관객 수가 최초로 1억 명을 돌파했다. 한국영화의 시장점유율도 덩달아 50퍼센트를 회복했다. 그뿐만이 아니다. 박스오피스 상위 10편에 무려 7편의 한국영화가 이름을 올렸다. 〈도둑들〉(최동훈, 2012)과 〈광해, 왕이 된 남자〉(추창민, 2012) 등 두 편이 천만 관객을 기록했고, 〈범죄와의 전쟁: 나쁜놈들 전성시대〉(윤종빈, 2011), 〈내 아내의 모든 것〉(민규동, 2012), 〈연가시〉(박정우, 2012), 〈바람과 함께 사라지다〉(김주호, 2012), 〈건축학개론〉(이용주, 2011), 〈댄싱퀸〉(이석훈, 2012)까지 총 8편이 4백만 명 이상의 관객을 불러모았으며, 무려 25편의 영화가 1백만 관객을 동원했다. 중급 영화들이 선전해 허리까지 탄탄해졌다.

극장 흥행뿐만 아니라 IPTV를 비롯한 인터넷 VOD 등 부가판권 시장의 성장 역시 눈에 띈다. 2000년대 내내 가파르게 무너지다가 2009년(매출 888억 원)을 기점으로 상승세로 돌아선 부가판권 시장은 2010년의 1,108억 원을 거쳐 2011년에는 1,709억 원의 매출을 올렸다. 특히 IPTV와 디지털 케이블TV 등 스마트TV를 기반으로 한 영화 콘텐츠 부가 시장이 성장했다.

영화인들 역시 한국영화가 선전했다는 사실에 고무됐다. 〈광해, 왕이 된 남자〉를 제작한 리얼라이즈픽쳐스 대표 원동연은 "올해는 '1천만 영화'가 한 해에 두 편이나 나온 사실보다 8편의 영화가 4백만 명 이상을 동원했다는 사실에 주목해야 한다"며, "그것은 한국영화가 관객에게 신뢰를 주었다는 것을 의미하고, 관객 역시 한국영화를 보기 위해 극장을 다시 찾기 시작했다"고 한국영화의 부활을 강조했다.[5] 앞에서 나열한 화려한 수치만 보면 한국영화 산업이 다시 상승 국면에 접어든 건 분명해 보였다.

그러나 이러한 상승세가 영화산업이 '붕괴'됐던 2007년 이후 지금까지 발생한 여러 구조적 문제들을 완전히 해결했음을 뜻하는지 묻는다면 선뜻 대답하기 어렵다. 수익률 저하로 인해 영화산업은 더 이상 투자자들에게 황금알을 낳는 거위가 아니었다. 영화에 매력을 잃은 많은 투자자들이 충무로를 빠져나갔고, CJ엔터테인먼트, 쇼박스, 롯데엔터테인먼트 등 당시 메이저 투자배급사는 조심스러운 투자로 방향을 선회했다. 어쩔 수 없이 영화인들은 자구책으로 손익분기점을 낮추는 방법을 택했다. 제작비와 마케팅P&A 비용을 절감하는 등 제작자는 제작자대로, 스태프는 스태프대로 허리띠를 졸라매기로 한 것이다. 때문에 많은 스태프들이 어쩔 수 없이 영화 일을 그만두거나 방송 같은 다른 분야로 진로를 바꿔야 했다. 총 제작비가 10억 원 이상 20억 원 미만의 영화를 뜻하는 '10억 원 영화'라는 신조어가 생긴 것도 2009년이다. 프로덕션이 방만하게 운영됐던 과거와 달리 프리프로덕션과 투자가 신중하게 진행되었다는 점에서 분명 교훈은 있었지만, 10억 원 영화는 확실히 영화인 모두가 제 살을 깎아먹는 기형적인 제작 방식이었다. 당시 영화계는 "이번의 위기를 새로운 시스템을 갖출 때 교훈으로 삼자"며 값비싼 수업료를 치렀다고 말했다. 그 사이 대기업은 저예산 상업영화 제작을 실험하기도 했다. 2011년 〈티끌모아 로맨스〉(김정환, 2011, 독립영화 제작사 인디스토리와 공동 제작)부터 2012년 초에 개봉한 〈화차〉(변영주, 2011)까지 제작한 뒤 현재는 CGV아트하우스에 그 역할을 넘겨준 CJ엔터테인먼트의 저예산 상업영화 제작 레이블 필라멘트픽쳐스가 대표적인 예다. 어쨌거나 2007년 이후 4~5년간 위기를 겪으면서 한국영화 산업은 스태프의 고용 불안정과 처우 악화, 제작사의 붕괴, 투자배급사로의 권력 집중화 등 구조적 문제를 드러냈다.

　다시 앞의 질문으로 돌아가 보자. 2012년 한국영화의 상승세는 지난 몇 년간의 위기에서 발생한 구조적인 문제를 해결한 뒤 얻은 결과물인가. 일단 2012년 이후 좋아지고 있는 한국영화의 수익률부터 들여다볼 필요가 있다. 2009년 이후 2012년까지 영화 수익률이 상승한 이유는 2009년의 약 15억 원, 2010년의 약 13억 원, 2011년의 약 15억 원처럼 평균 제작비가 절감됐기 때문이지 많은 수익을 올렸기 때문이 아니다. 제작비를 절감하기 위해 가장 먼저 손을 댄 부분이 바로 스태프 인건비였다. 이것은 현장의 전문성 악화와 직결됐다. 스태프의 전문성이 떨어질수록 영화의 퀄리티가 어 떠할지는 충분히 예상 가능하다. 스태프의 고용안정과 처우 개선 이 완전히 해결되지 않고 한국영화의 지속 가능한 성장을 기대하 기는 어려운 일이다.

프로덕션이 붕괴되고, 투자배급사의 자금이 막강해지면서 중견 제작사들의 힘이 약해진 것도 문제라면 문제였다. 2007년 이후 제 작사들이 값비싼 수업료를 치르는 동안, CJ·롯데·쇼박스 등 투자 배급사는 자금력을 바탕으로 감독과의 직접 접촉, 자체 제작, 공 동 제작 그리고 제작 대행 등 다양한 방식의 직접 제작을 실험했 다. 그 과정에서 제작사와 투자배급사 간의 관계가 갑을관계로 위 축되었다. 투자배급사는 투자계약서에 배급 수수료를 포함해 해외 수출, 라이선싱licensing, 제작비와 금융비용 및 관리수수료 등 과 거에 비해 더욱 세분화된 각종 수수료를 제작사에 요구했다. 계약 내용에 따라 다르지만 배우 캐스팅과 스태프 세팅까지 영화제작의 거의 모든 공정에서 제작사는 투자배급사의 눈치를 봐야 하는 게 당시의 현실이었다.

그런 이유로 감독, 제작자, 스태프 등 여러 분야에서 제작자가 부활해야 한다고 강조했지만 말처럼 쉽지 않았다. 반면 투자배급 사 입장에서는 자사의 돈으로 여러 비즈니스 모델을 시도하는 게 무슨 잘못이냐고 물을 수 있다. 그러나 투자배급사의 선택이 산업 의 여러 구성원들에게 어떤 방식으로든 피해를 주었다면 그건 분 명 잘못된 일이다. 여전히 적지 않은 영화인들이 "상영과 배급을 분리해야 한다"고 주장하거나 "정책과 관련 법률 입안 등 공적 영 역의 힘이 투입되어야 한다"는 의견이 나오는 것을 보면 CJ를 비롯한 대기업 투자배급사가 선도기업에 어울리는 행보를 하고 있는지 물어봐야 한다.

영화산업의 지형도가 콘텐츠 중심에서 유통 중심으로 변화하는 동안, 현재까지도 영화계의 여러 분야에서는 모두가 더불어 살 수 있는 방법을 찾고 있다. 공정한 경쟁이 가능한 영화생태계를 마련하는 문제는 그때도 지금도 유효하다.

글로벌시장으로의 확장(2012~)

서부로, 서부로. 미국 서부 개척시대 구호가 아니다. 할리우드는 전 세계 영화인들에게 꿈의 무대다. 박찬욱, 김지운 두 감독은 2010년대 들어 자신들의 첫 할리우드 영화인 〈스토커〉(2012)와 〈라스트 스탠드〉(2012)를 나란히 내놓았다. 두 영화는 장르도, 소재도 다르지만 단짝 촬영감독인 정정훈, 김지용과 함께 할리우드 시스템 안에서 작업했다는 점에서 공통점이 있다. 특히 정정훈 촬영감독은 〈스토커〉를 찍은 뒤 할리우드에 도전장을 내밀었다. 그는 미국 LA에 정착해 〈나와 친구, 그리고 죽어가는 소녀Me and Earl and the Dying Girl〉(알폰소 고메즈-레존, 2015), 〈호텔 아르테미스Hotel Artemis〉(드류 피어스, 2018), 〈그것It〉(안드레스 무시에티, 2017), 〈커런트 워The Current War〉(알폰소 고메즈-레존, 2017), 〈좀비랜드: 더블 탭Zombieland: Double Tap〉(루벤 플레셔, 2019), 〈라스트 나이트 인 소호〉를 차례로 작업하며 할리우드에 안착하는 데 성공했다.

또한 봉준호 감독은 크리스 에반스Chris Evans, 틸다 스윈튼Tilda Swinton 등 할리우드 배우와 함께 작업한 〈설국열차〉(2013), 넷플릭스 영화 〈옥자〉(2017)를 연출했다. 배우 이병헌은 〈지.아이.조 2G.I.

〈커런트 워〉(수입 우성엔터테인먼트, 배급 (주)이수C&E, 알폰소 고메즈-레존, 2019) 촬영 현장의 정정훈 촬영 감독과 봉준호 감독의 할리우드 진출작 〈설국열차〉(제작 모호필름·오퍼스픽처스, 배급 CJ E&M, 봉준호, 2013) 촬영 현장.

Joe: Retallation〉(존 추, 2013), 〈레드: 더 레전드Red 2〉(딘 패리소트, 2013), 〈터미네이터 제니시스Terminator Genisys〉(앨런 테일러, 2015) 등 여러 할리우드 영화에 얼굴을 내밀었고, 마동석은 현재 마블 영화 〈이터널스Eternals〉(클로이 자오, 2020)를 촬영 중이다. 이처럼 2010년대는 많은 한국 영화인들이 할리우드에 진출하고 또 인정받은 시기라고 할 수 있다.

한편 2000년대에 들어서면서 중국 대륙은 모든 산업 분야에서 '기회의 땅'으로 인식되기 시작했고, 한국영화 산업도 이러한 흐름에 빠르게 동참했다. 2013~2015년, 많은 한국 영화인들이 중국으로 몰려들던 광경은 골드러시를 방불케 했다. 당시 중국은 하루가 멀다 하고 성장을 거듭해 할리우드를 뛰어넘을 기세였다(현재 중국은 세계에서 가장 큰 영화 시장이다). 시장이 포화 상태에 이르러 밖으로 눈을 돌려야 했던 한국으로선 중국은 반드시 들어가야 하는 관문이었다. 처음에는 감독, 촬영감독, 시각특수효과VFX, 특수효과 업체, 무술감독 등 기술 스태프들이나 배우가 중국영화에 참여하거나, 한국과 중국 제작사가 만나 공동 프로젝트[6]를 진행하는 방식으로 진행됐다. 이후 쇼박스와 화이브라더스, NEW와 화책미디어처럼 한국과 중국 자본이 결합하거나 한국의 원천 콘텐츠 IP(지적재산),* 즉 소설, 웹소설, 웹툰 등 영화로 만들어질 수 있는 아이템과 중국의 자본이 결합하는 방식(《나는 증인이다》(안상훈, 2015))으로까지 진화됐다. 한동안 불붙은 한·중 합작 움직임은 한국의 고고도미사일방어체계THAAD 배치 이후 중단됐다. 문재인 정부가 들어선 뒤 중국과의 관계가 회복되는 기미가 보이면서 한한령限韓슈(한류금지령)이 풀릴 거라는 기대감도 나왔지만, 합작 프로젝트와 관련해 얼어붙은 한·중 관계가 어떤 방향으로 나아가게 될지는 앞으로 더 지켜봐야 할 부분이다.

*콘텐츠 IP intellectual Property right 영문 표현을 그대로 직역하자면 콘텐츠의 지적 재산권을 뜻하지만, 오늘날 콘텐츠는 하나의 원천 콘텐츠(One Source)를 통해 다양한 부가 시장 및 플랫폼으로의 확산(Multi-Use)이 가능하다는 점에서, 콘텐츠 IP는 일반적으로 업계에서 '다양한 장르의 확장과 부가 사업을 가능하게 하는 일련의 지식 묶음'이라는 뜻으로 통용되고 있다. 과거에는 하나의 원천 콘텐츠가 대중 사이에 높은 인지도를 얻고 유행하게 되면 그 인지도를 이용해 다른 플랫폼 콘텐츠를 개발·제작하는 형태였지만, 현재는 콘텐츠 구상 단계에서 이후의 확장과 활용을 고려하여 콘텐츠를 개발하고 있으며, 개별적 콘텐츠를 판매하기보다는 이처럼 콘텐츠 IP 자체를 제작 가능한 기업에 판매하는 형태로 콘텐츠 산업이 변화하고 있다.

정치·사회적 변화와 한국영화

잃어버린 10년, '이명박근혜' 정권의 블랙리스트(2008~2017)

'이명박근혜' 정권의 10년은 문화예술계의 암흑기였다. 이명박 정부의 청와대는 '문화권력 균형화 전략'이라는 제목의 문건을 작성해 문화예술인과 관련 단체들을 색깔론으로 구분하고, 각종 지원금을 의도적으로 보수 진영 예술인들에게 배정하는 반면 진보 진영을 철저히 배제했다. 대부분의 영화 투자 자본이 대기업에서 나오고 흥행 여부에만 초점을 맞춰 제작사에 자금을 지원하는 현실에서, 대부분의 문화예술인이 정부와 기업의 지원금에 의존할 수밖에 없다는 점을 이용해 의도적으로 자금을 친정부 문화예술인 쪽에만 배정하고 체계적으로 관리하여 문화예술인 전반이 친정부 쪽으로 전향하도록 지원사업들을 추진하고자 했다. 또, '좌파' 집단에 대한 인적 청산이 소리 없이 지속적으로 실시돼야 한다는 게 당시 정부의 전략이었다.

박근혜 정부는 영화계에 더욱 노골적이었다. 박근혜 정부의 청와대는 정부에 비판적인 영화나 영화인에 대한 지원을 배제하기 위해 국가정보원이나 문화체육관광부를 통해 영화인들 동향을 수집하고, 수집한 정보를 바탕으로 지원 배제를 지시했다. 문화체육관광부(이하 문체부)와 영화진흥위원회(이하 영진위)는 각종 독립영화 및 예술영화전용관 지원사업에서 정부에 비판적인 영화를 의도적으로 배제했다. 특히, 세월호 사건을 다룬 다큐멘터리 〈다이빙벨〉(이상호, 2014)을 상영했다는 이유로 자행한 부산국제영화제 외압 사건과 시네마달(〈다이빙벨〉 배급사) 블랙리스트 실행 사건은 당시 청와대가 지시하고 문체부와 국정원이 실행한 지원 배제 과정이 얼마나 치밀하게 작동했는지를 보여 준다. '온라인 심사풀 제도*'가 신설된 것도 영화산업을 잘 아는 전문가보다는 정부에 친화적인 인물들로 심사위원을 구성할 목적이었다. 이처럼 박근혜 정부 시절 영진위는 심사 과정에 직간접적으로 개입했다(《표 8》 참조).

투자금의 상당 부분을 모태펀드에 의존하는 한국영화 산업에서 박근혜 정부는 정부 기관(국정원, 정보경찰, 문체부, 영진위 등)을 동원해 정부 정책에 반하거나 정부에 비판적인 영화업 종사자들을 자의적으로 판단하여 투자 지원에서 배제하는 한편, '우파'라 칭하는 친정부 성향의 영화 혹은 영화제작 종사자들에게 차별적으로 지원하거나 투자와 관련된 혜택을 주는 등 부당하게 개입한 의혹이 컸다.

특히, 한국벤처투자가 모태펀드를 운용하는 과정에서 전문위원 인사, 투자 심사, 외부 전문가풀 등 인사·제도 등을 활용해 영화 투자에 개입한 정황이 상당 부분 확인됐다. 그 과정에서 영화 투자 및 제작에 종사하는 사람들은 지원에서 배제되었으니, 영화를

*심사위원 후보 온라인 등록 시스템　2016년 1월 15일 영화진흥위원회에서 각종 지원사업 심사의 전문성과 투명성 강화를 목적으로 영화진흥위원회 홈페이지에 "심사위원 후보 등록" 페이지(https://www.kofic.or.kr/kofic/business/guid/judgeSign. do)를 신설하였다. 그러나 기존 심사위원 풀이 있음에도 불구하고 완전히 원점에서 자진 등록하게 했다는 점, 기존 영진위의 각종 심사위원회·소위원회 위원·인사위 등의 인물들이 중복 참여했다는 점 등 여러 가지 의혹으로 인해 비판을 받았고, 2018년 등록 기준을 새롭게 변경하여 현재까지 운영되고 있다. 김성훈, 〈영화진흥위원회 '온라인 심사풀제' 비상식적 운영 밝힌다〉, 《씨네21》, 2017년 11월 10일(통권 1129호), http://www.cine21.com/news/view/?idx=0&mag_id=88655 (2020년 9월 25일 확인)

표 8 문화예술계 '블랙리스트' 타임 테이블

*실수비: 대통령비서실 비서실장 주재 수석비서관 회의

일시	구분	주요 내용	조치 사항
2013년 7월 4일	청와대 정례 보고	박근혜 "CJ그룹이 걱정된다. 손경식 회장이 대한상의 회장직에서 물러나고, 이미경 부회장은 CJ그룹의 경영에서 물러났으면 좋겠다" 지시	• 조원동 경제수석, 손경식 CJ 회장에게 이미경 부회장 사퇴 종용
2013년 8월 21일	실수비	김기춘 "종북 세력이 문화계를 15년간 장악했다. 사정을 서둘러야. 비정상화의 정상화를 위해 무엇보다 중요한 과제."	• CJ 〈명량〉(2014년 7월), 〈국제시장〉(2014년 12월), 〈인천상륙작전〉(2016년 7월) 등 코드영화 3부작 제작 배급
2013년 9월 9일	실수비	김기춘 "영화 〈천안함 프로젝트〉가 메가박스에서 상영되는 것은 종북 세력이 의도하는 것. 이 영화의 제작자와 펀드 제공자는 용서가 안 된다."	• 메가박스 상영 이틀 만에 〈천안함 프로젝트〉 돌연 상영 중단 • 국정원 '예술위의 정부 비판 인사에 대한 자금 지원 문제점 지적' 보고서 제출
2013년 12월 18일	실수비	김기춘 "문화계 권력을 좌파가 잡고 있다. 〈변호인〉과 〈천안함 프로젝트〉가 그렇다. (중략) 하나하나 잡아 나가자."	
2013년 12월 20일	실수비	김기춘 "반정부, 반국가적 성향의 단체들이 좌파들의 온상이 되어서 종북 세력을 지원하고 있다. 현 정부가 지원하는 실태를 전수조사하고, 그에 대한 조치를 마련하라."	• 모철민 교문수석, 유진룡 문체부 장관 면담 'CJ그룹 제작 영화 문체부 제작 지원 투자 질책'
2014년 1월 4일	실수비	김기춘 "문체부, 교육부, 복지부, 안행부 산하 시민사회단체에 대한 정부 지원 실태를 전수조사하고, 상황을 보고하라. 반드시 실사 필요하고 내용을 중간보고하라."	• '세월호 유족 편에서 정부 비난 예술계, 학계 인사 정부 지원 배제' 구체 지침 전달 • '세월호 유족 편에서 정부 비난 예술계, 학계 인사 정부 지원 배제' 구체 지침 전달
	비서관 미팅	김기춘 "대통령께서 국회의원 시절부터 국가 개조에 강한 의지 갖고 계셨다. 지금은 우파가 좌파 위에 떠 있는 섬과 같다. 좌파의 뿌리가 깊다. 모두가 전투 모드를 갖추고 불퇴전의 각오로 투지를 갖고 좌파 세력과 싸워 나가야 한다. 대통령 혼자 뛰고 계시는데 좌파 척결의 진도가 안 나간다."	
2014년 1월경	대통령 미팅	유진룡 문체부 장관, 박근혜 대통령 면담. "대통령께서 반대하는 사람들을 포용하	• 유진룡 장관 및 문체부 고위 공무원 3인 '지원 배제 명단 소극적 적용' 문제

		고 가겠단 약속을 했었는데, 김기춘 실장으로부터 그 약속과는 반대되는 지시가 수시로 전달되어 문제가 심각하다. 계속 그렇게 요구할 거라면 장관 자리에 있는 것이 의미가 없다."	부 대응 방침 마련 • 이후 2014년 7월, 유진룡 면직. 조현재 경질 고위직 4명 '성분불량자' 분류 인사 조치
2014년 4월 초순	정무수석 미팅	김기춘 "수석실별로 나눠져 있는 업무 관련 비서관들을 모아서 TF를 만들어서 내용을 정리해 보라."	• 청와대 비서관 8명 이상이 참여하는 '민간단체보조금 TF' 구성·운영 • '문제단체 조치 내역 및 관리방안' 보고서 작성 및 보고(5월) — 부처별 463개 정부위원회 위원 성향 전수조사 — 문화영화 분야 모태펀드 영향력 행사 위한 임원 교체 — 문체부 장차관 교체 결정(의지 부족) • 예술영화전용관 동성아트홀 지원 배제 • 총 5개 예술영화전용관 지원 배제
	소통비서관 미팅	김기춘 "좌파에 대한 지원은 너무 많은데 우파에 대한 지원은 너무 없다. 중앙정부라도 나서서 지원해야 한다." "정권이 바뀌었는데도 좌파는 잘 먹고 잘사는 데 비해 우파는 배고프다. 잘해 보라."	
2014년 5월 초순	청와대	김소영 문체비서관, 조현재 문체부 1차관에 '지원 배제 명단' 전달. "박근혜 정부에 대한 문화예술계의 저항과 비판이 굉장히 조직적으로 이뤄지고 있기 때문에 적극 대처해야 한다는 것이 청와대의 입장. 윗선의 지시 (중략) 이 명단은 정무수석실에서 만든 것인데 극비리에 관리하면서 이들에게 정부 자금 지원이 가지 않게 하라."	• 문체부, 3천여 개 문제단체(좌파 단체, 불법 시위 참여 등), 8천여 명의 좌편향 인사(문재인 지지, 구 민노당 지지 등) DB 구축
2014년 10월 2일	실수비	김기춘 "예술을 가장한 이념과 정치 성향은 지양되어야 한다. 〈다이빙벨〉을 비롯한 문화예술계의 좌파 책동에 투쟁적으로 대응하라."	• 〈다이빙벨〉 상영 대응 액션플랜 마련 • 영진위, 지원 중인 예술영화전용관에 〈다이빙벨〉 상영 자제 지시
2014년 10월 23일	실수비	김기춘 "〈다이빙벨〉 상영과 관련해 대관료 등 자금원을 추적하여 실체를 폭로하라."	• 청와대 교문수석실, 〈다이빙벨〉 상영 관련 매일 보고 지시
2014년 10월	문체부 장관 미팅	김기춘 "이념 편향적인 것, 너무 정치적인 사업에 국민 세금 지원 바람직하지 않다. 청와대에서 지시한 사항들이 문체부에서 제대로 처리되지 않고 있다" 질책	• 문체부 '건전 문화예술 생태계 진흥 및 지원 방안' 보고서 작성 및 보고 • '문화예술(문예기금 지원 등), 콘텐츠(영화기금지원, 영화제 지원 등), 미디어(우수도서 선정)' 3개 분야 청와대 지적 문제점 개선 방향
2014년 11월	실장 보고	조윤선 정무수석 '〈다이빙벨〉 상영 결과 등 진행 상황 보고서' 김기춘에 보고	• 예술영화전용관 지원 중단. 부산국제영화제 지원금 삭감 방침 결정, 실행

※ 출처: 김완, ([스페셜] 반문화로 문화를 잠식하다), 《씨네21》, 2017.04.10.(통권1099호) http://www.cine21.com/news/view/?mag_id=86878(2020.09.25 확인)

만들 때 검열을 의식해 정부 성향에 맞추거나 정부의 눈치를 볼 수밖에 없는 상황이었다.

청와대는 모태펀드 운용에 실질적 영향력을 행사하는 한국벤처투자(이하 한벤투)의 임원을 교체해 좌파 인사를 청산하고 우파에 대한 지원을 마련하는 대책을 강구하였다. 그래서 한벤투의 임원진을 친정부 성향의 인사들로 선임해 투자 심사 과정에 정부의 입김을 넣을 수 있는 구조로 재편하였다. 또, 영진위에 갑자기 가족영화 제작지원사업을 신설해 친정부 성향의 영화(혹은 영화업 종사자)에 직접 지원하는 제도를 마련하였다.

청와대는 한벤투를 통해 모태펀드 문화 및 영화 계정 운용 창투사 선정 과정에 직접 개입해 정부에 비판적인 영화에 투자한 특정 창투사가 선정되지 않도록 영향력을 행사하였다. 문체부는 청와대 지시를 따라 영진위에 특정 창투사가 모태펀드 운용사에 선정되지 않도록 하라는 지시를 하달하고, 영진위는 모태펀드 출자심의위원회에 참석하여 지시를 실행하였다. 이 과정에서 모태펀드 블랙리스트와 관련된 문건을 최초로 작성한 곳이 청와대 경제수석실이라는 것 외에, 실제 작성자 및 창투사 운용 선정 배제 사유와 구체적인 배제 경로, 한벤투 전문위원 신설 제안자, 전문위원 선정 경로 및 선임 지시자는 확인되지 않았다.

이 같은 구조적 재편은 영화산업을 통제할 수 있는 강력한 도구가 되었다. 모태펀드 블랙리스트는 자유로운 시장 질서에 따라 작동되는 모태펀드 운용 원리를, 제도적으로 지원을 배제하거나 혜택을 주는 구조로 바꾸었다. 이는 단순히 정부에 비판적인 인사의 동향을 사찰하고, 그를 배제하라는 입김을 여러 경로를 통해 불어

넣는 것을 넘어 제도적·구조적으로 정부가 문화예술(인)을 통제할 수 있음을 보여 준 사건이었다. 모태펀드 출자심의 과정에서 모태펀드 블랙리스트를 실행하여 특정 창투사를 배제하고, 전문위원 제도를 통해 특정 영화 및 영화인에 대한 지원을 배제하였으며, 전문위원은 국정원 '엔터팀'* 등과의 공모를 통해 친정부 성향의 영화인에 대한 지원을 독려했다.

모태펀드 블랙리스트 작동 결과, 〈밀정〉(김지운, 2016), 〈판도라〉(박정우, 2016), 〈일급기밀〉(홍기선, 2016), 〈택시운전사〉(장훈, 2017), 〈재심〉(김태윤, 2016), 〈보통사람〉(김봉한, 2017), 〈아가씨〉(박찬욱, 2016) 등이 모태펀드 투자를 받을 수 없었다. 반대로 〈인천상륙작전〉(이재한, 2016), 〈사선에서〉(노규엽, 2018, 개봉 제목은 〈출국〉) 등이 정부 지원이라는 특혜를 받았다. 또, 〈변호인〉(양우석, 2013)에 투자해 모태펀드 블랙리스트에 오른 창투사 '캐피탈 원'은 지난 2015년부터 2016년까지 모태펀드 운용사 선정에서 계속 배제되었다. 박근혜 정부는 영화인들을 정치적 성향으로 구분한 뒤 정부에 비판적인 사람들을 모태펀드 블랙리스트에 올려 체계적으로 관리하고, 모태펀드라는 돈줄을 쥐고 의도적인 지원과 배제를 일삼았다. 이 같은 지원과 배제는 청와대·국정원·정보경찰·문체부·한벤투·영진위 등 모든 정

***국정원 엔터테인먼트팀** 과거 박근혜 정부 국정원 내 추명호 국정원 정보보안국장 산하에 존재했던 팀으로 영화 제작 과정을 사찰하고, 투자를 방해하는가 하면, 애국영화 제작 투자 지원을 위해 영화인들과 접촉하는 등의 일을 했다. 이들의 존재는 영화주간지 《씨네21》의 김성훈 기자와 시사주간지 《한겨레21》 김완·정환봉·하어영 기자의 공동취재 결과 최초로 세상에 드러났으며, 이후 박근혜 정부의 '블랙리스트' 파문과 함께 주목을 받았으나 현재까지 아무도 처벌받지 않았다.

부 기관이 헌법에서 금지하고 있는 사전검열을 통해 만들어 낸 결과였고, 펀드를 운용하는 창투사를 통해 블랙리스트를 직접 지시·실행하거나 한벤투 출자심의위원회 및 투자 심사 과정의 공정성을 제도적으로 훼손해 개입하는 방식으로 이루어졌다.

이것은 헌법에서 명확하게 금지하고 있는 사전검열 시스템을 부활시켰다는 점에서 문화의 다양성을 보호하고 증진하여야 할 국가의 책무를 저버린 위헌 및 위법 행위다. 더불어 국민들이 자유롭고 다양한 영화를 향유할 권리를 침해한 행위이기도 하다. 문체부와 영진위가 각각 블랙리스트 사건의 진상을 규명하고자 조사에 착수해 결과를 내놓았지만, 블랙리스트 피해를 당한 문화예술인들은 여전히 후유증을 겪고 있고, 아직까지 재발 방지 대책이 수립되지 않았다는 점에서 블랙리스트는 여전히 끝나지 않은 문제다.

미투운동(2018)

시작은 2016년 '#영화계_내_성폭력' 해시태그 운동이었다. 오랫동안 침묵을 강요받은 목소리와 그로 인해 생긴 상처가 세상 밖으로 나왔다. 여성들의 목소리는 멈추지 않았다. 2018년 한 검사의 고백은 더 많은 여성들에게 울림과 용기를 주었다. 서지현 당시 창원지방검찰청 통영지청 검사가 검찰 내부 통신망에 자신의 피해 사례를 올렸다. 그렇게 법조계에서 시작된 미투 물결은 영화계로까지 이어졌다. 오디션, 술자리, 영화제, 촬영 현장 등 어떤 장소도 여성들에게 안전하지 않았다. 감독, 제작자, 배우, 영화제 집행위원장 등 가해 남성들은 자신의 지위를 이용해 여성들에게 성폭력을 행사했다. 사회적으로 불리한 위치에 있는 피해자가 할 수 있는 최선의 방법은 사실을 폭로하는 것뿐이었다. 많은 여성들이 자신의 피해 사례를 숨기지 않고 용기를 내어 말했다.

그들의 용기 있는 행동은 영화산업에 많은 변화들을 불러일으켰다. 2018년 한국영화성평등센터 '든든'이 개소했다. 여성영화인모임이 운영하고 영진위가 지원하는 든든은 영화계 내 성희롱·성폭력 예방 교육 및 피해자 지원을 포함한 실태 조사, 정책 제안 등 여성들을 성폭력으로부터 보호하는 다양한 활동들을 펼치고 있다.

국회에서도 미투 피해자를 보호하는 법안이 발의됐다. 진선미 더불어민주당 의원은 미투운동이 한창이던 2018년 3월 8일과 3월 23일, 미투 피해자보호법과 영화계 미투 방지법을 각각 대표 발의했다. 미투 피해자보호법은 피해 여성과 그의 법정 대리인을 가해자의 고소로부터 보호한다는 내용의 법안이고, 영화계 미투 방지법은 영화 근로자에게 가해지는 성폭력이나 부당노동행위 강요 등 인권침해를 방지하기 위한 법안이다. 이러한 사회적 분위기에 힘입어 이제 영화 현장에서는 촬영에 들어가기 전 전 스태프들을 대상으로 성교육 프로그램이 진행되고 있다.

영화 현장 노동 시스템의 변화(2018)

주 52시간 근무제와 그로 인한 표준근로기준법이 뜬금없이 칸에서 소환됐다. 제72회 칸국제영화제에서 황금종려상을 수상한 봉준호 감독이 "표준근로계약을 지키며 〈기생충〉을 촬영했다"는 말이 화제가 됐다. 주연배우 송강호 또한 〈기생충〉 상영이 끝난 뒤 진행된 기자회견에서 "(〈기생충〉 현장이) 가장 정교함이 빛나는 것은 밥때를 너무나 잘 지킨다는 거다. 식사 같은 시간들을 정확하게 지켜서 굉

장히 행복한 환경에서 일할 수 있도록 해 준다"고 거들었다.

봉준호 감독의 발언대로 스태프의 동의 없는 밤샘 촬영은 옛말이 됐다. 2018년 근로기준법 개정안이 시행되면서 한국영화 촬영현장도 주 40시간 근무제에 돌입했다. 영화계는 2018년 주 40시간 근무제를 현장에 도입해 근로기준법 개정안에 일찌감치 대비했다. 잘 알려진 대로, 주 40시간 근무제의 핵심 내용은 노동시간이 주 52시간으로 단축된다는 것이다. 대한민국의 모든 근로자는 앞으로 하루 8시간, 주 5일 동안 노동한다. 휴일근로를 포함한 연장근로가 최대 12시간 주어진다. 주중 40시간과 연장근로 12시간을 합쳐 주 52시간이다. 1주에 최대 68시간 동안 노동을 시킬 수 있었던 기존의 노동환경에 비하면 무려 16시간이나 단축됐다. 휴일근로 할증률 또한 명확하게 기재됐다. 근로자가 연장근로를 한 경우, 1일 8시간 이내의 휴일근로는 통상 임금의 50퍼센트 이상을, 8시간을 초과할 경우에는 통상임금의 100퍼센트 이상을 가산해 지급해야 한다. 추가수당과 휴게 시간을 조건으로 한 연장근무가 가능해 촬영 시간을 탄력적으로 운용하고 있는 할리우드와 달리, 촬영현장의 주 52시간 근무제는 오로지 한국에만 있는 법이다.

그간 근로기준법이 세 차례 개정(1961, 1996)·제정(1997)되는 동안 '영화제작 및 흥행업'(2007년부터 한국표준산업분류상의 정식 명칭은 '영상·오디오 기록물 제작 및 배급업'이다)은 이 같은 원칙으로부터 자유로울 수 있는 특례 업종에 포함되어 왔다. 현장에서 근로자 대표와 합의되면 연장근무가 가능했고, 그만큼 휴게 시간이 주어지며, 연장근무 수당이 근로자에게 지급되었다. 하지만 국회 환경노동위원회는 특례 업종이 연장근로의 한도를 적용받지 않고 있어 근로자의 건강과 안전, 공중의 생명까지 위협할 수 있다며 기존의 특례 업종 26개에서 21개를 대폭 제외하기로 했다. 영화제작 및 흥행업도 21개의 특례 제외 업종에 포함됐다. 근로자 대표와 연장근무를 합의해도, 또 연장근무 수당을 지급해도 노동시간은 하루 8시간, 주 52시간을 넘겨선 안 된다.

영화산업의 특례 업종 제외는 근로기준법 개정안이 국회 본회의에 통과된 2018년 2월 처음 논의된 내용이 아니다. 2011년 고용노동부가 주관한 〈근로시간 특례 업종별 근로시간 운영실태 및 개선방안 연구〉 보고서에 영화제작 및 흥행업에 대해 특례 업종으로 계속 유지할 필요성이 크지 않다는 결론을 내린 바 있다.[7] 특례 업종이 필요 이상으로 과다하게 지정되었다는 문제가 제기되었고, 사업체의 규모가 커질수록 교대제나 시차출근제 같은 방식을 통해 공중의 불편을 해소하거나 업종의 특수성을 극복할 수 있다는 지적도 나왔던 차다.[8]

국회가 영화산업의 특례 업종 제외를 결정한 데에는 tvN 드라마 〈혼술남녀〉의 고 이한빛 PD 사건이 적지 않은 영향을 끼친 것으로 보인다. 이한빛 PD는 2017년 열악한 방송 노동환경을 고발하며 스스로 목숨을 끊었고, 그의 죽음으로 열악한 방송 노동환경이 큰 화제가 됐다. 이후 2018년 2월 26일 열린 임시국회 환경노동위원회에서 한정애 더불어민주당 의원은 "tvN 이한빛 PD가 사람들이 노동착취당하는 걸 도저히 두고 볼 수 없어 목숨을 끊은 사건이 있지 않았나. 영상·오디오 기록물 제작 및 배급업과 관련된 직종에서 일어난 일인데 이처럼 사회적으로 물의를 일으키고, 불합리한 노동착취가 일어나는 곳은 특례 업종에서 빼는 게 맞지 않나"라고 의견을 냈다. 근로기준법 개정법률안은 그로부터 이틀 뒤인 2월 28일 국회 본회의에서 통과됐고, '영상·오디오 기록물 제작 및 배급업'에 해당되는 영화산업은 특례 업종에서 빠지게 됐다.

2018년 근로기준법 개정안은 이후 촬영 현장 안팎에 큰 영향을 끼쳤다. 일단 현장에서 오차를 줄이려는 프리프로덕션이 더욱 엄격해졌고, 스태프 경력이나 숙련도 같은 노동생산성을 좀 더 꼼꼼하게 신경 쓰게 됐으며, 액션 신, 몹 신mob-scene 같은 촬영 준비 시간이 많이 필요한 장면을 찍을 때 더 효율적인 진행 방안을 고민하게 됐다.

하루 8시간, 주 52시간 노동을 지켜 가며 프로덕션을 진행해야 하는 프로듀서 입장에서도 신경 써야 할 게 한두 가지가 아니다. 주 40시간 근무제 도입은 촬영 회차 증가와 프로덕션 진행비 상승으로 제작비를 10~20퍼센트, 많게는 40퍼센트 이상 증가시켰다. 제작비가 상승하면 손익분기점이 덩달아 올라가는 까닭에 투자·배급사는 과거에 비해 라인업을 선정하는 데 더욱 신중해졌다. 다소 늦은 감이 없지 않지만, 장시간 노동을 개선할 방안을 모색하는 노력이 영화계 안에서 시작되었다는 점은 긍정적인 평가를 받을 만했다.

한국영화 위기인가, 기회인가

거대 미디어 공룡들의 플랫폼 전쟁 시작(2019)

모두가 공급과잉 문제가 심각하다고 했다. 2018년 추석 시장에서

〈물괴〉(허종호, 2017), 〈명당〉(박희곤, 2017), 〈안시성〉(김광식, 2018), 〈협상〉(이종석, 2018) 등 한국영화 4편이 경쟁에 뛰어들었을 때 충무로 안 팎에서 일제히 나온 얘기다. 결과는 모두가 아는 대로다. 순제작비 가 적게는 1백억 원 이상 많게는 220억 원에 이른 한국영화 4편 모 두 관객의 선택을 받지 못했다. 한국영화의 부진 탓에 추석 시장 에 극장을 찾은 관객 수가 2017년의 동일 시즌 관객 수와 비교했 을 때 76퍼센트 정도에 그쳤다.[9]

그로부터 두 달이 지난 2018년 크리스마스 시장에서 추석 시장 의 악몽이 되풀이됐다. 〈마약왕〉(우민호, 2017)(손익분기점 4백만 명), 〈스윙키즈〉(강형철, 2018)(손익분기점 370만 명), 〈PMC: 더 벙커〉(김 병우, 2018)(손익분기점 370만 명) 등 한국영화 3편이 뛰어들어 각각 186만 명, 146만 명, 166만 명을 동원하는 데 그치며 손익분기점을 넘기지 못했다. 설, 여름, 추석, 크리스마스 등 한 해 가장 큰 4개 시장 중 두 시장에서 한국영화가 연달아 참패한 셈이다. "〈마약왕〉 의 송강호와 〈PMC: 더 벙커〉의 하정우는 개런티만 7억 원 이상 받 는 특A급 배우인데 그들이 주인공을 맡은 영화가 손익분기점조차 넘기지 못한 건 충격"이라는 걱정과 불안감이 창투사 관계자들과 메인 투자자들 사이에 드리워졌다. 그러면서 추석 시장과 크리스 마스 시장에서 연달아 나타난 한국영화의 흥행 부진이 단순한 공 급과잉 문제 때문만은 아니라는 얘기가 나왔다.

사실 2018년 한국영화 시장은 외형만 놓고 보면 위기론은커녕 예년과 크게 다르지 않았다. 전년도인 2017년의 2억 1,900만 명에 비해 약 3백만 명 적은 수치이긴 하지만, 2018년 극장을 찾은 총 관객 수는 약 2억 1,600만 명으로, 6년 연속 총 관객 수 2억 명을 돌파했다. 이 중 한국영화 개봉 편수는 660편(극장과 IPTV를 합친 숫자)으로, 역대 최다 편수를 기록했다. 다만, 개봉 편수와 상영 편수가 해마다 늘어나는 반면에 2018년 한국영화는 1억 1천만여 명의 관객을 동원해 관객점유율 50.9퍼센트를 기록했다. 이는 2014년 이후 가장 낮은 수치였다.

"산업에 빨간불을 켜야 한다.""지난해 추석 시장에서 이상 신호가 감지됐으니 올해 추석 시장까지 한 텀을 지켜봐도 늦지 않다." 당시 충무로는 당장 산업에 비상 깜빡이를 켜야 한다는 시장 위기론과 아직 긍정적인 신호도 있다는 신중론이 팽팽히 맞섰다. 최근 급변하고 있는 영화산업은 영화인들에게 진화하지 않으면 도태된다는 위기감을 안겨 주었다. 최저임금법 시행령 개정안을 포함한 여러 원인으로 제작비가 전년도에 비해 50퍼센트 이상 상승하면서 손익분기점이 훌쩍 뛰어올라 흥행에 대한 부담감도 덩달아 커졌기 때문이다.

에이스메이커웍스, 메리크리스마스 등 신생 투자·배급사가 영화산업에 뛰어들면서 제작 편수가 늘어났고, 2018년부터 종편들이 잇달아 드라마를 편성하기 시작하면서 2020년에는 공중파, 종편, 넷플릭스, 웹드라마 모두 합쳐 드라마만 무려 2백여 편에 이를 거라는 예상이 나왔다. 송강호, 황정민, 하정우 같은 특A급 배우들은 향후 2년 뒤 출연작까지 정해졌다는 이야기가 나올 정도였다. 얼굴이 많이 알려진 조연 배우들은 '따블(겹치기 출연)'과 '따따블'이 예사였다. 배우가 영화 흥행의 주요 관건인 산업 상황에서 영화 프로듀서들은 "배우 잡기가 하늘의 별 따기"라고 울상을 지었다.

무엇보다 넷플릭스 같은 OTT 사업자가 국내시장에 안착한 뒤로

TV와 극장, 영화와 드라마의 경계가 무너지면서 영화 관람 방식이 다양해지고, 선호하는 이야기가 까다로워지며 눈높이가 높아진 관객의 영화 관람 패턴이 바뀌어 영화인들에게 복잡한 고민거리를 안겨 주었다. 한 대기업 투자·배급사 임원은 "2019년 대작 영화들이 잇달아 흥행에 실패한 건 결코 우연이 아니다. 관객이 이야기의 스케일만 크고 서사 전개 패턴은 비슷한 영화들에 흥미를 잃은 것"이라며 "그 점에서 현재 한국영화 산업은 이미 위기가 시작됐다"고 말했다.[10] 소재적으로나 내용적으로나 한국영화가 식상해졌다는 문제 제기도 있었다. 즉, 대작 영화가 실패한 건 제작비 규모가 올라가면서 부담을 느낀 투자·배급사가 자꾸 서사에서 안정적인 선택을 하기 때문이며, 이야기 전개가 뻔하다 보니 할리우드 영화나 넷플릭스 오리지널 드라마에 눈높이가 맞춰진 젊은 관객들을 만족시키지 못하게 되었다는 것이다.

반면에 산업 안팎의 급변한 환경 변화로 수익을 올리기가 여러모로 쉽지 않은 상황에서, 여전히 한국영화 산업에 기회와 가능성이 있다고 보는 분석도 있다. CJ CGV 조성진 전략지원 담당은 "지난 2018년 4대 시장에서 대작 영화들이 흥행에 실패한 이유는 기시감이 많이 들고 서사 전개 패턴이 비슷해 관객들이 눈길을 주지 않았기 때문이다. 반대로 〈곤지암〉(정범식, 2017), 〈완벽한 타인〉(이재규, 2018), 〈너의 결혼식〉(이석근, 2017) 등 장르를 독특한 시선으로 풀어낸 저예산영화의 흥행은 현재 젊은 관객들이 어떤 콘텐츠를 좋아하는지 길잡이가 되어 준다"고 설명했다.

2018년 추석 시장과 크리스마스 시장에서 한국영화가 연달아 참패한 현상이 위기의 전조인지 아니면 일시적인 우연의 반복인지 우려가 많은 가운데, 2019년 한국영화는 천만 영화가 무려 5편 (〈극한직업〉(이병헌, 2018) 1,627만여 명, 〈어벤져스: 엔드게임Avengers: Endgame〉(앤서니 루소·조 루소, 2019) 1,393만여 명, 〈알라딘Aladdin〉(가이 리치, 2019) 1,255만여 명, 〈기생충〉(봉준호, 2019) 1,008만여 명, 〈겨울왕국2Frozen 2〉(크리스 벅·제니퍼 리, 2019) 1,374만여 명〔영화관입장권통합전산망 집계〕)에 달하는 등 총 2억 2천만여 명을 동원하며 2017년의 2억 1,987만여 명을 훌쩍 뛰어넘었다. 그러나 300~500만 관객의 '중박 영화'는 〈봉오동 전투〉(원신연, 2019), 〈나쁜 녀석들: 더 무비〉(손용호, 2019), 〈82년생 김지영〉(김도영, 2019), 〈토이 스토리 4Toy Story 4〉(조시 쿨리, 2019), 〈돈〉(박누리, 2018), 〈악인전〉(이원태, 2019) 등 총 8편에 그쳐 2018년도의 22편에 비해 크게 줄었다. 2019년 초 주 40시간 근무제가 도입되고 최저임금제가 시행되면서 제작비가 상승하고, 그러면서 손익분기점을 넘기기가 예년보다 더 어려워진 상황에서 관객이 소수의 영화에만 몰려들어 나머지 영화들이 한정된 시장을 'N분의 1' 하는 상황에 이른 셈이다.

〈기생충〉 오스카 4관왕(2020)

누구도 상상하지 못한 역사적 이정표가 세워졌다. 봉준호 감독의 〈기생충〉이 2020년 2월 9일 오후(현지 시각) LA 돌비극장에서 열린 제92회 아카데미영화상 시상식에서 작품상을 포함해 감독상, 각본상, 국제영화상 등 총 4개 상을 거머쥐었다. 한국영화가 아카데미영화상 본상을 수상한 건 한국영화 100년사에서 처음이었다. 비영어권 영화가 감독상과 작품상 트로피를 차지한 것 또한 처음이다. 그리고 한 편의 영화가 칸국제영화제 황금종려상과 아카데미 작품상을 동시에 석권한 건 델버트 만Delbert Martin Mann 감독의 1955년작 〈마티Marty〉 이후 65년 만이다.

한국영화로 아카데미 시상식 레드카페를 밟은 건 〈기생충〉 팀이 한국영화 역사상 처음이었다. 봉준호 감독, 곽신애 바른손이앤에이 대표, 한진원 작가, 이하준 미술감독, 양진모 편집감독 등 후보에 오른 5명뿐만 아니라 배우 송강호, 이선균, 조여정, 최우식, 박소담, 이정은, 장혜진, 박명훈도 참석했다. 봉준호 감독은 총 4차례 수상자 무대에 올랐다. 각본상에 선정되어 한진원 작가와 함께 무대에 오른 봉 감독은 "시나리오를 쓴다는 게 사실 고독하고 외로운 작업이다. 국가를 대표해서 쓰는 건 아니지만, 이 상은 한국이 받은 최초의 오스카상이다. 언제나 많은 영감을 주는 제 아내에게도, 제 대사를 멋지게 화면에 옮겨 주는 멋진 배우들에게도 감사하다"라고 수상 소감을 남겼다. 그 다음 국제영화상을 수상하면서 다시 무대에 올랐다. 국제영화상은 2019년까지 외국어영화상

한국영화 〈기생충〉(제작 (주)바른손이앤에이, 배급 CJ ENM, 봉준호, 2019)이 제92회 아카데미영화상에서 각본상, 국제영화상, 작품상, 감독상 등 총 4개 상을 수상하는 이정표를 세웠다. 출처: 오스카 공식홈페이지 https://oscar.go.com/

이었다가 2020년 이름이 바뀐 상이다. 가장 유력한 후보로 거명되던 봉준호 감독은 예측대로 국제영화상을 수상한 뒤 무대에 올라 "올해부터 외국어영화상이 국제영화상으로 바뀌었다. 이름이 바뀐 첫해에 상을 받게 돼 더욱 의미가 깊고 기쁘다. 바뀐 이름이 상징하는, 오스카가 추구하는 방향에 지지와 박수를 보낸다"고 소감을 밝혔다. 이 발언은, 2019년 10월 미국 매체 《벌처vulture》와의 인터뷰에서 "지난 20년 동안 한국영화의 영향력이 커졌음에도 오스카상 후보에 한 번도 오르지 못했다"라는 질문에 "조금 이상하긴 하지만 큰일은 아니다. 오스카상은 국제영화제가 아니다. 그저 '로컬(지역) 영화제'일 뿐"이라고 답변한 바 있었다.

'이변'은 감독상 부문에서 일어났다. 수상자로 다시 무대에 오른 봉준호 감독은 "어릴 때부터 영화를 공부하며 가슴에 새겼던 말이 있었는데 '가장 개인적인 것이 가장 창의적인 것'이라는 것이다. 이 말은 우리의 위대한 감독 마틴 스코세이지Martin Scorsese가 한 말이다. (기립박수) 학교에서 마티의 영화를 보면서 공부했었는데, 함께 후보에 오른 것만으로도 영광인데 상까지 받을 줄은 전혀 몰랐다. 미국 관객이 내 영화를 모를 때 항상 내 영화를 자신의 리스트에 뽑아 주고 좋아해 주었던 쿠엔틴 (타란티노) 형님, 아이 러브 유. 함께 후보에 오른 토드(《조커》의 토드 필립스), 샘(《1917》의 샘 멘데스) 너무나 존경하는 감독들인데 오스카가 허락한다면 텍사스 전기톱으로 이 트로피를 5개로 잘라 나누고 싶다"고 소감을 밝혔다. 이 순간은 한국은 물론이고 영미권 매체들도 일제히 2020년 아카데미의 가장 인상적인 장면으로 꼽았다.

이날 시상식의 하이라이트는 마지막 순서인 작품상이었다. 배우

제인 폰다Jayne Fonda가 작품상 수상작으로 〈기생충〉을 호명하자, 무대에 오른 곽신애 바른손이앤에이 대표는 "상상해 본 적 없는 일이 이뤄졌다. 정말 기쁘다"라며 "지금 이 순간에 뭔가 굉장히 의미 있고 상징적인, 시의적절한 역사가 쓰인 기분이다. 이러한 결정을 해 준 아카데미 회원들에게 경의와 감사를 드린다"고 벅찬 소감을 말했다.

"역사적인 역전승"(《LA타임스》), "역사적인 승리. 한 편의 영화를 넘어선 기념비적인 작품"(《뉴욕타임스》) 등 아카데미 시상식 이후 쏟아진 미국 현지 매체의 보도대로 〈기생충〉이 각본 없는 드라마를 쓸 거라는 기대는 사실 크지 않았다. 후보에 오른 작품 대부분이 할리우드 메이저 스튜디오나 넷플릭스 배급작이었기 때문이다. 이들은 아카데미 시상식이 열리기 1년 전부터 어마어마한 홍보 마케팅 비용을 쏟아부어 작품을 널리 알렸고, 안정적인 배급 라인을 통해 더 많은 상영관에 영화를 배급해 많은 관객을 만났으며, 오랜 네트워크로 아카데미 회원들의 마음을 폭넓게 포섭했다. 그에 반해 〈기생충〉의 오스카 캠페인 레이스는 산 넘어 산이었다. '네온'이라는 북미 지역 배급사가 있긴 했지만 메이저 스튜디오들에 비해 작은 회사였고, CJ ENM 또한 오스카 캠페인이 첫경험이라 하나부터 열까지 맨땅에 헤딩하듯 진행할 수밖에 없었다. 비록 〈기생충〉이라는 현대 자본주의사회의 쓸쓸한 우화가 한국뿐만 아니라 전 세계에 통할 보편성과 작품성 그리고 독특함을 지녔더라도 본상 수상까지는 장담하기 어렵다는 관측이 많았다. 그럼에도 캠페인 내내 보여 준 봉준호 감독의 시의적절하고 재기 넘치며 유머러스한 입담과, 봉 감독을 오랫동안 지지하고 그에 열광해 온 북미 팬들, 기자, 비평가들이 보낸 고른 지지와 입소문 덕분에 계획에 없던 기세가 〈기생충〉을 아카데미 시상식까지 끌고 간 것으로 보인다.

무엇보다 〈기생충〉의 아카데미 4관왕은 그간 할리우드 안팎에서 요청되어 온 아카데미의 변화에 대한 응답으로 보인다. 최근 '여성들에게 더 많은 기회가 주어져야 한다'거나 '백인 중심의 커뮤니티에서 벗어나 아시아, 아프리카 등 다양한 인종이 가진 개성을 존중해야 한다'와 같은 목소리가 그 어느 때보다 많이 나오고 있는 현실이다. 이번 시상식에서는 변화의 요구를 충실히 반영하려는 움직임이 보였다. 그런 점에서 2020년 아카데미영화상은 성별, 인종, 언어의 장벽을 허물어야 한다는 시대의 요구에 응답했다. 〈기생충〉은 로컬 시상식에서 더 국제적인 의미의 영화 축제로 확장되고자 하는 아카데미 변화의 신호탄과도 같은 작품으로 기억될 듯하다.

뿐만 아니라 2020년 9월, 유아인과 박신혜가 출연한 영화 〈#살아있다〉(조일형, 2020)가 전 세계 넷플릭스에서 가장 많이 본 콘텐츠로 선정되었는데, 업계에서는 그 이유 중 하나로 "〈기생충〉, BTS와 함께 한국 콘텐츠에 대한 대중의 관심이 높아진 것"을 꼽았다. 즉, 이는 〈기생충〉의 아카데미 4관왕 수상으로 전 세계 관객들 사이에서 한국영화에 대한 관심이 증폭되었음을 방증하는 사례로서 이러한 평가는 매우 주목할 만하다.

코로나19 이후의 한국영화(2020)

코로나19 사태 이후 영화 배급 방식이 생각보다 빠르게 변화하고 있다. 윤성현 감독의 신작 〈사냥의 시간〉이 4월 10일 넷플릭스를 통해 전 세계 190여 개국에 단독 공개되었다. 이 영화는 2월 26일 극장에서 개봉할 계획이었지만, 코로나19가 장기화되고 팬데믹(대유행)이 선언되자 개봉이 계속해서 미뤄졌다. 이에 〈사냥의 시간〉을 배급한 리틀빅픽쳐스는 3월 23일 보도자료를 통해 넷플릭스를 통한 영화 공개를 발표했다. 넷플릭스도 리틀빅픽쳐스도 공개하진 않았지만, 리틀빅픽쳐스가 〈사냥의 시간〉을 넷플릭스에 공개하는 조건으로 챙긴 금액은 약 120억 원 정도일 것이라고 당시 영화산업 종사자들은 추정했다. 〈사냥의 시간〉은 순제작비 90억 원, 홍보 마케팅P&A 비용 25억 원을 합쳐 총 제작비가 115억 원가량이니 리틀빅픽쳐스는 보장되지 않는 수익 대신 총 제작비를 보전하는 길을 택한 것이다. 넷플릭스 오리지널이 아닌 콘텐츠가 넷플릭스를 통해 공개된 사례는 이것이 처음이었다.

하지만 넷플릭스로 난국을 돌파하려는 리틀빅픽쳐스의 계획이 순탄하게 진행된 것만은 아니었다. 리틀빅픽쳐스가 넷플릭스 공개를 발표한 그날 〈사냥의 시간〉의 해외 세일즈사인 콘텐츠판다가 '〈사냥의 시간〉의 넷플릭스 공개 결정은 리틀빅픽쳐스의 이중계약'이라는 내용의 보도자료를 냈다. 〈사냥의 시간〉이 약 30개국 세일즈사에 선판매됐고, 추가로 70개국과 계약을 앞둔 상황에서 리틀빅픽쳐스가 충분한 협의 없이 계약 해지를 통보해 왔다는 것이다.

결국 4월 8일 이 소송을 담당한 서울중앙지법은 〈사냥의 시간〉의 해외 세일즈를 맡은 콘텐츠판다가 이 영화의 해외 배급과 관련해 배급사 리틀빅픽쳐스를 상대로 낸 상영금지 가처분 신청을 인용했다. 판결문에서 재판부는 "리틀빅픽쳐스가 콘텐츠판다와의

〈사냥의 시간〉(제작 싸이더스, 배급 리틀빅픽쳐스, 윤성현, 2020)은 코로나19로 극장 상영이 어려워지자 넷플릭스를 통한 공개를 발표했다.

계약을 해지한 행위가 무효이고 그 효력을 정지한다"라고 판결했다. 그리고 리틀빅픽쳐스가 콘텐츠판다와의 계약을 해지하는 과정에서 "천재지변 등에 의한 사유로 계약을 해지한다"고 주장한 것에 대해 "영화제작이 이미 완료돼 콘텐츠판다가 해외 배급을 진행하고 있는 상황에서 단지 코로나19로 인해 향후 만족할 만한 수익을 얻지 못할 것이라는 사정이 그 이유가 될 수 없다"고 했다. 그러면서 재판부는 "국내를 제외한 전 세계에서 극장, 인터넷, (지상파, 케이블, 위성방송 포함한) 텔레비전을 통해 상영, 판매, 배포하거나 비디오, DVD 등으로 제작, 판매, 배포하거나 그 밖의 방법으로 공개해서는 안 된다"는 점을 명시했다.

법원의 판결이 나오자마자 4월 9일 넷플릭스는 〈사냥의 시간〉 공개를 보류하기로 결정했다. 이후 리틀빅픽쳐스가 콘텐츠판다에 공식 사과하면서 결국 〈사냥의 시간〉은 넷플릭스를 통해 공개됐지만, 이 사건을 지켜본 영화인들은 "단순한 계약 분쟁 사건이 아니"

라는 반응을 보였다. 리틀빅픽쳐스와 콘텐츠판다 사이의 법적 분쟁은 살아남기 힘든 중소 투자·배급사의 궁여지책 선택이자 이후 벌어질 산업의 패러다임 변화를 선제적으로 보여 준 사건이라는 것이다. 〈사냥의 시간〉의 넷플릭스행이 향후 영화산업에 어떤 영향을 끼칠지 결론을 내리기는 이르지만, 분명한 건 극장의 시대가 점점 저물고 있다는 사실이다.

코로나19가 장기화되면서 멀티플렉스는 당장의 금융 조치부터 장기적인 체질 개선까지 다양한 자구책을 강구하고 있다. 2020년 5월 8일, CJ CGV는 2,500억 원 규모의 유상증자를 결정했다. 유상증자는 주식을 더 발행해 회사가 쓸 돈을 마련하는 방법이다. CGV는 유상증자 대금 2,500억 원 중에서 1,610억 원을 차입금 상환에, 890억 원을 회사 운영자금에 투입할 계획이다. 코로나19 사태 장기화에 대비해 선제적인 유동성을 확보하고 재무구조를 개선할 목적이라는데, 유상증자를 할 만큼 기업에 자금이 넉넉치 않다고 볼 수도 있지만, 문화기업을 표방하는 CJ그룹이 CGV에 힘을 더 싣겠다는 의지로도 해석된다. CGV는 정부의 프라이머리 채권 담보부증권(P-CBO) 프로그램에 1천억 원 지원을 신청한 상태다.

이 같은 금융 조치가 당장의 위기를 버틸 산소 마스크라면, 장기적으로 체질을 개선하려는 움직임도 있다. 최근 CJ CGV, 롯데컬처웍스, 메가박스 등 멀티플렉스 3사가 일제히 언택트 서비스를 실시했다. 롯데컬처웍스와 CGV 여의도는 예매부터 팝콘 구매, 상영관 입장, 주차 인증까지 극장 직원과 접촉하지 않고 영화를 관람할 수 있는 언택트 시네마로 운영한다. 메가박스는 소규모 인원이 상영관을 대관하는 이벤트 '우리만의 시네마'를 진행한다. 생활 속

거리두기라는 정부 지침을 따르고, 관객의 안전을 보장해 극장이 바이러스로부터 안전한 곳이라는 신뢰감을 관객에게 심어 주려는 목적에서 나온 시도들이다. 원하든 그렇지 않든 멀티플렉스가 언택트 시네마로 진화하는 건 거스를 수 없는 흐름이고, 이 변화는 그간 사람이 해 온 일들을 로봇이 대체할 것임을 뜻한다. 관객이 극장을 다시 찾더라도 극장에서 일하는 직원, 특히 시간제노동자들부터 점차 줄어들 것으로 보인다. 극장에서 기계와의 일자리 전쟁은 생각보다 빨리 온 셈이다.

이처럼 관객이 오랫동안 극장을 찾지 않고 그로 인해 상업영화들이 개봉을 무기한 연기하면서, 그간 라인업을 확보하기 위해 치열하게 경쟁하던 한국영화 투자배급 사업은 이 위기가 어떻게 전개될지 걱정 가득한 시선으로 지켜보며 잠시 숨을 고르고 있다. 2019년 극장 매출이 전체 매출의 76.3퍼센트를 기록[11]할 만큼 극장 매출에 대한 의존도가 높은 한국영화 산업에서, 코로나19가 장기화되면 투자배급 사업 또한 덩달아 위축되고, 그러면서 라인업 편수가 예년보다 훨씬 줄어들지 않겠냐는 전망도 나왔다. 그러나 기본적으로 영화산업은 극장 매출을 기반으로 한 산업이기 때문에 코로나19 상황이 진정되더라도 극장 개봉용 영화는 이전 만큼 관객 수를 회복하긴 어려워 보인다. 그런 점에서 코로나19가 전 세계적으로 유행하고 있는 지금이야말로 영화산업의 격동기라고 할 수 있다.

미래가 불확실하다 보니 초록불이 켜지는 허들이 지금보다 더 높아졌다는 얘기 또한 대형 투자배급사들을 중심으로 나오고 있다. 〈굿바이 싱글〉(김태곤, 2016), 〈임금님의 사건수첩〉(문현성, 2016)을 제작한 '영화사 람'의 대표 최아람은 "플랫폼 공룡들이 영화산업에 뛰어들고, 신생 투자배급사들이 생겨나면서 투자가 공격적이던 지난해(2019)와 달리 올해(2020)는 투자가 조심스럽고, 시나리오에 대한 관리가 좀 더 엄격해진 것 같다"고 전했다. 또 영화사 'NEW'의 홍보팀장인 양지혜는 "늘 그렇듯이 투자 심사는 진행하지만 예전처럼 과감하게 투자하는 분위기는 아닌 것 같고, 투자 심사를 통과하는 허들 또한 높아진 것 같다"며 "보수적으로 변할 수밖에 없는 산업 상황이지만 좋은 작품을 놓칠 수도 없는 상황"이라고 설명했다.

투자가 보수적으로 돌아서면서 부인부 빈익빈 현상이 더 심각해질 거라는 의견도 있다. 극장에서 봐야 할 영화와 그렇지 않은 영화에 대한 투자가 지금보다 더 엄격하게 구분될 거라는 얘기다. 이에 대해 최아람 대표는 "극장이 당장, 완전히 사라지진 않겠지만, 앞으로 극장 관람이 관객들에게 특별한 이벤트가 될 가능성이 높다"며 "그렇게 되면 제작비 2백억 원 이상 투입된 영화는 극장에서 반드시 볼 영화로, 반대로 30억 원 이하 저예산영화는 극장이 아닌 플랫폼에서 상영될 영화로 구분되는 양극화 현상이 두드러질 것이다. 스타들도 덩달아 대규모 제작비가 투입되는 영화에 몰릴 것"이라고 내다봤다. 그의 말대로면 중간 규모의 영화가 앞으로 나오기가 점점 더 힘들어질 것이다.

넷플릭스 같은 온라인 동영상 스트리밍 플랫폼OTT은 영화산업을 위기에서 구해 줄 생명줄이 결코 아니다. 앞서 언급한 〈사냥의 시간〉의 사례를 들어 "영화산업은 OTT 서비스가 있지 않냐"는 목소리가 영화산업 안팎에서 나오고 있는데, 그건 영화산업의 속성을 전혀 모르고 하는 소리다. 모든 한국영화가 넷플릭스 같은 OTT 서비스에서 공개될 수 있는 것도 아니고, 넷플릭스를 포함해 OTT 서비스가 아직까지는 수익을 보전해 주는 구조로 사업을 하고 있지 않기 때문이다.

〈사냥의 시간〉과 넷플릭스 간 거래에서 알 수 있듯이, 넷플릭스와 같은 OTT 서비스에 걸 영화를 제작하는 것은 6대 4 수익배분을 포기하겠다는 말이나 마찬가지다. 제작자의 지분이 인건비나 외주 제작비로 책정돼 수익배분을 따로 하지 않는 할리우드나 중국과 달리, 한국영화 산업은 투자사와 제작사가 극장에서 벌어들인 수익을 6대 4로 배분한다. 프로듀서나 감독 같은 창작자는 그렇게 벌어들인 수익으로 다음 영화를 제작할 동력을 얻는다. 워너 브라더스 코리아의 대표 최재원은 "그간 많은 제작자와 프로듀서들이 긴 제작 과정을 버틸 수 있었던 건 흥행 수익에 대한 기대 때문이었다"며 "OTT 서비스는 프로덕션 비용을 지불하고 트는 방식인데 이들이 제작자에게 수익을 보전할 수 있을지, 그리고 이 많은 한국영화들을 감당할 여력이 있는지 의문"이라고 OTT가 만병통치약이라는 인식을 경계했다.

사실 현재와 같은 극장 매출 의존 구조에서 벗어나려면 수익을 낼 수 있는 창구가 다양해야 하는데, IPTV를 포함한 VOD 시장의 성장이 아직은 아쉽다. 최근 가파르게 성장 중인 OTT 서비스와 달리, 2019년 한 해 인터넷 VOD 시장의 성장은 전년도(2018) 대비 27.7퍼센트 증가하여 극장 매출 의존도를 줄일 만한 수준은 아니다. 물론 27.7퍼센트라는 숫자를 좀 더 들여다보면, 평균적인 숫자이기에 극장에서 흥행한 영화가 VOD 시장에서도 더 잘된 거고,

그렇지 않은 영화에는 큰 영향이 없었던 것으로 보인다. 배우 개런 티는 갈수록 치솟고, 인건비는 매년 10퍼센트 이상 상승하는 상황에서 극장이 회복되지 않으면 영화산업의 근간이 흔들릴 가능성이 매우 높다.

이처럼 코로나19 상황은 투자·배급, 그리고 극장산업에도 변화를 일으키고 있고, 영화 촬영 현장 역시 다양한 측면에서 변화에 직면해 있다. 코로나19로 인한 촬영 현장의 가장 큰 변화는 평소보다 프리프로덕션과 촬영 기간이 늘어나고 있다는 사실이다. 제작 일정이 늘어나는 건 로케이션 섭외가 쉽지 않거나 불발된 탓이 크다. 특히 해외 촬영이 필요한 영화들의 경우, 전 세계적으로 코로나19의 확산이 지속되는 상황에서 제작을 잠시 중단하거나 국내 촬영을 먼저 진행하는 방식으로 우회하고 있으나, 언제쯤 다시 해외 촬영이 가능하게 될지 알 수 없다. 결국 이러한 방식으로 프리프로덕션과 촬영 기간이 늘어나면 제작비도 덩달아 상승할 수밖에 없다.

오래전부터 영화산업은 '하이 리스크 하이 리턴' 산업이었다. 하지만 극장이 위기를 맞고 있는 이상, 과거 같은 '하이 리턴'을 더 이상 기대할 수 없게 될지도 모른다. 누구도 섣불리 예측하기 힘든 산업의 격변기 한가운데서, 이미 뉴노멀에 진입한 한국영화 산업의 성패는 앞으로 코로나19 방역의 성과와 관객의 반응, 두 가지에 달려 있다.

시시각각으로 변화하는 박스오피스 수치처럼 한국영화 산업은 지난 20년 동안 숨 가쁘게 진화해 왔다. 여러 변화들 중에서 단연 눈에 띄는 건, 영화라는 매체가 산업의 모습을 갖췄다는 사실이다. 이것은 단순히 한 해 극장을 찾는 관객 수가 2억 명을 돌파했다거나 멀티플렉스가 포화 상태에 이르는 등의 외형적인 성장만을 뜻하지 않는다.

영화관입장권통합전산망이 2000년대 중반에 시행된 덕분에 매일 자정이 되면 극장에 관객들이 얼마나 찾았는지 정확하게 확인할 수 있게 됐고, 표준계약서를 만든 덕분에 불필요한 법적 분쟁 없이 합리적으로 공정한 노동환경에서 일을 할 수 있게 됐으며, 재능과 가능성만 있다면 누구든지 적절한 절차에 따라 영화제작을 위한 투자를 받을 수 있는 환경이 갖춰졌다. 그러나 구조적으로 산업화되는 과정에서 창작자의 권리(나 영역)가 투자자들에게 침해당하기도 하고, 더 많은 스크린을 확보하는 과정에서 관객들에게 제대로 선보일 수 있는 최소한의 상영일수를 채우지 못한 채 간판을 내려야 하는 경우도 많다. 특히 독립예술영화들은 공정한 경쟁조차 할 기회가 없다는 점에서 20년 전이나 지금이나 똑같다. 구조적으로 해결해야 할 과제들이 어떤 방식으로 그 해결책을 찾는지가 향후 한국영화 산업을 바라보는 관전 포인트 중 하나다.

무엇보다 영화인 누구도 예상하지 못한 코로나19 사태가 장기화되면서 한국영화 산업에도 뉴노멀이 이미 시작됐다. 극장용 영화가 주춤하고 있는 사이에 넷플릭스, 아마존 프라임 비디오, 애플

TV 등 거대 공룡 OTT 기업들이 치열한 경쟁을 펼치고 있는 전 세계 영화산업의 흐름이 앞으로 어떤 방향으로 흘러갈지도 유심히 지켜봐야 할 대목이다. 충무로의 많은 영화인들의 우려대로 극장은 사라질까, 아니면 무성영화에서 유성영화로 진화하고 컬러TV와의 경쟁에서도 살아남았듯이 계속 우리 곁을 남을까.

1 이 글은 필자가 2008년부터 2020년까지 《씨네21》에서 영화산업 분야 전문기자로 일하며 작성한 기사들을 재구성한 것이다.

2 미국영화협회 MPAA(Motion Picture Association of America, https://www.motionpictures.org) 2012년 영화산업 결산 보고서 참고.

3 1997년 CJ는 드라마 〈모래시계〉로 상종가를 쳤던 김종학 피디를 영입해 제작사 제이 콤프로덕션을 설립하고, 영화 〈인샬라〉(이민용, 1997), 〈억수탕〉(곽경택, 1997)을 제작했다. 《동아일보》, 1996년 2월 6일자 27면 기사, 〈대기업들의 문화전쟁 (3) 영화산업〉 ; 《한겨레》, 1997년 1월 4일자 12면 기사, 〈쏟아지는 신예, 다시 뛰는 중견〉 참고. "당시 제일제당은 스티븐 스필버그 감독 등 엔터테인먼트 업계의 세계적 전문가들과 접촉하며 향후 영상산업의 방향성을 모색하고 있었다. 이미 그때 CJ엔터테인먼트, CJ CGV의 사업모델이나 드림웍스의 지분참여를 통한 배급권 확보의 청사진을 그렸던 것이다." 최건용, 《대박과 쪽박 사이 충무로의 네버엔딩 스토리》, 서해문집, 2012년, 131쪽.

4 영화진흥위원회, 〈2007년 한국영화 산업 결산〉, 2008, 26~27쪽.

5 김성훈, 〈'붕괴의 시대'가 낳은 구조적 문제들은 사라졌나〉, 《씨네21》, 2012년 11월 13일(통권879호). http://www.cine21.com/news/view/?mag_id=71713 (2020년 9월 25일 확인)

6 예를 들어, 영화 〈필선〉(안병기, 2012)은 2004년에 나온 한국영화 〈분신사바〉를 순수 중국 자본을 들여 리메이크한 작품으로 해외 배급은 한국의 배급사 (주)미로비전이 담당했다. 또 〈이별계약〉(오기환, 2013)은 CJ E&M이 기획하고, 한중의 영화 스태프들이 제작에 참여했으며, 중국 최대 국영배급사 CFG(China Film Group)가 배급을 담당했다.

7 고려대학교 산학협력단, 〈근로시간 특례 업종별 근로시간 운영실태 및 개선방안 연구〉, 고용노동부, 2011, 73쪽.

8 도동준, 〈근로기준법상 근로시간 특례제도 개정과 영화산업〉, 영화진흥위원회, 2018, 4쪽.

9 2017년 추석 시장에선 〈남한산성〉(384만여 명, 영화관입장권통합전산망 집계), 〈범죄도시〉(688만여 명), 〈아이 캔 스피크〉(328만여 명), 〈킹스맨: 골든 서클〉(494만 명)이 개봉했다.

10 김성훈, 〈[한국영화 기획 ①] 2018년 성적을 바탕으로 2019년 한국영화 흥행을 예측해보니〉, 《씨네21》, 2019년 1월 23일자 기사. http://www.cine21.com/news/view/?mag_id=92217&utm_source=naver&utm_medium=news (2020년 9월 25일 확인)

11 영화진흥위원회, 〈2019년 한국영화 산업 결산〉, 2020, 14쪽.

영화기술

하이엔드 기술 혁명

: 디지털 테크놀로지와 제작 현장의 변화

한선희

촬영보다 후반작업, 영화계 디지털혁명

20세기 말 디지털혁명은 전 세계 영화의 제작 및 유통 방식을 완전히 바꾸어 놓았다. 한국영화계에서 제작 분야의 기술적 변화는 1990년대 중반 새로운 장비와 디지털 시스템의 도입으로 시작되었다. 디지털 캠코더가 등장해 영화제작에 사용되고, 아날로그 사운드 시스템이 디지털로 전환되면서 민간 업체들의 기능이 강화되었다. 영화제작에서 디지털 기술은 우선 촬영보다 음향 부문에 먼저 적용되었다. 여전히 영화진흥공사에서 현상이나 녹음 등 기술적인 작업을 진행하던 시기, 민간 녹음실인 리드사운드 녹음실에서 1995년 전후로 돌비디지털 시스템을 도입하면서 변화가 시작되었다.

촬영 부문에서는 1990년대 중반 DV포맷*의 카메라가 출시되면서 국내 독립 다큐멘터리를 중심으로 디지털카메라가 사용되었다. 극영화에서는 덴마크 도그마 집단의 '도그마 95' 선언**으로 디지

---

*DV Digital Video 1995년부터 사용된 디지털비디오 또는 그 영상 압축 포맷을 가리키는 것으로 테이프형 영상물 기록매체를 사용한다. 1990년대 후반부터 2000년대 초반까지 DV 특유의 편의성 때문에 영상물 제작 분야에서 큰 인기를 누렸다. DV 포맷으로 촬영된 영화로는 저예산 페이크다큐로 큰 인기를 모은 〈블레어 위치 The Blair Witch Project〉(다니엘 미릭·에두아르도 산체스, 1999), 대니 보일 감독의 영화 〈28일 후 28 Days Later〉(2002) 등이 있다.

**도그마 95 1995년 라스 폰 트리에Lars Von Trier 감독을 비롯한 네 명의 덴마크 영화감독이 영화제작 시 준수해야 할 10개의 문항을 발표하며, 이 헌장을 준수하는

털영화의 새로운 미학적 가능성이 제시되면서, 독립예술영화를 중심으로 DV 카메라가 차츰 확대 적용되었다. 그러나 상업영화 쪽에서는 여전히 필름 카메라가 우세했다. 1994년 박헌수 감독의 영화 〈구미호〉에서 처음으로 컴퓨터그래픽이 사용되면서 시각효과 후반작업에 디지털 기술이 도입되기 시작했으나, 2000년대 중반까지 주류 상업영화의 촬영은 필름 카메라로 이루어졌다. 디지털 시각효과 작업의 중요성이 대두되던 1990년대 중반부터 2000년 중반까지의 이 과도기적 시기에는 현상된 필름을 텔레시네한 뒤 컴퓨터에서 디지털 처리를 하고, 다시 필름 프린트로 제작해 상영하는 혼재된 방식으로 영화가 만들어졌다.

제작 부문에서 디지털카메라가 기존 필름 카메라와 다른 색감과 심도, 명암 표현 범위를 가진다는 점, 또 한 번에 찍을 수 있는 필름의 시간이 제한적이었던 과거와는 다른 새로운 표현을 가능하게 한다는 점, 그리고 디지털화를 통해 카메라가 소형화·경량화되면서 핸드헬드 기법의 강화 등 표현 방법에 변화가 생길 것이라는 점과 컴퓨터그래픽을 활용한 시각효과를 통해 새로운 표현이

영화집단 '도그마 95'를 구성했다. 도그마 헌장의 열 가지 항목은 다음과 같다. ① 촬영은 반드시 로케이션으로 이루어져야 한다. ② 음향은 반드시 이미지 촬영 현장에서 취해야 한다. 촬영 시 음악이 존재하지 않는다면 여타의 음악을 첨하는 것은 금지한다. 효과음을 배제한다. ③ 반드시 핸드헬드로 촬영해야 한다. 상황과 인물에 맞춰 촬영해야 한다. ④ 필름은 반드시 컬러여야 하고 일체의 인공조명은 허용하지 않는다. ⑤ 특수효과와 필름 필터 사용을 금한다. ⑥ 영화 속에서 오락을 위한 행위, 즉 살인·폭력 등이 일어나서는 안 된다. ⑦ 영화의 시간 및 공간을 유의의 대상으로 삼지 않는다. ⑧ 장르영화는 허용되지 않는다. ⑨ 영화의 형식은 반드시 표준 35mm여야 한다. ⑩ 감독 이름을 타이틀에 올리지 않는다. 감독의 개인적 취향을 반영할 수 없다.

가능해질 것이라는 점 등으로 인해 영화의 디지털화가 필름 영화에서 불가능했던 시각적 표현을 가능하게 할 것이라는 기대치가 높아졌다. 무엇보다 디지털영화는 제작 비용을 절감시키고 촬영 현장을 간소하게 할 것이라는 전망이 있었다. 그러나 기존 35mm 필름 카메라에 버금가는 디지털 시네마용 카메라들은 기존 필름 카메라만큼 무겁고 비싸며, 조명 세팅도 까다롭고 카메라 조작에 전자적인 지식을 요구했으며, 고용량 영상 데이터를 전송할 대규모 저장장치를 필요로 했다.

과거 필름 시대에는 촬영이 영화제작의 핵심 공정이었던 반면, 21세기 데이터의 시대에는 모든 이미지 데이터를 확보해 종합적으로 가공하는 후반작업이 더욱 큰 중요성을 띠게 되었다. 이는 기존 필름 영화와는 다른 시각적 경험을 가능하게 했다. 실사 이미지와 컴퓨터그래픽을 통해 창조된 이미지들이 자유롭게 뒤섞이며 실사 영화와 애니메이션의 구분이 모호해지기도 했다. 2010년대 들어 영화제작 과정에는 '사전시각화pre-visualization'라는 새로운 작업 단계가 도입되었고, 로케이션 촬영이 아닌 스튜디오 세트에서 가상의 공간을 배경으로 하는 '버추얼 프로덕션virtual production'이 점차 확대되었다.

유통 부문에서 디지털화가 가속화된 것은 2000년대 초반부터다. 당시 서울 시내 극장가의 중심은 종로 3가였다. 서울극장, 단성사, 피카디리는 신작 개봉작들의 흥행 성공 여부를 가늠하는 시금석 같은 장소였다. 그러나 강변 CGV에 첫 멀티플렉스가 생긴 이래 극장의 디지털화가 급속도로 진행되었다. 멀티플렉스의 등장은 필름 프린트가 아니라 디지털 시네마 패키지DCP로 영화를 상영함으로써 극장가에 변화를 가져왔다. 필름 훼손으로 인한 상영 품질 저하 등의 단점을 극복하고 더 깨끗한 음질과 화질을 제공한다는 디지털의 장점이 부각되었다. 또한, 필름 프린트를 만들고 운송하는 데 드는 비용을 혁신적으로 줄일 수 있다는 경제적 요인이 상영 포맷과 유통 부문의 디지털 혁신을 촉진시켰다.

2005년 문화관광부가 'D-시네마 비전 2010'을 발표하고 영화산업의 디지털화가 차세대 전략사업으로 명명되었다. 이러한 움직임은 디지털카메라로 전체 영화를 촬영하고, 촬영–편집–믹싱–시각효과–DI를 디지털로 일원화하는 통합적 워크플로우에 대한 기대감을 고조시켰다. 또한 완성된 영화를 필름 프린트로 재가공해 필름 영사기로 상영하는 것이 아니라, 컴퓨터 서버와 디지털 프로젝터로 영사하는 방식이 도입되었다. 디지털과 아날로그가 혼재되다 보니 아이러니한 상황들도 벌어졌다. 디지털영화는 대부분 저예산 영화들이었는데, 디지털 상영관을 구하지 못해 필름으로 키네코 작업을 거쳐 상영되었다. 반면 멀티플렉스 극장의 디지털 상영관에서는 필름으로 촬영된 블록버스터 영화들이 디지털로 변환되어 상영되었다. 〈마법사들〉(송일곤, 2006)은 디지털 기기를 이용해 제작하고 네트워크 전송으로 상영한 국내 최초의 완전한 디지털영화로 거론되었으며, 초고속 인터넷 기술의 발전으로 〈죽어도 해피엔딩〉(강경훈, 2007)은 전국 극장에

국내에서 처음으로 디지털 제작·배급·상영을 시도한 송일곤 감독의 영화 〈마법사들〉(제작·배급 드림컴스, 2006)의 촬영 현장.

파일 형태로 전송되어 '필름 없이 영화를 보는 시대'를 선언했다.

2008년 기준 개봉영화의 약 10퍼센트가 디지털카메라로 제작되었으며, 2010~2013년 사이 모든 멀티플렉스들이 디지털 영사기를 설치했다. 2013년 12월 서울에서 마지막까지 필름 상영을 했던 극장 씨네큐브가 모든 영사기를 디지털로 교체했고, 마지막 필름현상소인 서울필름현상소가 2014년 1월 영업을 중단하면서 필름 시대는 막을 내렸다. 이 글에서는 창작 및 제작 영역에서 한국영화의 디지털화 및 디지털 프로세스에 대해 간략히 살펴보고, 영화제작 기술에서 지난 20년 동안 거둔 주요한 성취는 무엇인지 검토하고자 한다.

촬영

앞서 언급한 대로 한국영화의 촬영 부문에서 디지털 기술의 적용은 6mm 디지털 캠코더DV의 등장과 함께 시작되었다. 1990년대 중반 독립 다큐멘터리 분야에서 소니의 VX1000 카메라로 촬영한 〈명성, 그 6일의 기록〉(김동원, 1997), 〈변방에서 중심으로〉(홍형숙, 1997) 등이 디지털로 촬영된 최초의 한국영화였던 셈이다. 이후 디지털 캠코더는 21세기 극장용 극영화 제작에 새로운 미학적 가능성과 경제적 효용성을 제시했다. 한국 최초의 디지털 장편영화 〈눈물〉(임상수, 2000)에 이어 〈꽃섬〉(송일곤, 2001), 〈나비〉(문승욱, 2001) 등이 이런 맥락에서 탄생했다. 그러나 DV 카메라를 이용한 디지털영화는 제작의 중심부로 들어오지 못하고 산업 영역 바깥에서 독립영화

제작에만 사용되었다. 결과물의 품질이 35mm 필름 카메라에 미치지 못했기 때문이다.

그러나 DV를 대체한 HDV 캠코더가 등장했으며 이어 디지털 시네마용 카메라들이 출시되었다. 소니의 HDW-F900로 촬영한 최초의 100퍼센트 풀HD 실사 장편영화인 〈스타워즈: 에피소드 2Star Wars: Episode II-Attack of the Clones〉(조지 루카스, 2002)가 개봉하면서 세계적으로 고화질 디지털영화의 가능성에 대한 관심이 고양되었다. 한국영화계에서 2K 이상 HD급 카메라를 사용한 최초의 영화는 〈아 유 레디?〉(윤상

소니 HDW-F900 CineAlta HDCam.

호, 2002)이다. 그러나 이 영화는 흥행이나 비평 양면에서 저조한 성적을 거두었고, 이로 인해 디지털카메라를 극장용 장편영화에 적용하는 것은 시기상조라는 전망이 수년 간 이어졌다. 그럼에도 불구하고 기획의 창의성과 제작비 절감을 조화시키기 위해 〈시실리 2km〉(신정원, 2005), 〈달콤, 살벌한 연인〉(손재곤, 2006)과 같은 초기 HD 영화들이 꾸준히 시도되었다.

HD 카메라는 방송용에 적합한 1920×1080의 해상도를 구현하는 카메라를 말하는데, 더 높은 수준의 해상도를 구현할 수 있는 극장용 디지털카메라가 속속 개발되었다. 2000년에 출시된 파나소닉 '베리캠'은 가변variable 프레임 촬영 기능을 제공해 저예산 HD 제작 환경에 적합한 카메라로 소개되었으며, 〈시실리 2km〉, 〈우리

에게 내일은 없다〉(노동석, 2006), 〈플라이 대디〉(최종태, 2006) 등의 촬영에 활용되었다. 2002년 출시된 톰슨의 바이퍼Viper 카메라는 초당 24프레임을 구현하고 필름 카메라의 와이드 스크린 화면비율 촬영, 무압축 하드저장 방식 등을 채택해 화질 보존을 극대화함으로써 디지털 시네마용 카메라의 가능성을 제시했다. 국내에서 바이퍼 카메라로 촬영한 최초의 영화인 〈싸이보그지만 괜찮아〉(박찬욱, 2006)에 이어 〈죽어도 해피엔딩〉, 〈아버지와 마리와 나〉(이무영, 2008) 등의 촬영에서도 이 바이퍼 카메라가 활용되었다. 또한 필름 영화에서 높은 명성과 신뢰를 얻은 카메라 제조사인 아리Arri는 2004년 35mm 필름 카메라와 동일한 크기의 센서를 장착하고 기존 필름 촬영 전문가들이 활용하기 좋은 D20을 출시했으며, 〈아기와 나〉(김진영, 2008), 〈멋진 하루〉(이윤기, 2008) 등의 제작에 사용되었다. 이렇게 영화 촬영 현장에서 디지털카메라를 이용한 시도들이 계속되는 와중에도 디지털카메라는 필름 카메라의 품질을 따라잡지 못한다는 평가가 우세했으나, 디지털 기술에 대한 호기심은 점

톰슨Thomson의 바이퍼 카메라로 촬영한 〈싸이보그지만 괜찮아〉(제작 모호필름, 배급 CJ엔터테인먼트, 박찬욱, 2006).

차 영화계 전체로 확산되어 갔다.

　이런 흐름 속에서 2007년 발표된 레드원 카메라는 모든 것을 바꿔 놓았다. 최초의 4K 디지털카메라인 레드원은 필름 카메라와 품질은 동일하면서 기존 필름 카메라나 HD 카메라보다 작고 가벼우며 가격 또한 훨씬 저렴하다는 것을 장점으로 내세웠다. 한국영화계에서는 〈국가대표〉(김용화, 2007)가 처음으로 레드원을 사용해 촬영되었다. 그러자 필름 시대 전통의 강자인 아리에서 과연 4K 디지털카메라를 출시할 것인가 하는 이슈가 수년 동안 제기되었다. 아리는 2010년 '알렉사'라는 이름으로 레드원에 맞먹는 시네마용 디지털카메라를 출시했고, 한국에서는 〈화차〉(변영주, 2012)의 촬영에 처음 사용되었다. 이후 아리 알렉사는 한국 주류 상업영화 현장에서 가장 선호하는 카메라로 널리 보급되었다. 상업영화 현장에서는 아리플렉스와 레드, 소니를 중심으로 넓은 센서를 가진 프로페셔널 시네마 카메라가 널리 사용되기 시작했으며, 높은 해상도와 관용도를 가진 장비들에 대한 수요가 점점 커졌다. 그러면서 촬영 현장에 테이프리스tapeless 시스템이 도입되어 테이프가 아닌 하드디스크에 데이터를 저장하게 되었으며, 촬영 현장과 후반 작업자들을 연결하며 데이터 관리를 하는 디지털 이미징 테크니션Digital Imaging Technician이 새로운 직종으로 등장했다.

　그러나 다른 한편으로, 영화 촬영 현장에서 디지털카메라의 광범위한 사용은 촬영 현장의 양극화를 불러왔다. 애초 디지털카메라는 제작비 절감에 도움이 될 것으로 예상되었으나, 하이엔드급 디지털 시네마 카메라의 등장으로 제작비는 오히려 상승했다. DSLR이나 미러리스 카메라, 스마트폰 카메라 등 소형 장비들이 폭발적으로

오늘날의 촬영 현장에서는 이처럼 촬영된 영상을 제작진들이 함께 검토하는 모습을 낯설지 않게 볼 수 있다. 영화 〈화차〉(제작 영화제작소 보임, 배급 필라멘트픽처스, 변영주, 2012)의 촬영 현장.

출시되면서 독립영화나 단편영화 제작에도 디지털카메라가 널리 사용되었는데, 이와 같은 영화제작의 디지털화는 상업과 독립을 막론하고 필름이나 비디오테이프 등으로 분화되어 있던 작업 포맷을 디지털 파일 중심으로 일원화했다. 촬영 결과물을 확인하려면 현상과 인화 및 텔레시네 등의 공정을 거쳐야 하는 셀룰로이드 필름과 달리 디지털 촬영은 현장에서 결과물을 바로 확인함으로써 새로운 방식으로 제작에 효율성을 가져왔다. 하나의 촬영 데이터를 토대로 편집·녹음·시각효과·색보정·마스터링 등까지 하는 원스톱 워크플로우가 구축되었다. 세계 여러 나라의 작업자들이 네트워크를 통해 데이터를 공유하며 일하는 글로벌 작업 환경은 물론, 단 한 명의 작업자가 카메라와 컴퓨터만으로 영화를 혼자 만들어 내는 DIY 환경도 가능해졌다.

21세기 초반 촬영 부문에서 기술적 진보는 디지털카메라의 도입뿐 아니라 조명 분야에서도 이루어졌다. 1990년대 중반부터 한국영화의 촬영 현장에는 HMI 조명°이 많이 사용되기 시작했으나,

°HMI 조명Halogen-Metal-Iodide lamp 한낮의 일광과 같은 5,600K의 색온도를 가진 조명 램프를 말한다. HMI 조명 기기는 할로겐 텅스텐보다 3~4배 정도 많은 양의 빛을 내지만 전력 소비는 75퍼센트나 줄일 수 있어 야외 조명에 주로 사용된다.

HMI 18K 등 대용량 조명기가 본격적으로 사용된 것은 2000년대 초반부터다. 〈공동경비구역 JSA〉(박찬욱, 2000) 등 대형화된 영화가 제작되면서 더 넓은 범위의 장면을 비출 수 있는 대용량 조명기 수요가 늘어났다. 영화산업 규모가 커지면서 기존 한국영화계의 조명 기자재가 급증하는 제작 편수의 수요를 따라가지 못하게 되자, 임재영 조명감독이나 박현원 조명감독 등 당시 최고의 조명감독들이 직접 조명 장비를 수입해 대여하는 회사를 설립하기도 했다. 2000년대 초반 가장 우수한 품질의 한국영화 제작에 두 조명감독의 역할이 두드러졌다는 점을 상기할 때, 한국영화의 촬영 기술에서 조명 분야의 변화 또한 중요한 사건이었다.

카메라뿐 아니라 특수촬영 장비들이 더욱 고도로 발달했다는 점 역시 이 시기 한국영화 촬영 현장의 변화라고 할 수 있다. 〈챔피언〉(곽경택, 2002), 〈내츄럴 시티〉(민병천, 2003), 〈태극기 휘날리며〉(강제규, 2004) 등 대작 영화에 모션 컨트롤 카메라MCC˙가 도입되었고, 버추얼 프로덕션을 위한 고가의 장비들이 확산되었다. 자이로헤드, 모빌캠, 액션플라잉캠 등 카메라를 디지털로 제어해 독특한 앵글의 그림을 뽑아낼 수 있는 장비들이 현장에 동원되고, 드론의 광범위한 전파로 헬리콥터를 이용했던 과거와 달리 다양한 공중부감 숏의 구현이 가능해진 것도 이 시기의 변화다.

디지털혁명과 더불어 한국영화뿐 아니라 전 세계 영화산업에서

˙**모션 컨트롤 카메라**Motion control camera 컴퓨터로 카메라 동작을 제어할 수 있는 촬영 장비. 카메라 모션을 저장하고 불러내는 것이 가능하기 때문에 같은 카메라워크를 오차 없이 반복할 수 있다.

또 다른 관심을 불러일으킨 사건은 3D 입체영화이다. 〈아바타 Avatar〉(제임스 캐머런, 2009)의 전 세계적인 성공 이후 한국영화 산업에서도 3D 영화에 대한 관심과 수요가 생겨나기 시작했다. 21세기 한국영화계에서 〈나탈리〉(주경중, 2010)는 상업영화 최초로 제작된 3D 영화였으며, 이어 〈7광구〉

〈신과함께-인과 연〉(제작 리얼라이즈픽처스, 덱스터스튜디오, 배급 롯데엔터테인먼트, 김용화, 2017)은 공중 장면에서 배우의 움직임을 포착하기 위해 카메라에 특수장비를 장착했다.

(김지훈, 2011), 〈미스터 고〉(김용화, 2013) 등이 3D로 제작 개봉되었다. 실사영화 제작에서 3D 스테레오스코픽* 촬영을 할 것인가, 아니면 2D로 촬영한 작품을 3D로 컨버팅할 것인가와 관련해 많은 논의와 테스트 작업이 이루어졌다. 국내 업체 '마스터이미지'는 독자적인 기술력으로 CGV 등에 입체상영 장비를 설치했다. 콘텐츠의 경우, 애니메이션 제작사 '레드로버'가 3D 애니메이션 제작에 선도적으로 나섰다.

그러나 제작비 규모의 급격한 상승으로 인해 실사 장편 상업영

---

*3D 스테레오스코픽Stereoscopic 양쪽 눈의 시각 차이를 이용해 양안 시차가 있는 한 쌍의 2D 영상을 관람자의 양쪽 눈에 각각 제시하여 3차원의 입체감을 지각할 수 있게 해 주는 입체 영상 구현 기술. '두 개의'라는 의미를 지닌 stereo와 '보다'라는 뜻의 scopic을 합친 말이다. 촬영 시에는 양안 렌즈를 이용한 촬영과 리그Rig를 이용한 촬영 방식 등이 사용되며, 관람 시에는 '필름 편광 패턴 방식FPR(디스플레이에 편광 필름을 부착한 후 동일한 편광 방식의 안경을 착용하여 양쪽 눈에 각기 다른 영상만이 보이도록 하는 방식)'과 '셔터글라스 방식SG(최소 1/60초의 속도로 양쪽 눈에 번갈아 가면서 빛을 차단하는 방식)'이 주로 사용된다.

화를 3D로 제작하는 데는 한계가 있다는 사실이 드러났다. 이에 따라 한국영화 산업에서 3D 입체영화는 컨버팅 업체 중심으로 재편되었다. 그러나 직접 제작과 컨버팅을 합쳐 3D로 개봉한 한국영화는 2014년 11편으로 정점을 찍은 뒤 2015년에는 2편으로 급감했고, 극장에서도 3D 영화에 대한 수요는 점차 줄어들었다.

사전시각화

사전시각화는 사전제작 단계에서 시나리오상에 묘사된 아이디어를 시각화하고, 그 결과를 실제 촬영에 반영하는 공정을 일컫는다. 연출, 촬영, 미술, 시각효과팀 등에서 각자 개별적으로 진행하던 작업들이 '사전시각화'라는 이름으로 묶이게 되었다. 다양한 소프트웨어를 통해 연출부는 스토리보드와 콘티를 디지털 방식으로 제작하고, 촬영부와 미술 및 시각효과팀은 수집된 데이터를 저장하고 이를 가공해 실제 촬영 환경을 시뮬레이션해 보는 작업이 가능해졌다. 영화 현장에서 사전시각화pre-visualization을 약칭한 '프리-비즈pre-viz'라는 용어가 일반화되기 시작했다. 이는 디지털화된 사전시각화 도구를 통해 아날로그 콘티를 디지털로 옮기는 것뿐 아니라, 스토리보드 자체를 CGI 애니메이션으로 작업할 수 있게 해 주었다. 디지털 스토리보드의 경우, 〈애정결핍이 두 남자에게 미치는 영향〉(김성훈, 2006), 〈우리 동네〉(정길영, 2007) 등이 이러한 작업을 통해 완성되었다. 기존의 손그림 콘티보다 앵글이 정확하고 스태프들과의 의사소통이 원활해지며 작업시간도 단축되었다. 또한 한국영화계에서 액션 장르가 발달하고 액션 장면의 연출이 더욱 정교해지면서, 무술팀이 직접 사전에 동영상 콘티를 짜는 일도 늘어나게 되었다.

단순한 디지털 스토리보드를 넘어서는 본격적인 CGI 3D 애니메이션 사전시각화 제작은 영화에 컴퓨터그래픽과 시각효과가 증가하고, 일반적인 사실주의 영화가 아니라 판타지나 어드벤처, SF 등 새로운 장르영화가 등장하면서 더욱 고도화되었다. 사전시각화는 정지 영상이 가진 기존 스토리보드의 한계를 극복하고, 화각·노출·색감 등에 실제 카메라 데이터를 활용함으로써 더 정교한 시뮬레이션을 가능하게 했다. 사전제작 단계에서 충분한 테스트를 해 볼 수 있는 기회를 제공함으로써 제작 일정과 비용을 단축시켜 제작공정의 효율화에 기여한 것이다. 한국영화계에서는 〈청연〉(윤종찬, 2005)이 항공 촬영을 위해 6개월간의 사전작업을 거쳐 32분 분량의 사전시각화를 제작했고, 이를 통해 실제 항공 촬영에 걸리는 기간을 9분의 1로 단축했다. 프리비즈의 본격적인 시작은 〈태극기 휘날리며〉 제작 당시 VFX 스튜디오가 작업 효율성을 높이기 위해 자체적으로 사전시각화를 도입한 것이다. 당시 사용된 방법은 기존의 3D 모델링 소프트웨어를 사용해 해당 VFX 스튜디오가 수주한 CG 컷을 사전시각화하는 것이었다. 이후 〈남극일기〉(임필성, 2005), 〈태풍〉(곽경택, 2005), 〈중천〉(조동오, 2006), 〈미녀는 괴로워〉(김용화, 2006), 〈괴물〉(봉준호, 2006), 〈좋은 놈, 나쁜 놈, 이상한 놈〉(김지운, 2008) 등 20~30편의 한국영화 제작에 활용되어 해당 영화의 완성도 제고 및 예산 절감에 기여했다. 국제 공동제작 작품인 〈워리어스 웨이〉(이승무, 2010)는 〈아바타〉를 작업했던 뉴질랜드의 웨타스튜디오에서 프리비즈 작업

〈좋은 놈, 나쁜 놈, 이상한 놈〉(제작 다크서클픽쳐스, 바른손이앤에이, 배급 CJ엔터테인먼트, 김지운, 2008)은 사전시각화 단계에서 영화 촬영이 이루어질 세트장 전체의 구성을 미리 디자인했다. 또한 〈백두산〉(제작 덱스터스튜디오 외, 배급 CJ ENM, 이해준, 김병서, 2019)은 액션 장면 촬영에 앞서 VFX팀과 3D 애니메이션으로 해당 장면의 사전시각화 작업을 진행했다.

과 콘티 작업을 진행하기도 했다.

현대영화로 올수록 증가하는 후반작업 단계의 결과물을 촬영 단계에서 사전에 확인하는 것이 어려운 일이었으나, 사전시각화를 통해 그린스크린 실사 촬영 소스와 사전시각화 소스를 실시간으로 합성해 냄으로써 현재 작업한 실사 촬영본이 최종 결과물에 어떻게 반영될지 미리 예측할 수 있게 되었다. 사전시각화 작업이 본편의 제작공정에서 VFX의 밑바탕으로까지 확대된 것이다.

사전시각화는 창작자의 머릿속에 들어 있는 아이디어를 촬영이 가능한 수준으로까지 구체화한다. 또한 촬영 전에 카메라 숏 사이즈, 앵글, 움직임 등을 미리 세팅하고, 촬영에 드는 시간과 비용, 인력을 크게 단축시켜 창작자에게 더 많은 자율성을 허용한다. 오늘날 영화 현장에서는 마야, 맥스, 소프트이미지 XSI 등 기존의 애니메이션 제작 소프트웨어를 사용해 사전시각화 작업이 이루어진다. 사전시각화는 정밀한 촬영 계획을 세우는 시뮬레이션 도구이면서, 투자 유치에 필요한 견본 제작 도구로 발전했다. 투자자들은 투자 요청을 받은 프로젝트의 사전시각화 애니메이션 버전을 보고 투자 결정을 내릴 수 있게 되었다. 현재 사전시각화는 대작 한국영화를 중심으로 광범위하게 사용되고 있다.

시각효과

앞서 언급한 대로 한국영화의 시각효과는 〈구미호〉의 제작 과정에서 처음 적용되었다. 이후 〈은행나무 침대〉(강제규, 1996), 〈퇴마록〉(박광춘, 1998), 〈자귀모〉(이광훈, 1999), 〈공동경비구역 JSA〉, 〈무사〉(김성수, 2000) 등 한국영화 산업의 부흥 과정에서 빠르게 성장했고, 〈태극기 휘날리며〉, 〈태풍〉, 〈중천〉 등을 거치면서 확장되었다. 인사이트 비주얼과 모팩을 중심으로 한 1990년대 말과 2000년대 초반 국내 영화 VFX 분야는 한국영화의 장르 다변화와 대작화를 거치면서 크게 발전했다. 초창기 판타지 장르에 적용되었던 몰핑*이나 합성 기법 등에 이어, 〈역도산〉(송해성, 2004) 등에서의 대규모 군중 장면, 〈싸이렌〉(이주엽·강한영, 2000), 〈타워〉(김지훈, 2012) 등 재난물, 〈고지전〉 (장훈, 2011), 〈마이 웨이〉(강제규, 2011) 등 전쟁 액션, 〈태풍〉, 〈해무〉(심성보,

*몰핑Morphing 서로 다른 이미지를 자연스럽게 변화시키는 과정이나 그 기법을 말하는 것으로, 하나의 2D 이미지에서 다른 이미지로 변화하는 효과나 하나의 형태에서 다른 형태로 변화하는 3D 애니메이션 기법 등 2D와 3D 이미지 모두에서 가능하다.

2014), 〈해적: 바다로 간 산적〉(이석훈, 2014) 등 수상 액션, 〈괴물〉, 〈늑대 소년〉(조성희, 2012) 등 크리처물, 〈최종병기 활〉(김한민, 2011), 〈명량〉(김 한민, 2014) 등 사극 및 무협 액션에 이르기까지 전방위적으로 진화 했다.

초창기 국내 컴퓨터그래픽 분야에서 시각효과 작업 방식은 한 명의 작업자가 하나의 숏 안에서 모든 공정을 처리하는 멀티 플레 이어 시스템이었다. 그러나 영화에 대한 시각효과 의존도가 높아 지고 대규모 프로젝트들이 한국영화 산업의 주류로 자리 잡으면 서 각 작업자들끼리 전문 분야를 나누고 각 공정이 순조롭게 흘 러갈 수 있도록 파이프라인을 구축하는 것이 큰 도전 과제가 되었 다. 국내 VFX 스튜디오들이 자체적으로 파이프라인 소프트웨어를 개발하는 데 어려움을 겪자, 국책기술 개발사업을 통한 기술 국산 화 사업이 추진되기도 했다.

〈한반도〉(강우석, 2006)와 〈중천〉의 제작진은 한국전자통신연구원 ETRI과 협업하여 디지털 액터*를 개발했다. 그 결과물을 바탕으로 ETRI에서 별도의 독립된 회사인 '매크로그래프'가 탄생했고, 할리 우드 프로젝트인 〈포비든 킹덤The Forbidden Kingdom〉(롭 민코프, 2008) 의 작업을 직접 수주할 수 있었다. 그런 가운데 1세대 슈퍼바이저 들이 독립해 설립한 디지털 아이디어나 포스 크리에이티브 파티

---

*디지털 액터Digital actor 실제 배우와 동일한 수준의 외형과 동작을 구현할 수 있 는 컴퓨터그래픽 영상 캐릭터를 의미한다. 대표적인 디지털 액터로는 〈쥬라기공 원Jurassic Park〉(스티븐 스필버그, 1993)의 공룡, 〈스타워즈 에피소드 1Star Wars: Episode 1〉(조지 루카스, 1999)의 '자자 빙크스', 〈파이널 판타지Final Fantasy〉(사카 구치 히로노부·사카키바라 모토, 2001)의 '아키 로스' 등이 있다. 한국콘텐츠진흥원, 〈문화기술(CT) 심층 리포트〉, 2011년 10월 참조.

영화 〈미스터 고〉(제작 덱스터스튜디오, 배급 쇼박스·화이브라더스, 김용화, 2013)의 촬영 현장. 퍼포먼스 캡처를 이용해 디지털 액터를 구현하고, 이를 현장에서 바로 확인하는 것이 가능하다.

등의 업체들이 VFX 분야의 전문성을 쌓아 나갔다.

특히 2010년대에는 사전시각화 기술의 발전으로 〈미스터 고〉 등 디지털 캐릭터가 등장하는 3D 영화는 물론, 〈탐정 홍길동〉(조성희, 2016), 〈신과함께〉 시리즈(김용화, 2017) 등 버추얼 프로덕션을 적극적으로 활용한 작품, 그리고 〈부산행〉(연상호, 2016)이나 〈#살아있다〉(조일형, 2020), 〈반도〉(연상호, 2020)와 같은 좀비 액션물, 심지어 〈택시 운전사〉(장훈, 2017)나 〈1987〉(장준환, 2017) 등 사실주의 전통에 있는 다양한 대작들이 VFX 기술의 발전 덕분에 탄생할 수 있었다. 가령 〈국제시장〉(윤제균, 2014) 등의 작품은 여러 VFX 회사들이 컨소시엄 형태로 참여해 업무 분화 및 파이프라인 구축을 시도해 만든 작품이라는 점에서 흥미로운 사례다.

한국영화의 시각효과 부문에서 덱스터스튜디오가 이룩한 성과는 재평가되어야 할 것이다. 〈미스터 고〉는 기술적으로 대단히 새롭고 도전적인 시도였음에도 흥행 성과가 좋지 않았기 때문에 그

제작 과정에서 적용한 기술력과 노하우는 많이 알려지지 않았다. 그러나 덱스터스튜디오는 이어 〈신과함께〉 1, 2편에서 시각효과 면에서 다시 한 번 새로운 시도를 단행해 큰 성공을 거두었다. 덱스터를 중심으로 국내 시각효과 업체들이 중국영화 산업의 발전 과정에서 다양한 중국영화의 시각효과 작업을 수주했다는 것도 이 시기의 주목할 일이다.

2010년대 후반으로 들어오면서 한국영화는 작품의 규모나 질적인 면에서 양극화 현상이 더욱 두드러지며, 상업영화 분야에서는 대작화 경향이 뚜렷해졌다. 특히, 한국영화의 미답 영역인 SF 장르가 본격적으로 시도되고 있으며, 과거에는 표현이 불가능하다고 회피되었던 장면들이 VFX로 구현되고 있다. 2020년 완성된 〈승리호〉(조성희, 2019), 〈서복〉(이용주, 2020) 등 본격 SF 장르영화들은 시각효과 제작 방식에서 과거 한국영화와는 다른 시도를 하고 있다.

특수효과 및 특수분장

장르 다양화와 다변화, 새로운 스토리와 참신한 장면들의 표현을 가능하게 한 기술 영역으로 특수효과와 특수분장을 꼽을 수 있다. 특히 90년대 말부터 한국 상업영화에서 액션이나 전쟁, 스릴러 등이 주요한 장르로 부각되고 스펙터클한 장면의 구현이 핵심 요소로 고려되면서 이를 가능하게 하는 많은 기술적 시도가 있었다. 〈태극기 휘날리며〉, 〈마이 웨이〉, 〈고지전〉 등의 전쟁액션 장르는 총기 액션과 폭파 장면 등 과거 한국영화에서 구현하지 못했던 장면들을 만들어 냈다. 무기와 폭발, 불과 물, 바람이나 파도와 같은 날씨 요소 등은 특수효과가 구현해야 하는 요소들인데, '데몰리션'을 필두로 한 여러 특수효과 업체들이 이러한 장면들을 표현하는 다양한 장비와 기술을 개발하고 특허를 등록했다. 특히 2010년대 전반기에는 대작 사극영화들이 다양하게 기획되고, 기존에 볼 수 없었던 여러 특수효과들이 사용되었다. 〈역린〉(이재규, 2014), 〈군도: 민란의 시대〉(윤종빈, 2014), 〈명량〉, 〈해적: 바다로 간 산적〉 등의 사극에서 각종 특수촬영 장비가 동원되었고, 여기에 무술팀이나 시각효과업체들의 노하우가 결합되면서 특수효과 작업이 더욱 고도화되었다.

특수분장 분야 역시 도전적인 장인들과 전문가들의 다양한 시도가 뒷받침되어 주목할 만한 성과를 거두었다. 이 분야의 대표적인 장인인 '메이지'의 신재호 대표는 〈텔미썸딩〉(장윤현, 1999)과 〈무사〉 등의 작품을 통해 실리콘 등 특수 재질로 인체나 시체 모형 등을 구현하는 방법을 개발해 선보였다. 이어 3D 프린팅 기술을 이용해 〈화장〉(임권택, 2014), 〈돌연변이〉(권오광, 2015) 등의 작품에서 값비싼 시각효과에 의존하지 않고 효율적인 표현을 시도하고자 했다.

또한 특수분장 분야에서는 인물의 노화 단계를 표현하는 시도들이 다양하게 있어 왔다. 〈두근두근 내 인생〉(이재용, 2014), 〈나의 독재자〉(이해준, 2014) 등의 작품에서 배우의 얼굴을 변형시키는 기법 등이 이에 해당한다. 특수분

특수분장을 이용해 청년부터 노인까지 인물의 변화를 묘사한 영화 〈나의 독재자〉(제작 반짝반짝영화사, 배급 롯데엔터테인먼트, 이해준, 2014).

장업체 '더 셀'은 〈좋은 놈, 나쁜 놈, 이상한 놈〉, 〈광해, 왕이 된 남자〉(추창민, 2012), 〈대호〉(박훈정, 2015) 등의 작품을 통해 애니메트로닉스*와 프로스테틱 메이크업** 등 특수분장 기술을 한층 더 발전시켰다.

이 시기 특수효과와 특수분장업체들의 해외 진출이 활발하게 이루어진 것도 한국영화계의 성과라고 할 수 있다. 특히 데몰리션과 메이지 등은 중국 펑샤오강 감독의 〈집결호集結號〉(펑샤오강, 2007), 〈대지진唐山大地震〉(펑샤오강, 2010)에 스태프로 참여하면서 중국영화 역사에 한 획을 그었다. 더 셀 역시 중국어권 영화계에서 다양한 작업을 수주했다.

음향효과

영화 기술의 발전에서 음향 분야의 디지털 전환도 간과할 수 없는 부분이다. 영화제작은 단지 시각적인 매체를 만드는 것이 아니며, 사운드가 영화 체험의 절반을 차지하기 때문이다. 아마추어 영상과 프로페셔널 영화의 차이는 사운드 작업의 완성도에 있다고 해

*애니메트로닉스Animatronics 애니메이션animation과 일렉트로닉스electronics의 합성어로, 기계적 뼈대나 전자회로를 가지고 제작한 실물과 흡사한 캐릭터를 원격 조정으로 움직이게 하는 기술. CGI가 발달한 요즘에도, 애니메트로닉스는 저렴하면서도 사실적인 묘사가 가능하다는 점에서 여전히 영화 촬영에 사용되고 있다.

**프로스테틱 메이크업Prosthetic make-up 얼굴이나 몸에 보형물을 덧붙여 신체적 특징을 표현하는 메이크업 기법.

도 과언이 아닐 것이다. 영화에서 디지털 시네마 사운드는 1990년
대 할리우드에서 돌비나 DTS*** 등의 디지털 사운드 시스템을 채
택하면서 진화되었고, 돌비디지털 또는 돌비디지털 서라운드 EX,
DTS 또는 DTS ES 등을 적용한 할리우드 대작 영화들이 국내 개봉
되어 관객들에게 새로운 체험을 선사했다.

과거 한국영화계에서 음향 녹음은 대체로 영화진흥공사(현재의
영화진흥위원회) 녹음실에서 이루어졌다. 그러나 1990년대 후반 민
간 녹음실이 생겨나고 더 다양한 장르의 영화들이 제작되면서 한
국영화 사운드 디자인도 한층 진화했다. 〈쉬리〉(강제규, 1998)에서 처
음으로 본격적인 액션영화 사운드를 시도했던 블루캡, 〈플란다스
의 개〉(2000)부터 〈기생충〉(2019)에 이르기까지 봉준호 감독의 모든
영화의 사운드 디자인을 맡았던 라이브톤, 동시녹음과 사운드 디
자인과 사운드 믹싱을 총괄하며 사극과 판타지 등 다방면의 장르
영화 음향효과를 견인했던 웨이브랩 등 세 업체는 2000년대 초반
한국영화 르네상스 시기를 음향 부문에서 뒷받침했던 곳들이다.
김석원, 최태영, 이승철, 이성진 등 1세대 사운드 슈퍼바이저들은
지금도 활발히 활동하고 있으며, 이 업체들에서 경력과 실력을 쌓
은 2세대 슈퍼바이저들이 독립해 세운 신생 후반작업 업체들도 다
수 생겨났다.

***DTS Digital Theater System 미국 DTS사가 만든 음장 효과 포맷으로, 5.1 채널 구성
을 원칙으로 하는 멀티채널 방식이며, 기본적으로 총 6개의 스피커를 통해 사운드
가 재생된다. 돌비시스템보다 뛰어난 저압축률과 1.4Mbps의 전송률로 극장용 영화
뿐 아니라 홈시어터용으로도 널리 사용되고 있다.

이와 함께 멀티플렉스 극장들도 영화 음향 관련 시설 설비와 서비스를 강화하기 시작했는데, 특히 디지털 시네마가 보급된 뒤 D-Cinema 5.1채널과 7.1채널 등의 새로운 사운드 시스템이 설비되면서 관객들은 사운드 퀄리티가 영화 체험의 몰입도를 더욱 강화한다는 것을 체감하게 되었다.

또한 2010년대 초반부터 주목받기 시작한 입체 사운드 기술은 한국영화의 사운드 디자인에 새로운 도전이었다. 〈미스터 고〉 등에는 돌비 애트모스와 오로 3DAuro 3D 등 해외의 입체 사운드 기술을 적용해 사운드 디자인과 믹싱을 테스트하는 작업이 진행되었다. 한편 ETRI를 중심으로 한국형 입체 사운드 솔루션을 개발하려고자 하는 움직임이 있었고, 그 결과 14.2채널 또는 30.2채널로 이루어진 STA(소닉티어 오디오)가 개발되었다. 〈명량〉 등의 작품에서 이렇게 개발된 음향 기술을 활용해, 일반적인 5.1채널 음향을 넘어서 14.2채널의 소닉티어 사운드 포맷으로 별도의 사운드 디자인과 믹싱을 진행했다. 그러나 순수 국산 입체음향 기술에서 소닉티어는 더 이상 확대되지 못했고, 입체음향 솔루션 시장은 돌비 애트모스가 우위를 점하게 되었다. 한국영화 가운데서는 〈군도: 민란의 시대〉, 〈해적: 바다로 간 산적〉, 〈대호〉, 〈신과함께〉 시리즈, 〈인랑〉(김지운, 2018), 〈스윙키즈〉(강형철, 2018), 〈PMC: 더 벙커〉(김병우, 2018), 〈기생충〉 등이 돌비 애트모스 사운드로 믹싱되었다.

편집과 마스터링

디지털 촬영의 도입으로 촬영 소스가 디지털로 전환되면서 편집 작업에도 새로운 시스템에 대한 전망이 대두되었다. 필름 카메라를 사용하는 기존의 오프라인 편집은 편집용 소스와 실제 마스터 소스가 분리되어 있었다. 즉, 촬영과 현상 과정을 거친 필름을 텔레시네한 뒤 디지타이징digitizing(디지털화)을 통해 편집과 네가편집*을 한 버전을 색보정Digital Intermediate하고 마스터한 뒤 프린트를 뽑는 단계를 밟아야 한다. 그러나 디지털카메라를 이용하면 편집용 소스에서 바로 마스터 소스를 추출하는 온라인 편집 방식을 적용할 수 있다. 즉, 디지털카메라로 찍은 디지타이징된 촬영 소스로 바로 편집을 한 뒤 색보정과 마스터를 거쳐 상영용 데이터로 레코딩되어 프린트를 만드는 단계를 밟는다. 디지털 편집에는 소니 베가스, 어도비 프리미어, 애플 파이널컷 등의 소프트웨어를 사용한 비선형 편집 시스템이 도입되었다. 영화제작에는 기존 35mm 필름 이상의 퀄리티를 내기 위해 매우 큰 용량의 디지털 데이터가 사용되는데, 하드 용량이 크다는 것은 온라인 편집이 확산되는 데 부담으로 작용했다. 그러나 압축률이 높으면서 화질 열화가 적은

***편집 / 네가편집(negative 편집)** 필름 카메라로 영화를 촬영할 때, 촬영된 필름을 현상액에 담궈 필름 위에 상을 고정시켜 얻어 내는 원본 이미지를 네거티브 이미지, 또 그 필름을 네거티브 필름이라고 한다. 네거티브 이미지는 흑백 부분이 실제와 반대로 보이는데, 이를 다시 양각 형태로 필름에 새겨 넣는 것을 포지티브 이미지, 그 필름을 포지티브 필름이라고 한다. 일반적으로 이 포지티브 필름을 이용해 편집이 이루어지며, 포지티브 편집 후 이에 맞춰 원본 네거티브를 잘라 내거나 이어 붙이는 작업을 네거티브 편집(혹은 네가편집)이라고 부른다.

동영상 압축 기술과 새로운 코덱들이 개발되면서 디지털 촬영의 워크플로우 구축에 활용되었다. 디지털카메라 제조사들도 각자 고유의 압축 포맷을 개발해 자사 제품에 적용하고 후반작업 때까지 활용하도록 권장했다. 촬영과 편집, 마스터링 단계 전체를 관통해 적용되는 동영상 압축 기술과 표준 포맷에 대한 논의가 활발히 이어진 끝에 JPEG2000과 같은 압축 기술이 DCI[*]의 표준 권고안으로 제시되었다.

한국영화의 색보정 분야에서도 많은 변화가 일어났다. 필름 카메라 시절부터 촬영과 현상, 그리고 색보정과 극장 상영으로 이어지는 과정에서 제작진이 의도한 색의 정확한 구현을 위해서는 작업자들 간의 의사소통이 중요한 이슈였다. 영화제작의 디지털화는 촬영 단계부터 최종 결과물을 예측할 수 있는 테스트 과정을 용이하게 하는 장치를 도입했다. LUTLook Up Table를 통해 테스트 촬영 단계에서 미리 DI까지 진행해 자료를 만들고, 이 데이터를 실제 촬영 시 현장 모니터에 반영해 색의 일관성을 관리할 수 있게 되었다. 그런데 디지털 환경에서는 색의 구현이 더 까다로운 문제였다. 카메라 제조사에 따라 색 재현력이 다르고, 모니터 기종이나 영사 장비의 종류에 따라 색 표현이 달라지기 때문이다. 필름 카메라 시대와는 또 다른 문제들이었다.

---

[*]**DCI** Digital Cinema Initiative 2002년 3월 미국 할리우드의 7대 메이저 회사인 디즈니·파라마운트·소니 픽처스 엔터테인먼트·유니버설·워너브라더스에서 설립한 벤처회사 또는 이 단체가 만든 표준을 말한다. DCI의 주된 목적은 균일하고 높은 수준의 기술 성능, 신뢰성 및 품질 관리를 보장하는 디지털 시네마용 개방형 아키텍처에 대한 표준을 수립하고 문서화하는 것이다. DCI 홈페이지(https://www.dcimovies.com/) 참조.

이 문제는 기존의 필름현상소에 디지털 작업 환경이 갖춰지면서 오리지널 촬영 소스 편집본의 색을 직접 조절하는 식으로 해결되었다. 〈아카시아〉(박기형, 2003)에 DI 과정이 부분적으로 적용된 후 2004년 〈아는 여자〉(장진), 〈분신사바〉(안병기), 〈귀신이 산다〉(김상진), 〈역도산〉, 그리고 2005년 〈달콤한 인생〉(김지운), 〈남극일기〉, 〈태풍태양〉(정재은), 〈친절한 금자씨〉(박찬욱), 〈웰컴 투 동막골〉(박광현), 〈형사 Duelist〉(이명세) 등 2000년대 중반부터 모든 영화에 DI 작업이 적용되었다. 색 관리를 전문적으로 취급하는 솔루션 및 장비가 개발되면서 현상소들은 필름라이트의 베이스라이트와 트루라이트 등 고가의 DI 장비들을 갖추게 되었다. 씨네메이트와 세방현상소, CJ 파워캐스트와 투엘필름, 그리고 더 컬러와 최근의 덱스터에 이르는 D.I. 업체들은 감독 및 촬영감독과 협업하며 영화의 색을 창조하고 마스터링을 했다. 한국영화의 기술적 성취와 최종 결과물의 높은 완성도에는 베테랑 DI 슈퍼바이저들의 노력이 있었다.

미래의 영화 기술

2010년대 중반 이후, 한국영화는 OTT 등 유통 단계의 플랫폼 변화로 다시 한 번 변화의 국면을 맞이한다. 특히 4차 산업혁명 열풍과 더불어 가상현실이나 증강현실 기술 등 새로운 실감형 콘텐츠 제작 기술이 극장용 영화와 어떻게 접목될 수 있을 것인가에 대한 관심이 늘어나고 있다. 주로 단편영화 위주로 VR 영화제작 관련 다양한 워크숍과 실험 작업들이 진행되면서, 한때 일었던 3D 영화에 대한 관심과 붐을 VR 영화가 대체한 분위기다. 그런 가운데 〈동두천〉(김진아, 2017), 〈버디 VR〉(채수응, 2018) 등 한국의 창작자들이 연출한 단편 VR 영화들이 세계 주요 영화제에 초청받고 수상하는 등 주목할 만한 성과도 거두었다.

코로나 사태로 영화의 유통 플랫폼이 극장에서 OTT로 바뀌고 있는 현재, 영화의 미래를 예측하기는 쉽지 않다. 다만, 2020년 7월 서울 메가박스 코엑스관이 돌비 래버러토리스의 최신 음향 및 영상 기술인 돌비 비전과 돌비 애트모스를 적용한 '돌비 시네마'를 개관하는 등 차세대 프리미엄 영화관이 확충되고 있다. 한편 빅데이터와 AI 기술에 기반해 수요를 예측하고 성공 확률이 높은 작품을 창작하는 솔루션들도 이미 해외에서 개발되고 있다. 이와 같은 고도의 기술들이 한국영화 산업에 본격적으로 도입되려면 시간이 더 필요할 것이다. 현재 주요 투자배급사 중심의 한국 상업영화 지형도에서는 OTT 플랫폼과 차별화되는 극장 체험으로서의 영화를 위해 대작과 스펙터클 위주의 투자 제작이 지속될 것으로 보인다. 당분간 한국영화의 기술은 새로운 스펙터클을 창조할 수 있는 시각효과 기술의 발전을 중심으로 진화될 것이라는 전망이 현재로서는 유력해 보인다.

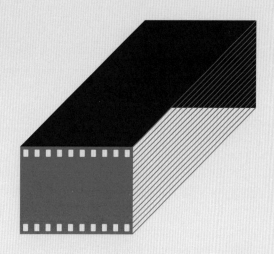

담론

섹스리스 K-시네마

: 한국영화 속 젠더 배치의 문제

손희정

21세기 한국영화와 페미니즘 제4물결

2014년은 전 세계적으로 펼쳐지고 있는 페미니즘 제4물결*의 분수령이 되었던 해다. 미국의 #YesAllWomen 운동**이 주목을 받으면서 가시화되기 시작한 이 흐름은 2015년 한국에서 #나는페미니스트입니다 운동과 만났다. 이후 메갈리아가 탄생했고, 2016년 강남역 여성살인사건, 낙태죄 폐지를 요구하는 검은시위, #○○계내_성폭력 고발운동, 2018년 #미투운동, 그리고 디지털 성범죄 근절 및 공정한 수사와 처벌을 요구하는 '불용시위'를 지나 2020년 현재에 이르고 있다. #영화계_내_성폭력 해시태그 운동은 직접적으로 한

---

*제4물결 페미니즘   2010년대 초중반을 기점으로 시작된 ① 대중문화로부터 큰 영향을 받은 이들이 ② 온라인을 기반으로 해서 ③ 전 지구적으로 국경을 넘어 상호연대하고 영향을 주고받으며 확장되는 대중 페미니즘 운동으로 ④ 동일노동 동일임금, 반反성폭력, 남녀동수제 등 여성의 임파워먼트와 ⑤ 젠더 구성의 교차성을 강조한다. 2011년 캐나다의 슬럿워크slut walk를 기점으로 보기도 하고, 2014년 미국의 #YesAllWomen을 결정적인 계기로 설명하기도 한다.

*#YesAllWomen 운동   2014년 미국 캘리포니아의 소도시 이슬라비스타에서 한 남자 대학생이 "여자들이 나를 거부한다"는 이유로 무차별 총격을 해서 가해자를 포함 일곱 명이 사망하는 사건이 벌어졌다. 이 사건에 대해 여성혐오 살인사건이라는 지적이 나오자 온라인에서는 #NotAllMen(모든 남자가 그런 건 아니다) 캠페인이 시작된다. 이에 대해 여성들은 "모든 남자가 그런 것은 아니지만, 모든 여자가 괴롭힘과 성폭력을 경험한다"는 의미에서 #YesAllWomen(모든 여자는 겪는다) 캠페인을 시작한다.

국영화성평등센터 든든의 설립에 영향을 미쳤고, 영화제작 현장에서 성폭력 예방 교육이 실행되는 등 현실적인 변화 역시 시작되었다.

이와 함께 한국영화가 주목해야 할 것은 지난 5년간 이 흐름을 견인해 온 담론 중 하나가 영화나 예능 등 대중문화 속 젠더 재현을 비판적으로 비평하는 목소리였다는 점이다. 페미니즘 제4물결의 특징인 '파퓰러 페미니즘'[*1]의 영향력 있는 논자인 영화평론가 듀나는 2014년 한 칼럼에서 한국영화 기획·제작자들에게 "여성 중심 영화와 여성 배우에 대한 확신이 지나치게 부족하다"고 지적하고 여성 캐릭터가 등장하는 영화들을 좀 더 적극적으로 기획하라고 조언했다.[2] 그가 이 글에서 언급한 '벡델 테스트'는 SNS를 중심으로 크게 화제가 되었다. 벡델 테스트는 영화에서의 양성평등 지수[3]를 체크하는 테스트로, 영화에 이름을 가진 여성 캐릭터가 둘 이상 등장하는가, 그 둘이 영화 속에서 서로 대화를 나누는가, 그 대화의 주제가 남자 이외의 것인가를 질문한다. 관객들, 그중에서도 특히 청년 여성 관객들은 벡델 테스트를 시작으로 마코 모리 테스트, 타우리엘 테스트, 엘린 윌리스 테스트 등을 더해 가며 젠더 재현의 문제를 탐구했고, 미국의 영화 정보 사이트 IMDB에서 사용하고 있는 F-등급[**]은 일종의 마케팅 용어로 활용될 정도로

˚파퓰러 페미니즘 페미니즘과 대중문화는 복잡한 관계를 맺어 왔다. 1960년대 중후반 촉발된 페미니즘 제2물결은 대중문화를 비판하며 거리를 두었다면, 1980년대 이후에는 페미니즘의 수혜를 받은 대중문화를 통해 페미니스트로 자라난 사람들이 등장한다. 이처럼 대중문화로부터 영향을 받았거나, 대중문화의 대중성/통속성 안에서 페미니즘의 가능성을 탐구하는 이들을 '파퓰러 페미니스트'라고 한다.

영향력이 커지고 있다.

21세기 한국영화가 남성중심적인 것은 명백하지만, 벡델 테스트만 놓고 보자면 이를 통과하는 영화가 의외로(!) 적지는 않다. 2020년 6월 영화진흥위원회에서 발표한 연구보고서《한국영화 성평등 정책 수립을 위한 연구》는 2009년부터 2018년까지 매해 박스오피스 50위 안에 든 작품을 대상으로 '평등지수'를 조사했다. 그 결과, 조사 대상인 468편의 영화(다큐멘터리, 애니메이션, 옴니버스영화 제외) 중 벡델 테스트를 통과한 영화는 총 237편이었으며, 비율로는 50.6퍼센트에 달했다.[4] 그러나 보고서가 지적하고 있듯이 벡델 테스트가 스크린의 '성평등지수'를 보장해 주는 것은 아니며, 무엇보다 나머지 49.4퍼센트의 영화는 벡델 테스트조차 통과하지 못했음에 주목할 필요가 있다.[5] 이런 상황에서 2017년 개봉한 〈브이아이피〉(박훈정, 2017)는 상징적인 사건이었다. 김광일(이종석) 일당이 '북한 소녀'를 강간하고 살해하는 장면이 필요 이상으로 잔인하고 선정적으로 그려졌다는 비판과 함께, 유의미한 이름과 대사를 가진 여성 캐릭터가 단 한 명도 없다는 점이 도마 위에 올랐다. 뿐만 아니라, 엔딩크레디트에 등장하는 열 명 남짓의 여자들 중 아홉 명의 캐릭터 이름이 '여자 시체 역'이어서 논란이 되었다. SNS를

●●F−등급F−Rating 영화제작 과정에서 여성이 영향을 끼친 정도를 평가해서 부여하는 등급이다. 영국의 바스영화제가 2014년에 처음 도입했고, 이후 세계적인 영화 데이터베이스 사이트 IMDB를 비롯해서 영국의 모든 독립영화관이 F−등급 표시제를 도입하면서 다른 나라에도 알려지기 시작했다. F−등급의 조건은 ① 여성 감독이 연출한 작품, ② 여성 작가가 각본을 쓴 작품, ③ 여성 캐릭터가 주요 역할을 맡은 작품으로, 이 중 하나만 충족해도 등급이 부여된다.

중심으로 불매운동이 시작되자 제작사는 크레디트의 '여자 시체 역'을 '여자 역'으로 바꾼다. 이에 "한국영화에서 여자는 여자 시체 일 뿐임을 보여 주는 상징적 사건"이라는 농담이 떠돌았다.

함께 고려해야 할 것은, 지난 20년간 한국영화에서 사라졌던 것이 그저 여성만은 아니었다는 점이다. 여성과 함께 청년 남성이 사라졌고, 조선족 남성들은 '괴물'로 그려지기 시작했으며, 이런 와중에 한국 여성이 아닌 다른 국적과 인종의 여성들은 실종되었다. 〈황해〉(나홍진, 2010)에서 사라진 '구남 부인'(탁성은)이나, 〈미씽: 사라진 여자〉(이언희, 2016)의 사라진 여자 '한매'(공효진)는 그야말로 한국 영화에서 조선족 여성들의 '미씽'을 보여 주는 상징적 존재였던 셈이다. 더불어 앞의 영진위 보고서가 지적하고 있는 것처럼 성소수자와 장애인 등 한국 사회에서 주변적 위치에 머물러 있는 소수자의 경우에는 스크린에서 부정적으로 스테레오타입화되지 않고는 거의 가시성을 획득하지 못하고 있다.[6] 이렇게 소수자일수록 쉽게 배제되거나 더욱 적극적으로 왜곡되고 대상화[7]되는 영화적 현실을 보면서, 21세기 한국(상업)영화가 '내셔널 시네마'로서 수행하는 역할과 그 효과에 대해 숙고하게 된다.

근대 국민국가를 구성하는 기본 단위로서 민족이란 '상상의 공동체'로 형성되는 만큼이나 유지되어야 한다.[8] 그리고 그 성격은 시대적 상황에 따라 끊임없이 재조정된다. 예컨대 박정희 시대의 반공주의적 민족주의와 김대중 정부의 햇볕정책 아래에서 형성된 '한민족'에 대한 감각은 서로 같지 않다. 2002년 월드컵 때 시청광장에서 태극기로 하나되었던 민족주의는 '대한민국주의'로 불렀다. 아주 적극적으로 북한을 배제하고 '남한 자본주의'의 지속 가

능성을 추구하는 새로운 형태의 민족주의로 읽혔기 때문이다.[9] 이
는 이명박·박근혜 정부를 지나면서 K-팝, K-드라마, K-뷰티, K-데
모크라시, 그리고 K-방역에 이르기까지 K라는 이니셜로 대변되는
'K-내셔널리즘'으로 이어진다. 이는 '근대 정상국가 대한민국'에 대
한 자긍심이 중요한 벡터가 되는 민족주의다. 대한민국주의에서는
"북한 배제"가 중요한 특징이었다면, K-내셔널리즘은 소수자에 대
한 배제와 혐오, 그리고 생존주의가 중요한 특징이 된다. 그야말로
신자유주의 시대의 내셔널리즘이라 할 만하다. 이때 영화를 비롯
한 현대의 대중매체는 "경합하는 이익집단들이 민족의 정의를 둘
러싸고 논쟁을 벌이는 핵심 영역"[10]으로서 민족의 조정과 재규정에
개입하고, 민족이 스스로를 유지하고 자신에게 부여된 역할을 수
행하는 주요 공간으로 작동한다. 크리스 베리Chris Berry는 이처럼
민족을 조정하고 새롭게 정의하는 데 관여하는 영화를 '내셔널 시
네마national cinema'로 규정하고, 기존의 고전적인 민족 관념에 기대
는 '민족주의 영화nationalist cinema'와 분리하여 논했다.[11]

그런데 이런 민족의 구성에는 애초부터 인간들 사이의 성적 관
계를 규정하는 성적 시스템gender system인 가부장제의 상상력이
개입되어 있다. 가부장제란 인간을 남성과 여성이라는 두 개의 성
별로 구분한 뒤, 이 두 성별 사이에 위계를 설정하여 남성에게 '보
편 인간'의 지위를 부여하는 성별이분법gender binary을 바탕으로
한다. 그리고 이 성별이분법 안에서 서로 다른 성별만이 '짝짓기'
를 할 수 있다고 강요하는 이성애 중심주의가 자연의 법칙으로 등
극한다. 성별이분법과 이성애 중심주의에서 벗어난 존재들은 '비정
상'으로 배제되고, 그렇게 그어진 정상과 비정상의 경계가 국가 통

치의 기본 단위인 정상가족 이데올로기의 틀이 된다. 민족/국민이라는 "성聖스러운 존재"들은 "성과 섹슈얼리티에 대한 지식, 제도, 담론 등" 이미 구축되어 있는 젠더 질서 및 위계에 따라 구성된 "성性적인 존재"들이었던 것이다.[12] 그렇기 때문에 민족의 경험은 어떤 식으로든 성별화된 인식 안에서 서사화되고 설명된다. 식민 지배는 '강간당한 신체'로, 패전은 '남성성의 손상'으로, IMF와 같은 경제난은 '고개 숙인 아버지'로 은유되는 이유다. 이런 성별화된 인식은 21세기에도 여전히 한국 사회를, 그리고 한국영화를 지배하고 있다.

중요한 건 이런 정상성 규범에 성별 정체성과 성적性的 지향의 문제만 결부되는 건 아니라는 점이다. 여기에는 인종/국적/신체 조건/계급/나이 등 인간의 정체성을 구성하는 다양한 조건들이 연루된다. 그래서 성聖/性스러운 남성이란 남성 성기로 식별되는 신체 기관을 가졌는가 아닌가로만 규정되지 않는다. 〈청년경찰〉(김주환, 2017) 케이스는 이를 잘 보여 주는 예다. 이 영화에서 한국 남성은 한국 여성을 지키는 'K-내셔널리즘의 영웅'으로, 조선족 남성은 한국 여성의 난자를 불법 채취하는 악당으로 그려진다. 물론 한국 여성은 전인적全人的인 인간이라기보다는 '자궁이자 난자' 그 자체로 존재할 뿐이다. 이런 구도 안에서 '정상 남성'이자 보편 인간은 '한국 남성'이지, 조선족 남성을 포함하는 '남성 일반'이 아니다. 오히려 '야만스러운 조선족 남성'이라는 경계, '더럽고 위험한 대림동'이라는 경계가 드러나면서 '한국 남성'이라는 정체성과 그들이 지배하는 '안전한 영토'가 선명하게 구성된다. 성적 차이와 국적이 교차되면서 남성 젠더 안에서도 위계가 설정되는 것이다. 그러므로 여성 내부의 차이가 첨예한 만큼이나 '남성' 역시 하나의 정체성이자 하나의 동일한 계급은 아니다. 영화는 이처럼 한국 남성, 조선족 남성, 한국 여성이라는 다양한 젠더의 배치 안에서 정상성과 비정상성을 구획하고, 남성다움과 여성다움의 규범을 재생산한다. 영화야말로 젠더를 생산하고 그 성격을 결정짓는 '젠더 테크놀로지(테레사 데 로레티스Teresa de Lauretis)'인 것이다.

따라서 21세기 한국영화와 담론의 문제를 다루는 이 글의 관심사는 단순히 한국영화의 주인공은 한국 남성이고, 한국 여성은 '시체'가 되고 있음을 지적하는 데 국한되지 않는다. 우리가 분석해야 할 것은 지난 20년간 본격적인 신자유주의화가 진행되는 과정에서 함께 성장한 한국영화가 내셔널 시네마이자 젠더 테크놀로지로서 어떤 젠더 배치를 선보여 왔으며, 그 젠더 배치가 어떻게 '우리'라는 정상성의 경계를 규정해 왔는지다. 젠더 재현은 그저 '부분'의 문제가 아니라 한 사회가 '보편 인간'의 자격을 규정하고 '공동체'의 운영 원리를 결정하는 방식 자체에 개입되어 있다. 따라서 한국영화 속 젠더 배치의 문제를 탐구한다는 것은 한국영화가 인종과 계급, 성적 지향, 성별 정체성, 국적, 신체 조건, 나이의 문제 등을 어떻게 다루고 있는지를 살펴본다는 의미와 다르지 않다.

섹스리스 K-시네마와 '아빠뽕' 시대

21세기 한국영화의 특징 중 하나는 섹스가 사라졌다는 것이다. 무엇을 '섹스'라고 규정하느냐에 따라 의견이 분분할 수도 있겠지만,

교환이나 매매, 폭력, 협잡이 아닌 에로티시즘이자 성적 실천으로
서의 성교가 재현되는 '개봉영화'를 찾아보기 힘들어졌다는 점에
는 이론의 여지가 없을 것이다.[13] 〈간신〉(민규동, 2015)이나 〈내부자들〉
(우민호, 2015), 그리고 〈상류사회〉(변혁, 2018) 등을 떠올려 보면, 최
근 한국영화 속 섹스는 권력 문제를 은유하는 도구적 공간으로 활
용될 뿐이다. 모든 섹스는 결국 "어떤 남자가 여자를 취할 수 있는
가?" 그리고 "여자는 섹스를 어떻게 판매하고 도구로 삼는가?"라
는 질문을 둘러싸고 구성된다. 물론 섹스는 정치적인 문제다. 1970
년 미국에서 출간된 케이트 밀레트Kate Millett의 《성의 정치학》 이
래, 페미니스트들은 섹스가 사적이고 은밀한 문제가 아니라 정치적
인 문제임을 적극 논의해 왔다. 그러나 이 영화들이 페미니스트 의
제에 대한 비평적 코멘트가 아닌 것만은 분명하다. 오히려 〈내부자
들〉의 그 유명한 '이경영-폭탄주' 시퀀스처럼 권력의 전횡이나 타락
을 관객들에게 가장 효과적으로 설득해 내기 위해서 섹스와 여성
의 신체가 활용된다는 점에서, 어떤 논의들보다 섹스혐오적이다.

왜 이렇게 되었을까? 답은 의외로 단순하다. 21세기 한국영화의
특징인 '남성의 과대 재현과 여성의 상징적 소멸' 때문이다. 오직
남성들만이 스크린을 누비고, 즉 한국영화의 대중적 상상력을 누
비고, 여성들은 사라지고 있을 때, 이성애중심적인 문화 속에서 명
시적이고 노골적으로 드러나는 섹스는 사라진다. 그리고 각종 브
로맨스 서사 안에서는 암시될 뿐이다.[14]

그렇다면 다시, 왜 이렇게 되었을까? 한국영화에서 여성 캐릭터
가 사라지고 있다는 것은 새로운 이야기는 아니다. 중요한 건 "사
라졌다"는 사실에 주목하는 것이 아니라, "왜, 그리고 어떻게 사라

졌는가"를 밝히는 일이다. 정지우 감독의 두 편의 영화는 이 문제에 가까이 다가갈 단초를 제공해 준다. 그의 장편 데뷔작인 〈해피엔드〉(1999)와 최근 작품인 〈침묵〉(2017)이 이런 변화에 대한 일종의 알레고리가 되기 때문이다.

〈해피엔드〉에서 〈침묵〉까지, 부성 멜로드라마의 부상

포스트 IMF의 정서와 시대정신을 잘 포착한 영화로 호평을 받은 〈해피엔드〉는 한국영화사에 남을 근사한 섹스신을 선보였다. 은행에서 6년간 근무하다 실직한 서민기(최민식)는 실직 상태의 불안감을 떨치지 못하고 있다. 성공한 커리어 우먼인 아내 최보라(전도연) 대신 가사와 육아를 하는 서민기. 그러던 어느 날 보라가 대학 시절 연인이었던 김일범(주진모)과 계속 만나고 있다는 사실을 알게 된다. 인상적인 섹스신은 보라와 일범의 관계 안에서 그려진다. 배신감과 상실감을 느끼면서도 특별히 어떤 행동을 취하지 못하던 중, 아내가 딸을 제대로 돌보지 않고 일범을 만나러 갔음을 안 민기는 아내를 죽이기로 결심한다. 보라가 딸에게 수면제를 먹이는 장면, 그리고 개미가 분유 쪽으로 기어가는 장면에서 관객은 민기와 강하게 동일시하게 된다. "아내를 죽여 땅에 묻어도 괜찮다"는 합의가 여성이 모성을 방기했을 때 형성되는 것이다. (하지만 질문해 보자. 이 가정에서 육아를 담당하는 것은 서민기다. 그렇다면 분유 속 개미는 누구의 잘못인가?) 민기는 보라를 칼로 난자해 slashing(1980년대 성보수주의 시대에 활개 친 할리우드의 연쇄살인마를 떠오르게 한다) 죽인 뒤, 일범에게 그 죄를 뒤집어씌운다.

그로부터 18년 후, 정지우 감독은 기묘한 부성 멜로드라마 〈침

〈해피엔드〉(제작 명필름, 배급 CJ엔터테인먼트, 정지우, 1999)와 〈침묵〉(제작 용필름, 배급 CJ E&M, 정지우, 2017) 사이, 그 18년간 한국영화는 가장들을 위협한 주체적인 여성들을 죽이고, 그 여성들과 관계했던 젊은 남성들을 감옥에 가두었다. 그렇게 '아빠뽕' 시대가 열렸다.

묵〉을 선보인다. 혼자 딸을 키우며 힘들게 자수성가한 임태산(최민식). 그는 젊고 아름다운 재즈싱어 유나(이하늬)와 약혼한다. 그러나 딸 임미라(이수경)는 그 사실을 받아들일 수 없다. 어느 날 유나가 살해되고, 임미라가 살인자로 지목된다. 딸이 약혼자를 살해한 범인이라는 사실을 알게 된 임태산은 모든 걸 걸고 자신이 범인이라는 거짓 드마라를 연출한다. 딸의 죄를 자신이 뒤집어쓰겠다는 것. 결국 영화는 딸 대신 임태산이 감옥에 들어가는 것으로 마무리된다. 비평적 상상력을 동원하면 좀 재미있는 그림을 그릴 수 있다. 임태산은 〈해피엔드〉 서민기의 18년 후의 모습 아닐까. 아내는 죽었고, 홀로 남은 서민기는 딸을 키우며 자수성가한 임태산이 되었다. 이제 더 젊고 예쁜 여자를 아내로 맞이할 수 있게 되었지만, 그녀는 '몰카의 주인공'일 뿐이다. 흥미로운 건 영화가 두 여자를 그리는 방식이다. 딸 미라는 '아빠가 사 준 구두는 한 번 이상 신지 않는 된장녀'이고, 젊은 연예인 유나는 아주 쉽게 '돈 많은 남자에게 빨대 꽂는 김치녀'로 오해받는다. 한국 사회가 부유하고 나이든 남자에게 기생하는 두 젊은 여자에 대해 갖는 관습적인 분노와 혐오는 임태산의 비서 정승길(조한철)의 대사와 태도에 스며들어 있다.

그렇다면 〈해피엔드〉와 〈침묵〉 사이, 그 18년 동안 한국영화에 어떤 일이 일어났던 것일까? 〈해피엔드〉를 통해 우리는 포스트 IMF 시기 대중문화의 상상력을 엿볼 수 있다. 그 속에서 한국 사회는 경제력을 가지고 자율적인 섹슈얼리티를 누리면서 '고개 숙인 가장'을 위협했던 주체적인 여성들을 죽여 버렸다. 그리고 그 여성들과 관계 맺고 섹스를 했던 '젊은 남성'들을 감옥에 가두었다. 그렇게 남은 살아남은 아버지들이 이후 20년간 한국영화를 지배한다.

그렇게 '아빠뽕' 시대가 열렸다. 2000년대 중반, 한국영화는 부성 멜로드라마의 각축장이 된다. 이 시작을 알린 대표적인 작품은 역시 〈괴물〉(봉준호, 2006)이다. 〈괴물〉은 한강의 기적으로 대변되는 한국 근대화의 폭력성을 비롯하여 미국 헤게모니, 환경문제, 언론의 무능 등을 비판하는 급진적인 메시지를 다룬 영화지만, 대중에게는 '가족영화'로 소구되었다. 그렇다면 우리는 급진적 메시지와 대중 감성 사이의 완충지대가 되어 준 영화 속 '가족'에 대해 생각해 봐야 한다. 무엇보다 가족의 성격이 대중적으로 설득력을 가졌던 셈이기 때문이다. 〈괴물〉의 가족에게는 주목할 만한 특징이 있다. 바로 '어머니'가 없는 가족이라는 점이다. 강두(송강호)에게도 희봉(변희봉)에게도 아내가 없다. 영화 자체는 아직 아버지가 되지 못했기 때문에 괴물에게 딸을 잃을 수밖에 없었던 '소년 강두'가 비로소 아버지가 되어 가는 과정을 그린다. 이 남성 오이디푸스 궤적의 영화에서 아버지 희봉의 죽음은 필연적이다.

그즈음, 〈괴물〉과 함께 '아빠 이야기'가 대거 등장한다. 한량 이대규(임창정)와 그 앞에 갑자기 나타난 아들 인권(이인성)의 이야기 〈파송송 계란탁〉(오상훈, 2005), 양아치 우종대(박신양)와 그 앞에 갑자기 나타난 딸 우준(서신애)의 이야기 〈눈부신 날에〉(박광수, 2007), 아버지를 찾아 한국으로 돌아온 제임스 파커(다니엘 헤니)의 이야기 〈마이 파더〉(황동혁, 2007), 철없는 연예인 남현수(차태현)와 그 앞에 나타난 딸 황정남(박보영)의 이야기 〈과속스캔들〉(강형철, 2008)에 아버지들의 쳐진 어깨를 위로하는 〈브라보 마이 라이프〉(박영훈, 2007)와 〈즐거운 인생〉(이준익, 2007)까지. 여기에 '친엄마'가 버린 딸을 지키는 '옆집 아저씨' 이야기 〈아저씨〉(이정범, 2010), 엄마 없이 혼자 딸을 키우던 아버지가 감옥에 가면서 벌어지는 〈7번방의 선물〉(이환경, 2012), 펀드매니저 석우(공유)가 딸을 데리고 애 엄마를 만나러 가다 좀비 떼와 마주치는 〈부산행〉(연상호, 2016)에 이르기까지. 재난의 시대, 시스템의 몰락과 환난으로부터 우리를 구원할 것은 오직 아버지뿐이라고 설파하는 서사는 관객이 '예민해서'가 아니라 반복되는 상상력이 '너무 지루해서' 바로 눈에 띈다.

물론 이외에도 어머니 없는 세계의 아버지 서사는 계속된다. 〈명량〉(강한민, 2014)은 늙고 지친 아버지 이순신(최민식)의 마지막 한 수를 이해하고자 노력하는 아들 이회(권율)의 관점에서 영화가 서술된다는 점에서 일종의 '아버지 서사'이며, 같은 해 '쌍천만'을 알렸던 "가장 평범한 아버지의 가장 위대한 이야기"(라고 홍보된) 〈국제시장〉(윤제균, 2014)과 동전의 양면을 이루었다. 5월 광주를 다룬 〈택시운전사〉(장훈, 2017)의 김만섭(송강호)도 아내 없이 혼자 딸을 기른

다. 가장 기묘한 젠더 배치를 보여 주는 영화는 〈신과함께〉 시리즈
인데, 1편 〈신과함께-죄와 벌〉(김용화, 2018)이 선보이는 어머니 이야
기에서 자홍의 어머니(예수정)가 신파를 담당하는 서글픈 인간이라
면, 2편 〈신과함께-인과 연〉(김용화, 2017)이 선보이는 아버지 이야기
에서 아버지(이정재)는 이 세계의 모든 진리와 비밀을 관장하는 염
라대왕이다. 이 모든 이야기가 홀로 진실을 알고 있으면서 세계를
구하는, 그러나 어딘가 쓸쓸한 〈침묵〉의 아버지와 연동된다.[15]

흥미로운 건 이 영화들에서 아버지들이 지키고자 하는 것이 어
느 순간 모두 딸이 되었다는 점이다. 꼭 '친딸'이 아니더라도 그렇
다. 예컨대 〈남한산성〉(황동혁, 2017)에서 유의미한 대사를 가진 여
성 캐릭터는 김상헌(김윤석)이 데려다 보살피는 어린 소녀 나루(조아
인)뿐인데, 그는 김상헌 캐릭터의 부성(=인간성)을 보여 주는 서사
적 장치로서 작동하면서 왜란이라는 파국 이후 다가올 미래의 이
미지로 활용된다.[16] 이는 2010년대 한국 예능의 가장 핫한 트렌드
였던 '아빠 예능과 딸바보'와도 맞닿아 있어 보인다. '아빠 예능'은
특히 IMF 이후 "가부장적 남성성이 불가능해진 시대에 남성성을
어떻게 변화시킬 것인가"라는 질문과 연결되어 있었고, 특히 전통
적인 가부장의 이미지를 내려놓고 다정한 '신세대 아빠'로 자리매
김하려는 남성들에게 '딸바보'란 하나의 교섭 전략이 된다. 하지만
이런 "'딸바보'의 이면에는 가부장 중심의 부계가족을 강화"하려
는 욕망이 숨어 있었다.[17]

포스트 IMF 한국 사회를 사로잡은 "고개 숙인 아버지"와 "알파걸" 신화

핵심은 21세기 한국영화가 '아버지 형상'에 큰 관심이 있었다는 점이다.[18] 몸만 자랐지 여전히 소년인 남성들은 어떤 방식으로든 자신만의 모험을 통해 아버지가 되어서 새로운 가장이자 역사의 주체로 우뚝 서거나, 혹은 끝내 아버지가 되지 못하고 좌절한다. 이렇게 남성성의 회복이 중요했던 것은 〈해피엔드〉가 포착했던 포스트 IMF의 시대정신 때문이었다. 그건 바로 "고개 숙인 아버지"라는 판타지다.

이 "고개 숙인 아버지"라는 판타지에는 성별화된 인식이 작동한다. 앞에서 설명했던 것처럼 '성별화된 인식'이란 성별 고정관념에 기대어 사회적 상황을 이해하고 해석하는 인식론적 틀을 말하는데, 전쟁이나 근대화, 경제발전/위기 등 영향력을 발휘한 역사적 사건에서부터 아주 사소한 일상에 이르기까지 공동체의 구성원이 어떤 사건을 소화하고 이해하는 데 관여한다. 1997년 IMF 외환위기를 "남성=아버지의 위기"로 해석하는 것도 마찬가지다. 포스트 IMF를 묘사하는 대표적인 유행어가 "아빠 힘내세요"였음을 기억해 보자. 이와 더불어서 "부-자 되세요!"와 "신新현모양처"가 있었다. 이 세 유행어는 한국 사회가 IMF에 어떻게 대처했는지를 잘 보여 준다. 한국 사회는 경제적 재난을 '아버지들의 위기'로 이야기하고, 그들이 "신용상품을 잘 활용하면서 노오-력하면 부자가 될 수 있"고, 그러면 이 위기를 극복할 수 있다고 설득했다. ("아빠 힘내세요"와 "부자 되세요"는 둘 다 BC카드 광고 문구였다.) 이런 수사 안에서 IMF는 구조의 문제가 아닌 개인의 문제가 되고, 그 개인의 얼굴은 '남성'으로 상상된다. 이때 여성의 자리는 '남편 기 살려 주고 자식 건사도 잘하면서 동시에 경제활동도 하는' 신현모양처의 자리였다. 경제력이야말로 여성의 '새로운新' 자질이었다는 점은 한편으로 여성 비정규직 노동자가 유연한 노동력 모델이 된 신자유주의 시대와 맞물려 있었다.

이처럼 한국은 경제적이고 정치적인 형질 전환으로 위기를 극복한 것이 아니라, 성별화된 문화적 위로를 경유해 위기를 외면했다. 그러나 IMF는 남녀 공히 함께 경험한 재난이었다. 뿐만 아니라 대대적인 구조조정에서 제일 먼저 해고되어 비정규직화된 것은 여성 노동자들이었다.[19] 그들의 고통은 제대로 다뤄지지 않았다. 당시 화제가 됐던 맥주 브랜드 카스의 CF "너무 예쁜 그녀-지갑" 편은 상징적이다. 맥주 값을 낼 돈이 없는 남자친구에게 커리어 우먼인 여자친구는 자신의 지갑을 건넨다. 하지만 왜인가? 왜 '여자'라는 성별이 해고의 기준이 되었던 시대에, 남자의 지갑에도 없는 돈이 여자의 지갑에는 있다고 상상되었는가? 역사적 고난은 언제나 남성의 것으로만 여겨졌기 때문은 아닌가. IMF를 전후하여 등장한 〈게임의 법칙〉(장현수, 1994), 〈비트〉(김성수, 1997), 〈초록물고기〉(이창동, 1997) 같은 한국형 누아르와 〈편지〉(이정국, 1997), 〈약속〉(김유진, 1998), 〈8월의 크리스마스〉(허진호, 1998) 같은 남성 멜로드라마에서 아프고, 울고, 죽는 것은 모두 남자였다. 반면 여자들은 시간강사, 의사, 공무원 등 전문직이었고, 건강했으며, 남자가 죽은 뒤에도 끝까지 살아남았다. 이런 분위기가 2000년대 이후 부성 멜로드라마의 인기로 이어졌다. 부성 멜로드라마 안에서 아내는 남편을 버리고 도망갔거나 죽어 버렸고, 딸은 홀로 잘났으며, 아들은 별 의미가 없다. 똑똑하고 자기 밥그릇 잘 챙기며 당찬 '알파걸' 담론이 등장한 것 역시 이 시기다. 알파걸들에 짓눌린 '불쌍한 아들'들은 재현의 장에서도 사라져 버렸다. (그러나 똑똑하고 자기 밥그릇 잘 챙기는 남자아이들을 '알파보이'라고 부르지는 않았음은 기억할 만하다.) 그래서 아빠-'뽕'이다. 대중문화가 지친 사람들을 위로하는 건 당연하다. 하지만 배타적으로 아버지만 생각하고 아버지만을 위로할 때, 그 위로는 아버지와 함께 삶을 지속하고자 분투했던 다른 사람들을 보이지 않게 한다. '뽕'은 이렇게 하나만을 강조하고 다른 것들을 보이지 않게 만드는 착시현상을 의미한다.

〈서울역〉(연상호, 2016), 〈부산행〉, 〈반도〉(연상호, 2020)로 이어지는 연상호 감독의 좀비 연작은 부성 멜로드라마의 인기에 대한 흥미로운 메타 비평을 선보인다. 좀비 아포칼립스를 다루고 있는 고예산 영화 〈부산행〉은 앞에서 살펴본 것처럼 '아빠뽕'에 은근히 기대면서 아내와 딸을 구하는 아버지의 영웅담을 그려 낸다. 상화(마동석)의 임신한 아내 성경(정유미)과 석우(공유)의 딸 수안(김수안)만이 살아남아 손을 잡고 군부대 안으로 걸어 들어가는 마지막 장면은 안도와 불안을 함께 드러낸다. 어떤 관객들은 "여자가 미래"라고 생각했다면, 어떤 관객, 특히 청년 여성 관객들은 남성들만 가득한 군부대에서 이 두 여자가 대면하게 될 험난한 상황을 염려했다. 그리고 〈반도〉에서 이 염려가 다음 서사로 이어졌음이 드러난다. 민간인을 보호해야 하는 631부대는 이제 광기에 사로잡힌 마초들의 집단으로 변모했다.

비슷한 시기 함께 개봉한 〈부산행〉의 프리퀄 애니메이션 〈서울역〉에서 감독 연상호는 완전히 다른 이야기를 펼쳐 보인다. 성판매

딸을 구할 수 있는 '좋은 아버지'란 역시 계급 문제인가! 〈부산행〉(제작 레드피터, 배급 NEW, 연상호, 2015)과 〈서울역〉(제작 다다쇼·화인컷, 배급 NEW, 연상호, 2016)의 배치는 부성의 위대함이 얼마나 허울 좋은 판타지인지를 보여 준다.

여성인 혜선(신은경)은 포주이자 애인인 기웅(이준)과 싸우고 여관방을 나온다. 그리고 좀비 떼와 맞닥뜨린다. 한편 기웅은 혜선의 아버지라는 남자 석규(류승룡)를 만나게 된다. 두 사람이 함께 혜선을 구하러 나서고, 혜선은 기웅을 만나기 위해 여기저기를 헤맨다. 드디어 한 아파트 모델하우스에서 마주친 세 사람. 관객은 혜선이 드디어 남자 보호자를 만나 살 수 있게 되었다고 안도한다. 하지만 석규는 아버지가 아니라 혜선이 도망쳐 나온 업소의 포주였을 뿐이다. 혜선의 친아버지는 병석에 누워 있고, 혜선은 쭉 그 병원비 때문에 고생해 왔다. 이 작품에서 아버지와 포주 사이의 경계는 희미하다. 석규는 기웅을 죽이고 혜선을 강간한다. 그러는 사이 혜선은 좀비로 변하여 석규를 물어뜯는다. 혜선이 바로 〈부산행〉의 '가출 소녀'(심은경)다. 그가 부산행 KTX에 올라타 KTX 여승무원을 물어뜯고, 환난이 시작된다. 〈부산행〉과 〈서울역〉의 배치는 영화 흥행 코드가 된 '부성의 위대함'이 얼마나 허울 좋은 판타지에 불과한지 냉소적으로 보여 준다. (혹은 '딸을 구할 수 있는 좋은 아버지'가 될 수 있는 조건은 역시 계급 문제라는 걸 강조하거나.) 지독하게도 디스토피아적 세계관 속에서 남성들은 젊은 여성의 노동력에 기대어 기생할 뿐이다.

〈반도〉는 페미니즘 리부트 이후 찾아온 좀비 서사라는 점에서 주목할 만하다. 영화는 대중문화에서 페미니즘 논쟁을 촉발시켰던 두 편의 영화 〈델마와 루이스〉(리들리 스콧, 1991)와 〈매드맥스: 분노의 도로〉(조지 밀러, 2015)의 합성을 선보인다. 전통적으로 부엌과 침실이 여성의 영화적 공간이었다면, 자동차는 남성의 영화적 공간이었다.[20] 〈델마와 루이스〉는 자동차를 탄 여성들을 보여 주면서 여성의 이동성이라는 주제를 다뤘다. 1980년대에 이 영화의 시나리오가 스튜디오들을 돌아다닐 때 이름 있는 제작자들이 "계집애 둘이 차를 타고 있는데, 그래서 뭐 어쩌라고?"라는 반응을 보였다는 에피소드는 유명하다. 〈반도〉에서 여성 캐릭터가 운전대를 쥐는 것은 꽤 노골적인 의도다. 더불어 〈반도〉의 특장점이라고 할 수 있는 카체이싱은 〈매드맥스: 분노의 도로〉에 대한 오마주라고 할 만큼 유사하면서도 독창적이다. 〈반도〉에서 아이들을 끝까지 지키는 것은 '어머니' 민정(이정현)이다. 그리고 그 어머니는 생물학적으로만 규정되지 않는다. 낳은 딸과 기른 딸, 모두가 가족이다. 인상적인 것은 영화가 '책임'을 배워 가는, 그렇게 성장해 가는 남성의 형상을 묘사하는 방식이다. '아버지'가 아니라 동료로서, 한 시대를 함께 살아가는 공동체의 구성원으로서, 한정석(강동원)은 사람됨을 배운다. 그건 이 사회가 요구하는 '남자다움'만으로는 설명되지 않는 가치다. 물론 이런 해석은 너무 '건강한 정답'처럼 보인다.

그럼에도 불구하고 언급의 가치가 있는 것은 〈반도〉가 재현의 다양성을 요구했던 대중들의 영화적 담론을 어느 정도 수용하고 있기 때문이다. 그건 의미가 있다.

그렇다면 누가 섹스할 수 있는가
: 온라인 여성혐오와 남성 청년영화

함께 살 집 한 칸 구하기도 어려운 청춘 남녀가 섹스를 하기 위해 서둘러 옷을 벗는다. 그러다 멈추는 두 사람. 보일러도 못 트는 상황에서 옷을 다 벗기에는 너무 추웠던 탓이다. 영화 〈소공녀〉(전고운, 2017)의 한 장면이다. "봄이 돼서 따듯해지면 하자"는 말은 왜 영화에서 섹스가 사라지고 있는지를 가늠할 수 있게 한다. K-시네마의 섹스리스한 삶은 지금/여기를 '헬조선'으로 그리는 상상력에도 기대고 있다. 그리고 헬조선 담론은 88만원 세대 담론에서 N포세대 담론을 지나, 수저론과 함께 등장했다. 태어날 때부터 '수저-계급'을 타고나 도저히 현실을 극복할 수 없으니 "죽창을 들어 세계를 리셋하자"고 외치는 청년의 형상은 현재 한국 사회가 또 다른 신분제 사회에 진입했음을 증명한다. 여자를 남자의 소유물로 규정하는 가부장제와 신분제가 만났을 때, 관습적인 사고방식은 과연 누가 섹스를 할 수 있다고 상상할까? 여기에서 '섹스와 계급'의 문제가 등장한다. 에로티시즘이 살아 있는 몇 안 되는 영화 중 한 편이었던 퓨전 사극 〈방자전〉(김대우, 2010)과 2000년대 중후반 온라인 마초문화의 성격을 잘 보여 준 초저예산 SF 영화 〈불청객〉(이응일,

2010)은 이런 문제의식과 함께 세밀하게 들여다볼 만한 작품이다.

남성연대를 해치는 재화, 여자[21]

애절한 사랑 이야기이자 조선시대 여성의 정절 교본인 '춘향전'은
〈방자전〉을 경유해 21세기 버전으로 업그레이드되면서 '남자 잘
잡아' 신분 상승하려는 영악한 여자 성춘향(조여정)과 출세를 위해
스토리텔링을 활용하는 정치가 이몽룡(류승범)의 야합 서사로 재탄
생한다. 여기서 순수한 사랑을 가슴에 품은 자, 따라서 관객이 스
스로를 동일시하게 되는 주인공은 방자(김주혁)다. 기존 이야기에서
양반댁 도령을 모시는 머슴 이외의 서사적 위치를 부여받지 못했
던 방자는 21세기로 들어오면서 양반과 '여자를 두고 경쟁'하는 주
인공의 위치에 올라선다. 그가 신분의 한계를 뛰어넘어 감히 양반
과 동등해질 수 있게 되는 조건은 상인商人으로서의 수완이다.

영화는 21세기 식으로 말하자면 유통산업을 통해 조폭 거물이
된 방자가 야설 전문 글쟁이(공형진)를 고용해 사랑하는 여자를 위
해 만들어 낸 미담이 바로 '춘향전'이라는 설정으로부터 시작한다
(특히 글쟁이는 몰락한 양반으로 설정되어 있는데, 이는 이야기가 펼쳐
지는 배경이 이미 반상의 엄격한 구분이 흔들리고 있던 시기임을 분명
히 한다). 말하자면, 그 절절한 사랑 이야기의 조건 자체가 도덕을
지킬 줄 아는 자들의 우아함이 아니라 경제적 부富와 근대적 연애
감정이다. 우리가 주목할 것은 영화가 전통적인 미담으로부터 '방
자'라는 제3의 인물, 그리고 그의 계급을 전경화全景化하는 방법이
다. 영화는 양반이 재화와 여자를 모두 소유할 수 있었던 전근대
적 신분제가 평등의 공간인 자유시장의 등장으로 전복될 수 있다

고 전제한다. 따라서 "당신도 참 대단하오, 어찌 양반의 여자를 데리고 도망칠 생각을 한단 말이오"라는 글쟁이의 말에 "양반의 여자가 아니고, 원래 제 여자예요"라고 답하는 방자의 대사는 핵심적이다. 시장의 등장으로 재화를 소유하게 된 하층계급 남성이 여성에 대해서도 양반과 동등한 소유권을 주장할 수 있음을 보여주기 때문이다. 여기서 여성은 남성이 쟁취할 수 있는 대상이 된다. "그렇게 춘향이가 좋으냐?"는 마 노인(오달수)의 질문에, 방자는 "그것도 그렇지만 (나를 무시한 이몽룡으로부터 춘향이를) 꼭 뺏고 싶다"고 답한다.

그러므로 성춘향은 절벽에서 추락해 언어와 판단력을 박탈당하고 '아기'의 상태로 퇴화할 수밖에 없다. 재화에 불과한 여성이 남성들 사이의 계급 차를 드러내고 자신의 욕망을 추구했기 때문이다. 이는 욕망을 가지면 안 되는 타자가 욕망을 가졌을 때 응징당하는 고전적인 방식이다. 이런 재현은 너무 진부해서 오히려 우리가 고민해야 할 것은 '여성은 왜 욕망하면 안 되는가?'가 아니라, '왜 여성의 욕망이 저런 성격일 거라고 상상되는가?' 그리고 '왜 그렇게 상상된 여성은 (자유로운 시장과 동등한 남성 시민이라는) 상상력 속에서 혐오

'21세기 버전 춘향전'으로 업그레이드된 〈방자전〉(제작 바른손이앤에이 외, 배급 CJ엔터테인먼트, 김대우, 2010)은 양반이 재화와 여자를 모두 소유했던 전근대적 신분제가 자유시장의 등장으로 전복될 수 있다고 전제한다.

의 대상이 되어 처벌당해야 하는가?'이다. 무엇보다 성춘향을 통해 재현되는 여성의 욕망이 남성들 사이에 위계를 설정하고 그들 내부의 차이를 계속해서 드러내고 있음을 간과해선 안 된다.

〈방자전〉이 상상하는 '자유로운 시장', 그러니까 '양반 남성'과 '천민 남성'이 동등한 시민이 될 수 있는 이 공간은 21세기 온라인에 등장한 정치적 공간과 비슷한 성격을 공유한다.

엄기호는 2008년 촛불을 전후해 등장한 '정치적이고 남성적인' 사이버공간의 여성혐오를 분석한 글에서, 신자유주의 시대에 '쓰레기'(지그문트 바우만)가 된 남성 주체의 문제에 주목했다. 근대화 과정에서 노동력을 통해 시민의 자격을 획득했던 남성들은 현대에 이르러 국가에 의해서 공공연히 '쓰레기', 즉 잉여로 취급당하기 시작한다. 금융자본주의와 서비스산업이 생산의 중심이 된 시대에 "노동력의 재생산은 국가의 부를 생산하는 데 오히려 짐"이 되었기 때문이다. 신자유주의화 이후에 진행된 '노동력 유연화'의 핵심은 국가와 자본이 사람을 쉽게 뽑고 쉽게 해고할 수 있는 구조를 정당화하는 것이었다. 이렇게 국가에 의해서 적극적으로 잉여 처리된 남성은 자신을 국민이라고 느낄 수 없다.[22] "여자에게 나라는 없다"(버지니아 울프)는 감각에 익숙한 여성들, 언제나 유휴 노동력 취급을 받으면서 실제로는 재/생산에 동원되던 여성들에겐 새로울 것 없는 조건이지만, 자신이 국민이자 정치적 주체라는 사실을 의심해 본 적 없는 남성들에게는 낯설기 그지없는 상황이다.

이렇듯 신자유주의의 극단적인 양극화와 위계화가 가져온 문제는 생존과 직결된 노동과 생계의 문제일 뿐만 아니라 국민으로시 겪는 개인의 정체성 문제이기도 했다. '잉여로서의 불안'[23]이 남성들을 사로잡은 것이다. 자신의 정치적 견해를 말하고 시위를 조직하며 토론을 벌이는 인터넷상의 '정치적 공간들'은 이런 존재론적 불안과 자신의 쓸모없음을 상쇄할 수 있는 공간이자, 신자유주의 체제가 양산하는 모순과 억압을 해소할 수 있는 대안적 공간으로서 등장했다. 그 안에서 목소리를 냄으로써 자신의 쓸모를 확인하고, 그 쓸모가 또다시 견고해져만 가는 계급제를 전복할 힘이 될 수 있다는 희망을 배분했던 셈이다. 하지만 2000년대 말 미국발 금융위기가 닥쳐오고 회생의 가능성이 사라지면서 2010년대 중반 "리셋이 아니고서는 내가 '시민-국민-사람'이 될 방법은 없다"라고 말하는 '헬조선'의 상상력이 등장하게 된다.

디시갤러리 유저가 초저예산으로 제작한 기이한 SF 〈불청객〉은 아직 헬조선의 상상력이 도래하기 전, 온라인에 모여서 잉여 놀이를 하던 남성 청년의 불안, 그리고 그 불안을 해소하는 정치적 상상력을 보여 주는 흥미로운 작품이다. 이제 이 작품을 경유해서 온라인 남초 커뮤니티의 여성혐오가 어떻게 〈방자전〉의 여성혐오와 만나는지 살펴보자.

스크린으로 넘어온 디시갤러의 영화 〈불청객〉

2000년대 중후반, 어떤 식으로든 자신의 존재를 확인할 수 있는 공간을 찾아 '잉여'가 모여들었던 대표적인 남초 사이버공간이 디시갤러리였다. 디시갤에서 활동하는 '디시갤러'가 다른 디시갤러들을 모아서 연출, 제작한 영화 〈불청객〉은 신자유주의 시대에 '쓰레기'가 된 남성들이 어떤 방식으로든 자신의 정치적인 위치를 확인하려는 고군분투를 SF적 상상력 안에서 녹여 냈다.

〈불청객〉의 주인공 진식(김진식)은 집안의 기대를 한 몸에 받고 있는 만년 고시생이다. 그는 다 찌그러진 반지하 방에서 두 명의 백수 강영(원강영), 웅일(이웅일)과 함께 살고 있다. 돈은 물론이거니와 삶에 대한 계획이나 미래에 대한 희망도 없는 백수들 틈에서, 진식만은 "아나운서 아내와 전원주택"을 향한 꿈을 불태운다. "나는 저 잉여들과 다르다"는 말은 그가 계속해서 자신에게 거는 주문이다. 그러던 어느 날, 진식의 자취방 앞에 글로벌 택배회사 페덱스에서 배달한 것으로 추정되는 정체불명의 소포가 도착한다. 별 생각 없이 소포를 뜯어 본 웅일 덕분에 저주의 봉인이 풀리고, 소포 상자 안에서 은하연방 론리스타 수명은행 대표 '포인트맨'이 등장한다. 포인트맨은 그들에게 시간을 내놓으면 영생으로 돌려주겠다며 협박과 회유를 반복하지만, 그들은 포인트맨에게 시간을 착취당하길 거부한다. 명백하게 '론스타'를 지시하는 '론리스타'[24]의 대표 포인트맨은 신자유주의화 이후의 지구를 지배하는 초국적 자본을 상징하며, 디시갤러들은 당당하게 초국적 자본의 노예가 되기를 거부한다. 그러나 포인트맨은 그들을 우주로 납치하고, 잉여들의 '쓰레기장'인 우주에서 탈출하려는 세 남자의 분투가 시작된다. 결국 진식의 희생으로 포인트맨을 처치하고 강영과 웅일은 지구로 돌아오게 된다. 지금까지 좀비나 다름없었던 그들은 이제 사라진 진식을 찾기 위해 쓰레기였던 자신들이 유폐되어 있었던 반지하 자취방에서 나와 사회 속으로 들어간다. 사회적 구성원으로서의 지위가 회복된 것인지는 분명하지 않지만, 자본과의 싸움이 그들에게 새로운 공간과 가능성을 열어 놓은 것만은 분명하다.

"이 영화를 디시인사이드에 바칩니다"라는 자막으로 시작하는 이 영화는 21세기 대한민국 인터넷 문화의 중심이면서도 끊임없이 변방에 머물러 있기를 고집하는 디시갤러리의 하위문화적 정서를 성공적으로 재현했다. 무엇보다 얼마나 생산성이 있는가를 중심으로 구성원을 줄 세우는 자본주의사회에 대한 비아냥이라는 디시의 관심사를 정확하게 스크린으로 옮겨 놓았다. 디시의 생리를 인류학적으로 관찰한 문화인류학자 이길호는 디시가 오프라인을 지배하고 있는 자본주의의 가치를 폐기하는 것은 "갤러를 재생산하기 위해서"라고 설명한다. 디시갤이 프리챌 커뮤니티나 다음 카페 등 다른 온라인 커뮤니티 서비스와 확연히 구분되는 특징은 유저들 사이에 항구적인 위계가 설정되지 않는다는 점이다. 첫째, 디시갤에서는 유저가 오프라인에서 어떤 지위, 어떤 자본을 가지고 있는지 관심을 주지 않는다. 학력이나 직업 등을 자랑해 봐야 비아냥을 사거나 무시당할 뿐이다. 둘째, 디시갤에서 중요한 건 바로/지금 올리는 개념글이다. 과거 어떤 대단한 글을 올렸건 중요하지

"이 영화를 디시인사이드에 바칩니다." 〈불청객〉(제작 삼천리영화사, 배급 이모션픽처스, 이응일, 2010)은 신자유주의 시대에 쓰레기 취급을 받던 남성들이 자본과의 싸움을 통해 사회 구성원으로 거듭나려고 고군분투하는 영화다.

않다. 디시 안에서는 상징자본이 축적되지 않는 것이다(그러므로 주목경쟁은 매번 새롭게 갱신되고, 진정으로 치열해진다). 셋째, 디시 갤에는 카페장이나 게시판 관리자처럼 커뮤니티 내부의 계급이 존재하지 않는다. 이는 결과적으로 뉴비(새로운 유저)가 디시갤로 진입할 수 있는 장벽을 낮춰 준다. 오늘 가입해도 '신박한 떡밥' 하나면 그날의 영웅이 될 수 있다. 그렇게 디시는 자본축적 논리가 힘을 발휘하지 못하는 '동등한 남성 연대'의 공간이 된다.

그런데 이런 남성 유저들 간의 대등한 관계를 유지하기 위해 작동하는 또 하나의 원칙이 있다. 바로 여성 및 여성성에 대한 혐오와 배제다. 갤러들은 여성의 누드나 포르노를 게시하면서 남성들 간의 '여성 증여'를 통해서 공동체를 유지한다. 하지만 누군가 여성을 소유하게 되면, 그 순간 형제들 사이에 위계가 발생하고, 남성을 노예와 주인으로 나눔으로써 분열을 초래하게 된다. 이길호는 실제로 여성 유저가 등장하면서 그를 중심으로 한 '친목 모임'으로 변질된 디시갤이 '사망 위기'에 처하게 된 예가 있음을 언급한다. 친목은 오프라인으로 확장되고, 오프라인에서 여성 유저에게 잘 보이려는 행위는 필연적으로 온라인 상의 남성 유저들 사이의 동등한 관계를 해치게 되는 것이다. 이런 '축적의 경제'에 대한 혐오의 동학이 디시갤을 유지하는 질서이며, 이렇게 유지된 공동체는 외부의 다른 갤 혹은 갤 외부의 인터넷 공동체와의 끊임없는 전쟁 수행을 통해서 스스로의 이름을 유지한다.[25]

있는 놈들만 할 수 있다

이런 상상력은 성性적 재현에 대한 또 하나의 경향을 만들어 냈다.

축적의 경제로 위계가 명확하게 구분되는 현대에 섹스를 하는 것은 '있는 (남)자'들뿐이다. 하층계급의 남성이 부르주아 남성으로부터 그의 여자를 갈취하는 서사로 구성되어 있는 〈나쁜 남자〉(김기덕, 2002)에서 한기(조재현)는 선화(서원)를 납치해서 '창녀'로 그 계급을 '전락'시킬 뿐 그녀와 섹스하지 않는다.[26] 스톡홀름증후군이라 할 수 있는 방식으로 선화가 한기와 사랑에 빠지게 된 후로도 둘의 정사신은 등장하지 않는다. 선화의 몸을 팔면서 트럭을 타고 여기저기를 떠돌 뿐이다. 한 포털의 영화 소개에 따르면, 영화는 이렇게 끝난다. "한기는 트럭을 타고 다니며 자기의 여자를 다른 남자에게 판다." 영화는 "하층계급 남성이 사랑을 쟁취하는 서사"로 해석되곤 했지만, 핵심은 사랑이 아니다. 핵심은 '여대생'을 소유할 수 있는 '남대생'과 그럴 수 없는 포주 사이의 계급투쟁이다. 여기서 선화는 하층계급 남성과 적대하는 부르주아 여성 주체가 아니라, 남성들 사이의 계급 차를 드러내는 재화일 뿐이다. 이 지점에서 〈방자전〉과 〈나쁜 남자〉는 교묘하게 공명한다. 2010년대, 계급의 문제를 다루는 상업영화에서 남성과 여성의 정사신을 적극적으로 묘사하는 작품은 〈하녀〉(임상수, 2010)와 〈돈의 맛〉(임상수, 2012)뿐이고, 이 영화들에서도 섹스할 수 있는 것은 돈을 가진 자들뿐이다.

이는 2011년에 등장하여 한국 사회에 충격을 주었던 '일간베스트(일베)'의 남성 유저들이 그토록 여성혐오를 즐기는 이유와도 연결된다. 디시갤러리의 하위 게시판에서 시작해서 하나의 사이트로 독립한 일베는 2011년 5·18민주화운동을 '북한군에 의한 폭동'으로 규정하는 가짜뉴스를 유포하면서 사회적 관심 대상으로 급

부상했다. 이후 다양한 혐오 선동으로 문제가 되다가, 2014년 통일 토크쇼에서 실제로 백색테러를 자행하면서 한국 사회의 혐오 논쟁에 불을 지폈다.[27] 2016년 《시사인》은 일베 게시물 빅데이터 조사를 통해, 온라인 여성혐오는 남초 사회가 열리고 남성 청년이 결혼시장에서 불리해진 현실 때문이라고 분석한다. 쉽게 말해, "나랑 연애해 주지 않는 여자, 나랑 결혼해 주지 않는 여자들이 경제적 능력이 있는 남자들만 밝힌다"는 생각이 '한국 여성에 대한 가격 후려치기'로서 여성혐오를 조장한다는 것이다.[28] 이런 실체가 모호한 분노로부터 '김치녀' 프레임이 등장한다. 나와 연애하지 않지만 나보다 경제적으로 능력 있는 남자, 계급이 높은 남자, 금수저 남자와 연애하는, 남자의 경제적 능력에 기생하는 젊은 여자에 대한 도시 괴담의 출처는 여성의 실존이 아니라 남성의 계급적 불안이었다. 한 남초 커뮤니티 유저는 "내가 화장실 몰카를 보는 이유"라는 게시물에서, "여자들에게 무시 받는 느낌에 기분이 나쁠 땐 화장실 몰래카메라 영상을 보고 그들의 원초적 미개함을 목격하라"고 썼다. 이 도시 괴담은 그저 '농담'이 아니라 성범죄물의 유통으로까지 이어지고 있다.

괴물이 된 '무임승차자'들
: 스크린으로 간 K-내셔널리즘[29]

2020년 8월. 한국 사회는 한 연예인에게 사과를 받아 내겠다고 떠들썩했다. 의정부고등학교 남학생들의 '관짝소년단 밈'[30] 코스프레에서 등장한 블랙 페이스black face가 '흑인 차별'이라고 지적한 샘 오취리Samuel Okyere에게 화가 났기 때문이다. 결국 한국인들은 오취리에게 사과를 받아 냈고, 얼마 후 오취리는 출연하던 방송에서 하차했다.

온라인을 타고 흘렀던 다양한 글들 중에서도 화제가 되었던 건 이런 비난이었다. "다른 나라 가면 공장에서 돈이나 벌랑가 모르지만 한국에서 좀 뜨게 해 주니까 자기 본분도 모르고 관심 받는다고 우쭐해져서 어디서 선생질을 하려고 들어. 가나에서나 어깨 우쭐할 것이지 어디 한국에서 가르치려고 들어." 사회평론가 박권일은 이에 대해서 다음과 같이 정리했다. "이건 단지 흑인 차별이나 제노포비아(외국인혐오)에 국한되지 않는다. 이것은 오래전 박노자 씨가 개념화한 '지엔피GNP 인종주의'다. (…) 이 인종주의는 소위 '선진국' 출신이냐 '후진국' 출신이냐에 따라 철저하게 위계서열을 만들어 외국인을 다르게 대하는 한국인 특유의 형태를 가리킨다."[31] 이런 GNP 인종주의는 '같은 한민족', '같은 동포'라고 해도 그 안에서 서열을 구분하여 대상화하는 태도와도 맞닿아 있다. 1세계에서 경제적으로 성공한 한국인은 '재미교포', '재일교포'라며 추켜세우고, 조선족은 '외국인노동자'라며 하대하는 것은 흔하게 볼 수 있는 일이다.

2017년은 그 어느 때보다 남성 주인공 영화의 비율이 높은 해이기도 했지만, 다른 한편으로 조선족에 대한 대상화가 담론의 장에서 본격적으로 지적된 해이기도 하다. 〈청년경찰〉, 〈범죄도시〉(강윤성, 2017), 〈희생부활자〉(곽경택, 2015년 작품이지만 2017년에 개봉) 세 편이 연달아 개봉하면서 이 문제에 이목이 집중될 수밖에 없었기 때문이다. 특히 〈청년경찰〉의 경우에는 조선족뿐만 아니라 조선족 거주지인 대림동과 가리봉동을 과도하게 악마화하면서 법정 소송으로까지 이어졌다. 조선족과 대림동 주민 60여 명이 제작사를 상대로 손해배상소송을 제기한 것이다. 1심 재판부는 '표현의 자유' 등을 들어 제작사 손을 들어 주었지만, 2심 재판부는 원고 측에 사과해야 한다고 판결했다. 이는 "한국에서 예술 작품 속 특정 표현과 관련해 법률적 책임을 인정한 최초의 판결"이다.[32]

휴전선, 남성 영웅의 경계

2017년 개봉한 남성 주인공 영화인 〈청년경찰〉과 〈브이아이피〉, 〈범죄도시〉 세 편의 영화를 한자리에 놓고 살펴보면 좀 흥미로운 점이 보인다.

이 영화들에서 남한 남자들은 계속 어떤 '위기' 속에 놓여 있다. 〈청년경찰〉의 청년 경찰들은 불투명한 미래 속에서 여자친구도 없이 PC방에서 죽쳐야 하고, 〈브이아이피〉의 이혼(당)한 중년 경찰은 '폭력 경찰'로 징계를 받은 참이다. 〈범죄도시〉의 적당히 부패했지만 마음만은 따뜻한 총각 경찰은 사건이 시작되기 직전 맞선 자리에서 아무런 '소득' 없이 돌아온 참이다. 모델이라고 해서 나갔더니 고작 "손 모델"이었다며 잔뜩 화가 났다. 어디선가 많이 들어본 이야기 아닌가. 여자들은 돈이나 밝히고, 남자들은 지치고 불안하다. 그럼에도 한국 남자들은 여자들을 보호하고 사회정의를 지키기 위해 고군분투한다. 이는 정확하게 일베로 대변되는, 그러나 일베의 테두리 안에만 머무는 것은 아닌, 한국의 온라인 마초 문화에서 반복적으로 확대 재생산되었던 외국인노동자와 여성에 대한 혐오가 서사화된 광경이다. '위기의 남성성'이라는 판타지에 사로잡힌 한국 남자들을 위로하기 위해서 한국영화는 휴전선 이북에 있는 조선족/북한 남자들을 악마화하고 한국 여자들을 시체로 만들어 버린다.

이 중에서도 특히 〈청년경찰〉은 정확하게 온라인 마초문화의 상상력을 주류영화로 포섭해 들어온다. 두 명의 건장한 청년인 기준(박서준)과 희열(강하늘)은 경찰대학 학생이다. 의리가 깊을 뿐만 아니라 순진한 두 청년은 여자친구가 없어서 우울하다. 어딘가 비열하고 별 볼 일 없어 보이는 '금수저' 동기생이 한 클럽에서 여자친구를 만났다고 자랑하자, 둘은 잔뜩 부푼 기대를 안고 그 클럽으로 놀러간다. 그러나 결과는 '참패'. 여자들은 경찰대학에 다닌다는 그들에게 "아, 짭새?" 하고 조롱을 하거나 "돈도 못 버는 그런 곳에는 왜 가냐"며 모욕을 준다. 클럽에서 춤이나 추고 남자들이나 유혹하는 그 여자들은 '진짜 남자'의 가치를 몰라준다. 의기소침해진 두 청년은 근처 술집에서 소주를 마신 뒤 "게임이나 하자"며 술집을 나선다. 바로 그 순간, '진정한 여성다움'을 상징이라도 하듯 분홍색 패딩을 입고 퇴근하는 한 아름다운 여자를 보게 된다. (영화는 이 장면에서 분홍 패딩을 입은 여자를 클럽에서 만난 여자들과 비교하여 재현함으로써 여성의 이미지를 '개념녀 vs 김치녀'라는 낡은 이분법적 틀 안에 가둔다.) 두 청년은 그 여자의 번호를 따기 위해 뒤를 쫓기 시작하고, 길에 세워져 있던 승합차에서 괴한이 튀어나와 여자의 머리를 가격하여 납치하는 장면을 목격하게 된다.

본격적인 사건의 전개는 여기서부터다. 많은 수의 영화들에서 사실상 여자는 남자들의 행동을 촉발시키는 '사라지는 매개'에 불

〈청년경찰〉(제작 무비락 외, 배급 롯데엔터테인먼트, 김주환, 2017)은 클럽에서 만난 여자와 분홍 패딩을 입은 여자를 비교하여 재현함으로써 여성의 이미지를 '김치녀 vs 개념녀'의 이분법적 틀에 가둔다.

과하다. 여자가 사라지자 남자들이 움직이기 시작하는 것이다. 수사 자격이 없는 두 경찰대학 남학생들이 이 납치사건을 해결하고 '미녀'를 구하기 위해 이리 뛰고 저리 뛰는 것이 영화의 주요 내용이다. 결국 그들은 조선족 남자들이 남한의 연고 없는 여자들을 납치해서 (일본군 종군위안소를 떠올리게 하는) 폐건물에 가둬 놓고 난자를 불법 채취한다는 사실을 알게 된다. 물론 그 난자를 구매하는 것은 이윤밖에 모르는 남한의 산부인과 의사지만, 그는 인격을 부여받는 캐릭터라기보다는 오히려 한국 사회의 자본 그 자체, 혹은 계급적 현실 그 자체로 보인다. 국가의 승인을 얻지 못한 이 청년들은 자신들을 옥죄는 규범을 어기고 정의롭게 조선족을 일망타진하고, 강제로 난자를 채취당하고 있는 남한 여자들을 구해낸다. 영화의 마지막 장면. 그들이 번호를 '따고' 싶었던 미녀는 제 발로 그들을 찾아온다. 그리고 기준에게 달려와 안긴다. 소년들은 자신의 모험을 완수했고, 그 보상으로서 '트로피 미녀'가 품에 안기는 순간이다. 더불어서 '여자를 얻지 못함'으로 상징되었던 '남성성의 위기'는 해소되고, 위기에 빠져 있던 한국 남성은 복권된다.

한국영화에서 '청년'은 남성 청년의 얼굴로 상상되었다. 그런데 청년의 경계를 그리고 남성 청년의 불안을 다루는 영화들이 비단 여성혐오적이기만 했던 것은 아니다. 2014년 일베 게시물을 빅데이터를 통해 조사·보도한 《시사인》의 천관율은, 일베 유저들이 여성만큼이나 진보·개혁 진영과 호남을 주적으로 삼는다는 것을 밝혔다. 원인은 '무임승차'에 대한 분노였다. 여성, 진보·개혁 진영, 호남은 의무는 다하지 않으면서 특권만을 바라며, "나의 아버지"가 이뤄 놓은 대한민국의 성공에 무임승차한다는 것이다. 그렇게 '무임승차론'을 꺼내 오면서 일베는 "소수자를 특권층으로 뒤집는 가치전도를 거리낌 없이 받아들"일 수 있었다. 이는 외국인노동자와 난민, 성소수자 등 다양한 소수자에게로 확대해서 해석해 볼 수 있다. 기사는 이렇게 일베가 "소수자에 대해 감정이입하는 길 대신 혐오를 택"한 이유를 "아버지-서울 축"이라고 분석한다. 아버지처럼 "좋은('김치녀'가 아닌) '여자친구'를 만나 '서울'에 자리잡고 '가족'을 이루는 꿈"을 꾸고 있지만, 지금 한국 사회의 경제구조는 더이상 한 명의 남성 가장이 돈을 벌어 4인 가족의 생계를 유지할수 있는 '남성가장생계부양자 모델'이 불가능한 상태다. 말하자면, 경제력을 쥐고 가족 위에 군림하는 '평범한 남성 가장'이란 더 이상추구할 수 없는 꿈이라는 것이다.[33] 가장이 될 수 없다면, 무엇이 되어야 했을까? 비록 '김치녀'들은 나를 무시하지만, 그와 상관없이 그들을 구해 주는 '청년 영웅'이 되고 싶은 것인가. 2010년 〈불청객〉이 스스로를 자조하는 디시의 영화였다면, 2017년 〈청년경찰〉은 타자를 고통의 원인으로 지목하는 일베의 영화였다.

무임승차자론과 차오포비아

이처럼 한국영화의 여성혐오적 축과 교차하고 있었던 건 조선족 악마화의 축이었다. '성별화된 인식'은 '인종화된 인식'과 함께 작동했다. 따라서 K-시네마에서 드러나는 K-내셔널리즘의 성격을 이해하기 위해서는 여성 재현만큼이나 조선족 재현의 변화를 살펴볼 필요가 있다.

한국영화에서 최초로 조선족 동포가 주목할 만한 주인공으로 재현된 것은 아무래도 〈댄서의 순정〉(박영훈, 2005)이었을 것이다. 1990년대 한국 경제의 필요 때문에 외국인노동자들이 국내로 유입되고, 2000년대가 되면서 결혼이주여성 문제가 사회적으로 가시화되기 시작한다. 2005년 당시만 해도 조선족은 '순수함이 살아 있는 향수의 공간'으로 재현된다. 〈댄서의 순정〉에서 '국민 여동생'이었던 문근영이 조선족 여성을 연기했던 것을 기억해 볼 필요가 있다. 그러나 신자유주의화가 가속화되면서, 유연한 자본의 흐름을 따라 국경을 넘어 남한의 경제로 '침입'해 들어오기 시작하는 조선족 노동자에 대한 공포는 그들을 '순수한 향수'가 아니라 '벗어나고 싶은 야만'으로 그리는 상상력에 접속한다. 이런 공포를 상징적으로 보여 준 사건은 우위엔춘 사건이었다. 우위엔춘은 2012년 4월 경기도 수원에서 일어난 '수원 토막살인사건'의 범인으로, 조선족으로 알려졌다. 처음 '오원춘'이라는 이름으로 언론에 공개되었지만, 이후 "인육을 구하기 위해 여자를 죽였다"는 가짜뉴스가 도는 순간과 절묘하게 맞물려 '우위엔춘'이란 이름으로 재소개된다. 이 사건과 함께 차오포비아(조선족 공포)라는 말이 유통되는데, 심지어 그는 조선족이 아닌 중국인이었다. 그렇게 강화되기 시작한 차오포비아는 〈황해〉, 〈신세계〉 등 대중문화 재현과 만나면서 확대 재생산되기 시작한다. 그리고 야만으로서의 조선족 재현이 일종의 장르 관습이 된다. 이들 영화에서 조선족은 돈이면 무슨 일이든 할 수 있는 '개장수'로 그려진다. 〈범죄도시〉의 경우, 조선족이 주인공에게 협력한다는 점을 들어 조선족에 대한 악의적인 재현이 아니라는 평가를 듣기도 했다. 하지만 그들 다수는 소수가 지배적 규범에 순응할 때 '착하다'고 토닥이고 그로부터 탈주할 때 '위험하다'고 짓밟는다. 〈범죄도시〉의 조선족은 '착한 시민'과 '개장수' 사이에서 진동한다. 이 영화는 한국 사회의 차오포비아로부터 얼마나 자유로운가.

한편, 이런 조선동포 재현의 변화는 정치적 타자로서의 북한이 대중문화의 상상력 안에서 '형제'이자 '꽃미남'으로 전환되던 시기와 맞물려 있다. 조선족이 '개장수' 이미지로 굳어지던 시기의 북한 남성은 〈의형제〉(장훈, 2010)의 강동원, 〈은밀하게 위대하게〉(장철수, 2013)의 김수현, 〈공조〉(김성훈, 2016)의 현빈, 〈강철비〉(양우석, 2017)의 정우성 등으로 전환되었다. 그들은 2000년 제1차 남북정상회담 이후 대중문화의 상상력 속에서 탈냉전이 신속하게 진행되던 2000년대를 지나면서 남한 남성의 형제이자 브로맨스 대상으로 등극했다. 흥미롭게도, 언제나 남한 남성은 북한 남성의 '형'으로 그려졌다. 이는 다른 한편으로는 탈이데올로기 시대, 자본주의가 역사의 종언을 선언한 그 자리에서, 더 이상 남한에게 위협이 될 수 없는 북한 체제에 대한 비하로부터 비롯된 것이기도 하다. 그렇게 북한 남자가 괴물에서 '남동생'으로 전환되는 과정과 크로스하여 조선족이 그 비어 있는 '괴물'의 자리를 차지하게 된 셈이다. 예외적 존재라고 할 수 있는 〈브이아이피〉의 사이코패스 연쇄살인마 이종석 역시 '꽃미남'이라는 것을 부정할 수 없다. 이때 이종석은 북한의 '금수저'로 재현되면서 '공산주의가 만들어 낸 괴물'이라기보다는 오히려 무엇이든 할 수 있는, 고급 취향을 가진, 전근대적 귀족계급에 대한 향수이자 매혹의 대상으로 그려진다.

배타적으로 남성의 얼굴로 상상되는 민족이 내적 단결을 도모할 때에는 언제나 타자가 필요하다. 냉전시대의 타자는 북한 사람들이었다면, 신자유주의 하 탈이데올로기 시대에는 "우리들 손 위에 있는 밥그릇을 빼앗겠다"고 위협하는 '무임승차자들', 즉 조선족이 타자의 자리로 내몰린다. 이런 경향의 또 다른 레이어는 〈버닝〉의 벤(스티븐 연)이다. 도대체 뭘 하면서 먹고사는지 알 수 없는, 아마도 금수저일 교포 벤. 그는 조선족과는 또 다른 방식으로 '나의 여자'를 빼앗아 간다. '개장수'와 '벤'이 중첩된 자리에서 우리는 어떤 상황에서도 가장 큰 피해자가 되는 한국 남성 청년을 발견할 수 있다. 심지어 한국 여성 해미(전종서)는 사라져 버렸지만 누구도 그의 안녕을 염려하지 않는다. 그의 행방을 도저히 알 수 없어 괴로운 종수(유아인)의 불안과 상실에 공감할 뿐이다. 그러나 일베 유저들이 말했던 "나의 아버지가 세워 놓은 위대한 대한민국의 성과를 날로 먹는 무임승차자"라는 판타지는 거짓말이다. 군대 안 가는 여자, 세금 안 내는 외국인노동자, 산업화에 기여하지 않은 특정 지역민(대체로 호남을 일컫는다. 호남에 대한 혐오는 물론 "5월 광주는 폭동"이라는 역사 왜곡과 맞닿아 있다)은 지금의 대한민국을 함께 만들어 온 구성원이지 무임승차자가 아니다.

2015년 페미니즘 제4물결은 이런 상황 속에서 시작되었다. 온라인 마초문화를 비롯한 다양한 대중문화의 상상력은 성별화된 사회 인식을 바탕으로 IMF 이후 한국 사회를 지배해 온 '위기의 남성성'이라는 판타지를 위로하고자 했다. 문제는 대중문화의 재현과 현실이 서로 명확하게 분리되지 않는다는 점이다. 상상력은 현실 인식의 반영이고, 현실 인식은 정책과 제도를 비롯한 각종 실천으로 이어진다. 2015년 한국 사회를 설명하는 키워드가 '헬조선'이었고, 2016년의 키워드가 '여성혐오'였다는 점은 주목할 만하다. 신자유주의 하에서 청년들이 경험하는 어려움을 토로하는 장이었던 헬조선 담론이 여성 문제를 포착하지 못했을 때, 이제 청년 여성들은 적극적으로 '여성혐오'라는 페미니즘의 언어를 들고 성차별과 성폭력을 문제 삼기 시작했다. 어려서 '알파걸' 소리를 들으며 "당신이 꿈을 꾸고 노력하기만 한다면 뭐든지 이룰 수 있다"고 독려 받은 여성들이 사회에 진출하려 했을 때 발견하게 되는 것은 채용 성차별과 다양한 성폭력이었다. 그 좌절과 분노가 목소리를 입은 것이 '여성혐오'라는 개념이었던 것이다. 이와 더불어서 페미니즘은 '정치적 올바름political correctness'이라는 비평적 용어를 경유하여 여성을 포함해 K-내셔널리즘이 공동체를 구성하는 상상력에서 배제되어 있던 다양한 소수자 재현 문제에 질문을 던지기 시작했다.

페미니즘 리부트와 여성영화 뉴웨이브

2016년 10월 22일, #영화계_내_성폭력 해시태그 운동을 계기로 개설된 페이스북 공개 그룹 '페미니스트 영화/영상인 모임-찍는 페미'의 발기문은 2015년 페미니즘 리부트 이후 한국영화를 비롯한 영상문화를 둘러싸고 진행된 페미니스트 비평의 핵심을 정확하게 전달한다.

지금 한국 사회의 영화·영상 콘텐츠계에 페미니즘이 필요합니다.

우리는 2016년 10월 22일, 단 하루 동안 #영화계_내_성폭력 해 시태그를 붙인 글에서 영화를 만들면서 성차별과 성폭력, 성희롱 등으로 고통 받아 온 많은 여성들의 생생한 증언을 목격했습니다. 그 모든 피해자의 글 속에는 다음 질문에 대한 충분한 답이 담겨 있습니다. 왜 감독들은 다 남성일까요? 그 많던 감독 지망생 여성들은 다 어디로 갔을까요? 커다란 조명 장비가 남성에게는 거뜬하고 여성에게만 무거운 것일까요? 왜 대부분 모험의 주인공은 당연히 남성일까요? 여성 캐릭터는 왜 수동적이고 일차원적일까요? 성녀와 창녀, 어머니와 팜므 파탈, 아줌마와 소녀, 캔디와 공주의 범주에서 벗어나는 한국 여성 캐릭터가 과연 존재하나요? 우리는 이 모든 질문의 답을 이미 알고 있었던 사람, 이제 알게 된 사람, 앞으로 알고 싶은 사람 모두를 환영합니다. 페미니즘은 훈장이나 지위가 아니며, 모든 차별주의에서 자유로울 수 없는 나 자신을 비롯한 모든 것과의 끝없는 싸움입니다. 콘텐츠와도 싸워야 합니다. 영화·영상 콘텐츠 속 여성혐오적이고 남성중심적인 표현은 그 콘텐츠를 만들면서 일어나는 성차별과 성폭력·성희롱을 모방하고 방조한 결과입니다. _ **찍는 페미 페이스북 페이지**

대중 담론의 차원에서는 다양한 '여성 서사/여성영화'에 대한 요청이 계속된다. 〈겨울왕국〉(크리스 벽·제니퍼 리, 2013)과 〈매드맥스: 분노의 도로〉의 성공을 시작으로 여성 서사에 관심을 가지기 시작한 할리우드는 〈고스트 버스터즈〉(폴 페이그, 2016) 여성판 리부트, 〈원더 우먼〉(패티 젠킨스, 2017)과 〈캡틴 마블〉(애너 보든·라이언 플렉, 2019), 〈터미네이터: 다크 페이트〉(팀 밀러, 2019) 등 꽤 빠르게 여성 서사의 고안에 공을 들였던 반면, 한국은 그 움직임이 더뎠다. 그래도 2016년 이후 〈아가씨〉(박찬욱, 2016)와 〈비밀은 없다〉(이경미, 2016) 등 독창적인 F-등급 영화들이 등장하고, 중·저예산영화들을 중심으로 주목할 만한 변화가 시작되고 있다.

〈82년생 김지영〉과 여성영화의 새로운 물결

2019년 한국영화계에서 일어난 중요한 사건 중 하나는 〈82년생 김지영〉(김도영, 2019)의 개봉이었다. 동명의 원작 소설 《82년생 김지영》(조남주, 2016)은 출간 직후부터 여성 독자들을 중심으로 큰 화제를 불러모았고, 스테디셀러로 자리 잡으면서 한국 '페미니즘 리부트'를 대표하는 작품이 되었다.[34] 그러다 보니 《82년생 김지영》 자체가 페미니즘에 대한 각종 토론과 논쟁이 펼쳐지는 장이 되었다. 《82년생 김지영》을 읽고 권하는 것 자체가 정치적 행위로 해석되면서, 이 책을 읽는다고 '인증'한 걸그룹 멤버들이 남성 팬들에게 거센 항의를 받는 일까지 벌어졌다.[35] 이 작품의 영화화는 온/오프라인에 들끓는 여성 관객들의 목소리에 웹툰이나 문학, 드라마 시장 등이 빠른 반응을 보였던 것에 비해 굼뜨게 움직이고 있던 영화산업에서 보여 준 가장 적극적인 반응이었다. 물론 영화화 소식이 알려지면서 주연으로 발탁된 배우 정유미에 대한 공격이 시작되었고, 영화는 개봉하기 전부터 악플과 별점테러에 시달려야 했다.

디지털 성범죄물을 수사하는 두 명의 여성 콤비를 선보였던 〈걸캅스〉(정다원, 2019)가 손익분기점을 넘기고 〈82년생 김지영〉 역시 3백만이 넘는 관객을 극장으로 불러오면서, 조금씩 영화산업 안에서 F-등급의 상업적 가능성이 실험되기 시작했다. 여성영화가 '팔리는가 아닌가'가 이 시기 중요한 기준이 된 것은 역시 "왜 여성 주인공 영화를 만들지 않느냐"는 관객들의 질문에 한국영화계가 "여성영화는 안 팔린다"는 식의 반응을 보였기 때문이다. 이것이 〈허스토리〉(민규동, 2017)나 〈미쓰백〉(이지원, 2018) 같은 영화에 '영혼 보내기 운동'이 시작된 배경이다. "못 가더라도 표를 사서 내 영혼이라도 보낸다"는 '영혼 보내기'는 "여성영화도 팔린다는 걸 보여 주자"는 의도였다. 이는 한편으로 '소비자운동'을 중심으로 한 파퓰러 페미니즘의 한 면모를 보여 주는 것이기도 했다.[36]

작은영화들 사이에서는 좀 더 드라마틱한 변화가 눈에 띄었다. 〈벌새〉(김보라, 2018)를 중심으로, 〈어른도감〉(김인선, 2017), 〈소공녀〉, 〈영주〉(차성덕, 2018), 〈보희와 녹양〉(안주영, 2019), 〈우리들〉(윤가은, 2015)과 〈우리집〉(윤가은, 2019), 〈밤의 문이 열린다〉(유은정, 2019), 〈아워바디〉(한가람, 2019), 〈메기〉(이옥섭, 2019), 〈영하의 바람〉(김유리, 2019) 등 다양한 여성 감독의 여성 서사가 등장했다. 이 흐름은 2019년 말 〈윤희에게〉(임대형, 2019)를 지나, 〈야구소녀〉(최윤태, 2020)와도 만나고 있다. 여성 감독의 영화뿐만 아니라 다양한 감독들의 다양한 카메라가 여성의 이야기를 스크린 위에서 펼쳐 보이고 있는 것이다.

지금/여기의 여성 서사들이 그리는 또 다른 세계

이 영화들에서 가장 눈에 띄는 특징은, '어른 없는 시대, 아이들의 초상'을 다루는 작품이 많다는 점이다. 이 영화들에서 어른은 부재하거나 가시밭길 위에서 분투하느라 주위를 살필 여력이 없다. 자신의 선택과 행동에 책임을 지고, 지혜와 자원을 나눠 주는 존재로서의 '어른'은 잘 보이지 않는다. '때때로 기댈 수 있는 어른'이라는 최소한의 안전망도 없이, 아이들은 어떻게든 스스로 자라야 한다. 사실 이런 작은영화들에서뿐만 아니라 상업영화에서도 어른이 없기는 마찬가지다. 30~40대 이상의 남자 배우들이 스크린을 독식하고 있지만, 그들은 몸만 성장하였을 뿐 여전히 '소년의 마음'에 갇혀 갈지자로 방황한다. 그들은 모두 이유를 알 수 없이 화가 나 있거나, 보고 있기 처량한 나르시시즘에 빠져 있다. 그리고 그렇게 화가 난 나머지 세계를 태우고 파괴하느라 바쁠 뿐, 누구 하나 인간으로서 성숙해지고자 노력하지 않는다. 그들이 찾은 유일한 '어른이 되는 길'이란 '아버지가 되는 것'뿐이라는 듯, 그들은 '아버지' 아니면 '소년/아들'이라는 이분법 속에 머문다. 그러나 〈다만 악에서 구하소서〉(홍원찬, 2019)에서처럼 아버지가 되기는 쉽지 않고, 자신이 아버지라는 걸 깨달은 후에는 그저 목숨 바쳐 아이를 구하고 형장의 이슬처럼 사라지고 만다. 이 남자들은 자신의 억울함에 대해서 말고는 어떤 질문도 던지지 않는다. 〈달콤한 인생〉(김지운, 2005)의 선우(이병헌)의 한 마디 "나한테 왜 그랬어요?"가 그토록 인기를 끌었던 건, 어쩌면 이 대사야말로 2000년대 중반 이후 한국영화의 시대정신을 정확하게 대변하고 있었기 때문인지도 모르겠다.

이런 흐름 속에서 가장 인상적인 어른 중 한 명은 〈소공녀〉에 등장한 미소(이솜)다. 자신이 원하는 바를 알고 있고 그것을 찬찬히 추구하는 존재로서, 미소는 이미 성장을 끝내고 스크린으로 찾아왔다. 아등바등 사는 친구들에게 기댈 어깨를 내어 줄 수 있는 건 그가 어른이기 때문이다. 이 영화를 연출한 전고운 감독은 한 인터뷰에서 "캐릭터의 성장에 관심이 없다"고 말했다.[37] 전고운은 성장 서사를 배제함으로써 그 어떤 작품보다 분명하게 "성장이란 무엇인가?"라는 질문에 답한다. 성장은 사회가 정해 준 '어른의 규격'에 스스로를 맞추는 것이 아니라, 마음을 들여다볼 준비가 되었을 때 비로소 시작되는 것이다. 그는 친구들을 만나고 다니면서 그들의 이야기에 귀를 기울이고, 기댈 등이 되어 준다. 신자유주의 시대의 불안정 노동자인 프레카리아트로서 미소는 가부장제 사회에서 여성형으로 성별화된 가사노동을 하면서 도시를 떠돈다. '전통적인 아버지'가 될 수 없는 청년 남성이 〈버닝〉의 종수(유아인)처럼 혼돈과 불안 속에서 "내 여자를 앗아 간 (혹은 앗아 갔다고 상상되는) 외부인"[38]을 향해 분노를 터트릴 때, 마찬가지로 '전통적인 어머니'로 자랄 수 없는 청년 여성들은, 그럼에도 불구하고 여전히 돌봄을 체화하고 있다. 그건 물론 본능의 문제는 아니다. 오히려 삶의 경험 안에서 돌보는 노동이야말로 생명을 구하고 세상을 지속시키는 노동임을 이해하고 있기 때문이다.

그래서인지 여성 감독의 영화 중에는 돌봄노동이 비중 있게 다뤄지는 영화들이 많다. 어느 날 갑자기 함께 작업하던 감독이 죽어 버리면서 실직한 여성 프로듀서 이찬실(강말금)의 일상을 따라가는 영화 〈찬실이는 복도 많지〉(김초희, 2020)에서, 찬실이는 동료

배우 소피(윤승아)의 집에서 가사노동을 하면서 생계를 꾸린다. 프로듀서가 집 청소를 하고 밥을 하는 모습을 보고 있기 민망했던 소피가 "돈을 빌려 주겠다"고 하자, 찬실이는 단호하게 "일해서 벌어야 한다"고 말한다. 찬실이의 가사노동과 돌봄노동은 실제로 그가 영화 현장에서 했던 프로듀서의 역할과도 맞닿아 있다. 작가라는 평가를 듣던 지 감독(서상원)이 죽자 그의 영화에 투자했던 박 대표(최화정)는 "지 감독 없이 이 피디도 없다"고 말하지만, 사실 이 피디, 즉 찬실이의 돌보는 역할 없이는 지 감독의 영화는 그 완성 자체가 불가능하다. 가부장제 사회는 돌봄을 여성에게 전가하기 위해 '모성' 운운하며 신화화하지만, 동시에 성공적으로 여성들만의 노동으로 전환해 냈기 때문에 바로 폄하한다.

가사노동과 돌봄노동을 포착하는 데 정성을 들이는 것은 〈82년생 김지영〉도 마찬가지다. 이 영화에서 '여성형 노동'은 조금 다른 의미망을 형성한다. 영화는 가사노동을 하는 김지영(정유미)의 모습을 정성 들여 포착한다. 김지영은 끊임없이 상을 차리고, 치우고, 아이를 돌보고, 빨래를 갠다. 반찬을 담아 두는 그릇인 '락앤락'은 영화의 또 다른 주인공이라 해도 좋다. 남편인 정대현(공유)은 말로는 김지영을 '위한다'고 하면서도 손가락 하나 까딱 하지 않는다. 김지영의 '여성'으로서 노동은 계속된다. 가장 인상적인 장면은, 지영을 걱정하던 대현이 맥주를 마시면서 부엌 식탁에 앉아서 지영이가 빨래를 개는 모습을 바라보는 장면이다. 지영이가 다 갠 빨래를 정리하기 위해 안방과 거실 사이를 두 번 왔다 갔다 하는 동안 대현은 한 번을 '도와주지' 않는다. 두 사람이 이렇게 한 프레임 안에 있기 때문에 대현이 남성으로서 누릴 수 있는 '특권적 무

〈82년생 김지영〉(제작 봉바람영화사, 배급 롯데컬처웍스, 김도영, 2019)에서 대현은 맥주를 마시며 지영을 걱정하지만 빨래를 정리하느라 분주한 지영을 돕지는 않는다.

심함'이 비로소 가시화된다. 한국영화에서 남성은 언제나 '남자'로 성별화된 존재가 아니라 '보편 인간' 그 자체였다. 그래서 그들은 역사를 살고, 정의를 위해 싸우며, 우정을 잃고서 운다. 하지만 정대현은 가부장제를 사는 남성으로서 고통스럽다.

여성 프레카리아트의 삶에 대한 좀 더 현실적인 묘사라고 해도 좋은 유은정의 〈밤의 문이 열린다〉는 파국의 시대, 청년 여성의 불안과 분노를 다룬다. 이 영화는 청년세대의 얼굴을 언제나 '남성'의 얼굴로 상상하고 여성 청년은 바로 '된장녀/김치녀'로 치환해 버렸던 한국 사회 대중문화의 상상력을 뒤집는 흥미로운 작품이다. 하루하루 평범하게 사는 것이 꿈인 혜정(한해인)과 대물림되는 빚으로부터 도망치기 위해 사채업자와 혜정을 살해하는 효연(전소니)의 뒤엉킨 만남은 헬조선을 부유하는 청년의 현실을 '유령의 형상'으로 포착한다. '청년의 불안'을 '남성의 불안'만이 아닌 '여성의 불안'으로도 읽어 내려는 시도는 이옥섭의 〈메기〉에서도 볼 수 있다. 국가인권위원회에서 처음 이옥섭 감독에게 인권영화 제작을 의뢰했을 때 제안했던 작품의 주제는 "청년 인권 문제"였다. 이옥섭은 이를 디지털 성범죄 시대 여성 청년의 불안으로 해석했고, 영화는 디지털 성범죄와 데이트 폭력의 문제를 독특한 터치로 담아낸다. 〈엑시트〉(이상근, 2019) 역시 청년의 얼굴을 다양하게 그려 낸 또 하나의 시도였다고 평가할 만하다. "공기와도 같은 재난"의 시대에 청년의 생존을 다룬 재난물 〈엑시트〉에서 청년 서사는 용남(조정석)에서 멈추지 않는다. 의주(윤아)가 등장하면서 이야기는 좀 더 확장된다. 대중들에게 여성 서사라는 평가를 받았던 영화들은 '한국 남성'으로 상상되던 보편 인간의 의미를 조금씩 확장시키고 '인간성'의 성질을 다시 쓰고 있는 셈이다.

마지막으로 단편 〈콩나물〉(윤가은, 2013)로 주목을 끌었고 〈우리들〉, 〈우리집〉 연작을 내면서 '우리 유니버스'라는 평가를 받고 있는 윤가은의 영화는 한국영화 내 다양성이라는 면에서 숙고할 만한 문제의식을 제안한다. 영화진흥위원회의 '성평등영화정책보고서'는 "아이들을 위한 한국영화는 없다"[39]고 지적했는데, 윤가은 감독 역시 "어린이들이 '나 저 영화 보고 싶어'라며 스스로 선택해서 엄마 손을 잡아끌고 극장에 가서 보는 영화들이 분명히 있다. 한동안 그런 (한국) 영화가 너무 없었다는 걸 〈우리들〉 때 알았다"고 말했다. 그래서 〈우리집〉은 어린이 관객을 위해 기획되고 제작됐다. 뿐만 아니다. 아역배우 촬영 수칙을 정한 것도 화제가 되었다. 아홉 가지 촬영 수칙에는 "어린이 배우들을 프로 배우로서 존중하고, 성인과 동등한 인격체이자 삶의 주체로 바라볼 것, 어린이 배우들과 신체접촉 시 주의할 것, 어린이 배우들 앞에서는 전반적인 언어 사용과 행동에 신경 쓸 것"[40] 등의 내용이 수록되어 있다. 아역배

'우리 유니버스'라고 불리는 윤가은 감독의 〈우리들〉(제작 아토, 배급 엣나인필름, 2016)과 〈우리집〉(제작 아토, 배급 롯데컬처웍스, 2019)은 한국영화 내 다양성 측면에서 숙고할 문제의식을 제안한다.

우와 함께 작업하는 노하우를 묻는 질문에 대한 윤가은의 답변은 인상적이다. "알게 모르게 쌓이는 것은 분명히 있을 텐데, 진짜 획기적인 노하우는 정말 안 쌓인다. 그래도 감수성은 생기는 것 같다. 감수성은 아이들을 만나야 쌓이는 거다."[41] 공동체의 구성원으로서 어린이를 존중하고 그들과 함께하는 시간이 쌓일 때, 변화는 시작된다. 그건 주류사회가 배제하려는 다양한 소수자에 대해서도 마찬가지다.

나가면서: 몫이 없는 자들에게 몫을 주기

〈기생충〉(봉준호, 2019)은 한국영화 최초로 칸영화제에서 황금종려상을 받았다. 한국영화 100주년을 기념하는 2019년이었다. 문재인 대통령은 "한국영화 100년을 맞이하는 큰 선물"이라고 치하하고, 수상을 축하했다. 〈기생충〉의 해외 영화제/이벤트 수상 행렬은

2020년 아카데미에서 작품상, 감독상, 각본상, 국제영화상을 석권하면서 마무리된다. 한국영화계가 20세기 말부터 '한국형 블록버스터'니 '웰메이드 영화'니 운운하며 그토록 되고자 했던 '보편 영화'의 자리에 등극하는 순간이었다.

'방탄소년단'이 완성한 K-팝, 촛불광장이 증명해 준 K-데모크라시,[42] 그리고 코로나19 팬데믹 시대에 등장한 K-방역 등에 대한 자부심 사이 어딘가에 〈기생충〉이 끌어올린 K-시네마부심이 자리했다. 이 모든 K는 대한민국이 이제 '정상적인 근대국가'가 되었을 뿐만 아니라 '선진국 대열'에 들었다는 감각을 형성한다. 하지만 우리가 지금까지 살펴본 것처럼 그 감각이란 소수자를 적극적으로 배제하면서 그려진 정상성의 경계 속에서 형성된 것이다. 그런 의미에서 〈기생충〉은 텍스트 내외로 공히 21세기를 대표하는 내셔널 시네마였다. 그렇게 헬조선의 신분제를 비판하는 영화는, 그 신분제의 근원이라고 할 자본주의 시스템을 사유하게 하기보다는 그 시스템의 핵심에 놓여 있는 미국 헤게모니의 '보편성'을 긍정하는 담론으로 이어진다. 우리 시대의 민족주의는 제국주의에 저항하는 담론이라기보다는 스스로 제국이 되고자 하는 담론에 불과하다는 한계가 〈기생충〉을 둘러싼 법석에서도 드러난다. 뿐만 아니라 이 영화가 빈곤계층의 모멸감을 미학화함으로써 대상화한 방식 역시 함께 고민하지 않을 수 없다.[43]

그렇다면 우리는 어떻게 대안적인 영화를 구상할 수 있을까? '우리'의 얼굴을, 한국의 가부장제와 자본주의가 만난 자리에서 형성되는 민족주의가 승인한 정상성의 성격으로 본질화하지 않으면서, 어떻게 다양한 소수자의 얼굴로 확장할 수 있을까. 대안영화이자 대항영화로서 "여성영화란 무엇인가?"를 고민했던 시네페미니스트들의 논의는 하나의 참조점을 제공한다.

　루시 피셔Lucy Fisher는 "여성이 주류문화에 대해 집단적으로 이의를 제기한다는 점에서 여성은 하나로 모일 수 있다. 이는 원형적이라기보다는 역사적 긴급함 때문에 일어난 반발"이라고 주장한다.[44] 이는 목전의 긴급함 앞에서 저항의 거점으로서 '여성' 범주가 설정될 수 있다는 사실을 긍정하면서, 동시에 이런 정치적이고 문화적 범주로서 '여성'이란 고정불변의 운명이자 생물학은 아님을 강조한다.[45] 따라서 대안적인 '여성 서사'란 어떤 확정된 정답으로서 존재하는 것이 아니다. 그보다는 상황과 맥락 속에서 각종 젠더 스테레오타입을 극복하고 새로운 젠더 배치를 만들어 내는 대안적 상상력이 되어야 한다. 앨리슨 버틀러Alison Butler는 이런 문제의식을 발전시키면서 여성영화란 "자신이 거주하고 있는 주인의 영화적 담론 혹은 민족 담론에 '편안해하지' 않으며 늘 기존 전통의 관습들과 섞이고 경합하며, 그것들을 재작업하는 감염된 양식"이어야 한다고 설명하고, 이를 "소수영화로서의 여성영화"라고 규정했다.[46] 그런 의미에서 '여성영화'란 비단 '여성' 범주에 국한된 영화가 아니다. 그건 인간이 여성과 남성으로 구성되는 조건에 발본적으로 질문을 던지고, 그런 성별 시스템을 자연스러운 것으로 영속시키는 정상성의 규범을 재조직하는 상상력의 장이다. 그렇게 젠더를 구성하는 인종/국적/신체 조건/계급/나이의 교차성을 재사유할 때 '여성영화'는 지금/여기에서 민주주의를 다시 쓰는 가장 급진적인 정치적 영화가 될 수 있다. 이런 여성영화에 대한 상상력은 공동체의 범주를 구성하는 내셔널 시네마의 성격을 다시 쓰고,

더불어 영화가 기존의 가부장제적 시스템을 넘어서는 새로운 젠더 테크놀로지로 기능할 수 있는 가능성을 열어 준다.

물론 "영화가 정치적이어야 할까?"는 논쟁적인 주제다. 그러나 정치적이지 않은 척하는 수많은 상업영화는 관객에게 익숙한 방식으로 누군가를 배제함으로써 이미 정치적이다. 더불어서 한국의 질적 민주주의를 견인해 왔다는 자부심을 가지고 있는 한국영화계[47]는 '민주화 이후의 민주주의'라는 과제를 안고 있는 한국 사회에서 어떤 역할을 할 수 있을지 스스로 질문해야 한다.

마지막으로 기록해 둘 만한 것은, 산업이 '흥행성'을 이유로 F-등급 영화에 대해 무관심할 때, 영화진흥위원회나 각종 영화제, 다양한 지자체 문화 지원사업으로부터 공적자금을 지원받은 영화들에서 F-등급 영화가 늘어나고, 그와 더불어 한국영화의 다양성이 확장되기 시작했다는 점이다. 성평등영화정책 수립을 위한 논의가 더욱 활발하게 진행되어야 하는 이유다. 여성영화가 소수영화로 확장될 수 있듯이, 성평등영화정책은 '평등영화정책'으로 이어질 수 있다. 영진위에서 성평등영화정책을 위한 연구를 진행했던 조혜영은 한 좌담회에서 "여성 의제가 다양한 소수자 의제를 견인할 수 있다"고 설명했다. 인구의 절반을 차지하는 '소수'로서 여성 의제는 그만큼의 파워를 가지고 있으며, 여성평등 의제가 단순히 여성의 지위 향상만이 아니라, 더 다양한 정체성 정치의 조직과 임파워먼트empowerment, 그리고 연대 과정에 영향을 미칠 수 있다는 의미다. "몫 없는 자에게 몫을 돌려주는"(자크 랑시에르 Jacque Rancière) 영화. 21세기 한국영화 20년을 비판적으로 회고하는 지금, 우리는 그런 영화의 도래를 상상할 수 있을까.

미주 ───────────────────────────────────

1 파퓰러 페미니즘에 대해서는 Joanne Hollows, Rachel Mosely eds. *Feminism in Popular Culture*, Berg Publishers, 2005 참고. 한국의 페미니즘 제4물결과 파퓰러 페미니즘에 대해서는 손희정, 〈젠더戰과 '퓨리오숙'들의 탄생─2010년대 중반, 파퓰러 페미니즘에 대한 소고〉, 《페미니즘 리부트》, 나무연필, 2017 참고.

2 듀나, 〈하정우가 남성이라서 성공한 것은 아니지 않나〉, 《엔터미디어》, 2014년 7월 11일. http://www.entermedia.co.kr/news/articleView.html?idxno=3601(검색일: 2020년 8월 16일.)

3 이 글에서는 '양성평등지수', '성평등지수', '평등지수' 세 가지 용어를 사용했다. '양성평등지수'는 남성과 여성 사이의 평등 정도를 체크하는 기준, '성평등지수'는 남성과 여성뿐 아니라 LGBTQ+ 등 다양한 성적 다양성들 사이의 평등 정도를 체크하는 기준, '평등지수'는 성적 다양성뿐만 아니라 인종, 계급, 사용 언어, 민족, 출신 국가, 신체 조건 등 다양한 정체성 간의 평등 정도를 체크하는 기준이다.

4 10년 동안 매해 흥행 1위에 오른 영화 10편인 〈해운대〉(2009), 〈아저씨〉(2010), 〈최종병기 활〉(2011), 〈도둑들〉(2012), 〈7번방의 선물〉(2013), 〈명량〉(2014), 〈베테랑〉(2015), 〈부산행〉(2016), 〈신과함께-죄와 벌〉(2018), 〈신과함께-인과 연〉(2019) 가운데, 벡델 테스트를 통과한 영화는 〈해운대〉, 〈아저씨〉, 〈도둑들〉, 〈부산행〉, 〈신과함께-죄와 벌〉로 이 역시 50퍼센트의 비율이다.

5 조혜영 외, 《한국영화 성평등 정책 수립을 위한 연구》, 영화진흥위원회, 2020, 126쪽.

6 물론 상업영화 속 장애인 재현에서 조금씩 변화가 시작되고 있음을 주목할 필요는 있겠다. 〈그것만이 내 세상〉(최성현, 2017)이나 〈증인〉(이한, 2019)은 자폐스펙트럼 장애인의 경험을 제대로 재현하기 위해 공을 들였다는 점에서 호평을 받았다. 다만, 자폐스펙트럼의 경우 비상한 능력을 갖춘 서번트증후군만 재현하는 한국 사회의 장애 인식 현실은 문제적이다. 장애 재현에서 가장 예외적이었던 작품은 〈나의 특별한 형제〉(육상효, 2018)로 '피해자', '갈등 유발자', '천사' 등 스테레오타입을 넘어서는 재현을 선보이면서 장애인의 탈시설과 독립이라는 주제를 심도 깊게 다루었다는 평가를 받았다.

7 마사 누스바움에 따르면, 대상화는 일곱 가지 개념으로 분류해 볼 수 있다. (1) 도구성(대상을 목적을 위한 도구로 취급한다) (2) 자율성 거부(대상을 자율성과 자결 능력을 갖지 못한 것처럼 취급한다) (3) 비활성(대상을 능력이나 활력을 갖지 못한 것처럼 취급한다) (4) 대체 가능성 (5) 가침성(대상의 경계를 언제라도 침입하여 부서뜨리거나, 박살 낼 수 있는 것처럼 취급한다) (6) 소유권(대상을 소유해서 사거나 팔 수 있는 것으로 취급한다) (7) 주체성 거부(대상의 경험과 느낌을 고려할 필요가 없는 것처럼 취급한다). 마사 누스바움, 〈대상화와 인터넷상의 여성 혐오〉, 《불편한 인터넷》, 김상현 옮김, 에이콘, 2012, 119~120쪽.

8 Rick Altman, *Film/Genre*, British Film Institute, 1999, p. 198.

9 신윤동욱, 〈태극기 세대가 몰려온다〉, 《한겨레 21》, 2005.04.01.

10 Alan Williams, "Introduction", Alan Williams ed., *Film and Nationalism*, Rutgers, 2002, pp. 3-4.

11 Chris Berry, "From National Cinema to Cinema and the National: Chinese-language Cinema and Hou Hsiao-hsien's 'Taiwan Trilogy'", Valentina Vitali · Paul Willemen eds., *Theorising National Cinema*, BFI, 2006, pp. 148-157.

12 이에 대해서는 홍양희 엮음, 《'성'스러운 국민》, 서해문집, 2017 참고.

13 대중을 대상으로 영화 강연을 하면서 종종 "최근 본 한국영화 중 인상적인 섹스씬이 있었느냐"는 질문에 가장 많이 언급되는 영화는 〈아가씨〉(박찬욱, 2016)다. 〈아가씨〉에서는 식민지 남성성을 비판하고 식민지 조선과 제국 일본이 공모하는 공간인 가부장제에 저항하는 대안적 유토피아이자 해방구로서 레즈비언 섹슈얼리티가 묘사된다. 이 글의 문제의식 안에서 상당히 상징적인 작품이다.

14 2000년대 중후반 이후 한국영화에서의 브로맨스를 비판한 논의는 손희정, 〈촛불혁명의 브로맨스: 2010년대 한국 역사영화의 젠더와 정치적 상상력〉, 오혜진 편, 《원본 없는 판타지》, 후마니타스, 2020.

15 어떻게 보면 이 모든 '부성 멜로드라마'는 〈올드보이〉(박찬욱, 2002)가 선보였던 '아버지의 몰락'이 준 충격에 대한 한국영화 나름의 해결책이었을지도 모르겠다. 〈올드보이〉의 정치적 무의식에 대해서는 손희정, 〈소문난 아버지, 소년이 되다: 〈올드보이〉〉, 임옥희 외, 《다락방에서 타자를 만나다》, 도서출판 여이연, 2005 참고.

16 "여전히 역사의 주체가 특정한 남성으로만 상상될 때, 여성은 잃어버린 과거(〈대장 김창수〉의 '명성황후')이거나 주인공의 각성을 위해 희생되는 매개(〈대립군〉의 궁녀 '덕이')이거나 희망을 꿈꾸하게 하는 미래(〈남한산성〉의 나루, 〈군함도〉의 소희)로만 존재한다. 하지만 과거는 화석일 뿐이고, 현재의 매개는 반드시 사라져야 하며, 그 미래는 결코 도래하지 않는다."(손희정, 〈촛불혁명의 브로맨스: 2010년대 한국 역사영화의 젠더와 정치적 상상력〉, 334쪽.)

17 자세한 내용은 허윤, 〈'딸바보' 시대의 여성혐오—아버지 상(father figure)의 변모를 통해 살펴본 2000년대 한국 남성성〉, 《대중서사연구》 22-4, 대중서사학회, 2016 참고. 허윤은 이 글에서 "아버지가 자식을 돌보는 것이 권장되는 사회가 되었지만, 주 양육자는 여전히 어머니"여야 하는 편견이 아빠 예능에 살아 있다고 지적하고, 딸바보가 인기를 얻었던 바로 그 시기에 대중문화에서 여성혐오가 폭발했음에 주목해야 한다고 설명한다. 〈괴물〉의 경우, 봉준호 감독은 "엄마가 있다면 딸을 괴물에게 빼앗기지 않았을 것이라고 생각했다"고 말한 적이 있다. 그래서 영화는 '엄마 없는 가족'을 그린 셈이다. 이런 태도 역시 주 양육자는 어머니이며, 모성이란 언어로 충분히 설명되지 않는다는 모성 신화에 기대고 있다.

18 이에 대해서는 강성률, 〈천만 영화에 대한 일고찰—가부장적 가족주의와 신파적 정서의 비극을 중심으로〉, 《한민족문화연구》 제52집, 2015 참고. 강성률은 한국 천만 영화 속 가족주의와 아버지 형상의 재현을 "아버지 부재로 인한 불안"과 "강한 아버지에 대한 욕망"으로 설명하고 있다.

19 IMF 시기의 경제적인 상황과 영화 재현의 관계에 대해서는 손희정, 〈페미니즘 리부트〉, 《페미니즘 리부트》, 나무연필, 2017 참고.

20 2019년 이병주 카이스트 문화기술대학원 교수 팀은 AI 설계를 통해 한국영화를 대상으로 성별 묘사 편향성을 파악했다. 이 조사에서 여성은 주변에 가구와 컵 등이 많았고, 남성은 자동차, 술병, 전자기기가 많았음이 밝혀졌다. 김경학, 〈여성 감독 비율 10%... 10년간 변하지 않은 영화계〉, 《경향신문》, 2019.12.16.

21 이 소절은 손희정, 〈폐소공포증 시대의 남성성〉, 허윤 외, 《그런 남자는 없다》, 오월의 봄, 2017의 일부분을 수정, 보완했다.

22 엄기호, 〈신자유주의 이후, 새로운 남성성의 가능성/불가능성〉, 권김현영 외, 《남성성과 젠더》, 자음과모음, 2011, 151~153쪽. 엄기호의 이 논의에 바탕이 되는 것은 다음과 같은 지그문트 바우만의 저작들이다. 지그문트 바우만, 《쓰레기가 되는 삶들—모더니티와 그 추방자들》, 정일준 옮김, 새물결, 2008; 지그문트 바우만, 《유동하는 공포》, 함규진 옮김, 산책자, 2009; 지그문트 바우만, 《새로운 빈곤—노동, 소비주의 그리고 뉴푸어》, 이수영 옮김, 천지인, 2010.

23 바우먼은 1970년대 이후 출생한 X세대들은 이전 세대들이 겪지 못한 '잉여로서의 불안'을 경험하고 있다고 지적하는데, 이는 설사 X세대가 이전 세대보다 물질적으로 빈곤하지는 않다고 하더라도 또 다른 결의 위협적인 불안을 가지고 있다는 의미다. (지그문트 바우만, 《쓰레기가 되는 삶들—모더니티와 그 추방자들》, 27~40쪽.)

24 "이응일 감독은 2006년에 〈불청객〉의 시나리오를 쓸 당시 '론스타 사태'를 보며 초국적 금융자본의 힘이 우리의 일상마저 잠식하는 모습에 충격과 분노를 느꼈던 경험을 바탕으로 이야기를 구상하게 되었다고 밝혔다."(다음 영화, 〈불청객〉 제작노트 중. https://movie.daum.net/moviedb/main?movieId=58399#none)

25 이길호, 《우리는 디씨》, 이매진, 2012.

26 이런 비판에 대해 성판매 여성과 여대생 사이에 위계를 설정하고, 성판매 여성의 지위를 '전락'으로 묘사하는 것이 '부르주아 페미니즘의 오류'라고 지적하는 것은 어불성설이다. 이 위치 전환의 시작이 납치였음을 기억해야 한다.

27 한국 사회의 '혐오' 개념을 둘러싼 담론에 대해서는 손희정, 〈혐오담론 7년〉, 《문화/과학》 93호, 2018 참고.

28 천관율, 〈여자를 혐오한 남자들의 '탄생'〉, 《시사IN》 418호, 2015. 09. 17. https://www.sisain.co.kr/news/articleView.html?idxno=24291 (검색일: 2020년 8월 22일.)

29 4장은 손희정, 〈여성의 이야기는 어디로 갔는가—스크린 페미사이드와 스페이스 오프〉, 이나영 외, 《누가 여성을 죽이는가》, 돌베개, 2019의 내용 일부를 수정 보완했다.

30 '관짝소년단' 밈은 가나의 장례 관습 동영상으로부터 시작되었다. 죽음 앞에서 슬퍼하기보다 관을 어깨에 메고 즐겁게 춤을 추는 모습이 전 세계적으로 인기를 끌면서 'coffin dance(관춤)' 밈이 되었고, 한국에서는 '방탄소년단'과 합성되어 '관짝소년단'이라는 이름을 갖게 되었다

31 박권일, 〈[박권일의 다이내믹 도넛] 미안합니다, 오취리 씨〉, 《한겨레》, 2020.08.13.

32 한승곤, 〈[르포] "우리는 범죄자 아닙니다" 중국 동포 '혐오 영화' 사라질까〉, 《아시아경제》, 2020. 06. 19. https://view.asiae.co.kr/article/2020061816374599836 (검색일: 2020년 8월 22일)

33 천관율, 〈이제 국가 앞에 당당히 선 '일베의 청년들'〉, 《시사IN》 367호, 2014.09.29.

34 《82년생 김지영》은 일본, 중국, 대만 등 아시아 지역에서뿐만 아니라 미국, 캐나다, 스페인, 독일, 프랑스, 영국, 터키, 헝가리 등으로도 판매되어 출간됐거나 출간 준비 중이다. 책의 주인공 김지영은 성폭력과 성차별, 남자 형제와의 차별, 디지털 성범죄, 경력 단절, 여성혐오 문화 등 80년대에 한국에서 태어나서 자란 여성이라면 '누구나 공감할 만한' 현실을 담담하게 그리면서 보편성을 획득했다는 평가를 받았다. 그러나 중산층 가정에서 태어나 고학력 여성으로서 '정상 가정'을 이룰 수 있었던 '김지영'의 얼굴에서 배제되고 있는 여성들의 현실은 지운 채 이를 '보편'이라고 말하는 담론에 대한 비판 역시 존재한다. 《82년생 김지영》의 가능성과 한계에 대해서는 허윤, 〈광장의 페미니즘과 한국문학의 정치성〉, 《한국근대문학연구》 vol.19, No.2, 2018 참고.

35 이 작품을 둘러싸고 국내에서 벌어진 논란에 대해서는 임수연, 《82년생 김지영》 관련 논란 타임라인〉, 《씨네21》, 2019. 10. 30. 참고. http://www.cine21.com/news/view/?mag_id=94131&utm_source=naver&utm_medium=news (검색일: 2020년 8월 20일.)

36 신자유주의 시대 페미니즘과 소비자운동의 만남에 대해서는 손희정, 〈페미니즘 리부트〉, 《페미니즘 리부트》, 나무연필, 2017 참고.

37 2018년 7월 5일에 업로드된 팟캐스트 〈을들의 당나귀 귀〉 시즌 4-7 에피소드 "영화 〈소공녀〉 전고운 감독을 만나다"에서.

38 흥미롭게도 벤(스티븐 연)은 마지막 시퀀스에서 종수에게 "해미랑 같이 만나자"라고 말한다. 이 말은 해미를 살해한 벤의 능청일 수도 있고, 해미가 어디로 갔는지 정말 모르기 때문일 수도 있다. 벤이 해미를 죽였을 것이라는 생각은 종수의 머릿속에서만 합당할 뿐이다. 이와 비슷한 상황은 〈황해〉에서도 벌어진다. 구남(하정우)은 아내가 '바람이 나서 도망간 것'이라고 생각하지만 확실한 증거는 어디에도 없다. 두 작품을 통해 우리는 이런 교훈을 되새겨 볼 수 있다. '남자'의 인생을 망치는 것은 '김치녀'이거나 '꽃뱀'인 여자들과 그 여자들을 소유할 수 있는 '금수저 남성'인가, 아니면 '남자들의 망상'인가.

39 조혜영 외, 《한국영화 성평등 정책 수립을 위한 연구》, 영화진흥위원회, 2020, 116쪽

40 주진숙·이순진, 《영화하는 여자들》, 사계절, 2020, 348쪽 참고.

41 주진숙·이순진, 《영화하는 여자들》, 334~354쪽.

42 홍콩 시위 때 홍콩 광장에서 울려퍼진 〈임의 위한 행진곡〉을 상찬하는 목소리는 K-데모크라시 담론의 정점이었다. 아이러니하게도 대한민국 정부는 홍콩 시위를 한 번도 긍정하지 않았다.

43 〈기생충〉의 젠더 재현과 영화가 형성하는 모멸감의 정조에 대해서는 손희정, 〈봉준호의 영화들에서 보여 준 여성 이미지의 문제에 대하여—〈기생충〉을 중심으로〉, 《씨네21》, 2019.06.20. 참고.

44 Lucy Fischer, *shot/Countershot: Film Tradition and Women's Cinema*, Basingstoke and London: MacMillan and British Film Institute, 1989, p.7. (앨리슨 버틀러, 《여성영화》, 김선아·조혜영 옮김, 커뮤니케이션북스, 2011, 31쪽에서 재인용.)

45 대중 담론에서 여성 서사를 요청하는 목소리는 때로 이인종을 혐오하고 트랜스젠더를 배제하는 배타적인 정체성의 정치와 만나기도 한다. 이런 담론이 '여성'의 범주, 그리하여 '우리'의 범주를 '한국 원주민, 시스젠더, 비장애인, 이성애자 여성'으로 상정하고, 여성에 대한 정의를 한국 사회가 승인한 '정상성' 안에서 사유하는 한계를 지녔던 것은 아닌지 비판적으로 성찰할 필요가 있다. 영화 텍스트만큼이나 비평 역시 젠더 테크놀로지이기 때문이다.

46 앨리슨 버틀러, 《여성영화》, 33~40쪽.

47 민주주의를 실천하고 함양하는 역량의 공간으로서 21세기 한국영화를 논하는 작업에 대해서는 안지혜, 〈시민사회의 성장과 한국 영화의 역동적 관계에 관한 연구: 1990년대 한국 영화의 정책, 산업, 문화를 중심으로〉, 중앙대학교 박사학위 청구논문, 2007; 주창규, 〈'한국영화 르네상스'(1997-2006)의 동역학에 대한 연구: 영화산업의 '하이 모더니즘'과 '미적 르네상스'의 탈구를 중심으로〉, 《영화연구》 50호, 2011 등 참고.

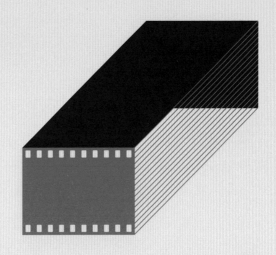

부록

2000~2019 한국영화 연표 및
산업통계

2000~2019년 한국영화 연표

주요 사건	연도	주요 작품
4월 여성영화인모임 창립(19일) 제1회 전주국제영화제 개최(4월 28일~5월 4일) 5월 메가박스 시네플렉스 개관(13일) 6월 일본영화(애니메이션) 3차 개방(27일) 11월 한국 영화인 단체방북(11일)	2000	• 〈박하사탕〉(이창동, 1999) 1월 1일 개봉 • 〈춘향뎐〉(임권택, 2000) 1월 29일 개봉 • 〈오! 수정〉(홍상수, 2000) 5월 27일 개봉 • 〈죽거나 혹은 나쁘거나〉(류승완, 2000) 7월 15일 개봉 • 〈공동경비구역 JSA〉(박찬욱, 2000) 9월 8일 개봉
1월 서울 시내 극장 관람료 7천 원으로 인상(13일) 2월 로커스홀딩스, 영화배급사 시네마서비스 인수(13일) 영화진흥위원회 극영화 지원 선정 과정 논란으로 유길촌 위원장 사표 제출(14일) 5월 대종상 선정 공정성 논란 관련 '영화인회의' 상임집행위원 총사퇴(6일) 6월 한국영화감독협회, 영화인협회 탈퇴(27일) 주말 영화 관람료 8천 원으로 인상(29일) 7월 영화 〈친구〉 개봉 134일간 전국 관객 818만을 동원하고 종영(27일) 8월 영화진흥법 내 영화 등급보류 관련 조항 위헌 결정(30일) 12월 대한극장, 멀티플렉스 영화관으로 재개관(15일) 문화예술계 인사 100여 명 '노무현을 지지하는 문화예술인 모임' 발족(17일)	2001	• 〈친구〉(곽경택, 2001) 3월 31일 개봉 • 〈파이란〉(송해성, 2001) 4월 28일 개봉 • 〈수취인불명〉(김기덕, 2001) 6월 2일 개봉 • 〈소름〉(윤종찬, 2001) 8월 4일 개봉 • 〈조폭마누라〉(조진규, 2001) 9월 28일 개봉 • 〈고양이를 부탁해〉(정재은, 2001) 10월 12일 개봉 • 〈봄날은 간다〉(허진호, 2001) 10월 12일 개봉 • 〈와이키키 브라더스〉(임순례, 2001) 10월 27일 개봉
1월 대형 멀티플렉스 씨네시티(화천공사) 개관(25일) 2월 CJ엔터테인먼트 첫 코스닥 상장(5일) 4월 서울영상위원회 공식 출범(23일) 5월 영상미디어센터 미디액트MediACT 설립(9일) 제55회 칸국제영화제에서 임권택 감독 〈취화선〉 감독상 수상(27일) 6월 시네마서비스-로커스홀딩스, 플레너스엔터테인먼트 출범(1일) 7월 영상물등급위원회, 〈죽어도 좋아!〉에 '제한상영가 등급' 부여(23일)	2002	• 〈생활의 발견〉(홍상수, 2002) 3월 22일 개봉 • 〈복수는 나의 것〉(박찬욱, 2002) 3월 29일 개봉 • 〈집으로...〉(이정향, 2002) 4월 5일 개봉 • 〈취화선〉(임권택, 2002) 5월 10일 개봉 • 〈오아시스〉(이창동, 2002) 8월 15일 개봉 • 〈가문의 영광〉(정흥순, 2002) 9월 12일 개봉 • 〈죽어도 좋아!〉(박진표, 2002) 12월 6일 개봉

8월 플레너스엔터테인먼트의 멀티플렉스 극장사
업체 프리머스시네마 공식 출범(14일)
9월 영화 〈오아시스〉, 제59회 베니스국제영화제
에서 감독상 등 5개 부문 수상(10일)
10월 남북 합작영화 〈아리랑〉(이두용, 2002) 북한
평양국제영화회관에서 공식 시사회 개최(11일)
〈죽어도 좋아!〉 3차 등급심의에서 18세 이상 상
영가 판정(23일)
12월 영화제작사 청년필름 노동조합 설립(23일)

2002

2월 영상전문투자조합 벤처 캐피털 15개사 영상
투자자협의회 발족(12일)
CGV수원점 개관으로 전국 스크린 100개 돌파
(13일)
4월 시네마서비스에서 무비링크를 통해 미주 지
역 첫 온라인 배급 시작(1일)
6월 영화 월간지《KINO》, 7월호를 마지막으로 폐
간(27일)
8월 제한상영가 등급 받은 프랑스 공포영화 〈엑
스텐션〉 상영 취소(28일)
10월 영화진흥위원회-맥스무비 영화 관객 수 집
계를 위한 통합전산망 구축 계약 체결(20일)

2003

- 〈지구를 지켜라〉(장준환, 2003) 4월 4일 개봉
- 〈질투는 나의 힘〉(박찬옥, 2002) 4월 18일 개봉
- 〈살인의 추억〉(봉준호, 2003) 4월 25일 개봉
- 〈장화, 홍련〉(김지운, 2003) 6월 13일 개봉
- 〈4인용 식탁〉(이수연, 2003) 8월 8일 개봉
- 〈바람난 가족〉(임상수, 2003) 8월 15일 개봉
- 〈스캔들—조선남녀상열지사〉(이재용, 2003) 10월
  2일 개봉
- 〈황산벌〉(이준익, 2003) 10월 17일 개봉
- 〈올드보이〉(박찬욱, 2003) 11월 21일 개봉
- 〈실미도〉(강우석, 2003) 12월 24일 개봉

1월 일본 대중문화 4차 개방(1일)
2월 김기덕 감독의 〈사마리아〉, 제54회 베를린국
제영화제에서 은곰상 수상(15일)
〈실미도〉 한국영화 최초로 전국 누적 관객 수
천만 명 돌파(19일)
3월 〈태극기 휘날리며〉 개봉 39일만에 전국 누적
관객 수 천만 명 달성(14일)
5월 영화진흥위원회 영화통합전산망을 토대로
매주 전국 박스오피스 통계 발표 시작(4일)
대구 동성아트홀과 레드시네마, 국내 첫 제한상
영관 개관(14일)
제57회 칸국제영화제에서 〈올드보이〉가 심사위
원대상 수상(23일)
학교 주변에서의 극장 영업을 규제하는 학교보
건법 조항 위헌 결정(27일)
7월 스크린쿼터 사수와 한미투자협정 저지를 위
한 영화진흥법 개정 촉구 및 대국민 보고대회
(14일)

2004

- 〈말죽거리 잔혹사〉(유하, 2004) 1월 16일 개봉
- 〈태극기 휘날리며〉(강제규, 2003) 2월 5일 개봉
- 〈송환〉(김동원, 2003) 3월 19일 개봉
- 〈범죄의 재구성〉(최동훈, 2004) 4월 15일 개봉
- 〈빈 집〉(김기덕, 2004) 10월 15일 개봉
- 〈마이 제너레이션〉(노동석, 2004) 12월 3일 개봉

	2004	
9월 제61회 베니스국제영화제에서 김기덕 감독 〈빈 집〉으로 감독상 수상(13일) 12월 강제규&명필름, MK버팔로에 흡수합병(10일)		

	2005	
1월 문화산업진흥기금 관리·운용규정 시행(20일) 4월 종로 허리우드극장 예술영화 전용관으로 재개관(15일) 6월 다음, NHN, SK커뮤니케이션즈 등 주요 인터넷 기업이 참여한 '온라인서비스사업자 저작권 협의회' 출범(15일) 영화제작가협회, '영화산업 정상화를 위한 기자 간담회'에서 매니지먼트사와의 공동제작 거부 의사 발표(28일) 7월 강우석 감독 시네마서비스 대표직 사임(21일) 8월 제1회 제천국제음악영화제 개최(10~14일) 한국 장편 애니메이션 〈왕후 심청〉 남북한 동시 개봉(12~15일) 9월 KT, 영화제작사 싸이더스FNH 인수(7일) 1976년작 국산 애니메이션 〈로보트 태권브이〉 복원 작업 완료(7일) 12월 CJ CGV용산과 인천점, 아이맥스 상영관 오픈(1일) 지상파DMB 방송 시작(1일) 서울 초동 스카라극장 문화유산 등록 앞두고 철거(6일) 전국영화산업노동조합 출범(15일)		• 〈그때 그사람들〉(임상수, 2005) 2월 3일 개봉 • 〈혈의 누〉(김대승, 2005) 5월 4일 개봉 • 〈친절한 금자씨〉(박찬욱, 2005) 7월 29일 개봉 • 〈웰컴 투 동막골〉(박광현, 2005) 8월 4일 개봉 • 〈너는 내 운명〉(박진표, 2005) 9월 23일 개봉 • 〈사랑니〉(정지우, 2005) 9월 29일 개봉 • 〈용서받지 못한 자〉(윤종빈, 2005) 11월 18일 개봉

	2006	
1월 CJ CGV 〈홀리데이〉(양윤호, 2005) 조기종영(23일) 정부에서 스크린쿼터 축소 방침 발표(26일) 2월 〈왕의 남자〉 전국 누적 관객 수 천만 명 돌파(11일) 3월 송일곤 감독의 〈마법사들〉(2005) 국내 최초 디지털 네트워크 통해 상영(30일) 4월 신상옥 감독 타계(11일) 6월 한미FTA 1차 본협상 시작(5일) 〈시월애〉(이현승, 2000)의 할리우드 리메이크작 〈레이크 하우스〉(알레한드로 아그레스티, 2006) 북미 개봉(16일) 전국영화산업노동조합과 한국영화제작가협회 첫 노사 단체교섭(27일)		• 〈왕의 남자〉(이준익, 2005) 2005년 12월 29일 개봉 • 〈망종〉(장률, 2005) 3월 24일 개봉 • 〈가족의 탄생〉(김태용, 2006) 5월 18일 개봉 • 〈괴물〉(봉준호, 2006) 7월 27일 개봉 • 〈시간〉(김기덕, 2006) 8월 24일 개봉 • 〈해변의 여인〉(홍상수, 2006) 8월 31일 개봉 • 〈천하장사 마돈나〉(이해영·이해준, 2006) 8월 31일 개봉 • 〈타짜〉(최동훈, 2006) 9월 28일 개봉

	2006
7월 스크린쿼터 기존 146일에서 73일로 축소 시행(1일) 8월 〈괴물〉 개봉 21일 만에 전국 누적 관객 수 천만 명 돌파(16일) 10월 영화 및 비디오물의 진흥에 관한 법률 시행(29일) 12월 CJ엔터테인먼트, 파라마운트와 독점배급권 계약(1일)	2006

2007	
1월 나우콤-NSB엔터테인먼트, 합법적 C2C 유통 서비스 계약(30일) 3월 서울시 해외영상물 인센티브 제도 도입(28일) 4월 한미 FTA협상 타결(2일) 　　임권택 감독의 100번째 영화 〈천년학〉 개봉(12일) 　　영화산업 노사 첫 단체협약 체결(18일) 5월 배우 전도연 제60회 칸국제영화제에서 〈밀양〉으로 여우주연상 수상(27일) 6월 한국영화프로듀서조합 발족(18일) 7월 영화 스태프의 최저임금 보장, 격주 임금 지급 및 주 66시간 노동 등을 담은 임금단체협약 발효(1일) 　　20세기 폭스 〈상사부일체〉(심승보, 2007)를 시작으로 한국영화배급 시장 진출(1일) 　　종합제작관리시스템 CINE-ERP 도입(4일) 11월 독립영화 전용관 '인디스페이스' 개관(8일)	• 〈우리 학교〉(김명준, 2006) 3월 29일 개봉 • 〈천년학〉(임권택, 2007) 4월 12일 개봉 • 〈숨〉(김기덕, 2007) 4월 26일 개봉 • 〈밀양〉(이창동, 2007) 5월 23일 개봉 • 〈화려한 휴가〉(김지훈, 2007) 7월 25일 개봉 • 〈기담〉(정식·정범식, 2007) 8월 1일 개봉 • 〈디 워〉(심형래, 2007) 8월 1일 개봉 • 〈경계〉(장률, 2007) 11월 8일 개봉

2008	
1월 공정거래위원회, 멀티플렉스 4개사와 대형배급사 5개사 거래상 지위 남용행위로 적발(16일) 3월 현존하는 가장 오래된 한국영화 〈청춘의 십자로〉(안종화, 1934) 발굴 공개(4일) 　　안정숙 영화진흥위원회 위원장 사의 표명(5일) 5월 영화진흥위원회 위원장에 강한섭 선임(28일) 6월 영화 투자·제작·배급회사 넥스트엔터테인먼트월드(NEW) 설립(25일) 7월 2008년 영화산업 임금협약 타결(15일) 　　헌법재판소, 영비법 제한상영가 등급 규정에 대해 헌법 불합치 결정(31일) 9월 한국 최초의 본격적인 영화관 단성사 최종 부도(23일) 11월 워너홈비디오코리아, 국내 VHS 및 DVD 사업 철수(10일)	• 〈우리 생애 최고의 순간〉(임순례, 2007) 1월 10일 개봉 • 〈추격자〉(나홍진, 2008) 2월 14일 개봉 • 〈좋은 놈, 나쁜 놈, 이상한 놈〉(김지운, 2008) 7월 17일 개봉 • 〈영화는 영화다〉(장훈, 2008) 9월 11일 개봉 • 〈멋진 하루〉(이윤기, 2008) 9월 25일 개봉 • 〈미쓰 홍당무〉(이경미, 2008) 10월 16일 개봉 • 〈과속스캔들〉(강형철, 2008) 12월 3일 개봉

2월 영화진흥위원회, 시네마테크 지원사업을 공모 방식으로 전환(2일) 3월 문화부, 한국예술종합학교에 대한 현장감사 실시(3월 18일~5월 1일) 5월 국내 첫 H1N1 인플루엔자 A(신종플루) 감염환자 발생(2일) 　한국예술종합학교 황지우 총장, 문화부 감사 결과에 반발하여 사퇴(19일) 　문화부의 구조조정 지침에 대응하기 위한 '한국예술종합학교 학생 비상대책위원회' 발족(22일) 6월 세계보건기구, 신종플루의 전염병 경보 수준 6단계(Pandemic) 선언(11일) 　멀티플렉스 극장체인 메가박스 관람료 인상(26일) 7월 영화진흥위원회 위원장 강한섭 임기 1년 만에 사퇴(2일) 8월 한국예술종합학교 신임 총장에 박종원 임명(13일) 　〈해운대〉 개봉 33일 만에 전국 누적 관객 수 천만 명 돌파(23일) 9월 영화진흥위원회 위원장에 조희문 선임(7일) 　영화 불법다운로드 근절을 위한 '굿 다운로더' 캠페인 시작(7일) 10월 제1회 DMZ다큐멘터리영화제 개최(21~26일) 12월 롯데·CGV, 3D 상영관 관람 요금 인상(11일) 　독립영화전용관 인디스페이스 폐관(30일)	2009	• 〈워낭소리〉(이충렬, 2008) 1월 15일 개봉 • 〈똥파리〉(양익준, 2008) 4월 16일 개봉 • 〈7급 공무원〉(신태라, 2009) 4월 22일 개봉 • 〈박쥐〉(박찬욱, 2009) 4월 30일 개봉 • 〈마더〉(봉준호, 2009) 5월 28일 개봉 • 〈반두비〉(신동일, 2009) 6월 25일 개봉 • 〈해운대〉(윤제균, 2009) 7월 22일 개봉 • 〈국가대표〉(김용화, 2009) 7월 29일 개봉 • 〈파주〉(박찬옥, 2009) 10월 28일 개봉
1월 〈아바타〉(제임스 캐머런, 2008), 외화로는 처음으로 개봉 38일만에 전국 누적 관객 수 천만 명 돌파(23일) 　영화진흥위원회 '영상미디어센터와 독립영화 전용관 사업자 공모' 과정에 대한 공정성 논란(29일) 3월 영화진흥위원회 정상화를 촉구하는 영화인 선언 발표(16일) 4월 영화관입장권통합전산망 의무가입을 법제화하는 '영비법 개정안' 국회 통과(8일) 5월 독립영화 제작지원사업 심사위원 9인, 심사 과정 중 영진위 위원장의 불공정 외압 행위 폭로(20일)	2010	• 〈경계도시2〉(홍형숙, 2009) 3월 18일 개봉 • 〈하하하〉(홍상수, 2009) 5월 5일 개봉 • 〈시〉(이창동, 2010) 5월 13일 개봉 • 〈아저씨〉(이정범, 2010) 8월 4일 개봉 • 〈김복남 살인사건의 전말〉(장철수, 2010) 9월 2일 개봉 • 〈옥희의 영화〉(홍상수, 2010) 9월 16일 개봉 • 〈부당거래〉(류승완, 2010) 10월 28일 개봉

이창동 감독의 〈시〉 칸국제영화제에서 각본상 수상(23일) 9월 영화관입장권통합전산망 의무가입 시행(17일) 11월 문화부, 영화진흥위원회 조희문 위원장 해임 (8일)	2010	
1월 감독 겸 시나리오 작가 최고은(향년 32세) 생활고로 요절(29일) 3월 영화진흥위원회가 직접 운영하는 독립영화 전용관 인디플러스 개관(10일) 영화진흥위원회 위원장에 김의석 감독 선임 (29일) 8월 심형래 감독의 '영구아트무비' 사원 임금 및 퇴직금 체불 관련 노동청 조사(19일) 9월 다음 아고라를 통해 〈도가니〉의 배경이 된 장애인학교에 대한 폐지청원 개시(25일) 경찰청 특별수사팀, 〈도가니〉 실제 사건 수사 착수(28일) 부산국제영화제 전용관 영화의 전당 개관(29일) 10월 '도가니법(성폭력 범죄의 처벌 등에 관한 특례법 개정안)', '최고은법(예술인복지법)' 등 국회 통과(28일) 11월 서울남부지검, 임금 체불 혐의로 심형래 영구아트 대표 소환조사(11일)	2011	• 〈황해〉(나홍진, 2010) 2010년 12월 22일 개봉 • 〈파수꾼〉(윤성현, 2010) 3월 3일 개봉 • 〈두만강〉(장률, 2009) 3월 17일 개봉 • 〈무산일기〉(박정범, 2010) 4월 14일 개봉 • 〈써니〉(강형철, 2011) 5월 4일 개봉 • 〈마당을 나온 암탉〉(오성윤, 2011) 7월 28일 개봉 • 〈최종병기 활〉(김한민, 2011) 8월 10일 개봉 • 〈북촌방향〉(홍상수, 2011) 9월 8일 개봉 • 〈도가니〉(황동혁, 2011) 9월 22일 개봉 • 〈완득이〉(이한, 2011) 10월 20일 개봉
4월 〈미스터고 3D〉 중국 메이저 스튜디오 화이브 라더스와 투자·배급에 대한 파트너십 체결(19일) 5월 독립영화 전용관 인디스페이스 재개관(29일) 8월 〈도둑들〉 개봉 22일 만에 전국 누적 관객 수 천만 명 돌파(15일) 9월 가수 싸이 〈강남스타일〉 뮤직비디오 유튜브 조회수 1억뷰 돌파(4일) 영화 〈피에타〉 제69회 베니스국제영화제 황금사자상 수상(8일) 10월 김기덕 감독, 대형 영화의 극장 독과점 문제 비판하며 〈피에타〉 조기종영 선언(3일) 〈광해, 왕이 된 남자〉 개봉 38일 만에 전국 누적 관객 수 천만 명 돌파(20일) 11월 〈터치〉(민병훈, 2012) 교차상영에 반발하여 조기종영 선언(15일) 2012년 전체 영화 관람 누적 관객 수 1억 명 돌파(20일)	2012	• 〈범죄와의 전쟁: 나쁜놈들 전성시대〉(윤종빈, 2011) 2월 2일 개봉 • 〈건축학개론〉(이용주, 2012) 3월 22일 개봉 • 〈두 개의 문〉(김일란·홍지유, 2011) 6월 21일 개봉 • 〈도둑들〉(최동훈, 2012) 7월 25일 개봉 • 〈피에타〉(김기덕, 2012) 9월 6일 개봉 • 〈광해, 왕이 된 남자〉(추창민, 2012) 9월 13일 개봉 • 〈늑대소년〉(조성희, 2012) 10월 31일 개봉 • 〈남영동 1985〉(정지영, 2012) 11월 22일 개봉

2월 김지운 감독의 할리우드 진출작 〈라스트 스 탠드〉 국내 개봉(21일)

〈7번방의 선물〉 개봉 32일 만에 전국 누적 관객 수 천만 명 돌파(23일)

박찬욱 감독의 할리우드 진출작 〈스토커〉 국내 개봉(28일)

4월 CJ E&M·중국의 CFG 공동제작, 중국 최대 국영배급사 중국전영집단공사 배급의 한중합 작영화 〈이별계약〉(오기환, 2013) 중국 개봉(12일)

영화계 표준근로계약서 도입을 의무화한 제2차 노사정 이행 협약식 개최(16일)

11월 서울극장 곽정환 회장 타계(8일)

12월 2013년 전체 영화 관람 누적 관객 수 2억 명 돌파(8일)

2013

- 〈7번방의 선물〉(이환경, 2012) 1월 23일 개봉
- 〈신세계〉(박훈정, 2012) 2월 21일 개봉
- 〈누구의 딸도 아닌 해원〉(홍상수, 2012) 2월 28 일 개봉
- 〈지슬〉(오멸, 2012) 3월 21일 개봉
- 〈더 테러 라이브〉(김병우, 2013) 7월 31일 개봉
- 〈설국열차〉(봉준호, 2013) 8월 1일 개봉
- 〈관상〉(한재림, 2013) 9월 11일 개봉
- 〈풍경〉(장률, 2013) 12월 12일 개봉
- 〈변호인〉(양우석, 2013) 12월 18일 개봉

1월 〈변호인〉 개봉 33일 만에 전국 누적 관객 수 천만 명 돌파(19일)

2월 국내에서 최초로 '표준근로계약서' 적용하여 제작된 영화 〈관능의 법칙〉(권칠인, 2013) 개봉(13일)

영화배우 황정순 타계(17일)

3월 디즈니 애니메이션 〈겨울왕국〉(크리스 벅·제니 퍼 리, 2013) 개봉 46일 만에 전국 누적 관객 수 천만 명 돌파(2일)

〈어벤져스2〉의 국내 촬영을 위해 마블스튜디오 와 국내 관련 기관 양해각서 체결(18일)

4월 탑승객 476명을 태우고 인천에서 제주로 향 하던 여객선 세월호 침몰(16일)

8월 〈명량〉 개봉 12일 만에 전국 누적 관객 수 천 만 명 돌파(10일)

9월 제19회 부산국제영화제 상영작으로 〈다이빙 벨〉, 〈카트〉 등 공개(2일)

세월호 일반인 희생자 유가족대책위원회 〈다이 빙벨〉 상영에 반발(24일)

서병수 부산시장 〈다이빙벨〉 상영 중단 요구 (25일)

영화인연대, 부산시에 〈다이빙벨〉 상영 중단 압 력 철회 요청 성명서 발표(29일)

11월 감사원·부산시, 부산국제영화제에 대한 감 사 착수(11일)

12월 〈인터스텔라〉(크리스토퍼 놀란, 2014) 개봉 50일 만에 전국 누적 관객 수 천만 명 돌파(25일)

2014

- 〈수상한 그녀〉(황동혁, 2014) 1월 22일 개봉
- 〈한공주〉(이수진, 2013) 4월 17일 개봉
- 〈도희야〉(정주리, 2014) 5월 22일 개봉
- 〈끝까지 간다〉(김성훈, 2013) 5월 29일 개봉
- 〈경주〉(장률, 2013) 6월 12일 개봉
- 〈명량〉(김한민, 2014) 7월 30일 개봉
- 〈자유의 언덕〉(홍상수, 2014) 9월 4일 개봉
- 〈님아, 그 강을 건너지 마오〉(진모영, 2014) 11월 27일 개봉
- 〈국제시장〉(윤제균, 2014) 12월 17일 개봉

영화진흥위원회 위원장에 김세훈 임명(31일)	2014	
1월 〈수상한 그녀〉의 중국 리메이크 영화 〈20세여 다시 한 번〉 중국 전역 5,500여 개 스크린 통해 개봉(8일) 〈국제시장〉 개봉 28일 만에 전국 누적 관객 수 천만 명 돌파(14일) 부산시, 부산국제영화제의 인적 쇄신 이유로 집행위원장의 사퇴 종용 논란(23일) 영진위에서 지정한 영화를 상영하는 극장에 대한 지원 정책인 좌석점유율 지원사업 발표(23일) 2월 CJ E&M 자사 투자배급 한국영화에 표준근로계약서 100% 적용 계획 발표(23일) 대구 유일의 예술영화 전용관 동성아트홀 폐관(25일) 5월 마블 히어로 영화 〈어벤져스: 에이지 오브 울트론〉(조스 웨던, 2015) 개봉 25일 만에 전국 누적 관객 수 천만 명 돌파(17일) 7월 부산국제영화제 이용관–강수연 공동집행위원장 체제로 전환(6일) 8월 〈암살〉 개봉 25일 만에 전국 누적 관객 수 1천만 명 돌파(15일) 〈베테랑〉 개봉 25일 만에 전국 누적 관객 수 천만 명 돌파(29일) 12월 부산시, 이용관 집행위원장과 전·현직 사무국장 검찰 고발(12.11)	2015	• 〈무뢰한〉(오승욱, 2014) 5월 27일 개봉 • 〈한여름의 판타지아〉(장건재, 2014) 6월 11일 개봉 • 〈암살〉(최동훈, 2015) 7월 22일 개봉 • 〈베테랑〉(류승완, 2015) 8월 5일 개봉 • 〈위로공단〉(임흥순, 2014) 8월 13일 개봉 • 〈사도〉(이준익, 2014) 9월 16일 개봉 • 〈지금은 맞고 그때는 틀리다〉(홍상수, 2015) 9월 24일 개봉 • 〈검은 사제들〉(장재현, 2015) 11월 5일 개봉 • 〈내부자들〉(우민호, 2015) 11월 19일 개봉
1월 국내 5대 주요 국제영화제, 'BIFF지키기' 공동 성명서 발표(23일) 세계 영화인 50여 명 BIFF지지 성명 발표(27일) 2월 서병수 부산시장 부산국제영화제 조직위원장직 사임(18일) 5월 부산지검, 이용관 부산국제영화제 집행위원장 등 BIFF 집행위 간부 4명 고소(3일) 7월 TV조선, 미르재단과 K스포츠재단 모금과정에 청와대 개입 정황 보도(26일) 8월 〈부산행〉 개봉 19일 만에 전국 누적 관객 수 천만 명 돌파(7일) 9월 《한겨레》, 미르재단과 K스포츠재단 설립에 최순실 관여 정황 보도(20일) 10월 교육문화체육관광위원회 국정감사에서 문	2016	• 〈검사외전〉(이일형, 2015) 2월 3일 개봉 • 〈동주〉(이준익, 2015) 2월 17일 개봉 • 〈귀향〉(조정래, 2015) 2월 24일 개봉 • 〈4등〉(정지우, 2015) 4월 13일 개봉 • 〈곡성〉(나홍진, 2016) 5월 12일 개봉 • 〈아가씨〉(박찬욱, 2016) 6월 1일 개봉 • 〈우리들〉(윤가은, 2015) 6월 16일 개봉 • 〈비밀은 없다〉(이경미, 2015) 6월 23일 개봉 • 〈부산행〉(연상호, 2016) 7월 20일 개봉 • 〈밀정〉(김지운, 2016) 9월 7일 개봉 • 〈아수라〉(김성수, 2016) 9월 28일 개봉

화계 블랙리스트 자료 공개(11일)

트위터를 중심으로 SNS상에 문화예술계 성폭력 피해 사례 증언 확산(17일)

JTBC 뉴스룸, 최순실의 대통령 연설문 사전검토 정황 보도(24일)

전국 각지에서 박근혜 대통령 퇴진을 촉구하는 대규모 촛불집회 개최(29일)

11월 CJ E&M과 미국의 영화제작사 〈수상한 그녀〉의 영어 버전과 스페인어 버전 공동제작 결정(7일) ※〈수상한 그녀〉는 중국·베트남·일본·태국·인도네시아 등 총 8개 언어로 제작됨

12월 국회 본회의에서 박근혜 대통령 탄핵소추안 가결(9일)

| 2016 | |

3월 헌법재판소, 제18대 대통령 박근혜에 대한 탄핵 심판 인용(10일)

4월 넷플릭스 오리지널 영화 〈옥자〉, 홍상수 감독의 〈그 후〉 칸국제영화제 경쟁부문 초청작 선정(13일)

5월 칸국제영화제, 2018년부터 온라인 스트리밍 서비스로 상영되는 영화에 대한 경쟁작 출품 금지 규정 발표(10일)

부산국제영화제 김지석 부집행위원장 겸 수석 프로그래머, 칸국제영화제 참석 중 별세(19일)

6월 CJ CGV, 영화 〈옥자〉의 넷플릭스 동시개봉 불가 결정(2일)

〈옥자〉 3대 멀티플렉스 상영관을 제외한 전국 79개 극장, 103개 스크린에서 상영 확정(19일)

8월 〈택시운전사〉 개봉 19일 만에 전국 누적 관객 수 천만 명 돌파(20일)

11월 김기덕 감독 배우 폭행 혐의 관련 검찰 조사(27일)

2017

- 〈밤의 해변에서 혼자〉(홍상수, 2016) 3월 23일 개봉
- 〈불한당: 나쁜 놈들의 세상〉(변성현, 2016) 5월 17일 개봉
- 〈꿈의 제인〉(조현훈, 2016) 5월 31일 개봉
- 〈택시운전사〉(장훈, 2017) 8월 2일 개봉
- 〈청년경찰〉(김주환, 2017) 8월 9일 개봉
- 〈아이 캔 스피크〉(김현석, 2017) 9월 21일 개봉
- 〈남한산성〉(황동혁, 2017) 10월 3일 개봉
- 〈범죄도시〉(강윤성, 2017) 10월 3일 개봉
- 〈신과함께—죄와 벌〉(김용화, 2017) 12월 20일 개봉
- 〈1987〉(장준환, 2017) 12월 27일 개봉

1월 〈신과함께—죄와 벌〉 개봉 16일 만에 전국 누적 관객 수 천만 명 돌파(4일)

3월 한국영화성평등센터 든든 개소(1일)

영화근로자에 대한 성폭력·부당노동행위 강요 등의 인권침해 방지를 위한 영화계 미투 방지법 발의(23일)

4월 영화배우 최은희 타계(16일)

2018

- 〈공동정범〉(김일란·이혁상, 2016) 1월 25일 개봉
- 〈리틀 포레스트〉(임순례, 2018) 2월 28일 개봉
- 〈버닝〉(이창동, 2018) 5월 17일 개봉
- 〈마녀〉(박훈정, 2018) 6월 27일 개봉
- 〈신과함께—인과 연〉(김용화, 2017) 8월 1일 개봉
- 〈공작〉(윤종빈, 2018) 8월 8일 개봉
- 〈살아남은 아이〉(신동석, 2017) 8월 30일 개봉

7월 300인 이상 사업장에 대해 주52시간 근무제 시행(1일) 8월 〈신과함께-인과 연〉 개봉 14일 만에 전국 누적 관객 수 천만 명 돌파(14일) 11월 영화배우 강신성일 타계(4일)	2018	• 〈죄 많은 소녀〉(김의석, 2017) 9월 13일 개봉 • 〈완벽한 타인〉(이재규, 2018) 10월 31일 개봉
2월 〈극한직업〉 개봉 15일 만에 전국 누적 관객 수 천만 명 돌파(6일) 4월 〈어벤져스: 엔드게임〉(앤서니 루소·조 루소, 2019) 개봉 첫날 관객 134만 명 동원하며, 한국 영화사상 최고 오프닝 기록(24일) 5월 〈어벤져스: 엔드게임〉 개봉 11일 만에 전국 누적 관객 수 천만 명 돌파(4일) 봉준호 감독, 영화 〈기생충〉으로 제72회 칸국제영화제 황금종려상 수상(26일) 7월 디즈니 실사영화 〈알라딘〉(가이 리치, 2019) 개봉 53일 만에 전국 누적 관객 수 천만 명 돌파(14일) 〈기생충〉 개봉 53일 만에 전국 누적 관객 수 천만 명 돌파(21일) 12월 영화 〈벌새〉, 제6회 한국영화 제작가협회상 작품상 수상하며 국내외 영화제 40관왕 달성(5일) 〈겨울왕국2〉(크리스 벅·제니퍼 리, 2019) 개봉 17일 만에 전국 누적 관객 수 천만 명 돌파(7일)	2019	• 〈극한직업〉(이병헌, 2018) 1월 23일 개봉 • 〈얼굴들〉(이강현, 2017) 1월 24일 개봉 • 〈강변호텔〉(홍상수, 2018) 3월 27일 개봉 • 〈미성년〉(김윤석, 2018) 4월 11일 개봉 • 〈김군〉(강상우, 2018) 5월 23일 개봉 • 〈기생충〉(봉준호, 2019) 5월 30일 개봉 • 〈엑시트〉(이상근, 2019) 7월 31일 개봉 • 〈우리집〉(윤가은, 2019) 8월 22일 개봉 • 〈벌새〉(김보라, 2018) 8월 29일 개봉 • 〈메기〉(이옥섭, 2018) 9월 26일 개봉 • 〈아워 바디〉(한가람, 2018) 9월 26일 개봉

※ 주요 작품은 《씨네21》, 《스크린》, 《FILM2.0》 등 국내 영화잡지에서 선정한 연도별 한국영화 베스트 및 영화진흥위원회 연도별 박스오피스(공식 통계 기준)를 참고로 작성되었음.

표 1 대한민국 연령계층별 인구구성비 및 총 인구수(2000~2019)

구분	2000	2001	2002	2003	2004	2005	2006	2007	2008	2009
인구(명): 0-14세	9,911,229	9,852,452	9,732,348	9,584,906	9,430,513	9,223,260	8,979,585	8,714,382	8,478,823	8,229,264
인구(명): 15-64세	33,701,986	33,946,787	34,155,443	34,367,560	34,521,703	34,640,514	34,932,893	35,208,580	35,587,293	35,901,685
인구(명): 65세 이상	3,394,896	3,570,925	3,756,945	3,939,864	4,130,303	4,320,787	4,525,814	4,760,676	4,988,592	5,176,886
구성비(%): 0-14세	21.1	20.8	20.4	20.0	19.6	19.1	18.5	17.9	17.3	16.7
구성비(%): 15-64세	71.7	71.7	71.7	71.8	71.8	71.9	72.1	72.3	72.5	72.8
구성비(%): 65세 이상	7.2	7.5	7.9	8.2	8.6	9.0	9.3	9.8	10.2	10.5
총 인구수(명)	47,008,111	47,370,164	47,644,736	47,892,330	48,082,519	48,184,561	48,438,292	48,683,638	49,054,708	49,307,835

구분	2010	2011	2012	2013	2014	2015	2016	2017	2018	2019
인구(명): 0-14세	7,979,439	7,771,460	7,577,231	7,392,237	7,213,693	7,029,883	6,864,563	6,724,283	6,589,388	6,434,627
인구(명): 15-64세	36,208,564	36,649,999	36,885,893	37,013,997	37,255,840	37,443,896	37,596,157	37,571,568	37,645,085	37,589,552
인구(명): 65세 이상	5,366,109	5,515,179	5,766,729	6,022,659	6,277,126	6,541,168	6,757,083	7,066,060	7,372,160	7,684,919
구성비(%): 0-14세	16.1	15.6	15.1	14.7	14.2	13.8	13.4	13.1	12.8	12.4
구성비(%): 15-64세	73.1	73.4	73.4	73.4	73.4	73.4	73.4	73.2	72.9	72.7
구성비(%): 65세 이상	10.8	11.0	11.5	11.9	12.4	12.8	13.2	13.8	14.3	14.9
총 인구수(명)	49,554,112	49,936,638	50,199,853	50,428,893	50,746,659	51,014,947	51,217,803	51,361,911	51,606,633	51,709,098

※ 출처: 통계청, 장래인구 추계.

표 2 대한민국 국민계정 주요 지표(2000~2019)

항목	2000	2001	2002	2003	2004	2005	2006	2007	2008	2009
경제성장률(%)	9.1	4.9	7.7	3.1	5.2	4.3	5.3	5.8	3.0	0.8
국내총생산(십억 원)	651,634.40	707,021.30	784,741.30	837,365.00	908,439.20	957,447.80	1,005,601.50	1,089,660.20	1,154,216.50	1,205,347.70
국민총소득(십억 원)	647,274.20	702,236.40	781,828.80	834,443.20	906,864.70	950,685.40	1,002,664.70	1,086,897.30	1,154,509.70	1,203,479.80
1인당 국내총생산(만 원)	1,386.20	1,492.50	1,647.10	1,748.40	1,889.30	1,987.00	2,076.00	2,238.20	2,352.90	2,444.50
1인당 국민총소득(만 원)	1,376.90	1,482.40	1,641.00	1,742.30	1,886.10	1,973.00	2,070.00	2,232.60	2,353.50	2,440.70
소비자물가 등락률(%)	2.3	4.1	2.8	3.5	3.6	2.8	2.2	2.5	4.7	2.8
고용률(%)	58.5	59	60.1	59.4	60	59.9	60	60.1	59.8	58.8
실업률(%)	4.4	4	3.3	3.6	3.7	3.7	3.5	3.2	3.2	3.6

항목	2010	2011	2012	2013	2014	2015	2016	2017	2018	2019
경제성장률(%)	6.8	3.7	2.4	3.2	3.2	2.8	2.9	3.2	2.9	2.0
국내총생산(십억 원)	1,322,611.20	1,388,937.20	1,440,111.40	1,500,819.10	1,562,928.90	1,658,020.40	1,740,779.60	1,835,698.20	1,898,192.60	1,919,039.90
국민총소득(십억 원)	1,324,586.90	1,397,534.80	1,455,170.30	1,510,384.90	1,570,493.30	1,663,206.60	1,747,143.50	1,843,180.90	1,905,837.50	1,935,715.10
1인당 국내총생산(만 원)	2,669.00	2,781.40	2,868.80	2,976.10	3,079.90	3,250.10	3,398.80	3,574.00	3,678.20	3,711.20
1인당 국민총소득(만 원)	2,673.00	2,798.60	2,898.80	2,995.10	3,094.80	3,260.20	3,411.20	3,588.60	3,693.00	3,743.50
소비자물가 등락률(%)	2.9	4	2.2	1.3	1.3	0.7	1	1.9	1.5	0.4
고용률(%)	58.9	59.3	59.6	59.8	60.5	60.5	60.6	60.8	60.7	60.9
실업률(%)	3.7	3.4	3.2	3.1	3.5	3.6	3.7	3.7	3.8	3.8

※ 출처: 한국은행 경제통계시스템.

표 3 연도별 영화산업 주요 지표(2000~2019)

연도	2000	2001	2002	2003	2004	2005	2006	2007	2008	2009	2010	2011	2012	2013	2014	2015	2016	2017	2018	2019
전국 관객 수(만 명)	6,462	8,936	10,513	11,947	13,517	14,552	15,341	15,877	15,083	15,696	14,918	15,972	19,489	21,335	21,506	21,729	21,702	21,987	21,639	22,668
증감률(%)	18	44.9	17.7	13.7	13.1	7.7	5.4	3.5	−5.0	4.1	−5.2	7.1	22.0	9.5	0.8	1.0	−0.1	1.3	−1.6	4.8
한국영화 점유율(%)	35.1	50.1	48.3	53.5	59.3	58.7	63.8	50.0	42.1	48.7	46.6	51.9	58.8	59.7	50.1	52.0	53.7	51.8	50.9	51.0
개봉 편수(편) 한국영화 (실질 개봉)	62	52	82	65	74	83	108	112	108	118	140	150	175	183	217	232	302 (167)	376 (164)	454 (194)	502 (199)
외국영화 (실질 개봉)	277	228	192	175	194	215	237	280	272	243	286	289	456	722	878	944	1,218 (411)	1,245 (456)	1,192 (534)	1,238 (448)
극장 매출액(억 원)	3,460	5,237	6,327	7,171	8,498	8,981	9,257	9,918	9,794	10,940	11,684	12,358	14,551	15,513	16,641	17,154	17,432	17,566	18,140	19,140
극장 매출액 전년 대비 증감률(%)	−	−	20.8	13.3	18.5	5.7	3.1	7.2	−1.3	11.7	6.8	5.8	17.7	6.6	7.3	3.1	1.6	0.8	3.3	5.5
전국 극장 수(개)	373	344	309	280	302	301	321	314	309	305	301	292	314	333	356	388	417	452	483	513
전국 스크린 수(개)	720	818	977	1,132	1,451	1,648	1,880	1,975	2,004	2,055	2,003	1,974	2,081	2,184	2,281	2,424	2,575	2,766	2,937	3,079
1인당 관람 횟수(회)	1.30	1.90	2.20	2.47	2.78	2.98	3.13	3.22	3.04	3.15	2.92	3.15	3.83	4.17	4.19	4.22	4.20	4.25	4.18	4.37

※ 영화진흥위원회, 2001년~2019년도 한국영화연감. 2019년 한국영화 산업 결산(2020) 통계 취합.

표 4 한국영화 제작 편수 및 외국영화 수입 편수(2000~2019)

연도	한국영화		외국영화		합계	
	제작 편수	개봉 편수	수입 편수	개봉 편수	제작+수입	개봉 편수
2000	59	62	404	277	463	339
2001	65	52	339	228	404	280
2002	78	82	262	192	340	274
2003	80	65	271	175	351	240
2004	82	74	285	194	367	268
2005	87	83	253	215	340	298
2006	110	108	289	237	399	345
2007	124	112	404	280	528	392
2008	113	108	360	272	473	380
2009	138	118	311	243	449	361
2010	152	140	383	286	535	426
2011	216	150	551	289	767	439
2012	204	175	721	456	925	631
2013	207	183	844	722	1,051	905
2014	248	217	1,031	878	1,279	1,095
2015	269	232	1,262	945	1,531	1,177
2016	373	303	1,526	1,217	1,899	1,520
2017	436	376	1,437	1,244	1,873	1,620
2018	501	455	1,507	1,192	2,008	1,647
2019	609	502	1,598	1,238	2,207	1,740

※ 영화진흥위원회, 2001년~2019년도 한국영화연감, 2019년 한국영화 산업 결산(2020) 통계 취합.

표 5 연도별 영화업 신고 현황(2000~2018)

연도	제작업	수입업	배급업	상영업	합계
2000	715	347	259	466	1,787
2001	918	390	268	511	2,087
2002	1,081	428	290	557	2,356
2003	1,218	469	302	611	2,600
2004	1,375	509	315	654	2,853
2005	1,965	785	405	893	4,048
2006	2,154	820	435	983	4,392
2007	1,967	629	425	773	3,794
2008	2,174	694	488	767	4,123
2009	2,365	741	559	715	4,380
2010	2,465	755	579	817	4,612

2011	2,664	813	641	829	4,947
2012	2,751	835	671	842	5,099
2013	2,877	860	709	851	5,297
2014	2,939	899	716	857	5,411
2015	3,029	930	758	857	5,574
2016	3,647	1,099	977	918	6,641
2017	4,361	1,215	1,245	1,111	7,932
2018	4,839	1,333	1,419	1,167	8,758

※ 영화진흥위원회, 2001년~2019년도 한국영화연감 통계 취합.

표 6 영화배급사 일람(2000~2019)

배급사	설립일	주요 이력	대표 작품(배급)
넥스트 엔터테인먼트 월드(NEW)	200년 9월 1일	• 2008년 6월 25일 쇼박스 대표 김우택이 퇴사 후 (주)넥스트엔터테인먼트월드(NEW) 설립 • 2012년 1월 25일 도메오홀딩스에 흡수 합병 • 2013년 8월 22일 글로벌판권유통 사업 계열사 콘텐츠판다(대표 김우택) 설립 • 2017년 8월 24일 프리미엄 영화관 CINE Q 1호 경주 보문점 개관	〈트와일라잇〉(캐서린 하드윅, 2008), 〈7번방의 선물〉(이환경, 2012), 〈변호인〉(양우석, 2013), 〈부산행〉(연상호, 2016), 〈옥자〉(봉준호, 2017) 등
롯데 엔터테인먼트 (현 롯데 컬처웍스)	2000년 5월 31일	• 1999년 10월 15일 롯데시네마 창립 • 롯데쇼핑 시네마사업부로 영화배급업 시작 • 2005년부터 롯데쇼핑(주)롯데엔터테인먼트로 명칭 변경 • 2018년 6월 1일 롯데쇼핑으로부터 독립하여 롯데컬처웍스로 브랜드 변경	〈과속스캔들〉(강형철, 2008), 〈최종병기 활〉(김한민, 2011), 〈건축학개론〉(이용주, 2012), 〈헝거 게임: 캣칭 파이어〉(프란시스 로렌스, 2013), 〈청년경찰〉(김주환, 2017), 〈신과함께-인과 연〉(김용화, 2017) 등
리틀빅 픽쳐스	2013년 6월 18일	• 2013년 6월 18일 한국영화 산업 내 대기업 독과점에 대응하고자 명필름, 청어람, 외유내강 등 국내 10개 제작사가 주주로 참여하여 공동투자배급사 (주)리틀빅픽쳐스(대표 엄용훈) 설립 • 2015년 1월 14일 〈개를 훔치는 완벽한 방법〉(김성호, 2014)이 상영관을 확보하지 못해 조기 종영, 이에 엄용훈 대표 사임 • 2015년 1월 26일 주주총회 통해 권지원 대표 선임	〈카트〉(부지영, 2014), 〈개를 훔치는 완벽한 방법〉(김성호, 2014), 〈아이 캔 스피크〉(김현석, 2017) 등

메가박스(주) 중앙플러스엠	2010년 8월	• 2004년 7월 20일 종합유선방송 공급 업체 iHQ에서 멀티플렉스 극장체인 씨너스 CINUS 출범 • 2010년 8월 씨너스엔터테인먼트(주)를 통해 영화 배급 시작 • 2011년 5월 20일 씨너스와 메가박스의 합병으로 '메가박스씨너스(주)' 설립 후 중앙일보 계열사인 중앙미디어네트워크에서 인수 • 2012년 법인명을 메가박스(주)로 변경 • 2014년 7월 영화 투자배급사 '메가박스(주)플러스엠' 설립 • 2018년 6월 법인명을 '메가박스중앙(주)'로 바꾸며 동시에 투자배급사 브랜드를 '메가박스중앙(주)플러스엠'으로 변경	〈그 시절, 우리가 좋아했던 소녀〉(구파도, 2011), 〈남영동 1985〉(정지영, 2012), 〈동주〉(이준익, 2015), 〈범죄도시〉(강윤성, 2017), 〈리틀 포레스트〉(임순례, 2018) 등
메리 크리스마스	2018년 4월 11일	• 2005년 8월 9일 연예기획사 (주)심엔터테인먼트(대표 심정운) 법인사업자로 전환 등록(설립은 2004년 12월) • 2015년 8월 31일 현대드림스팩2호, 심엔터테인먼트와 합병 • 2016년 4월 27일 심엔터테인먼트의 최대주주가 화이&조이로 변경되면서 법인명을 (주)화이브라더스로 변경 • 2017년 3월 29일 상호를 (주)화이브라더스코리아로 변경 • 2018년 4월 11일 전 쇼박스 대표 유정훈이 화이브라더스코리아의 투자를 받아 영화 투자배급사 메리크리스마스 설립 • 2018년 6월 27일 중국 화이브라더스와 업무협약 체결(영화 콘텐츠의 공동 기획·제작·투자·배급) • 2019년 1월 19일 첫 투자·배급작 〈내 안의 그놈〉 개봉	〈내 안의 그놈〉(강효진, 2018), 〈로망〉(이창근, 2019), 〈양자물리학〉(이성태, 2019), 〈승리호〉(조성희, 2019)[*] [*] 〈승리호〉 2020년 개봉 예정
시네마 서비스	1993년 6월 8일	• 1993년 6월 8일 한국영화 제작사 강우석프로덕션(대표 강우석) 설립 • 1995년 8월 17일 강우석·김성홍·김의석 공동대표로 사명을 '시네마서비스'로 변경, 영화제작과 배급 시작 • 2001년 3월 6일 코스닥 상장사인 로커스홀딩스에 인수합병	〈반칙왕〉(김지운, 2000), 〈엽기적인 그녀〉(곽재용, 2001), 〈레지던트 이블〉(폴 앤더슨, 2002), 〈실미도〉(강우석, 2003), 〈왕의 남자〉(이준익, 2005), 〈이끼〉(강우석, 2010) 등

		• 2002년 4월 22일 로커스홀딩스가 플레너스 엔터테인먼트로 브랜드를 변경하며 '플레너스(주)시네마코리아'로 법인명 변경 • 2004년 4월 26일 플레너스가 CJ에 인수(이후 CJ인터넷으로 사명 변경)되며 시네마서비스의 100% 물적분할 승인 • 2004년 8월 9일 CJ인터넷에서 시네마서비스 지분 매각 • 2013년 이후 영화 배급 편수 없음	
쇼박스	1999년 6월 10일	• 1999년 6월 10일 오리온그룹 계열사 (주)미디어플렉스 설립 • 1999년 11월 16일 미디어플렉스의 자회사 멀티플렉스 극장 체인 메가박스 씨네플렉스 설립 • 2000년 5월 13일 서울 강남 코엑스몰 내 메가박스 씨네플렉스 1호점 개관 • 2002년 1월 17일 (주)미디어플렉스의 자회사로 영화제작·투자·배급 담당하는 '쇼박스' 설립 • 2003년 12월 11일 (주)미디어플렉스와 (주)쇼박스 합병 • 2007년 7월 18일 자회사 메가박스 매각 • 2015년 6월 1일 상호와 브랜드의 통일 위해 상호를 '쇼박스'로 변경 • 2015년 4월 30일 중국 화이브라더스와 3년간 공동제작 및 배급 계약을 맺고 '쇼박스 차이나' 설립	〈태극기 휘날리며〉(강제규, 2003), 〈웰컴 투 동막골〉(박광현, 2005), 〈괴물〉(봉준호, 2006), 〈D-WAR〉(심형래, 2007), 〈국가대표〉(김용화, 2009), 〈도둑들〉(최동훈, 2012), 〈암살〉(최동훈, 2015), 〈택시운전사〉(장훈, 2017) 등
쇼이스트	2002년 11월 13일	• 2002년 11월 13일 코리아픽쳐스 대표 김동주가 독립하여 영화 투자·배급회사 '쇼이스트 주식회사' 설립 • 2006년 5월 15일 예당온라인(예당엔터테인먼트)에서 쇼이스트 인수	〈하나와 앨리스〉(이와이 슌지, 2004), 〈사마리아〉(김기덕, 2004), 〈씬 시티〉(프랭크 밀러 외, 2005), 〈주먹이 운다〉(류승완, 2005) 등
싸이더스FNH	1995년 8월 10일	• 1995년 8월 영화제작사 우노필름(대표 김형순) 창립 • 2000년 싸이더스로 사명을 변경 • 2004년 싸이더스픽쳐스(대표 차승재)로 사명 변경 • 2005년 FNH영화사(좋은영화)를 인수하며 사명을 싸이더스FNH로 변경, 같은 해 KT계열	〈우리 생애 최고의 순간〉(임순례, 2007), 〈눈먼자들의 도시〉(페르난도 메이렐레스, 2008), 〈하녀〉(임상수, 2010), 〈오베라는 남자〉(하네스 홀름, 2015), 〈마왕의 딸 이리샤〉(장형윤, 2018) 등

		• 사로 편입 • 2007년 영화 배급 시작 • 2013년 10월 07일 싸이더스FNH에서 '싸이더스픽쳐스'로 사명 변경 • 2014년 9월 29일 前 싸이더스픽쳐스 대표이사 이한대 대표가 싸이더스픽쳐스 인수하며 최대주주 변경	
CJ 엔터테인먼트 (현 CJ E&M)	1995년 4월 28일	• 1995년 4월 28일 할리우드 드림웍스 공동설립 사업에 대주주로 참여 • 1995년 8월 제일제당 멀티미디어 사업본부(CJ엔터테인먼트)를 통해 영화 사업 시작 • 1996년 10월 24일 홍콩 골든하베스트사·호주 빌리지로드쇼사와 합작으로 제일골든빌리지사 설립, 멀티플렉스 극장 사업 진출 • 1998년 4월 4일 멀티플렉스 1호 'CGV 강변11' 개관 • 2000년 4월 (주)에스앤티글로벌에 양도되며 CJ엔터테인먼트 Inc.로 독립 • 2006년 4월 10일 CJ엔터테인먼트 물적분할 후 지주회사(CJ(주))로 흡수합병(CJ 엔터테인먼트 주식회사) • 2007년 2월 파라마운트 픽쳐스 영화 국내 독점 배급 계약 • 2011년 3월 1일 미디어 엔터테인먼트 부문 6개 계열사를 하나로 통합한 'CJ E&M' 출범	〈슈렉〉(앤드류 아담슨·비키 젠슨, 2001), 〈오아시스〉(이창동, 2002), 〈지구를 지켜라!〉(장준환, 2003), 〈살인의 추억〉(봉준호, 2003), 〈트랜스포머〉(마이클 베이, 2007), 〈아이언맨〉(존 파브로, 2008), 〈좋은 놈, 나쁜 놈, 이상한 놈〉(김지운, 2008), 〈박쥐〉(박찬욱, 2009), 〈해운대〉(윤제균, 2009), 〈광해, 왕이 된 남자〉(추창민, 2012), 〈설국열차〉(봉준호, 2013), 〈명량〉(김한민, 2014), 〈국제시장〉(윤제균, 2014), 〈베테랑〉(류승완, 2015), 〈극한직업〉(이병헌, 2018), 〈기생충〉(봉준호, 2019) 등
MK픽처스	2004년 4월 16일	• 2004년 4월 19일 강제규&명필름과 (주)세신버팔로의 합병으로 'MK버팔로' 상장 • 2005년 1월 12일 MK버팔로에서 MK픽처스로 브랜드 변경 • 2007년 1월 26일 중국 동방명강영원관리유한공사 출자로 중국 정주에 멀티플렉스 'MK POLY CINEMA'개관	〈그때 그사람들〉(임상수, 2004), 〈바벨〉(알레한드로 곤잘레스 이냐리투, 2006), 〈극락도 살인사건〉(김한민, 2007), 〈파주〉(박찬욱, 2009) 등
영화사 청어람(주)	2001년 11월 28	• 2001년 11월 28일 한국영화 전문 배급사 영화사 청어람(대표 최용배) 설립 • 2003년 9월 25일 영화제작업에 진출하며 첫 번째 작품으로 〈효자동 이발사〉(임찬상, 2004) 제작 • 2012년 3월 26일 〈26년〉(조근현, 2012) 제작 위한 소셜 크라우드 펀딩 '제작두레' 시작	〈여섯 개의 시선〉(임순례·정재은·여균동, 2003), 〈장화, 홍련〉(김지운, 2003), 〈극장전〉(홍상수, 2005), 〈용서받지 못한 자〉(윤종빈, 2005), 〈M〉(이명세, 2007), 〈26년〉(조근현, 2012) 등

워너브라더스 코리아	1989년 11월 15일	• 미국 워너브라더스의 한국 직배사 • 1990~1991년까지 월트 디즈니 작품을 함께 배급했으나, 1992년도에 브에나비스타 인터내셔널 코리아가 설립되면서 워너 브러더스 영화만 배급	〈해리포터와 마법사의 돌〉(크리스 콜럼버스, 2001), 〈오션스 일레븐〉(스티븐 소더버그, 2001), 〈다크 나이트〉(크리스토퍼 놀란, 2008), 〈호빗: 뜻밖의 여정〉(피터 잭슨, 2012), 〈퍼시픽 림〉(길예르모 델 토로, 2013), 〈컨저링〉(제임스 완, 2013), 〈인터스텔라〉(크리스토퍼 놀란, 2014), 〈마녀〉(박훈정, 2018) 등
월트디즈니 컴패니 코리아 유한 책임회사	1992년 11월 19일	• 월트 디즈니 컴패니·브에나비스타 인터내셔널의 한국 지사 • 1992년 11월 19일 브에나비스타 인터내셔널 코리아(대표 로랜스 캐플란) 설립 후 직배 시작 • 2006년 12월 소니픽처스릴리징코리아와의 합병으로 한국 소니픽처스 릴리징 브에나비스타 영화(주)(또는 소니픽처스릴리징월트디즈니스튜디오스코리아(주))로 변경	〈시월애〉(이현승, 2000), 〈캐리비안의 해적: 망자의 함〉(고어 버빈스키, 2006), 〈어벤저스〉(조스 웨던, 2012), 〈아이언맨 3〉(셰인 블랙, 2013), 〈겨울왕국〉(크리스 벅·제니퍼 리, 2013), 〈어벤져스: 엔드게임〉(앤서니 루소·조 루소, 2019), 〈알라딘〉(가이 리치, 2019) 등
UIP	1988년 2월 23일	• 국내 최초로 도입된 외국계 직배사, 네덜란드 UIP의 한국지사 • UIP-CIC, 유니버설픽처스, 파라마운트 픽처스, MGM, UA 배급 영화 독점상영권 확보 • 2006년 12월 31일 파라마운트와 CJ의 배급 계약으로 해체	〈미션 임파서블 2〉(오우삼, 2000), 〈브리짓 존스의 일기〉(샤론 맥과이어, 2001), 〈본 아이덴티티〉(더그 라이만, 2002), 〈러브 액츄얼리〉(리차드 커티스, 2003), 〈킹콩〉(피터 잭슨, 2005) 등
유니버설 픽처스 인터내셔널 코리아	2007년 1월	• 미국 유니버설픽처스, 포커스 피처스의 한국 직배사 • 1988년 UIP를 통해 한국에 직배 시작했으나, 2006년 UIP의 해체로 2007년 1월 단독으로 분할되며 사명을 유니버설픽처스 인터내셔널 코리아(UPI 코리아)로 변경	〈본 얼티메이텀〉(폴 그린그래스, 2007), 〈맘마 미아!〉(필리다 로이드, 2008), 〈슈퍼배드〉(피에르 꼬팽·크리스 리노드, 2010), 〈보이후드〉(리처드 링클레이터, 2014), 〈겟 아웃〉(조던 필, 2017) 등
20세기 폭스 코리아	1988년 7월 14일	• 미국 20세기 폭스의 한국 직배사 • 1989년 7월 태흥영화사·노마 인터네셔널과 임대계약 형식으로 단성사에서 영화 〈빅〉(페니 마샬, 1988) 수입 상영 • 1991년 20세기 폭스 코리아에서 수입한 〈다이하드 2〉의 초과 배포(당시 프린트 복사 제한	〈엑스맨〉(브라이언 싱어, 2000), 〈악마는 프라다를 입는다〉(데이빗 프랭클, 2006), 〈상사부일체〉(심승보, 2007), 〈아바타〉(제임스 캐머런, 2009), 〈황해〉(나홍진, 2010), 〈킹스맨: 시크릿 에이

		수인 13벌을 초과, 1994년 복사 제한 철폐)로 검찰에 고발됨 • 1992년부터 직접배급 체제로 전환 • 2001년 MGM이 UIP에서 탈퇴하면서 MGM 영화에 대한 국제 배급권 얻음 • 2007년 7월 01일 〈상사부일체〉(심승보, 2007)로 한국영화 배급시장 진출 • 2012년 8월 〈런닝맨〉(조동오, 2012)에 투자 및 공동제작으로 참여 • 2019년 3월 20일 월트 디즈니에서 20세기 폭스를 713억 달러에 인수합병	전트〉(매튜 본, 2015), 〈곡성〉(나홍진, 2016), 〈보헤미안 랩소디〉(브라이언 싱어, 2018) 등
(주)영화사 백두대간	1994년 9월 10일	• 1994년 9월 10일 (주)영화사 백두대간(대표 이광모) 설립, 예술영화를 전문적으로 배급 • 1995년 11월 10일 서울 종로 동숭동에 예술영화전용관 '동숭시네마텍' 개관 • 1997년 1월 동숭시네마텍과의 예술영화공동 프로젝트 중단 • 2000년 12월 2일 서울 종로에 예술영화전용관 '씨네큐브 광화문' 개관 • 2008년 8월 21일 이화여자대학교 ECC 내에 예술영화전용관 '아트하우스 모모' 개관 • 2009년 8월 31일 씨네큐브 광화문에 대한 운영권 이양(태광그룹 단독 운영)	〈희생〉(안드레이 타르콥스키, 1986), 〈부에나 비스타 소셜 클럽〉(빔 벤더스, 1999), 〈뒤로 가는 연인들〉(로저 애버리, 2002), 〈시선 1318〉(김태용 외, 2008), 〈엉클 분미〉(아핏차퐁 위라세타쿤, 2010), 〈피나〉(빔 벤더스, 2011) 등
코리아 픽쳐스	2000년 2월 10일	• 2000년 2월 10일 영화 투자 및 배급회사인 (주)코리아픽쳐스(대표 김동주) 설립 • 미래에셋창투가 영상투자조합 사업을 대행하기 위해 설립한 영화사 • 2005년 〈청연〉(윤종찬, 2005)의 제작·배급 이후 활동 이력 없음	〈친구〉(곽경택, 2001), 〈조폭 마누라〉(조진슈, 2001), 〈챔피언〉(곽경택, 2002), 〈해안선〉(김기덕, 2002), 〈이터널 선샤인〉(미셸 공드리, 2004), 〈어린 신부〉(김호준, 2004), 〈청연〉(윤종찬, 2005) 등
튜브 엔터테인먼트	1999년 11월 11일	• 1999년 11월 11일 제작 투자 및 배급회사 (주)튜브엔터테인먼트(대표 김승범) 설립 • 2005년 3월 바이오업체 EBT네트워스에서 튜브엔터테인먼트 인수 • 2006년 1월 10일 미디어코프((주)영진닷컴)에서 튜브플러스엔터테인먼트 인수 • 2006년 3월 21일 사명을 '튜브 플러스 엔터테인먼트'에서 '스튜디오2.0'으로 변경	〈4월 이야기〉(이와이 슌지, 1998), 〈파이란〉(송해성, 2001), 〈기쿠지로의 여름〉(기타노 다케시, 1999), 〈튜브〉(백운학, 2003), 〈내츄럴 시티〉(민병천, 2003), 〈그루지〉(시미즈 다카시, 2004), 〈밀리언 달러 베이비〉(클린트 이스트우드, 2004) 등

| 한국
콜럼비아
트라이스타
(주) | 1989년
6월 28일 | • 1989년 6월 28일 미국 콜럼비아-트라이스
타 영화사(현 소니 픽처스)의 직배사인 콜럼비
아 트라이스타(주)(대표 권혁조) 설립
• 2005년 1월 콜럼비아 트라이스타 한국지사
에서 소니픽처스릴리징코리아로 명칭 변경
• 2006년 12월 8일 디즈니 브에나비스타 인터
내셔널과 합병하여 한국 소니픽처스 릴리징
브에나비스타 영화(주)로 변경 | 〈미녀 삼총사〉(맥지, 2000), 〈13
고스트〉(스티브 벡, 2001), 〈스파
이더맨〉(샘 레이미, 2002), 〈아이
덴티티〉(제임스 맨골드, 2003),
〈헬보이〉(길예르모 델 토로,
2004), 〈스파이더맨 2〉(샘 레이
미, 2004) 등 |

표7 국내 개봉작 흥행 순위(2000~2019)

* 영화관입장권통합전산망이 활성화되기 이전인 2000~2003년까지의 흥행 통계에서 관객 수는 서울 개봉극
장의 관객 수를 기록한 것이며, 영화진흥위원회 《한국영화연감(2001~2004)》을 참고하였다.
** 2004~2019년 흥행 순위는 KOBIS 영화관입장권통합전산망 공식 통계(연도별 박스오피스(2020년 7월 기
준), http://www.kobis.or.kr/kobis/business/stat/offc/findYearlyBoxOfficeList.do)를 참고하였다.

2000년

순위	영화명	관객 수(명)	배급사	개봉일자
1	공동경비구역 JSA	2,447,133	CJ엔터테인먼트	2000.09.08
2	글래디에이터	1,239,955	CJ엔터테인먼트	2000.06.03
3	미션임파서블 2	1,230,633	UIP	2000.06.17
4	반칙왕	787,423	시네마서비스	2000.02.04
5	비천무	717,659	시네마서비스	2000.07.01
6	다이너소어	654.446	브에나비스타	2000.07.15
7	단적비연수	616,349	강제규필름	2000.11.10
8	퍼펙트스톰	592,768	워너브라더스	2000.07.29
9	리베라 메	530.768	시네마서비스	2000.11.10
10	미녀삼총사	489,979	콜럼비아	2000.11.25

2001년

순위	영화명	관객 수(명)	배급사	개봉일자
1	친구	2,678,846	코리아픽쳐스	2001.03.31
2	엽기적인 그녀	1,735,692	시네마서비스	2001.07.26
3	신라의 달밤	1,608,211	시네마서비스	2001.06.23
4	조폭마누라	1,419,972	코리아픽쳐스	2001.09.27

5	달마야 놀자	1,250,875	KM컬처	2001.11.08
6	슈렉	1,078,886	CJ엔터테인먼트	2001.06.30
7	해리포터와 마법사의 돌	1,078,519	워너브라더스	2001.12.13
8	진주만	1,061,151	브에나비스타	2001.05.31
9	미이라 2	948,170	UIP	2001.06.15
10	버티컬 리미트	890,785	콜럼비아	2001.01.13

2002년

순위	영화명	관객 수(명)	배급사	개봉일자
1	가문의 영광	1,605,775	시네마서비스	2002.09.12
2	집으로	1,576,943	CJ엔터테인먼트·팝엔터테인먼트	2002.04.04
3	마이너리티 리포트	1,401,000	20세기 폭스	2002.07.25
4	반지의 제왕: 반지원정대	1,360,174※	시네마서비스	2001.12.31
5	해리포터와 비밀의 방	1,199,616	워너브라더스	2002.12.11
6	공공의 적	1,161,500	시네마서비스	2002.01.24
7	스파이더맨	1,125,568	콜럼비아	2002.05.02
8	광복절 특사	1,056,211	시네마서비스	2002.11.20
9	반지의 제왕: 두 개의 탑	951,807	시네마서비스	2002.12.18
10	센과 치히로의 행방불명	937,459	브에나비스타	2002.06.27

※ 전년 이월. 2001~2002년 총 누적 관객 수 1,380,734명

2003년

순위	영화명	관객 수(명)	배급사	개봉일자
1	살인의 추억	1,912,725	CJ엔터테인먼트	2003.04.25
2	매트릭스2 리로디드	1,596,000	워너브라더스	2003.05.23
3	동갑내기 과외하기	1,587,975	CJ엔터테인먼트	2003.02.07
4	스캔들─조선남녀상열지사	1,292,951	CJ엔터테인먼트	2003.10.02
5	반지의 제왕: 왕의 귀환	1,221,545	CJ엔터테인먼트	2003.12.17
6	올드보이	1,140,000	쇼이스트	2003.11.21
7	장화, 홍련	1,017,027	청어람	2003.06.13
8	황산벌	960,394	씨네월드	2003.10.17
9	오! 브라더스	952,010	쇼박스	2003.09.04
10	매트릭스3 레볼루션	930,031	워너브라더스	2003.11.05

2004년

순위	영화명	관객 수(명)	배급사	개봉일자
1	태극기 휘날리며	11,746,135	쇼박스	2004.02.05
2	실미도	8,801,840※	시네마서비스	2003.12.24
3	트로이	3,851,000	워너브라더스	2004.05.21
4	슈렉2	3,300,533	CJ엔터테인먼트	2004.06.18
5	어린 신부	3,149,500	코리아픽쳐스	2004.04.02
6	말죽거리 잔혹사	3,115,767	CJ엔터테인먼트	2004.01.16
7	투모로우	3,006,400	20세기 폭스	2004.06.03
8	귀신이 산다	2,890,000	시네마서비스	2004.09.17
9	내 머리 속의 지우개	2,565,078	CJ엔터테인먼트	2004.11.05
10	해리포터와 아즈카반의 죄수	2,532,000	워너브라더스	2004.07.16

※ 전년 이월. 2003~2004년 총 누적 관객 수 11,081,000명

2005년

순위	영화명	관객 수(명)	배급사	개봉일자
1	웰컴 투 동막골	8,008,622	쇼박스	2005.08.04
2	가문의 위기(가문의 영광2)	5,635,266	쇼박스	2005.09.07
3	말아톤	5,148,022	쇼박스	2005.01.27
4	공공의 적2	3,911,356	시네마서비스	2005.01.27
5	태풍	3,723,752	CJ엔터테인먼트	2005.12.14
6	친절한 금자씨	3,650,000	CJ엔터테인먼트	2005.07.29
7	미스터&미세스 스미스	3,546,900	20세기 폭스	2005.06.16
8	해리포터와 불의 잔	3,473,400	워너브라더스	2005.12.01
9	아일랜드	3,433,900	워너브라더스	2005.07.21
10	우주전쟁	3,223,000	UIP	2005.07.07

2006년

순위	영화명	관객 수(명)	배급사	개봉일자
1	괴물	13,019,740	쇼박스	2006.07.27
2	왕의 남자	11,461,335※	시네마서비스	2005.12.29
3	타짜	6,847,777	CJ엔터테인먼트	2006.09.28
4	투사부일체	6,105,431	CJ엔터테인먼트	2006.01.19
5	미션 임파서블3	5,740,789	UIP	2006.05.03
6	캐리비안의 해적: 망자의 함	4,628,903	브에나비스타	2006.07.06
7	한반도	3,880,308	CJ엔터테인먼트	2006.07.13
8	미녀는 괴로워	3,561,866	쇼박스	2006.12.14

| 9 | 가문의 부활–가문의 영광3 | 3,464,516 | 쇼박스 | 2006.09.21 |
| 10 | 다빈치 코드 | 3,339,082 | 소니픽처스릴리징 | 2006.05.18 |

※ 전년 이월. 2005~2006년 총 누적 관객 수 12,302,831명

2007년

순위	영화명	관객 수(명)	배급사	개봉일자
1	디워	8,426,973	쇼박스	2007.08.01
2	트랜스포머	7,440,531	CJ엔터테인먼트	2007.06.28
3	화려한 휴가	7,307,993	CJ엔터테인먼트	2007.07.25
4	캐리비안의 해적: 세상의 끝에서	4,966,571	소니픽처스릴리징	2007.05.23
5	스파이더맨3	4,935,660	소니픽처스릴리징	2007.05.01
6	해리포터와 불사조 기사단	3,475,000	워너브라더스	2007.07.11
7	다이 하드4: 죽어도 산다	3,380,800	20세기 폭스	2007.07.17
8	그놈 목소리	3,143,247	CJ엔터테인먼트	2007.02.01
9	미녀는 괴로워	3,057,632※	쇼박스	2006.12.14
10	식객	3,037,690	CJ엔터테인먼트	2007.11.01

※ 전년 이월. 2006~2007년 총 누적 관객 수 6,619,498명

2008년

순위	영화명	관객 수(명)	배급사	개봉일자
1	좋은 놈, 나쁜 놈, 이상한 놈	6,685,988	CJ엔터테인먼트	2008.07.17
2	추격자	5,071,619	쇼박스	2008.02.14
3	쿵푸 팬더	4,673,009	CJ엔터테인먼트	2008.06.05
4	맘마미아!	4,534,014	UPI	2008.09.03
5	과속스캔들	4,353,173	롯데엔터테인먼트	2008.12.03
6	아이언맨	4,316,003	CJ엔터테인먼트	2008.04.30
7	강철중: 공공의 적1-1	4,300,670	CJ엔터테인먼트	2008.06.19
8	인디아나 존스4: 크리스탈 해골의 왕국	4,136,101	CJ엔터테인먼트	2008.05.22
9	미이라3: 황제의 무덤	4,090,795	UPI	2008.07.30
10	다크 나이트	4,061,091	워너브라더스	2008.08.06

2009년

순위	영화명	관객 수(명)	배급사	개봉일자
1	해운대	11,453,338	CJ엔터테인먼트	2009.07.22
2	국가대표	8,487,894	쇼박스	2009.07.29
3	트랜스포머: 패자의 역습	7,505,700	CJ엔터테인먼트	2009.06.24
4	2012	5,456,156	소니픽처스릴리징	2009.11.12

5	아바타	5,188,947	20세기 폭스	2009.12.17
6	터미네이터: 미래전쟁의 시작	4,568,891	롯데엔터테인먼트	2009.05.21
7	7급 공무원	4,088,799	롯데엔터테인먼트	2009.04.22
8	과속스캔들	3,892,350※	롯데엔터테인먼트	2008.12.03
9	쌍화점	3,328,944※※	쇼박스	2008.12.30
10	거북이 달린다	3,059,812	쇼박스	2009.06.11

※ 전년 이월. 2008~2009년 총 누적 관객 수 8,245,523명
※※ 전년 이월. 2008~2009년 총 누적 관객 수 3,779,553명

2010년

순위	영화명	관객 수(명)	배급사	개봉일자
1	아바타	8,151,952※	20세기 폭스	2009.12.17
2	아저씨	6,178,248	CJ엔터테인먼트	2010.08.04
3	인셉션	5,827,444	워너브라더스	2010.07.21
4	의형제	5,416,812	쇼박스	2010.02.04
5	아이언맨2	4,425,003	CJ엔터테인먼트	2010.04.29
6	전우치	3,611,472※※	CJ엔터테인먼트	2009.12.23
7	이끼	3,350,303	CJ엔터테인먼트	2010.07.14
8	포화 속으로	3,330,324	롯데엔터테인먼트	2010.06.16
9	하모니	3,018,131	CJ엔터테인먼트	2010.01.28
10	방자전	2,985,483	CJ엔터테인먼트	2010.06.02

※ 전년 이월. 2009~2010년 총 누적 관객 수 13,624,328명
※※ 전년 이월. 2009~2010년 총 누적 관객 수 6,136,928명

2011년

순위	영화명	관객 수(명)	배급사	개봉일자
1	트랜스포머3	7,784,743	CJ E&M	2011.08.29
2	최종병기 활	7,470,633	롯데엔터테인먼트	2011.08.10
3	써니	7,362,657	CJ E&M	2011.06.04
4	완득이	5,309,928	CJ E&M	2011.10.20
5	쿵푸팬더2	5,062,720	CJ E&M	2011.05.26
6	미션 임파서블: 고스트프로토콜	4,975,161	CJ E&M	2011.12.15
7	조선명탐정: 각시투구꽃의 비밀	4,786,259	쇼박스(주)미디어플렉스	2011.01.27
8	도가니	4,662,822	CJ E&M	2011.09.22
9	해리포터와 죽음의 성물2	4,400,270	워너브라더스	2011.07.13
10	리얼 스틸	3,579,666	소니픽처스릴리징	2011.10.12

2012년

순위	영화명	관객 수(명)	배급사	개봉일자
1	도둑들	12,983,178	쇼박스(주)미디어플렉스	2012.07.25
2	광해, 왕이 된 남자	12,319,390	CJ E&M	2012.09.13
3	어벤져스	7,074,867	소니픽처스릴리징	2012.04.26
4	늑대소년	6,654,390	CJ E&M	2012.10.31
5	다크 나이트 라이즈	6,396,528	워너브라더스	2012.07.19
6	바람과 함께 사라지다	4,909,937	넥스트엔터테인먼트월드	2012.08.08
7	어메이징 스파이더맨	4,853,123	소니픽처스릴리징	2012.06.28
8	범죄와의 전쟁: 나쁜놈들 전성시대	4,719,872	쇼박스(주)미디어플렉스	2012.02.02
9	내 아내의 모든 것	4,598,821	넥스트엔터테인먼트월드	2012.05.17
10	연가시	4,111,068	CJ E&M	2012.07.05

2013년

순위	영화명	관객 수(명)	배급사	개봉일자
1	7번방의 선물	12,811,206	넥스트엔터테인먼트월드	2013.01.23
2	설국열차	9,349,993	CJ E&M	2013.08.01
3	관상	9,134,581	쇼박스(주)미디어플렉스	2013.09.11
4	아이언맨3	9,001,331	소니픽처스릴리징	2013.04.25
5	베를린	7,166,290	CJ E&M	2013.01.30
6	은밀하게 위대하게	6,959,083	쇼박스(주)미디어플렉스	2013.06.05
7	변호인	5,687,047	넥스트엔터테인먼트월드	2013.12.18
8	숨바꼭질	5,604,103	넥스트엔터테인먼트월드	2013.08.14
9	더 테러 라이브	5,584,139	롯데엔터테인먼트	2013.07.31
10	감시자들	5,508,017	넥스트엔터테인먼트월드	2013.07.03

2014년

순위	영화명	관객 수(명)	배급사	개봉일자
1	명량	17,613,682	CJ E&M	2014.07.30
2	겨울왕국	10,296,101	소니픽처스릴리징	2014.01.16
3	인터스텔라	10,105,247	워너브라더스	2014.11.06
4	해적: 바다로 간 산적	8,666,046	롯데엔터테인먼트	2014.08.06
5	수상한 그녀	8,657,982	CJ E&M	2014.01.22
6	변호인	5,687,571[※]	넥스트엔터테인먼트월드	2013.12.18
7	국제시장	5,345,677	CJ E&M	2014.12.17
8	트랜스포머: 사라진 시대	5,295,836	CJ E&M	2014.06.25

| 9 | 군도: 민란의 시대 | 4,774,931 | 쇼박스(주)미디어플렉스 | 2014.07.23 |
| 10 | 엣지 오브 투모로우 | 4,699,307 | 워너브라더스 | 2014.06.04 |

※ 전년 이월. 2013~2014년 총 누적 관객 수 11,374,610명

2015년

순위	영화명	관객 수(명)	배급사	개봉일자
1	베테랑	13,414,009	CJ E&M	2015.08.05
2	암살	12,705,700	쇼박스(주)미디어플렉스	2015.07.22
3	어벤져스: 에이지 오브 울트론	10,494,499	월트디즈니컴퍼니	2015..04.23
4	국제시장	8,915,904※	CJ E&M	2014.12.17
5	내부자들	7,055,332	쇼박스(주)미디어플렉스	2015.11.19
6	사도	6,246,849	쇼박스(주)미디어플렉스	2015.09.16
7	킹스맨: 시크릿 에이전트	6,129,681	20세기 폭스	2015.02.11
8	미션 임파서블: 로그네이션	6,126,488	롯데엔터테인먼트	2015.07.30
9	연평해전	6,043,784	넥스트엔터테인먼트월드	2015.06.24
10	쥬라기 월드	5,546,792	유니버설픽처스	2015.06.11

※ 전년 이월. 2014~2015년 총 누적 관객 수 14,257,115명

2016년

순위	영화명	관객 수(명))	배급사	개봉일자
1	부산행	11,565,479	넥스트엔터테인먼트월드	2016.07.20
2	검사외전	9,707,581	쇼박스	2016.02.03
3	캡틴 아메리카: 시빌 워	8,677,249	월트디즈니컴퍼니	2016.04.27
4	밀정	7,500,420	워너브라더스	2016.09.07
5	터널	7,120,508	쇼박스	2016.08.10
6	인천상륙작전	7,049,643	CJ E&M	2016.07.27
7	럭키	6,975,290	쇼박스	2016.10.13
8	곡성	6,879,908	20세기 폭스	2016.05.12
9	덕혜옹주	5,599,229	롯데엔터테인먼트	2016.08.03
10	닥터 스트레인지	5,446,239	월트디즈니컴퍼니	2016.10.26

2017년

순위	영화명	관객 수(명)	배급사	개봉일자
1	택시운전사	12,186,327	쇼박스	2017.08.02
2	신과함께-죄와 벌	8,539,495	롯데엔터테인먼트	2017.12.20
3	공조	7,817,618	CJ E&M	2017.01.18

4	스파이더맨: 홈 커밍	7,258,678	소니픽처스	2017.07.05
5	범죄도시	6,879,841	메가박스/키위미디어그룹	2017.10.03
6	군함도	6,592,151	CJ E&M	2017.07.26
7	청년경찰	5,653,270	롯데엔터테인먼트	2017.08.09
8	더 킹	5,317,693	넥스트엔터테인먼트월드	2017.01.18
9	미녀와 야수	5,138,328	월트디즈니컴퍼니	2017.03.16
10	킹스맨: 골든 서클	4,945,484	20세기 폭스	2017.09.27

2018년

순위	영화명	관객 수(명)	배급사	개봉일자
1	신과함께-인과 연	12,274,996	롯데엔터테인먼트	2018.08.01
2	어벤져스: 인피니티 워	11,212,710	월트디즈니컴퍼니	2018.04.25
3	보헤미안 랩소디	9,224,582	20세기 폭스	2018.10.31
4	미션 임파서블: 폴 아웃	6,584,915	롯데엔터테인먼트	2018.07.25
5	신과함께-죄와 벌	5,872,007※	롯데엔터테인먼트	2017.12.20
6	쥬라기 월드: 폴른 킹덤	5,661,128	유니버설픽처스	2018.06.06
7	앤트맨과 와스프	5,448,134	월트디즈니컴퍼니	2018.07.04
8	안시성	5,440,186	넥스트엔터테인먼트월드	2018.09.19
9	블랙 팬서	5,399,227	월트디즈니컴퍼니	2018.02.14
10	완벽한 타인	5,293,435	롯데엔터테인먼트	2018.10.31

※ 전년 이월. 2017~2018년 총 누적 관객 수 14,410,754명

2019년

순위	영화명	관객 수(명)	배급사	개봉일자
1	극한직업	16,265,618	CJ ENM	2019.01.23
2	어벤져스: 엔드게임	13,934,592	월트디즈니컴퍼니	2019.04.24
3	겨울왕국2	13,369,064	월트디즈니컴퍼니	2019.11.21
4	알라딘	12,552,283	월트디즈니컴퍼니	2019.05.23
5	기생충	10,085,275	CJ ENM	2019.05.30
6	엑시트	9,426,011	CJ ENM	2019.07.31
7	스파이더맨: 파 프롬 홈	8,021,145	소니픽처스	2019.07.02
8	백두산	6,290,502	CJ ENM, 덱스터스튜디오	2019.12.19
9	캡틴 마블	5,802,810	월트디즈니컴퍼니	2019.03.06
10	조커	5,247,874	워너브라더스	2019.10.02

표 8 역대 한국영화 박스오피스(1~30위)

순위	영화명	감독	출연	관객 수(명)	매출액(원)	스크린 수
1	명량	김한민	최민식·류승룡·조진웅 등	17,613,682	135,748,398,910	1,587
2	극한직업	이병헌	류승룡·이하늬·진선규·이동휘 등	16,264,944	139,647,979,516	1,978
3	신과함께-죄와 벌	김용화	하정우·차태현·주지훈·김향기 등	14,410,754	115,698,654,137	1,912
4	국제시장	윤제균	황정민·김윤진·오달수 등	14,257,115	110,913,469,630	966
5	어벤져스: 엔드게임	앤서니 루소·조 루소	로버트 다우니 주니어·크리스 에반스·크리스 헴스워스 등	13,934,592	122,182,694,160	2,835
6	겨울왕국2	크리스 벅·제니퍼 리	크리스틴 벨·이디나 멘젤 등	13,747,792	114,810,421,450	2,648
7	아바타	제임스 캐머런	샘 워싱턴·조 샐다나 등	13,624,328	128,447,097,523	912
8	베테랑	류승완	황정민·유아인·유해진·오달수 등	13,414,009	105,168,155,250	1,064
9	괴물	봉준호	송강호·변희봉·고아성 등	13,019,740	-	167(서울)
10	도둑들	최동훈	김윤석·이정재·김혜수 등	12,983,330	93,665,568,500	1,072
11	7번방의 선물	이환경	류승룡·박신혜 등	12,811,206	91,431,914,670	787
12	암살	최동훈	전지현·이정재·하정우 등	12,705,700	98,463,132,781	1,519
13	알라딘	가이 리치	메나 마수드·윌 스미스·나오미 스콧 등	12,555,894	106,983,620,359	1,311
14	광해, 왕이 된 남자	추창민	이병헌·류승룡·한효주 등	12,319,542	88,900,208,769	810
15	왕의 남자	이준익	감우성·정진영·이준기 등	12,302,831	-	94(서울)
16	신과함께-인과 연	김용화	하정우·주지훈·김향기·마동석 등	12,274,996	102,666,146,909	2,235
17	택시운전사	장훈	송강호·토마스 크레취만·유해진·류준열 등	12,186,684	95,855,737,149	1,906
18	태극기 휘날리며	강제규	장동건·원빈·이은주 등	11,746,135	-	110(서울)
19	부산행	연상호	공유·정유미·마동석·김수안 등	11,565,479	93,178,283,048	1,788
20	해운대	윤제균	설경구·하지원·박중훈·엄정화 등	11,453,338	81,934,638,201	753
21	변호인	양우석	송강호·김영애·오달수 등	11,374,610	82,871,759,300	923

22	어벤져스: 인피니티 워	앤서니 루소 · 조 루소	로버트 다우니 주니어 · 조슈 브롤린 · 크리스 헴스워스 등	11,211,880	99,919,006,769	2,553
23	실미도	강우석	설경구 · 안성기 · 허준호 등	11,081,000	-	83(서울)
24	어벤져스: 에이지 오브 울트론	조스 웨던	로버트 다우니 주니어 · 크리스 헴스워스 · 마크 러팔로 등	10,494,499	88,582,586,366	1,843
25	기생충	봉준호	송강호 · 이선균 · 조여정 · 최우식 등	10,313,087	87,459,840,095	1,948
26	겨울왕국	크리스 벅 · 제니퍼 리	크리스틴 벨 · 이디나 멘젤 등	10,296,101	82,461,504,400	1,010
27	인터스텔라	크리스토퍼 놀란	매튜 맥커너히 · 앤 해서웨이 등	10,275,484	82,291,089,200	1,342
28	보헤미안 랩소디	브라이언 싱어	라미 말렉 · 루시 보인턴 등	9,948,386	86,280,975,785	936
29	검사외전	이일형	황정민 · 강동원 · 이성민 등	9,707,158	77,319,445,264	1,812
30	엑시트	이상근	조정석 · 윤아 · 고두심 등	9,426,051	79,232,212,162	1,660

※ 출처: KOBIS 영화관입장권통합전산망 공식 통계(http://www.kobis.or.kr/kobis/business/stat/offc/findFormerBoxOfficeList.do)
(2020년 7월 기준)

단행본(국내)

김선아, 《한국영화라는 낯선 경계》, 커뮤니케이션북스, 2006.

김수남, 《한국독립영화》, 살림, 2005.

마사 누스바움, 〈대상화와 인터넷상의 여성 혐오〉, 《불편한 인터넷》, 에이콘, 2012.

배리 랭포드, 방혜진 옮김, 《영화 장르》, 한나래 출판사, 2010.

빌 니콜스, 이선화 옮김, 《다큐멘터리 입문》, 한울아카데미, 2018.

서곡숙·이호 외 지음, 《영화의 장르 장르의 영화》, (주)르몽드코리아, 2018.

서울영상집단, 《변방에서 중심으로》, 시각과언어, 1996.

손희정, 〈소문난 아버지, 소년이 되다: 〈올드보이〉〉, 임옥희 외, 《다락방에서 타자를 만나다》, 도서출판 여이연, 2005.

_____, 《페미니즘 리부트》, 나무연필, 2017.

_____, 〈폐소공포증 시대의 남성성〉, 허윤 외, 《그런 남자는 없다》, 오월의 봄, 2017.

_____, 〈혐오담론 7년〉, 《문화/과학》 93호, 2018.

_____, 〈여성의 이야기는 어디로 갔는가—스크린 페미사이드와 스페이스 오프〉, 이나영 외, 《누가 여성을 죽이는가》, 돌배게, 2019.

_____, 〈촛불혁명의 브로맨스: 2010년대 한국 역사영화의 젠더와 정치적 상상력〉, 오혜진 편, 《원본 없는 판타지》, 후마니타스, 2020.

앨리슨 버틀러, 김선아·조혜영 옮김, 《여성영화》, 커뮤니케이션북스, 2011.

엄기호, 〈신자유주의 이후, 새로운 남성성의 가능성/불가능성〉, 권김현영 외, 《남성성과 젠더》, 자음과 모음, 2011.

영화진흥위원회, 《한국영화연감》, 2000~2019.

이길호, 《우리는 디씨》, 이매진, 2012.

조혜영 외, 《한국영화 성평등 정책 수립을 위한 연구》, 영화진흥위원회, 2020.

주진숙·이순진, 《영화하는 여자들》, 사계절, 2020.

조영각, 〈2000년대 독립 장편영화의 발전과 성과〉, 서울독립영화제 엮음, 《21세기 독립영화》, 한국독립영화협회, 2014.

조준형, 《Filmstory총서 09-영화제국 신필름》, 한국영상자료원, 2009.

지그문트 바우만, 정일준 옮김, 《쓰레기가 되는 삶들—모더니티와 그 추방자들》, 새물결,

2008.

_____, 함규진 옮김, 《유동하는 공포》, 산책자, 2009.

_____, 이수영 옮김, 《새로운 빈곤―노동, 소비주의 그리고 뉴푸어》, 천지인, 2010.

질 들뢰즈, 이정하 옮김, 《시네마 Ⅱ: 시간―이미지》, 시각과 언어, 2005.

최건용, 《대박과 쪽박 사이 충무로의 네버엔딩 스토리》, 서해문집, 2012.

토머스 샤츠, 한창호·허문영 옮김, 《할리우드 장르》, 컬처룩, 2014.

캔 댄시거·제프 러시, 안병규 옮김, 《얼터너티브 시나리오》, 커뮤니케이션북스, 2006.

한국독립다큐멘터리 연구모임, 《한국독립다큐멘터리》, 예담, 2003.

허문영, 〈'웰메이드' 영화의 등장〉, 《한국영화 100년 100경》, 돌베개, 2019.

홍양희 엮음, 《'성'스러운 국민》, 서해문집, 2017.

단행본(국외)

Chris Berry, "From National Cinema to Cinema and the National: Chinese-language Cinema and Hou Hsiao-hsien's 'Taiwan Trilogy'", Valentina Vitali·Paul Willemen eds., *Theorising National Cinema*, BFI, 2006.

Dal Yong Jin, *Transnational Korean Cinema*, New Jersey: Rutgers, 2020.

Daniel Martin, *Extreme Asia: The Rise of Cult Cinema from the Far East*, Edinburgh University Press, 2015.

Grant, Barry Keith. *Film Genre Reader*, University of Texas Press, 1986.

Joanne Hollows, Rachel Mosely eds. *Feminism in Popular Culture*, Berg Publishers, 2005.

Lucy Fischer, *shot/Countershot: Film Tradition and Women's Cinema*, Basingstoke and London: MacMillan and British Film Institute, 1989.

Neale, Steve. *Genre and Hollywood*, Routledge, 2000.

Patricia R. Zimmermann, *Reel Families : A Social History of Amateur Film*, Bloomington : Indiana University Press, 1995.

Rick Altman, *Film/Genre*, British Film Institute, 1999.

Teresa de Lauretis, *Techonologies of Gender*, Macmillan Press, 1987.

Yecies, Brian; Shim, Aegyung, *The Changing Face of Korean Cinema: 1960 to 2015*, New York: Routledge, 2016.

Young-a Park, *Unexpected Alliances: Independent Filmmakers, the State, and the Film*

Industry in Postauthoritarian South Korea, Stanford : Stanford University Press, 2014.

논설과 논문

강성률, 〈천만 영화에 대한 일고찰—가부장적 가족주의와 신파적 정서의 비극을 중심으로〉, 《한민족문화연구》 제52집, 2015.

고려대학교 산학협력단, 〈근로시간 특례업종별 근로시간 운영실태 및 개선방안 연구〉, 고용노동부, 2011.

김미현, 〈한국영화 자본 조달 구조와 유형에 대한 연구〉, 《영화연구》 no. 51, 2012.

_____, 〈한국영화 제작자본에 대한 영상전문투자조합 정책의 기여도 평가〉, 《한국콘텐츠학회논문지》 vol. 19 no. 9, 2019.

김형석, 〈천만영화 연대기〉, 《영화가 있는 문학의 오늘》 34호, 2019.

김혜준 외, 〈영화인 복지 향상을 위한 기초 조사 연구〉, 영화진흥위원회, 2001.

도동준, 〈근로기준법상 근로시간 특례제도 개정과 영화산업〉, 영화진흥위원회, 2018.

박채은, 《독립예술영화 유통·배급 체계 구축 전략: '임팩트플러스 시네마네트워크' 사업을 중심으로》, 영화진흥위원회 이슈페이퍼, 2019.

박희, 〈신사회운동에 대한 사회학적 고찰〉, 《사회과학연구》 vol. 9, 1996.

서성희, 〈한국 기획영화에 관한 연구: 〈결혼이야기〉를 중심으로〉, 《영화연구》 no.33, 2007.

송낙원, 〈한국 독립영화 제작 지원 정책 연구〉, 《영상기술연구》 30호, 2019.

안지혜, 〈시민사회의 성장과 한국 영화의 역동적 관계에 관한 연구: 1990년대 한국 영화의 정책, 산업, 문화를 중심으로〉, 중앙대학교 박사학위 청구논문, 2007.

영화진흥위원회, 〈2007년 한국 영화산업 결산〉, 2008.

_____, 〈2019년 한국 영화산업 결산〉, 2020.

원승환, 〈2009년의 한국 독립영화—돌연변이의 탄생, '다양성'의 증가를 통과하는 진화의 순간〉, 《독립영화》 38호, 2009.

유운성, 〈폭력을 불러들이는 노예의 셈법: 이서 감독의 〈사람을 찾습니다〉(2008)와 한국 영화의 어떤 경향〉, 《독립영화》 38호, 2009.

이도훈, 〈문지기의 임무: 동시대 한국의 시네마테크와 영화제 프로그래밍에 대하여〉, 《오큘로》, 2017.

이상용, 〈독립영화의 망각, 새로움의 자각: 십 년 전의 영화를 꺼내어 보며〉, 《문학과 사회》, 74호, 2006.

정성일, 〈정성일의 영화세상: 〈마이 제너레이션〉, 〈철수영희〉, 〈깃〉 이 영화들, '세상의 창조성'을 믿게 한다〉, 《월간말》 224호, 2005.

조영각, 〈디지털 장편영화들의 가능성과 한계: 날카로운 양날의 성공을 향해서〉, 《독립영화》 13호, 2002.

주창규, 〈'한국영화 르네상스'(1997-2006)의 동역학에 대한 연구: 영화 산업의 '하이 모더니즘'과 '미적 르네상스'의 탈구를 중심으로〉, 《영화연구》 50호, 2011

한지원, 〈청춘은, 푸르렀다, 옛날에는: 〈잉투기〉, 〈잉여들의 히치하이킹〉, 〈족구왕〉 리뷰〉, 《독립영화》 44호, 2014.

허윤, 〈'딸바보' 시대의 여성혐오-아버지 상(father figure)의 변모를 통해 살펴본 2000년대 한국 남성성〉, 《대중서사연구》 vol. 22 no. 4, 2016.

허윤, 〈광장의 페미니즘과 한국문학의 정치성〉, 《한국근대문학연구》 vol.19, no.2, 2018.

신문 및 잡지

《IZE》, 2014년 9월 24일자, 〈KT&G 상상마당 영화팀 "〈족구왕〉 봇이냐는 말도 들었다"〉, https://www.ize.co.kr/articleView.html?no=2014092120327270823 (2020년 8월 23일 확인).

《조선일보》, 2005년 6월 24일자, 〈강우석 감독, "배우들, 돈 너무 밝혀요"〉.

《FILM2.0》, 2006년 8월 29일자(통권2198호), 〈관객 쏠림, 어떻게 해결할 것인가〉.

《한국일보》, 2020년 5월 7일자, 〈끝나지 않은 문화예술계 블랙리스트 사태〉.

《FILM2.0》, 2001년 9월 4일자(통권38호), 〈너희가 표현의 자유를 정말 인정하느냐?〉.

《한겨레》, 1997년 11월 29일자, 〈네 후보의 생각을 들어보니…〉.

《동아일보》, 1996년 2월 6일자, 〈대기업들의 문화전쟁(3) 영화산업〉.

《한겨레》, 1997년 1월 4일자, 〈쏟아지는 신예, 다시 뛰는 중견〉.

《한겨레》, 2018년 5월 8일자, 〈예술위 '봉고차 출장' 보고… 매주 '블랙리스트' 챙긴 문체부〉.

김경학, 〈여성 감독 비율 10%… 10년 간 변하지 않은 영화계〉, 《경향신문》, 2019년 12월 16일.

김보라, 〈2019년 〈벌새〉 해외영화제 순방기 연재 ① : 꿈을 찾아 먼 길을 날아가는 벌새처럼〉, 《씨네21》, 2020년 1월 7일(통권1237호).

김성훈, 〈'붕괴의 시대'가 낳은 구조적 문제들은 사라졌나〉, 《씨네21》, 2012년 11월 13일(통권879호).

_____, 〈영화진흥위원회 '온라인심사풀제' 비상식적 운영 밝힌다〉, 《씨네21》, 2017년 11월 10일(통권1129호).

김소희, 〈2019 한국영화 진단 연속 기획 ②: 한국 독립영화가 시도한 것들〉, 《씨네21》, 2020년 1월 14일(통권1238호).

남동철·이영진, 〈2001 충무로 금융자본, 이리로 갈까 저리로 갈까〉, 《씨네21》, 2001년 2월 20일(통권289호).

남동철·문석, 〈충무로, 금융자본과 함께 춤을!〉, 《씨네21》, 2001년 3월 8일(통권290호).

데릭 엘리, 〈[외신기자클럽] 심리적으로 너무 위험해〉, 《씨네21》, 2010년 8월 25일(통권768호).

듀나, 〈하정우가 남성이라서 성공한 것은 아니지 않나〉, 《엔터미디어》, 2014년 7월 11일.

박권일, "[박권일의 다이내믹 도넛] 미안합니다, 오취리씨", 《한겨레》, 2020년 8월 13일.

성상민, 〈독립영화와 자본사이(1) 2014년 한국 독립영화의 빈익빈부익부〉, 《ACT!》 93호, 2015년 6월 17일. https://actmediact.tistory.com/241 (2020년 8월 23일 확인).

_____, 〈독립영화와 자본 사이 ② 독립영화, 그리고 독립적 유통〉, 《ACT!》 94호, 2015년 8월 20일. https://actmediact.tistory.com/261 (2020년 8월 23일 확인.)

손희정, 〈봉준호의 영화들에서 보여준 여성 이미지의 문제에 대하여—〈기생충〉을 중심으로〉, 《씨네21》, 2019년 6월 20일(통권1210호).

신윤동욱, "태극기 세대가 몰려온다", 《한겨레 21》, 2005년 4월 1일.

이영진, 〈[인 사이드 충무로] 스탭 처우문제, 더이상 시간 없다〉, 《씨네21》, 2000년 4월 6일(통권446호).

임수연, 《〈82년생 김지영〉 관련 논란 타임라인〉, 《씨네21》, 2019년 10월 30일(통권1228호).

천관율, "이제 국가 앞에 당당히 선 '일베의 청년들'", 《시사IN》 367호, 2014년 9월 29일.

천관율, "여자를 혐오한 남자들의 '탄생'", 《시사IN》 418호, 2015년 9월 17일.

한승곤, 〈[르포] "우리는 범죄자 아닙니다" 중국 동포 '혐오 영화' 사라질까〉, 《아시아경제》, 2020년 6월 19일. https://view.asiae.co.kr/article/2020061816374599836 (2020년 8월 22일 확인).

영화

감독

용어·단체 —————————————————————————————

21세기 한국영화

2020년　12월　31일　초판 1쇄 발행
2022년　 4월　15일　　 2쇄 발행

지은이 ㅣ 김형석 김경욱 장병원 이도훈 이승민 김성훈 한선희 손희정
엮은이 ㅣ 한국영상자료원
펴낸이 ㅣ 노경인 · 김주영

펴낸곳 ㅣ 도서출판 앨피
출판등록 ㅣ 2004년 11월 23일 제2011-000087호
주소 ㅣ 우)07275 서울시 영등포구 영등포로 5길 19(양평동 2가, 동아프라임밸리) 1202-1호
전화 ㅣ 02-336-2776 팩스 ㅣ 0505-115-0525
블로그 ㅣ bolg.naver.com/lpbook12
전자우편 ㅣ lpbook12@naver.com

ISBN 979-11-90901-10-9   036800